Ⅳ

공익신고 포상금(보상금) 3

최 종 배 編著

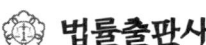
법률출판사

머리말

　나라에서 법률에 근거하여 국민에게 포상금 또는 보상금이라는 명칭으로 상금을 지급하고 있는 경우는 매우 여러 종류가 있습니다. 법률의 숫자만 어림잡아도 230개 정도가 됩니다. 국민권익위원회에 의하면 「공익신고자보호법」에 터 잡아 보상금을 지급하는 대상 법률의 수를 현행 180개에서 앞으로(2015년 시행이 예상됨) 280개 법률로 확장한다고 합니다. 과거 및 현재 고발·신고·진정·탄원·제안 등 민원을 제출한 사람 중 꽤 많은 분들은 자신이 제기한 민원의 처리결과에 따라 포상금이나 보상금을 받을 수도 있다는 사실을 모르는 경우도 있습니다.

　이들 공익신고와 관련한 포상금 및 보상금에 관련한 내용을 모두 네 권의 책자로 엮었고, 그중 제Ⅰ권은 〈신고포상금〉이라는 명칭으로 개별법률에서 규정하고 있는 "포상금"에 관하여 소개를 하였습니다.

제Ⅱ권부터 제Ⅳ권까지는 모두 〈공익신고 포상금(보상금)〉이라는 명칭으로 「부패방지 및 국민권익위원회의 설치와 운영에 관한 법률」에서 규정하고 있는 부패행위 신고자에게 지급하는 포상금 및 보상금, 「공익신고자보호법」에서 규정하고 있는 180개 법률에 대한 보상금을 적당히 나누어 소개하였습니다. 이 책자는 「공익신고자보호법」에서 규정하는 180개 법률 중 마지막 60개 법률에 관한 내용이며, 제2권부터 제4권까지는 법률의 이름을 가나다순의 목차로 내세우면서 편성하였습니다.

이미 언급한 바 있지만 이들 내용 및 성질을 다시 간추려 설명합니다. 제1권에서 소개한 내용은 각각의 법률에서 규정하는 특정한 법위반행위에 대하여 각각의 행정기관 및 지방자치단체마다 신고자 등에게 지급하는 포상금을 말합니다. 여기에 해당하는 법위반행위는 대부분 형사처벌의 대상행위만을 말합니다.

제Ⅱ권부터 제Ⅳ권에서 소개한 내용은 모두 국민권익위원회에서 포상금 또는 보상금이라는 이름으로 상금을 지급하는 것들입니다. 이들은 제1권에 있는 것들과는 달리 법을 위반한 사람에게 형사처벌, 과태료, 과징금, 이행강제금 등 금전적 부담을 부과하는 모든 행위를 대상으로 한다는 특징이 있습니다. 따라서 공익신고의 대상행위가 매우 폭넓게 산재하고 있다고 말할 수 있습니다.

네 권의 책자에서 소개한 내용을 짧은 기간에 모두 섭렵하는 것은 사실상 어려움이 있을 것으로 생각합니다. 다만, 이들 내용 중 어떠한 행위를 어느 법률에서 제재하고 있다는 사실만이라도 기억할 정도의 지식을 가지게 되는 때에는 일상생활에 조금만 주의를 기울여도 상금과 연결된다는 사실을 깨닫게 됩니다. 그리고 국가와 사회에 기여할 수 있는 일이 하나 더 생기는 것이기도 합니다.

우선은 생활환경과 밀접한 관련이 있는 법률부터 차근차근 익혀 나가시길 권합니다. 이 책자들만으로 해결되지 않는 법률의 분석 내지 해석 문제는 저의 전자우편주소를 이용하여 보충하셔도 됩니다. 최선을 다하여 조언할 것을 약속합니다. 좋은 결실 거두시고, 건강한 생활과 함께 행복한 삶 누리시길 바랍니다.

최종배 드림
cjb4128@naver.com

차 례

1. 부패방지 및 국민권익위원회의 설치와 운영에 관한 법률 ·············13
   제1절 국민권익위원회의 구성·조직 ·····································14
   제2절 국민권익위원회가 하는 일 ······································14
      제1관 위원회의 기능 ···15
      제2관 위원회의 권능 ···16
      제3관 고충민원의 제기 및 처리 ···································17
      제4관 부패행위의 신고 및 처리 ···································23
   제3절 포상금과 보상금 ··27
      제1관 포상금 ··27
      제2관 보상금 ··29
      제3관 포상금·보상금 지급의 세부적 기준·방법·절차 ········34

2. 공익신고자보호법 ···43
   제1절 「공익신고자보호법」의 이해 ·····································44
   제2절 공익신고의 요건·절차 등 ·······································45
      제1관 공익신고의 개념 ···45
      제2관 공익침해행위의 범위 ··47
      제3관 공익신고의 방법 및 처리 ···································48
   제3절 보상금의 지급기준·절차·방법 ·································50
      제1관 「공익신고자보호법」의 규정 ·······························50
      제2관 「공익신고자보호법 시행령」의 규정 ······················52

3. 개별 법률 분석 ···59
　　제121장 의료기기법 ··60
　　제122장 의료기사 등에 관한 법률 ··72
　　제123장 의료법 ··75
　　제124장 인삼산업법 ··87
　　제125장 임업 및 산촌 진흥촉진에 관한 법률 ························92
　　제126장 자격기본법 ··95
　　제127장 자연공원법 ··99
　　제128장 자연재해대책법 ··103
　　제129장 자연환경보전법 ··110
　　제130장 잔류성유기오염물질 관리법 ······································117
　　제131장 장기 등 이식에 관한 법률 ··124
　　제132장 저수지·댐의 안전관리 및 재해예방에 관한 법률 ····133
　　제133장 전기공사업법 ··137
　　제134장 전기사업법 ··146
　　제135장 전기용품안전 관리법 ··155
　　제136장 전기·전자제품 및 자동차의 자원순환에 관한 법률 ····163
　　제137장 전력기술관리법 ··170
　　제138장 전자상거래 등에서의 소비자보호에 관한 법률 ······175
　　제139장 전통주 등의 산업진흥에 관한 법률 ························186
　　제140장 정보통신기반 보호법 ··189
　　제141장 제주특별자치도 설치 및 국제자유도시 조성을 위한 특별법 ··191

제142장 제품안전기본법 ···201
제143장 종자산업법 ···204
제144장 지진재해대책법 ··208
제145장 지하수법 ··211
제146장 직업안정법 ···223
제147장 집단에너지사업법 ···228
제148장 철도안전법 ···231
제149장 청소년보호법 ··240
제150장 청소년활동진흥법 ···251
제151장 초고층 및 지하연계 복합건축물 재난관리에 관한 특별법 ···257
제152장 초지법 ··260
제153장 축산물위생관리법 ···265
제154장 측량·수로조사 및 지적에 관한 법률 ···············291
제155장 친환경농업육성 및 유기식품 등의 관리·지원에 관한 법률 ···299
제156장 토양환경보전법 ··320
제157장 폐기물관리법 ··329
제158장 표시·광고의 공정화에 관한 법률 ····················342
제159장 품질경영 및 공산품안전관리법 ·······················349
제160장 하도급거래 공정화에 관한 법률 ·····················363
제161장 하수도법 ··377
제162장 하천법 ··386
제163장 학교보건법 ···392

제164장 한강수계 상수원수질개선 및 주민지원 등에 관한 법률 ····396
제165장 할부거래에 관한 법률 ··406
제166장 항공법 ···411
제167장 항공보안법 ···417
제168장 항로표지법 ···418
제169장 항만법 ···419
제170장 항만운송사업법 ···424
제171장 해양생태계의 보전 및 관리에 관한 법률 ···············427
제172장 해양심층수의 개발 및 관리에 관한 법률 ···············439
제173장 해양환경관리법 ···440
제174장 혈액관리법 ···469
제175장 화장품법 ···473
제176장 환경범죄 등의 단속에 관한 특별조치법 ···················479
제177장 환경보건법 ···486
제178장 환경분야 시험·검사 등에 관한 법률 ··················489
제179장 환경영향평가법 ···492
제180장 후천성면역결핍증 예방법 ···500

공익신고포상금 · 보상금 1(II)권 목차

I. 「부패방지 및 국민권익위원회의 설치와 운영에 관한 법률」
제1절 국민권익위원회의 구성 · 조직
제2절 국민권익위원회가 하는 일
제1관 위원회의 기능
제2관 위원회의 권능
제3관 고충민원의 제기 및 처리
제4관 부패행위의 신고 및 처리
제3절 포상금과 보상금
제1관 포상금
제2관 보상금
제3관 포상금 · 보상금 지급의 세부적 기준 · 방법 · 절차

II. 「공익신고자보호법」
제1절 「공익신고자보호법」의 이해
제2절 공익신고의 요건 · 절차 등
제1관 공익신고의 개념
제2관 공익침해행위의 범위
제3관 공익신고의 방법 및 처리
제3절 보상금의 지급기준 · 절차 · 방법
제1관 「공익신고자보호법」의 규정
제2관 「공익신고자보호법 시행령」의 규정

III. 개별 법률 분석
제1장 가맹사업거래의 공정화에 관한 법률
제2장 가축분뇨의 관리 및 이용에 관한 법률
제3장 가축전염병예방법
제4장 감염병의 예방 및 관리에 관한 법률
제5장 개항질서법
제6장 건강검진기본법
제7장 건강기능식품에 관한 법률
제8장 건설기계관리법
제9장 건설기술진흥법
제10장 건설산업기본법
제11장 건설폐기물의 재활용촉진에 관한 법률
제12장 건축사법
제13장 검역법
제14장 경비업법
제15장 계량에 관한 법률
제16장 고압가스 안전관리법
제17장 골재채취법
제18장 공연법
제19장 공유수면 관리 및 매립에 관한 법률
제20장 공인중개사법
제21장 관광진흥법
제22장 광산보안법
제23장 광산피해의 방지 및 복구에 관한 법률
제24장 교통안전법
제25장 교통약자의 이동편의 증진법
제26장 국가기술자격법
제27장 국민건강증진법
제28장 국유림의 경영 및 관리에 관한 법률
제29장 국제상거래에 있어서 외국공무원에 대한 뇌물방지법
제30장 궤도운송법
제31장 금강수계 물관리 및 주민지원 등에 관한 법률
제32장 급경사지 재해예방에 관한 법률
제33장 낙동강수계 물관리 및 주민지원 등에 관한 법률
제34장 낚시 관리 및 육성법
제35장 내수면어업법
제36장 농수산물 품질관리법
제37장 농수산물유통 및 가격안정에 관한 법률
제38장 농수산물의 원산지표시에 관한 법률
제39장 농약관리법
제40장 농어촌도로 정비법
제41장 농어촌정비법
제42장 농지법
제43장 다중이용시설 등의 실내공기질관리법
제44장 다중이용업소의 안전관리에 관한 특별법
제45장 대기환경보전법
제46장 대부업 등의 등록 및 금융이용자 보호에 관한 법률
제47장 대 · 중소기업 상생협력 촉진에 관한 법률
제48장 댐건설 및 주변지역지원 등에 관한 법률
제49장 도로교통법
제50장 도시가스사업법
제51장 도시철도법
제52장 독도 등 도서지역의 생태계보전에 관한 특별법
제53장 독점규제 및 공정거래에 관한 법률
제54장 마약류 관리에 관한 법률
제55장 말산업 육성법
제56장 먹는물관리법
제57장 무인도서의 보전 및 관리에 관한 법률
제58장 문화재보호법
제59장 물가안정에 관한 법률
제60장 방문판매 등에 관한 법률

공익신고포상금·보상금 2(Ⅲ)권 목차

1. 「부패방지 및 국민권익위원회의 설치와 운영에 관한 법률」
제1절 국민권익위원회의 구성·조직
제2절 국민권익위원회가 하는 일
제1관 위원회의 기능
제2관 위원회의 권능
제3관 고충민원의 제기 및 처리
제4관 부패행위의 신고 및 처리
제3절 포상금과 보상금
제1관 포상금
제2관 보상금
제3관 포상금·보상금 지급의 세부적 기준·방법·절차

2. 「공익신고자보호법」
제1절 「공익신고자보호법」의 이해
제2절 공익신고의 요건·절차 등
제1관 공익신고의 개념
제2관 공익침해행위의 범위
제3관 공익신고의 방법 및 처리
제3절 보상금의 지급기준·절차·방법
제1관 「공익신고자보호법」의 규정
제2관 「공익신고자보호법 시행령」의 규정

3. 개별 법률의 검토
제61장 방사성폐기물 관리법
제62장 백두대간 보호에 관한 법률
제63장 보건범죄 단속에 관한 특별조치법
제64장 보험업법
제65장 부정경쟁방지 및 영업비밀보호에 관한 법률
제66장 비료관리법
제67장 사격 및 사격장 안전관리에 관한 법률
제68장 사료관리법
제69장 산림보호법
제70장 산림자원의 조성 및 관리에 관한 법률
제71장 산업안전보건법
제72장 산업표준화법
제73장 산지관리법
제74장 상호저축은행법
제75장 새마을금고법
제76장 석면안전관리법
제77장 석유 및 석유대체연료 사업법
제78장 선박안전법
제79장 소금산업진흥법
제80장 소나무재선충병 방제특별법
제81장 소 및 쇠고기 이력관리에 관한 법률
제82장 소방시설공사업법
제83장 소방시설설치유지 및 안전관리에 관한 법률
제84장 소비자기본법
제85장 소하천정비법
제86장 송유관 안전관리법
제87장 수도법
제88장 수산생물질병 관리법
제89장 수산업법
제90장 수산자원관리법
제91장 수상레저안전법
제92장 수질 및 수생태계 보전에 관한 법률
제93장 습지보전법
제94장 승강기시설 안전관리법
제95장 시설물의 안전관리에 관한 특별법
제96장 식물방역법
제97장 식물신품종 보호법
제98장 식품산업진흥법
제99장 식품안전기본법
제100장 식품위생법
제101장 액화석유가스의 안전관리 및 사업법
제102조 야생생물 보호 및 관리에 관한 법률
제103장 약사법
제104장 양곡관리법
제105장 어린이놀이시설 안전관리법
제106장 어린이 식생활안전관리 특별법
제107장 어장관리법
제108장 어촌·어항법
제109장 에너지이용 합리화법
제110장 여신전문금융업법
제111장 연구실 안전환경 조성에 관한 법률
제112장 영산강·섬진강수계 물관리 및 주민지원 등에 관한 법률
제113장 영유아보육법
제114장 오존층 보호를 위한 특정물질의 제조규제 등에 관한 법률
제115장 원자력안전법
제116장 원자력시설 등의 방호 및 방사능 방재 대책법
제117장 유사수신행위의 규제에 관한 법률
제118장 유전자변형생물체의 국가간 이동 등에 관한 법률
제119장 유해화학물질 관리법
제120장 응급의료에 관한 법률

1
부패방지 및 국민권익위원회의 설치와 운영에 관한 법률

제1절 국민권익위원회의 구성·조직

국민권익위원회는 2008. 2. 29. 시행된 「부패방지 및 국민권익위원회의 설치와 운영에 관한 법률」의 규정에 의하여 설립된 국무총리 소속 합의제의 독립기관이다. 전원위원회는 위원장을 포함하여 15명으로 구성되며, 위원 3명으로 소위원회를 구성하여 활동한다.

위원회의 조직으로는 사무처에 운영지원과가 있고, 권익개선정책국, 고충처리국, 부패방지국 및 행정심판국으로 구성하고 있다.

위원회는 세종특별자치시 도움5로 20 정부세종청사 7동에 위치하고 있으며, 모든 신고와 신청은 인터넷 홈페이지(www.acrc.go.kr)를 통하여 할 수 있다. 즉 권익제도개선신청, 고충민원신청, 부패행위신고, 공익신고 및 이들 관련 이의신청은 인터넷을 통하여 신청이나 신고할 수 있다. 포상금이나 보상금의 지급신청도 인터넷으로 가능하다.

제2절 국민권익위원회가 하는 일

「부패방지 및 국민권익위원회의 설치와 운영에 관한 법률」은 국민권익위원회를 설치하여 고충민원의 처리와 이에 관련된 불합리한 행정제도를 개선하고, 부패의 발생을 예방하여 부패행위를 효율적으로 규제함으로써 국민의 기본적 권익을 보호하고 행정의 적정을 확보하는 것 등을 목적으로 제정된 법률이다. 이 법률에 터 잡아 ① 고충민원의 제기자(신청인)에 대한 포상금을 지급하고, ② 부패행위의 신고자에 대하여

I. 부패방지 및 국민권익위원회의 설치와 운영에 관한 법률

보상금을 지급하며, ③ 「공익신고자보호법」에 의거하여 180개 법률에 해당하는 공익신고자에게 보상금을 지급한다.

「공익신고자보호법」에 관한 내용은 뒤에서 검토하기로 하고, 여기에서는 먼저 부패방지 및 고충민원(법령 및 제도개선 포함) 관련 법령에 관한 내용을 살펴본다.

제1관 위원회의 기능

위원회가 담당하는 업무를 모두 열거하면 다음 각 호와 같다(법 제12조).
1. 국민의 권리보호·권리구제 및 부패방지를 위한 정책의 수립 및 시행
2. 고충민원의 조사와 처리 및 이와 관련된 시정권고 또는 의견표명
3. 고충민원을 유발하는 관련 행정제도 및 그 제도의 운영에 개선이 필요하다고 판단되는 경우 이에 대한 권고 또는 의견표명
4. 위원회가 처리한 고충민원의 결과 및 행정제도 개선에 관한 실태조사와 평가
5. 공공기관의 부패방지를 위한 시책 및 제도개선 사항의 수립·권고와 이를 위한 공공기관에 대한 실태조사
6. 공공기관의 부패방지시책 추진사항에 대한 실태조사·평가
7. 부패방지 및 권익구제 교육·홍보 계획의 수립·시행
8. 비영리 민간단체의 부패방지활동 지원 등 위원회의 활동과 관련된 개인·법인 또는 단체와의 협력 및 지원
9. 위원회의 활동과 관련한 국제협력
10. 부패행위 신고 안내·상담 및 접수 등
11. 신고자의 보호 및 보상

12. 법령 등에 대한 부패유발요인 검토
13. 부패방지 및 권익구제와 관련된 자료의 수집·관리 및 분석
14. 공직자 행동강령의 시행·운영 및 그 위반행위에 대한 신고의 접수·처리 및 신고자의 보호
15. 민원사항에 관한 안내·상담 및 민원사항 처리실태 확인·지도
16. 온라인 국민참여포털의 통합 운영과 정부민원안내콜센터의 설치·운영
17. 시민고충처리위원회의 활동과 관련한 협력·지원 및 교육
18. 다수인 관련 갈등 사항에 대한 중재·조정 및 기업애로 해소를 위한 기업고충민원의 조사처리
19. 「행정심판법」에 따른 중앙행정심판위원회의 운영에 관한 사항
20. 다른 법령에 따라 위원회의 소관으로 규정된 사항
21. 그 밖에 국민권익 향상을 위하여 국무총리가 위원회에 부의하는 사항

제2관 위원회의 권능

위원회는 필요하다고 인정하는 경우 공공기관의 장에게 부패방지를 위한 제도의 개선을 권고할 수 있다. 이 권고를 받은 공공기관의 장은 이를 제도개선에 반영하여 그 조치결과를 위원회에 통보하여야 하며, 위원회는 이에 대한 이행실태를 확인·점검할 수 있다(법 제27조 제1항·제2항).

위원회는 **법률·대통령령·총리령·부령**[1] 및 그 위임에 따른 **훈령·**

---

1) ★ 법률·대통령령·총리령·부령 : 이들을 합하여 "법령"이라고 부른다. 법령은

I. 부패방지 및 국민권익위원회의 설치와 운영에 관한 법률

예규·고시·공고2)와 조례·규칙3)의 부패유발요인을 분석·검토하여 그 법령 등의 소관 기관의 장에게 그 개선을 위하여 필요한 사항을 권고할 수 있다(법 제28조 제1항).

위원회는 위원회의 기능을 수행함에 있어서 필요한 경우 공공기관에 대한 설명 또는 자료·서류 등의 제출요구 및 실태조사를 할 수 있고, 이해관계인·참고인 또는 공직자의 출석 및 의견진술을 요구할 수 있다(법 제29조 제1항).

제3관 고충민원의 제기 및 처리

제39조(고충민원의 신청 및 접수) ① 누구든지(국내에 거주하는 외국인을 포함한다) 위원회 또는 시민고충처리위원회(이하 이 장에서 "권익위원회"라 한다)에 고충민원을 신청할 수 있다. 이 경우 하나의 권익위원회에 대하여 고충민원을 제기한 신청인은 다른 권익위원회에 대하여도

상하의 서열이 있고, 하위의 법령은 상위 법령에 저촉되는 내용을 규정할 수 없다. 대통령령은 법률이 위임하는 사항에 관한 내용을 규정하며, "시행령"이라고 부르기도 한다. 총리령과 부령은 법률이나 대통령령으로부터 위임받은 사항을 규정하며, "시행규칙"이라고 한다. 각 부의 장관은 부령을 제정할 수 있으나 국무위원이 아닌 중앙행정기관의 장은 부령을 제정할 수 없기 때문에 국무총리가 대신 총리령을 제정하게 된다. 따라서 총리령은 시행규칙에 해당한다.

2) ★ 훈령·예규·고시·공고 : 이들을 합하여 "행정규칙"이라고 부른다. 훈령은 상급 기관이 하급 기관에 대한 직무를 지휘·감독하기 위해서 제정하는 것, 예규는 행정사무의 통일성을 기하기 위하여 상급기관이 하급기관에 내리는 것, 고시와 공고는 행정기관이 국민에게 널리 알리는 글을 각각 의미한다. 이들 상호간에는 서열이 정해진 것은 아니며, 이들 용어는 엄격히 구별하여 사용되는 것도 아니다.

3) ★ 조례·규칙 : 조례는 지방자치단체가 지방의회의 의결을 거쳐 제정한 자치법규를 말하고, 규칙은 지방자치단체의 장이 발령하는 것을 말한다.

공익신고 포상금(보상금) 3

고충민원을 신청할 수 있다.

> ㄴ. "고충민원"이란 행정기관 등의 위법·부당하거나 소극적인 처분(사실행위 및 부작위를 포함한다) 및 불합리한 행정제도로 인하여 국민의 권리를 침해하거나 국민에게 불편 또는 부담을 주는 사항에 관한 민원(현역장병 및 군 관련 의무복무자의 고충민원을 포함한다)을 말한다.
>
> ㄴ. "시민고충처리위원회"는 이 법에 터 잡아 각 지방자치단체(시·도·시·군·구)에 설치된 고충민원의 접수 및 처리기구를 말한다.

② 권익위원회에 <u>고충민원을 신청</u>[4]하고자 하는 자는 다음 각 호의 사항을 기재하여 문서(전자문서를 포함한다. 이하 같다)로 이를 신청하여야 한다. 다만, 문서에 의할 수 없는 특별한 사정이 있는 경우에는 구술(口述)로 신청할 수 있다.

1. 신청인의 이름과 주소(법인 또는 단체의 경우에는 그 명칭 및 주된 사무소의 소재지와 대표자의 이름)
2. 신청의 취지·이유와 고충민원신청의 원인이 된 사실내용
3. 그 밖에 관계 행정기관의 명칭 등 대통령령으로 정하는 사항

> ㄴ. "대통령령으로 정하는 사항"은 다음 각 호를 말한다(시행령 제35조 제2항).
> 1. 관계 행정기관 등의 명칭
> 2. 소송 및 다른 법령에 의한 불복(不服)·구제절차의 신청 유무

---

4) ★ 고충민원의 신청 방법 : 국민권익위원회 홈페이지(www.acrc.go.kr) "고충민원신청"에서 인터넷 신청, 우편신청, 팩스신청(02-360-3531) 또는 방문신청 중에서 신청인에게 편리한 방법을 선택하면 된다.

I. 부패방지 및 국민권익위원회의 설치와 운영에 관한 법률

> 3. 다른 권익위원회에 고충민원을 신청한 경우 그 권익위원회의 명칭 및 신청 내용
> 4. 대리인이 신청하는 경우 그 대리인의 인적 사항 및 본인과의 관계
> 5. 대표자의 인적 사항(대표자가 선정된 경우로 한정한다)
> 6. 군복무 중(「병역법」에 따라 교정시설경비교도·전투경찰순경 또는 의무소방원으로 전환복무 중인 경우를 포함한다)인 자가 신청하는 경우 그 신청인의 소속·계급 및 군번

④ 권익위원회는 고충민원의 신청이 있는 경우에는 다른 법령에 특별한 규정이 있는 경우를 제외하고는 그 접수를 보류하거나 거부할 수 없으며, 접수된 고충민원서류를 부당하게 되돌려 보내서는 아니 된다. 다만, 권익위원회가 고충민원서류를 보류·거부 또는 반려하는 경우에는 지체 없이 그 사유를 신청인에게 통보하여야 한다.

제40조(고충민원의 이첩 등) ① 권익위원회는 접수된 고충민원 중 관계 행정기관 등에서 처리하는 것이 타당하다고 인정되는 사항은 이를 관계 행정기관 등에 이첩할 수 있다. 이 경우 이첩 받은 관계 행정기관 등의 장은 권익위원회의 요청이 있는 때에는 그 처리결과를 권익위원회에 통보하여야 한다.

③ 권익위원회는 제1항에 따라 고충민원을 이첩한 경우에는 지체 없이 그 사유를 명시하여 신청인에게 통보하여야 한다. 이 경우 권익위원회는 필요하다고 인정하는 때에는 신청인에게 권리의 구제에 필요한 절차와 조치에 관하여 안내할 수 있다.

제41조(고충민원의 조사) ① 권익위원회는 고충민원을 접수한 경우에는 지체 없이 그 내용에 관하여 필요한 조사를 하여야 한다. 다만, 다음 각 호의 어느 하나에 해당하는 경우에는 조사를 하지 아니할 수 있다.

1. 제43조 제1항 각 호의 어느 하나에 해당하는 사항

2. 고충민원의 내용이 거짓이거나 정당한 사유가 없다고 인정되는 사항
3. 그 밖에 고충민원에 해당하지 아니하는 경우 등 권익위원회가 조사하는 것이 적절하지 아니하다고 인정하는 사항

제43조(고충민원의 각하 등) ① 권익위원회는 접수된 고충민원이 다음 각 호의 어느 하나에 해당하는 경우에는 그 고충민원을 각하하거나 관계기관에 이송할 수 있다.
1. 고도의 정치적 판단을 요하거나 국가기밀 또는 공무상 비밀에 관한 사항
2. 국회 · 법원 · 헌법재판소 · 선거관리위원회 · 감사원 · 지방의회에 관한 사항
3. 수사 또는 형집행에 관한 사항으로서 그 관장기관에서 처리하는 것이 적당하다고 판단되는 사항 또는 감사원의 감사가 착수된 사항
4. 행정심판, 행정소송, 헌법재판소의 심판이나 감사원의 심사청구, 그 밖에 다른 법률에 따른 불복 · 구제절차가 진행 중인 사항
5. 법령에 따라 화해 · 알선 · 조정 · 중재 등 당사자간의 이해조정을 목적으로 행하는 절차가 진행 중인 사항
6. 판결 · 결정 · 재결 · 화해 · 조정 · 중재 등에 따라 확정된 권리관계에 관한 사항 또는 감사원이 처분을 요구한 사항
7. 사인간의 권리관계 또는 개인의 사생활에 관한 사항
8. 행정기관의 직원에 관한 인사행정상의 행위에 관한 사항

제44조(합의의 권고) 권익위원회는 조사 중이거나 조사가 끝난 고충민원에 대한 공정한 해결을 위하여 필요한 조치를 당사자에게 제시하고

I. 부패방지 및 국민권익위원회의 설치와 운영에 관한 법률

합의를 권고할 수 있다.

제45조(조정) ① 권익위원회는 다수인이 관련되거나 사회적 파급효과가 크다고 인정되는 고충민원의 신속하고 공정한 해결을 위하여 필요하다고 인정하는 경우에는 당사자의 신청 또는 직권에 의하여 조정을 할 수 있다.
② 조정은 당사자가 합의한 사항을 조정서에 기재한 후 당사자가 기명날인하고 권익위원회가 이를 확인함으로써 성립한다.
③ 제2항에 따른 조정은 「민법」상의 화해와 같은 효력이 있다.

제46조(시정의 권고 및 의견의 표명) ① 권익위원회는 고충민원에 대한 조사결과 처분 등이 위법·부당하다고 인정할 만한 상당한 이유가 있는 경우에는 관계 행정기관 등의 장에게 적절한 시정을 권고할 수 있다.
② 권익위원회는 고충민원에 대한 조사결과 신청인의 주장이 상당한 이유가 있다고 인정되는 사안에 대하여는 관계 행정기관 등의 장에게 의견을 표명할 수 있다.

제47조(제도개선의 권고 및 의견의 표명) 권익위원회는 고충민원을 조사·처리하는 과정에서 법령 그 밖의 제도나 정책 등의 개선이 필요하다고 인정되는 경우에는 관계 행정기관 등의 장에게 이에 대한 합리적인 개선을 권고하거나 의견을 표명할 수 있다.

제48조(의견제출 기회 부여) ① 권익위원회는 제46조 또는 제47조에 따라 관계 행정기관 등의 장에게 시정 또는 제도개선의 권고를 하기

전에 그 행정기관 등과 신청인 또는 이해관계인에게 미리 의견을 제출할 기회를 주어야 한다.

② 관계 행정기관 등의 직원·신청인 또는 이해관계인은 권익위원회가 개최하는 회의에 출석하여 의견을 진술하거나 필요한 자료를 제출할 수 있다.

제49조(결정의 통지) 권익위원회는 고충민원의 결정내용을 지체 없이 신청인 및 관계 행정기관의 장에게 통지하여야 한다.

제50조(처리결과의 통보 등) ① 제46조 및 제47조에 따른 권고 또는 의견을 받은 관계 행정기관 등의 장은 이를 존중하여야 하며, 그 권고 또는 의견을 받은 날부터 30일 이내에 그 처리결과를 권익위원회에 통보하여야 한다.

② 제1항에 따른 권고를 받은 관계 행정기관 등의 장이 그 권고내용을 이행하지 아니하는 경우에는 그 이유를 권익위원회에 문서로 통보하여야 한다.

③ 권익위원회는 제1항 또는 제2항에 따른 통보를 받은 경우에는 신청인에게 그 내용을 지체 없이 통보하여야 한다.

제51조(감사의 의뢰) 고충민원의 조사·처리과정에서 관계 행정기관 등의 직원이 고의 또는 중대한 과실로 위법·부당하게 업무를 처리한 사실을 발견한 경우 위원회는 감사원에, 시민고충처리위원회는 당해 지방자치단체에 감사를 의뢰할 수 있다.

Ⅰ. 부패방지 및 국민권익위원회의 설치와 운영에 관한 법률

제52조(권고 등 이행실태의 확인·점검) 권익위원회는 제46조 및 제47조에 따른 권고 또는 의견의 이행실태를 확인·점검할 수 있다.

제53조(공표) 권익위원회는 다음 각 호의 사항을 공표할 수 있다. 다만, 다른 법률에 따라 공표가 제한되거나 개인의 사생활의 비밀이 침해될 우려가 있는 경우에는 그러하지 아니하다.
1. 제46조 및 제47조에 따른 권고 또는 의견표명의 내용
2. 제50조 제1항에 따른 처리결과
3. 제50조 제2항에 다른 권고내용의 불이행사유

제4관 부패행위의 신고 및 처리

제55조(부패행위의 신고) 누구든지 부패행위를 알게 된 때에는 이를 위원회에 신고할 수 있다.

> ㄴ. "부패행위"란 다음 각 목의 어느 하나에 해당하는 행위를 말한다(법 제2조 제4호).
> 가. 공직자가 직무와 관련하여 그 지위 또는 권한을 남용하거나 법령을 위반하여 자기 또는 제3자의 이익을 도모하는 행위
> 나. 공공기관의 예산사용, 공공기관 재산의 관리·취득·처분 또는 공공기관을 당사자로 하는 계약의 체결 및 그 이행에 있어서 법령에 위반하여 공공기관에 대하여 재산상 손해를 가하는 행위
> 다. 가목과 나목에 따른 행위나 그 은폐를 강요, 권유, 제의, 유인하는 행위

제58조(신고의 방법) 부패행위를 신고하고자 하는 자는 신고자의 인적

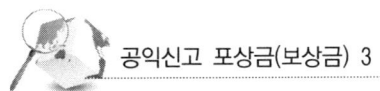
공익신고 포상금(보상금) 3

사항과 신고취지 및 이유를 기재한 기명의 문서로써 하여야 하며, 신고대상과 부패행위의 증거 등을 함께 제시하여야 한다.

제59조(신고의 처리) ① 위원회는 접수된 신고사항에 대하여 신고자를 상대로 다음 각 호의 사항을 확인할 수 있다.
1. 신고자의 인적사항, 신고의 경위 및 취지 등 신고내용의 특정에 필요한 사항
2. 신고내용이 제29조 제2항 각 호의 어느 하나에 해당하는지의 여부에 관한 사항

> ㄴ, "제29조 제2항 각 호"는 다음과 같다.
> 1. 국가기밀에 관한 사항
> 2. 수사·재판 및 형집행의 당부에 관한 사항 또는 감사원의 감사가 착수된 사항
> 3. 행정심판·소송, 헌법재판소의 심판, 헌법소원이나 감사원의 심사청구, 그 밖의 다른 법률에 따른 불복·구제절차가 진행 중인 사항
> 4. 법령에 따라 화해·알선·조정·중재 등 당사자간의 이해조정을 목적으로 행하는 절차가 진행 중인 사항
> 5. 판결·결정·재결·화해·조정·중재 등에 따라 확정된 사항 또는 「감사원법」에 따른 감사위원회에서 의결된 사항

② 위원회는 제1항의 사항에 대한 진위 여부를 확인하는데 필요한 범위에서 신고자에게 필요한 자료의 제출을 요구할 수 있다.

③ 위원회는 접수된 신고사항에 대하여 조사가 필요한 경우에는 이를 감사원, 수사기관 또는 해당 공공기관의 감독기관(감독기관이 없는 경우에는 해당 공공기관을 말한다. 이하 "조사기관"이라 한다)에 이첩

Ⅰ. 부패방지 및 국민권익위원회의 설치와 운영에 관한 법률

하여야 한다. 다만, 국가기밀이 포함된 신고사항에 대하여는 대통령령으로 정하는 바에 따라 처리한다.

> ㄴ. 시행령은 국가기밀이 포함된 신고사항에 대한 처리방법을 규정하지 않았다.

④ 위원회에 신고가 접수된 당해 부패행위의 혐의대상자가 다음 각호에 해당하는 고위공직자로서 부패혐의의 내용이 형사처벌을 위한 수사 및 공소제기의 필요성이 있는 경우에는 위원회의 명의로 검찰에 고발하여야 한다.
  1. 차관급 이상의 공직자
  2. 특별시장·광역시장 및 도지사
  3. 경무관급 이상의 경찰공무원
  4. 법관 및 검사
  5. 장관급 장교
  6. 국회의원

제60조(조사결과의 처리) ① 조사기관은 신고를 이첩받은 날부터 60일 이내에 감사·수사 또는 조사를 종결하여야 한다. 다만, 정당한 사유가 있는 경우에는 그 기간을 연장할 수 있으며, 위원회에 그 연장사유 및 연장기간을 통보하여야 한다.

② 제59조에 따라 신고를 이첩받은 조사기관은 감사·수사 또는 조사결과를 감사·수사 또는 조사 종료 후 10일 이내에 위원회에 통보하여야 한다. 이 경우 위원회는 통보를 받은 즉시 신고자에게 감사·수사 또는 조사결과의 요지를 통지하여야 한다.

공익신고 포상금(보상금) 3

④ 위원회는 조사기관의 감사·수사 또는 조사가 충분하지 아니하다고 인정되는 경우에는 감사·수사 또는 조사결과를 통보받은 날부터 30일 이내에 새로운 증거자료의 제출 등 합리적인 이유를 들어 조사기관에 대하여 재조사를 요구할 수 있다. 제2항 후단에 따른 통지를 받은 신고자는 위원회에 대하여 감사·수사 또는 조사결과에 대한 이의신청을 할 수 있다.

⑤ 재조사를 요구받은 조사기관은 재조사를 종료한 날부터 7일 이내에 그 결과를 위원회에 통보하여야 한다. 이 경우 위원회는 통보를 받은 즉시 신고자에게 재조사 결과의 요지를 통지하여야 한다.

제62조(신분보장 등) ① 누구든지 이 법에 따른 신고나 이와 관련한 진술 그 밖에 자료제출 등을 한 이유로 소속 기관·단체·기업으로부터 징계조치 등 어떠한 신분상 불이익이나 근무조건상의 차별을 받지 아니한다.

② 누구든지 신고를 한 이유로 신분상 불이익이나 근무조건상의 차별을 받았거나 당할 것으로 예상되는 때에는 위원회에 해당 불이익처분의 원상회복·전직·징계의 보류 등 신분보장조치와 그 밖에 필요한 조치를 요구할 수 있다.

③ 누구든지 신고로 인하여 허가 등의 취소, 계약의 해지 등 경제적·행정적 불이익을 당한 때에는 위원회에 원상회복 또는 시정을 위하여 인·허가, 계약 등의 잠정적인 효력 유지 등 필요한 조치를 요구할 수 있다.

④ 제2항 또는 제3항의 요구가 있는 경우에 위원회는 조사에 착수하여야 한다.

⑦ 위원회는 조사결과 요구된 내용이 타당하다고 인정된 때에는 요구자의 소속 기관의 장, 관계기관의 장 또는 요구자가 소속한 단체·기업 등의 장에게 적절한 조치를 요구할 수 있다. 이 경우 위원회로부터 요구를 받은 소속 기관의 장 또는 요구자가 소속한 단체·기업 등의 장은 정당한 사유가 없는 한 이에 따라야 한다.

⑧ 공직자인 신고자가 위원회에 전직, 전출·전입, 파견근무 등의 인사에 관한 조치를 요구한 경우 위원회는 그 요구 내용이 타당하다고 인정하는 때에는 안전행정부장관 또는 관련 기관의 장에게 필요한 조치를 요구할 수 있다. 이 경우 위원회로부터 요구를 받은 안전행정부장관 또는 관련 기관의 장은 이를 우선적으로 고려하여야 하며, 그 결과를 위원회에 통보하여야 한다.

⑨ 위원회는 제1항을 위반한 자에 대하여 징계권자에게 징계요구를 할 수 있다.

제3절 포상금과 보상금

이 법은 신고자에게 포상금과 보상금을 구별하여 지급한다. 포상금은 법을 위반한 모든 행위를 대상으로 일정한 요건에 따라 지급한다. 이에 비하여 보상금은 부패행위의 신고자에게만 지급한다.

제1관 포상금

제1항 법률의 규정

공익신고 포상금(보상금) 3

제68조(포상 및 보상) ① 위원회는 이 법에 따른 신고에 의하여 현저히 공공기관에 재산상 이익을 가져오거나 손실을 방지한 경우 또는 공익의 증진을 가져온 경우에는 신고를 한 자에 대하여 「상훈법」 등의 규정에 따라 포상을 추천할 수 있으며, 대통령령으로 정하는 바에 따라 포상금을 지급할 수 있다.

제2항 시행령의 규정

제71조(포상금의 지급사유 등) ① 법 제68조 제1항에 따라 포상금을 지급할 수 있는 경우는 다음 각 호의 어느 하나에 해당하는 경우를 말한다.
1. 부패행위자에 대하여 공소제기·기소유예·기소중지, 통고처분, 과태료 또는 과징금의 부과, 징계처분 및 시정조치 등이 있는 경우
2. 법령의 제정·개정 등 제도개선에 기여한 경우
3. 부패행위신고에 의하여 신고와 관련된 정책 등의 개선·중단 또는 종료 등으로 공공기관의 재산상 손실을 방지한 경우
4. 금품 등을 받아 자진하여 그 금품 등을 신고한 경우
5. 그 밖에 포상금을 지급할 수 있다고 법 제69조 제1항에 따른 보상심의위원회가 인정하는 경우

② 제1호부터 제3호까지 및 제5호에 해당하는 경우 포상금은 1억 원 이하로 한다.

③ 제1항 제4호에 해당하는 경우 포상금은 신고금액의 20퍼센트 범위로 하되, 2억 원 이하로 한다.

④ 제77조 제2항, 제80조 및 제83조의 규정은 포상금을 지급하는 경우에 이를 준용한다.

I. 부패방지 및 국민권익위원회의 설치와 운영에 관한 법률

⑤ 제1항에 따른 포상금 지급사유가 2 이상에 해당되는 경우에는 그 액수가 많은 것을 기준으로 한다.

제79조(보상금 등의 지급결정 등) ① 위원회는 보상심의위원회가 심의·의결한 사항을 기초로 하여 포상금 또는 보상금의 지급 여부 및 지급금액을 결정하여야 한다.

② 위원회는 제1항에 따른 보상금의 지급결정이 있은 때에는 보상결정서 원본을 보관하고, 보상결정서 정본 및 보상결정통지서를 신청인에게 지체 없이 송부하여야 한다.

제82조(보상금 등의 지급절차) 포상금 또는 보상금 지급절차에 관하여 필요한 사항은 위원회의 의결을 거쳐 위원장이 정한다.

제2관 보상금

제1항 법률의 규정

제68조(포상 및 보상) ② 부패행위의 신고자는 이 법에 따른 신고로 인하여 직접적인 공공기관 수입의 회복이나 증대 또는 비용의 절감을 가져오거나 그에 관한 법률관계가 확정된 때에는 위원회에 보상금의 지급을 신청할 수 있다. 이 경우 보상금은 불이익처분에 대한 원상회복 등에 소요된 비용을 포함한다.

③ 위원회는 제2항에 따른 보상금의 지급신청을 받은 때에는 제69조의 보상심의위원회의 심의·의결을 거쳐 대통령령으로 정하는 바에 따라 보상금을 지급하여야 한다. 다만, 공직자가 자기 직무와 관련하여 신고

공익신고 포상금(보상금) 3

한 사항에 대하여는 보상금을 감액하거나 지급하지 아니할 수 있다.

> ㄴ. 위원회는 포상과 보상에 관한 사항을 심의하고 의결하기 위하여 위원회 안에 보상심의위원회를 둔다. 이 보상심의위원회는 포상금과 보상금의 지급요건 · 지급액 · 지급절차 등에 관한 사항을 심의 · 의결한다.

④ 제2항에 따른 보상금의 지급신청은 공공기관 수입의 회복이나 증대 또는 비용의 절감에 관한 법률관계가 확정되었음을 안 날부터 2년 이내에 하여야 한다.

제70조(보상금의 지급결정 등) ① 위원회는 제68조에 따른 보상금의 지급신청이 있는 때에는 특별한 사유가 없는 한 신청일부터 90일 이내에 그 지급 여부 및 지급금액을 결정하여야 한다.
② 위원회는 제1항에 따른 보상금 지급결정이 있는 때에는 즉시 이를 신청인에게 통지하여야 한다.

제71조(다른 법령과의 관계) ① 제68조에 따른 보상금을 지급받을 자는 다른 법령에 따라 보상금을 청구하는 것이 금지되지 아니한다.
② 보상금을 지급받을 자가 동일한 원인에 기하여 이 법에 의한 포상금을 받았거나 또는 다른 법령에 따라 보상을 받은 경우 그 포상금 또는 보상금의 액수가 이 법에 따라 받을 보상금의 액수와 같거나 이를 초과하는 때에는 보상금을 지급하지 아니하며, 그 포상금 또는 보상금의 액수가 이 법에 의하여 지급받을 보상금의 액수보다 적은 때에는 그 금액을 공제하고 보상금을 정하여야 한다.

Ⅰ. 부패방지 및 국민권익위원회의 설치와 운영에 관한 법률

제2항 시행령의 규정

제72조(보상금의 지급사유) ① 법 제68조 제3항에 따라 보상금을 지급할 수 있는 경우는 다음 각 호의 어느 하나에 해당하는 부과 및 환수 등으로 인하여 직접적인 공공기관 수입의 회복이나 증대 또는 비용의 절감을 가져오거나 그에 관한 법률관계가 확정된 경우를 말한다.
1. 몰수 또는 추징금의 부과
2. 국세 또는 지방세의 부과
3. 손해배상 또는 부당이득반환 등에 의한 환수
4. 계약변경 등에 의한 비용절감
5. 그 밖의 처분이나 판결. 다만, 벌금·과료·과징금 또는 과태료의 부과와 통고처분을 제외한다.

② 제1항 각 호의 어느 하나에 해당하는 부과 및 환수 등은 신고사항 및 증거자료 등과 직접적으로 관련된 것에 한한다.

③ 제68조 제2항 후단에 따른 원상회복 등에 소요된 비용은 치료, 이사 또는 실직·전직 등으로 지출된 비용 등을 포함하여 산정할 수 있다.

제77조(보상금의 결정) ① 보상금의 지급기준은 별표1과 같다.
② 보상위원회는 별표1의 기준에 따라 보상금을 산정함에 있어서 다음 각 호의 사유를 고려하여 감액할 수 있다.
1. 증거자료의 신빙성 등 신고의 정확성
2. 신고한 부패행위가 신문·방송 등 언론매체에 의하여 이미 공개된 것인지 여부

3. 신고자가 신고와 관련한 불법행위를 행하였는지 여부
4. 그 밖에 부패행위사건의 해결에 기여한 정도

③ 보상금의 지급한도액은 20억 원으로 하고, 산정된 보상금의 천 원 단위 미만은 이를 지급하지 아니한다.

(별표1)

보상금의 지급기준(제77조 제1항 관련)

보 상 대 상 가 액	지 급 기 준
1억 원 이하	20%
1억 원 초과 5억 원 이하	2천만 원 + 1억 원 초과금액의 14%
5억 원 초과 20억 원 이하	7천6백만 원 + 5억 원 초과금액의 10%
20억 원 초과 40억 원 이하	2억2천6백만 원 + 20억 원 초과금액의 6%
40억 원 초과	3억4천6백만 원 + 40억 원 초과금액의 4%

제78조(공직자 보상금의 제한) 부패행위의 감사·수사 또는 조사업무에 종사 중이거나 종사하였던 공직자가 자기의 직무 또는 직무이었던 사항과 관련하여 신고한 경우에는 보상금을 지급하지 아니한다.

제80조(보상신청의 경합시 보상금 결정) ① 동일한 부패행위에 대하여 2명 이상이 각각 신고한 경우로서 제58조 제1항 제4호에 해당하지 아니하는 경우에는 별표1의 보상대상가액의 산정에 있어 이를 하나의 신고로 본다.

② 위원회는 제1항에 따른 신고의 경우 각각의 신고자에 대한 보상

Ⅰ. 부패방지 및 국민권익위원회의 설치와 운영에 관한 법률

금의 지급금액을 결정함에 있어 부패행위사건의 해결에 기여한 정도 등을 종합적으로 고려하여 각각의 신고자에게 배분한다. 이 경우 제77조 제2항에 따라 감액을 하는 경우에는 각각의 신고자별로 감액사유를 고려하여 결정한다.

제81조(보상금의 지급시기 등) ① 보상금은 제72조 제1항 각 호의 어느 하나에 해당하는 부과 및 환수 등의 절차에 따라 직접적인 공공기관 수입의 회복이나 증대 또는 비용의 절감을 가져오거나 그에 관한 법률관계가 확정된 후에 지급한다. 이 경우 그 부과 및 환수 등에 대한 불복제기기간이 경과되지 아니하였거나 불복·구제절차가 진행 중인 경우에는 그 기간 및 절차가 종료된 후에 지급한다.

② 제1항에서 법률관계가 확정된 후 보상금을 지급하는 경우에는 공공기관의 수입회복 등이 시작될 때까지 제79조 제1항에 따라 결정된 보상금의 100분의50 범위에서 그 지급을 하지 아니할 수 있다.

③ 제2항에 따라 지급하지 아니한 보상금은 공공기관의 수입회복 등이 이미 지급된 보상금을 초과하는 경우 제79조 제1항에 따라 결정된 보상금액에 이를 때까지 초과한 금액을 보상금으로 지급한다.

제83조(보상금의 환수) 위원회 또는 다른 법령에 따라 보상금을 지급한 기관은 다음 각 호의 어느 하나에 해당하는 경우에는 보상금의 전부 또는 일부를 환수할 수 있다.

1. 신고자가 허위, 그 밖에 부정한 방법으로 보상금을 지급받은 경우
2. 법 제71조 제2항 및 제3항의 규정을 위반하여 보상금이 지급된 경우

3. 그 밖에 착오 등의 사유로 보상금이 잘못 지급된 경우

제3관 포상금·보상금 지급의 세부적 기준·방법·절차
〈포상금 지급기준〉

Ⅰ. 일반기준

시행령 제71조에 따른 포상금은 예산의 범위 안에서 지급한다. 보상금이 공익증진 등에 기여한 정도에 비하여 현저히 적다고 판단되는 경우 포상금으로 지급한다.

포상금의 이중지급 방지를 위하여 포상금을 지급받을 자가 동일한 원인에 기하여 다른 법령의 규정에 의하여 포상금을 받았거나 받을 예정인 경우, 그 액수가 이 법령에 의하여 받을 포상금의 액수와 같거나 이를 초과할 때는 포상금을 지급하지 않고, 적은 때에는 그 금액을 공제하고 지급한다.

포상금의 감액 등은 법령상 보상금 지급기준을 준용한다. 보상금심의위원회는 필요한 경우 유형별로 정하여진 포상금액을 차하급(次下級) 기준으로 조정하여 지급할 수 있으며, 공적이 극히 경미하다고 판단되는 경우에는 지급하지 아니할 수 있다.

Ⅱ. 개별기준

1. 신분상 처분

Ⅰ. 부패방지 및 국민권익위원회의 설치와 운영에 관한 법률

금 액 기 준	유 형
1억 원 이하	부패신고와 관련하여 기소되거나 징계처분을 받은 자가 30명 이상인 경우 또는 파면·해임처분을 받은 자가 10명 이상인 경우
7,000만 원 이하	부패신고와 관련하여 기소되거나 징계처분을 받은 자가 20인 이상인 경우 또는 파면·해임처분을 받은 자가 8명 이상인 경우
5,000만 원 이하	부패신고와 관련하여 기소되거나 징계처분을 받은 자가 15명 이상인 경우 또는 파면·해임처분을 받은 자가 6명 이상인 경우
3,000만 원 이하	부패신고와 관련하여 기소되거나 징계처분을 받은 자가 10명 이상인 경우 또는 파면·해임처분을 받은 자가 4명 이상인 경우
1,000만 원 이하	부패신고와 관련하여 기소되거나 징계처분을 받은 자가 10명 이상인 경우 또는 파면·해임처분을 받은 자가 2명 이상인 경우
500만 원 이하	부패신고와 관련하여 기소, 기소유예, 기소중지 또는 징계처분을 받은 자가 있는 경우

비고 1. 금액기준란의 500만 원 초과 1억 원 이하인 경우, 고위공무원단 이상의 공무원은 1인을 3인으로 간주한다.
2. 금액기준란의 500만 원 초과 5,000만 원 이하의 경우, 기소유예처분을 받은 자 2명은 징계처분을 받은 자 1명으로 계산한다. 이 경우 소수점 이하는 버린다.

2. 금전적 처분

금 액 기 준	유 형
1억 원 이하	50억 원 이상의 과징금의 부과가 있는 경우

금액 기준	유형
7,000만 원 이하	40억 원 이상의 과징금의 부과가 있는 경우
5,000만 원 이하	30억 원 이상의 과징금의 부과가 있는 경우
3,000만 원 이하	20억 원 이상의 과징금의 부과가 있는 경우
1,000만 원 이하	10억 원 이상의 과징금의 부과가 있는 경우
500만 원 이하	통고처분, 과태료 또는 과징금 부과가 있는 경우

3. 법령의 제·개정 등 제도개선에 기여

금액 기준	유형
1억 원 이하	신고로 인하여 법률의 제정에 현저히 기여한 경우
7,000만 원 이하	신고로 인하여 2개 이상의 법률의 개정에 기여한 경우
5,000만 원 이하	신고로 인하여 법률 또는 2개 이상의 법령의 개정에 현저히 기여한 경우
3,000만 원 이하	신고로 인하여 대통령령의 제·개정에 현저히 기여한 경우
1,000만 원 이하	신고로 인하여 총리령·부령·조례의 제·개정에 현저히 기여한 경우
500만 원 이하	신고로 인하여 지침·규정 등의 제·개정에 현저히 기여한 경우

비고 1. 상위 법령의 제·개정에 따라 함께 제·개정되는 경우에는 1개의 법령이 제·개정된 것으로 본다.
2. 법률, 대통령령, 총리령, 부령, 조례나 지침 등의 형식에 관계없이 제도개선 등의 중요성, 사회적 파급효과 등을 고려하여 지급금액을 조정할 수 있다.

I. 부패방지 및 국민권익위원회의 설치와 운영에 관한 법률

4. 공공기관의 재산상 손실방지

금 액 기 준	유 형
1억 원 이하	신고와 관련된 정책·사업 등의 개선·중단 또는 종료 등으로 공공기관에 100억 원 이상의 재산상 이익을 가져오거나 재산상 손실을 방지하게 한 경우
7,000만 원 이하	신고와 관련된 정책·사업 등의 개선·중단 또는 종료 등으로 공공기관에 70억 원 이상의 재산상 이익을 가져오거나 재산상 손실을 가져오게 한 경우
5,000만 원 이하	신고와 관련된 정책·사업 등의 개선·중단 또는 종료 등으로 공공기관에 50억 원 이상의 재산상 이익을 가져오거나 재산상 손실을 방지하게 한 경우
3,000만 원 이하	신고와 관련된 정책·사업 등의 개선·중단 또는 종료 등으로 공공기관에 30억 원 이상의 재산상 이익을 가져오거나 재산상 손실을 방지하게 한 경우
1,000만 원 이하	신고와 관련된 정책·사업 등의 개선·중단 또는 종료 등으로 공공기관에 10억 원 이상의 재산상 이익을 가져오거나 재산상 손실을 방지하게 한 경우
500만 원 이하	신고와 관련된 정책·사업 등의 개선·중단 또는 종료 등으로 공공기관에 재산상 이익을 가져오거나 재산상 손실을 방지하게 한 경우

5. 그 밖에 보상심의위원회가 인정하는 경우

금 액 기 준	유 형
1억 원 이하	신고로 인하여 사회적으로 관심도가 높고 고질적·구조적·반복적으로 발생되었던 비리 등이 밝혀져 사회적 반향을 크게 불러일으키고, 정책적 개선이 이루어지는

	등 공익증진에 지대한 공로가 있다고 인정되는 경우
7,000만 원 이하	위 공로에는 미치지 못하나 신고로 인하여 사회적으로 관심도가 높고 고질적·구조적·반복적으로 발생되었던 비리 등이 밝혀져 사회적 반향을 크게 불러일으키고, 정책적 개선이 이루어지는 등 공익증진에 크게 기여한 경우
5,000만 원 이하	신고로 인하여 고질적·구조적·반복적인 비리 등이 밝혀져 사회적 반향을 불러일으키고, 정책적 개선이 이루어지는 등 공익증진에 크게 기여한 경우
3,000만 원 이하	위 공로에는 미치지 못하나 신고로 인하여 고질적·구조적·반복적인 비리 등이 밝혀져 정책적 개선이 이루어지는 등 공익증진에 크게 기여한 경우
1,000만 원 이하	기타 신고로 인하여 부패방지시책 도입, 제도·관행의 개선 등이 이루어진 경우

6. 금품수수 자진신고

금 액 기 준	유　　　　형
2억 원 이하	신고금액의 20% 범위 이내로 하되, 자진신고의 동기·시점, 금품수수의 정황 등을 고려하여 위원회에서 정한다.

Ⅰ. 부패방지 및 국민권익위원회의 설치와 운영에 관한 법률

(국민권익위원회 예규 제28호 별지 제1호 서식)

신 고 서

신고자	성명		주민등록번호	
	전화번호		직업	
	주소			
피신고자 (신고대상)	성명		주민등록번호	
	전화번호		직업	
	주소			
신고취지 및 이유				
증거서류				
비 고				

위와 같이 피신고자(신고대상)의 부패행위를 신고합니다.

20 . . .

위 신고자   (인 또는 서명)

국민권익위원회 위원장 귀하

> ㄴ, 이 서식은 국민권익위원회를 직접 방문하여 신고서를 제출하거나 우송의 방법으로 제출할 경우에 사용하는 것이다. "신고취지 및 이유" 란이 부족한 경우에는 별지(別紙)에 작성하여 첨부하면 될 것이다. 인터넷에 의하여 신고하는 경우에도 별지는 같은 요령으로 사용하면 된다. 나머지는 인터넷의 안내에 따르면 된다.

공익신고 포상금(보상금) 3

(국민권익위원회 예규 제28호 별지 제8호 서식)

신분공개 동의 여부 확인서

신고자	성명		주민등록번호		
	전화번호	사무실)		자택)	
		휴대전화)			
	주소				
신고사항 접수번호			접수일자		
신고제목					
신분공개 동의여부	1. 위원회심사 · 확인과정 앞으로 귀하의 신고사건에 대하여 우리 위원회에서 심사 · 확인하는 절차를 거치게 됩니다. 이 과정에서 귀하의 신분을 밝히거나 암시하는 것에 동의하시겠습니까? 선택해 주십시오. ⇨ ① 동의( ) ② 부동의( ) 2. 조사기관 조사과정 귀하의 신고사건이 조사기관에 이첩(송부)되는 경우, 조사기관의 감사 · 수사 또는 조사과정 등에 있어서 귀하의 신분을 밝히거나 암시하는 것에 동의하시겠습니까? 이에 부동의 하시는 경우에는 귀하의 인적사항을 제외하여 이첩(송부)하게 됩니다. ⇨ ① 동의( ) ② 부동의( )				

위 신고자 본인은 인적사항 등 신분공개 동의 여부에 대하여 위와 같이 확인서를 작성 제출합니다.

20 . . .

위 신고자   (인 또는 서명)

국민권익위원회 위원장 귀하

Ⅰ. 부패방지 및 국민권익위원회의 설치와 운영에 관한 법률

(국민권익위원회 예규 제57호 별지 제1호 서식)

신고자보상금지급신청서				처리기간
				90일
신청인	성명		주민등록번호	
	주소·전화번호			
	거주지(우편물 수령장소)			
대리인 또는 대표자	성명		신청인과의 관계	신청인의 ( )
	주민등록번호			
	주소·전화번호			
	거주지(우편물 수령장소)			
부패신고조사 결과사항	접수번호	20 . 신고 제 호		
	통지일자	20 . . .		
	통지내용			
다른 법령의 규정에 의한 보상금 청구 또는 수령사항	청구여부	☐ 있음(기관명 :) ☐ 없음		
	수령여부	☐ 있음(금액 :) ☐ 없음		
입금계좌	은행명 :		계좌번호 :	
보상금 신청금액				
원상회복 등에 소요된 비용				

「부패방지 및 국민권익위원회의 설치와 운영에 관한 법률」 제68조 제2항에 따라 보상금을 신청하오니 지급하여 주시기 바랍니다.
첨부서류 :

20 . . .
신청인   (인)

국민권익위원회 위원장 귀하

* 주민등록증 등 신청인 및 대리인·대표자가 본인임을 증명할 수 있는 신분증

2

공익신고자보호법

제1절 「공익신고자보호법」의 이해

「공익신고자보호법」은 2011. 9. 29.부터 시행되었기 때문에 아직 일반에 널리 알려지지는 않았다. 이 법은 공익을 신고한 사람을 보호(신변보호, 책임감면, 불이익조치의 금지, 인사상 우선조치 등)하고, 공익신고로 인하여 재산상 손실이 발생한 경우에는 구조금을 지급하며, 신고자보상을 지급하는 등의 내용 등을 규정하고 있다.

이 법에서 보상금을 지급하는 대상으로 하는 법률은 180개 법률이며, 이들 법률에 대한 보상에 관한 통칙적인 규정을 담고 있는 법률이 「공익신고자보호법」인 샘이다. 이들 법률에 관한 공익신고자는 「공익신고자보호법」의 규정에 의하여 국민권익위원회로부터 보상금을 받을 수 있다. 위 180개의 법률 중에는 이 법과는 별도로 그 법률이 자체적으로 포상규정을 두고 있는 경우도 있는데, 이와 같은 포상과 이 법에 의한 보상이 경합(중복)하는 경우에는 신고자에게 유리한 쪽을 선택하여 포상금 또는 보상금을 받을 수 있다. 이를 위반하여 양쪽에서 모두를 지급받은 경우에는 발각되면 반환명명을 받게 된다.

이 법에 의한 보상과 그 법률 자체에 의한 포상이 경합하는 내용을 규정하고 있는 법률로는 「건강기능식품에 관한 법률」, 「공인중개사법」, 「농수산물의 원산지표시에 관한 법률」, 「마약류관리에 관한 법률」, 「문화재보호법」, 「방문판매 등에 관한 법률」, 「부정경쟁방지 및 영업비밀에 관한 법률」, 「산림보호법」, 「상호저축은행법」, 「수산자원관리법」, 「습지보전법」, 「식물방역법」, 「약사법」, 「야생생물 보호 및 관리에 관한 법률」, 「양곡관리법」, 「청소년보호법」 등이다.

II. 공익신고자보호법

　이들 법률에 대한 "포상금"에 관한 내용은 편저자가 이미 출간한 〈신고포상금〉에서 자세히 다루었다. 이하 「공익신고자보호법」에서 규정하는 공익신고자 보상금에 관한 내용을 중심으로 검토한다. 이 법이 보상의 대상으로 하는 위반행위는 형사상 처벌, 과태료의 부과는 물론 행정상의 처분까지를 모두 포함하고 있는 점이 특색이라고 할 수 있다. 이 법에서는 이를 보상금이라고 규정하고 있지만 그 실질은 포상금에 해당한다고 이해하면 된다.

제2절 공익신고의 요건 · 절차 등

제1관 공익신고의 개념

　이 법에서 말하는 "공익신고"란 제6조 각 호의 어느 하나에 해당하는 자에게 공익침해행위가 발생하였거나 발생할 우려가 있다는 사실을 신고·진정·제보·고소·고발하거나 공익침해행위에 대한 수사의 단서를 제공하는 것을 말한다. 다만, 다음 각 목의 어느 하나에 해당하는 경우에는 공익신고로 보지 아니한다(법 제2조 제2호).
　가. 공익신고의 내용이 거짓이라는 사실을 알았거나 알 수 있었음에도 불구하고 공익신고를 한 경우
　나. 공익신고와 관련하여 금품이나 근로관계상의 특혜를 요구하거나 그 밖에 부정한 목적으로 공익신고를 한 경우
제6조(공익신고) 누구든지 공익침해행위가 발생하였거나 발생할 우려가 있다고 인정하는 경우에는 다음 각 호의 어느 하나에 해당하는 자

공익신고 포상금(보상금) 3

에게 공익신고를 할 수 있다.

1. 공익침해행위를 하는 사람이나 기관·단체·기업 등의 대표자 또는 사용자

> ㄴ 제1호의 "공익침해를 하는 사람이나 기관·단체·기업"은 공익침해행위를 하는 행위의 주체를 말하며, "대표자 또는 사용자"는 신고를 받는 주체를 뜻한다.

2. 공익침해행위에 대한 지도·감독·규제 또는 조사 등의 권한을 가진 행정기관이나 감독기관(이하 "조사기관"이라 한다)
3. 수사기관
4. 국민권익위원회

> ㄴ 이 책에서는 국민권익위원회에 신고하는 것을 전제로 내용을 구성한다. 물론 권익위원회는 신고를 접수한 후에 관계 기관에 이첩한다. 따라서 신고서를 수사기관 등에 직접 제출하는 경우에 비하여 진행이 더디다는 단점이 있다.

5. 그 밖에 공익신고를 하는 것이 공익침해행위의 발생이나 그로 인한 피해의 확대방지에 필요하다고 인정되어 대통령령으로 정하는 자

> ㄴ "대통령령으로 정하는 자"란 다음 각 호에 해당하는 자를 말한다(시행령 제5조 제1항).
> 1. 국회의원
> 2. <u>공익침해행위와 관련된 법률5)</u>에 따라 설치된 공사·공단 등 공공단체

제2관 공익침해행위의 범위

"공익침해행위"란 국민의 건강과 안전, 행정, 소비자의 이익 및 공정한 경쟁을 침해하는 행위로서 다음 각 목의 어느 하나에 해당하는 행위를 말한다(법 제2조 제1호).

가. 별표에 규정된 법률의 벌칙에 해당하는 행위

> ↳ "별표에 규정된 법률"은 다음에 검토하게 되는 법률들을 말한다. 이 책에서는 180개 중 마지막 60개의 법률을 소개한다.

나. 별표에 규정된 법률에 따라 인·허가의 취소처분, 정지처분 등 대통령령으로 정하는 행정처분의 대상이 되는 행위

> ↳ "대통령령으로 정하는 행정처분"이란 다음 각 호를 말한다(시행령 제3조).
> 1. 허가·인가·특허·면허·승인·지정·검정·인증·확인·증명·등록 등을 취소·철회하거나 말소하는 처분
> 2. 영업·업무·효력·자격 등을 정지하는 처분
> 3. 시정명령, 시설개수명령, 이전명령, 폐쇄명령, 철거명령, 위반사실 공표명령 등 의무자의 의사에 반하여 특정한 행위를 명하는 처분
> 4. 과징금, 과태료 등 위반사실을 이유로 금전의 납부의무를 부과하는 처분

---

5) ★ 공익침해와 관련된 법률 : 이는 "3. 개별 법률 분석"에서 검토하는 180개의 법률을 뜻한다. 따라서 이들 법률의 규정에 의하여 설치된 공사(公社)나 공단(公團) 등에 신고한 경우에도 보상의 대상이 되는 신고·진정·제보에 해당하는 것이다. 고소와 고발은 수사기관(검찰·경찰·특별사법경찰)에 신고하는 것을 말한다.

공익신고 포상금(보상금) 3

제3관 공익신고의 방법 및 처리

제8조(공익신고의 방법) ① 공익신고를 하려는 사람은 다음 각 호의 사항을 적은 문서(전자문서를 포함한다. 이하 "신고서"라 한다)와 함께 공익침해행위의 증거 등을 첨부6)하여 제6조 각 호의 어느 하나에 해당하는 자에게 제출하여야 한다.

1. 공익신고자의 이름, 주민등록번호, 주소 및 연락처 등 인적사항
2. 공익침해행위를 하는 자
3. 공익침해행위 내용
4. 공익신고의 취지와 이유

② 제1항에도 불구하고 신고서를 제출할 수 없는 특별한 사정이 있는 경우에는 구술(口述)로 신고할 수 있다. 이 경우 증거 등을 제출하여야 한다.

제9조(신고내용의 확인 및 이첩 등) ① 위원회가 공익신고를 받은 때에는 공익신고자의 인적사항, 공익신고의 경위 및 취지 등 신고 내용의 특정에 필요한 사항 등을 확인할 수 있다.

---

6) ★ 증거 등의 첨부 : 제8조 제1항에서 "증거 등을 첨부하여"라고 규정한 것은 신고 등을 하려는 사람이 스스로 확보한 증거(문서·사진·녹음·물건 등)을 가지고 있는 경우에는 첨부하라는 의미이다. 어떤 위반행위는 신고자가 증거를 수집할 여유가 없는 경우도 있다. 현행범인을 체포하는 경우가 그렇다. 또 강제수사권도 없는 민간인에게 사설탐정도 인정되지 않는 우리나라의 현실에서는 신고 등을 하는 사람으로서는 증거를 수집하는 일이 매우 제한적이기 때문에 법이 많은 것을 요구할 수는 없다. 따라서 반드시 증거자료를 첨부하여야만 하는 것은 아니다. 수사나 조사 등의 단서가 될 만한 충분한 이유를 제공하면 그것으로 충분하다.

II. 공익신고자보호법

② 위원회는 제1항의 사항에 대한 진위 여부를 확인하는 데 필요한 범위에서 공익신고자에게 필요한 자료의 제출을 요구할 수 있다.

③ 위원회는 제2항에 따른 사실확인을 마친 후에는 바로 해당 조사기관이나 수사기관에 이첩하고, 그 사실을 공익신고자에게 통보하여야 한다.

④ 제3항에 따라 공익신고를 이첩 받은 조사기관이나 수사기관은 조사·수사 종료 후 조사결과 또는 수사결과를 위원회에 통보하여야 한다. 이 경우 위원회는 조사결과 드는 수사결과의 요지를 공익신고자에게 통지하여야 한다.

제10조(공익신고의 처리) ① 조사기관은 공익신고를 받은 때와 위원회로부터 공익신고를 이첩 받은 때에는 그 내용에 관하여 필요한 조사를 하여야 한다.

② 조사기관은 공익신고가 다음 각 호의 어느 하나에 해당하는 때에는 조사를 하지 아니하거나 중단하고 끝낼 수 있다.

1. 공익신고의 내용이 명확히 거짓인 경우
2. 공익신고자의 인적사항을 알 수 없는 경우
3. 공익신고자가 신고서나 증경자료 등에 대한 보완요구를 2회 이상 받고도 보완기간에 보완하지 아니한 경우
4. 공익신고에 대한 처리결과를 통지받은 사항에 대하여 정당한 사유 없이 다시 신고한 경우
5. 공익신고의 내용이 언론매체 등을 통하여 공개된 내용에 해당하고, 공개된 내용 외에 새로운 증거가 없는 경우
6. 다른 법령에 따라 해당 공익침해행위에 대한 조사가 이미 시작되었거나 끝난 때

공익신고 포상금(보상금) 3

7. 그 밖에 공익침해행위에 대한 조사가 필요하지 아니하다고 대통령령으로 정하는 경우

> ㄴ. "대통령령으로 정하는 경우"란 다음 각 호를 말한다(시행령 제12조).
> 1. 신고내용이 공익침해행위와 관련성이 없는 경우
> 2. 공익침해행위를 증명할 수 있는 증거[7]가 없는 경우
> 3. 다른 법령 또는 위임에 따라 해당 공익침해행위에 대한 조사를 하지 아니할 수 있도록 한 경우

제3절 보상금의 지급기준 · 절차 · 방법

제1관 「공익신고자보호법」의 규정

제26조(보상금) ① 공익신고자는 공익신고로 인하여 다음 각 호의 어느 하나에 해당하는 부과 등을 통하여 국가 또는 지방자치단체에 직접적인 수입의 회복 또는 증대를 가져오거나 그에 대한 <u>법률관계가 확정된 때</u>[8]에는 위원회에 보상금의 지급을 신청할 수 있다.

---

[7] ★ 증거 : 증거라고 하면 일반적으로 문서·사진·녹음·물건 등을 우선 떠올리게 되지만, 법을 위반하는 행위를 보고 들은 사람의 진술도 증거가 된다. 그리고 신고자의 진술(신고사실)도 그 자체에 신빙성이 있다면 증거이다.

[8] ★ 법률관계의 확정 : 법률관계가 확정되었다고 함은 벌금의 경우에는 정식재판의 청구나 상소(항소·상고)를 할 수 있는 기간이 경과한 경우를, 과태료의 경우에는 「비송사건절차법」에 의한 불복(不服)을 할 수 없게 된 경우를, 행정처분의 경우에는 행정심판이나 행정소송을 통하여 더 이상 다툴 수 없게 된 경우를 말한다. 따라서 벌금이나 과징금 등을 현실적으로 징수할 때까지 기다려야만 보상금을 신청할 수 있는 것은 아니다. 그러나 신고자가 보상금을 손에 쥐기까지에는 다소 기간이 필요하다고 보아야 할 것이다.

Ⅱ. 공익신고자보호법

1. 벌칙 또는 통고처분
2. 몰수 또는 추징금의 부과
3. 과태료 또는 이행강제금의 부과
4. 과징금(인·허가 등의 취소·정지처분 등을 갈음하는 과징금제도가 있는 경우에 인·허가 등의 취소·정지처분 등을 포함한다)의 부과
5. 그 밖에 대통령령으로 정하는 처분이나 판결

> ㄴ, "대통령령으로 정하는 처분이나 판결"이라고 함은 다음 각 호의 경우를 말한다(시행령 제21조).
> 1. 국세 또는 지방세의 부과
> 2. 부담금 또는 가산금 부과처분
> 3. 손해배상 또는 부당이득 반환 등의 판결

② 위원회는 제1항에 따른 보상금의 지급신청을 받은 때에는 「부패방지 및 국민권익위원회의 설치와 운영에 관한 법률」 제69조에 따른 보상심의위원회의 심의·의결을 거쳐 대통령령으로 정하는 바에 따라 보상금을 지급하여야 한다. 다만, 공익침해행위를 관계 행정기관 등에 신고를 할 의무를 가진 자 또는 공직자가 자기의 직무와 관련하여 공익신고를 한 사항에 대하여는 보상금을 감액하거나 지급하지 아니할 수 있다.

③ 제1항에 따른 보상금의 지급신청은 국가 또는 지방자치단체에 수입의 회복이나 증대에 관한 법률관계가 확정되었음을 안 날부터 2년 이내, 그 법률관계가 확정된 날부터 5년 이내에 하여야 한다. 다만, 정당한 사유가 있는 경우에는 그러하지 아니하다.

공익신고 보상금(보상금) 3

④ 위원회는 제1항에 따른 보상금의 지급신청이 있는 때에는 특별한 사유가 없는 한 신청일부터 90일 이내에 그 지급 여부 및 지급금액을 결정하여야 한다.

⑤ 위원회는 보상금 지급과 관련하여 조사가 필요하다고 인정되는 때에는 보상금 지급신청인, 참고인 또는 관계기관 등에 출석, 진술 및 자료의 제출 등을 요구할 수 있다. 보상금 지급신청인, 참고인 또는 관계기관 등은 위원회로부터 출석, 진술 및 자료제출 등을 요구받은 경우 정당한 사유가 없는 한 이에 따라야 한다.

⑥ 위원회는 제4항에 따른 보상금 지급결정이 있은 때에는 즉시 이를 보상금 지급신청인과 관련 지방자치단체(지방자치단체의 직접적인 수입의 회복이나 증대 및 그에 관한 법률관계의 확정을 이유로 보상금을 지급한 경우에 한정한다)에 통지하여야 한다.

제2관 「공익신고자보호법 시행령」의 규정

제22조(보상금의 산정기준) ① 보상금의 산정기준은 별표2와 같다. 다만, 다음 각 호의 사유를 고려하여 보상금 지급액을 감액하거나 보상금을 지급하지 아니할 수 있고, 공익침해행위의 조사·수사업무에 종사 중이거나 종사하였던 공직자가 그 조사 또는 수사사항과 관련하여 신고한 경우에는 보상금을 지급하지 아니한다.

1. 신고내용의 정확성이나 증거자료의 신빙성
2. 신고한 공익침해행위가 신문·방송 등 언론에 의하여 이미 공개된 것인지 여부
3. 공익신고자가 공익신고와 관련한 불법행위를 하였는지 여부

II. 공익신고자보호법

 4. 공익신고자가 공익침해행위 제거 및 예방 등에 이바지한 정도
 5. 공익신고자가 관계 행정기관 등에 신고할 의무를 가졌는지 또는 직무와 관련하여 공익신고를 하였는지 여부

② 보상금의 지급한도액은 10억 원으로 하고, 신청된 보상금의 천원 단위 미만은 이를 지급하지 아니한다.

③ 개별 공익침해행위로 인하여 산정된 보상금이 20만 원 미만인 경우에는 지급하지 아니한다.

(별표2)

보상금 산정 기준

보상대상가액	지 급 기 준
1억 원 이하	20%
1억 원 초과 5억 원 이하	2천만 원 + 1억 원 초과금액의 14%
5억 원 초과 20억 원 이하	7천6백만 원 + 5억 원 초과금액의 10%
20억 원 초과 40억 원 이하	2억2천6백만 원 + 20억 원 초과금액의 6%
40억 원 초과	3억4천6백만 원 + 40억 원 초과금액의 4%

ㄴ, 이 표에서 말하는 "보상대상가액"이란 국가나 지방자치단체가 수익으로 거두어들일 가능성이 확정된 금액(벌금, 과태료, 과징금 등)을 말한다.

제23조(보상금의 지급결정) ① 위원회는「부패방지 및 국민권익위원회의 설치와 운영에 관한 법률」제69조에 따른 보상심의위원회가 심의·의결한 사항을 기초로 보상금 지급 여부 및 지급금액을 결정하고, 보상금 지급결정이 있는 경우에는 결정서 정본 및 결정통지서를 신청인

 공익신고 포상금(보상금) 3

에게 지체 없이 보내야 한다.

② 위원회는 제1항에 따라 보상금을 결정하는 경우 결정 당시 국가 또는 지방자치단체에 직접적인 수입의 회복 또는 증대를 가져오는 법률관계가 확정된 후 수입의 회복 또는 증대가 아직 시작되지 아니하였거나 수입의 회복 또는 증대 금액이 제22조 제1항에 따라 산정된 보상금의 100분의50 미만인 경우에는 우선적으로 100분의50 범위에서 보상금을 지급하고, 나머지 금액은 국가 또는 지방자치단체의 수입의 회복 또는 증대 금액이 이미 지급된 보상금을 초과하는 경우에 지급하도록 결정할 수 있다.

제24조(보상신청의 경합시의 보상금 결정) ① 하나의 공익침해행위에 대하여 2명 이상이 각각 공익신고를 한 경우 별표2의 보상대상 가액을 산정할 때에는 이를 하나의 공익신고로 본다.

② 위원회는 제1항에 따른 공익신고의 경우 각각의 공익신고자에 대한 보상금 지급금액을 결정할 때 공익침해행위의 제거 및 예방에 이바지한 정도 등을 종합적으로 고려하여 각각의 공익신고자에게 배분한다. 이 경우 제22조 제1항 단서를 적용할 때에는 공익신고자별로 사유를 고려하여 결정한다.

제25조(보상금의 지급시기) 보상금은 법 제26조 제1항 각 호의 어느 하나에 해당하는 부과 등의 절차에 따라 국가 또는 지방자치단체에 직접적인 수입의 회복 또는 증대를 가져오거나 그에 관한 법률관계가 확정된 후에 지급한다. 이 경우 그 부과 등에 대한 이의제기기간이 지나지 아니하였거나 불복 구제절차가 진행 중일 때에는 그 기간 및 절차가 끝난 뒤에 지급한다.

II. 공익신고자보호법

(공익신고 접수 및 처리사무 운영지침 별지 제1호 서식)

신 고 서

접수일자		접수번호			처리기간	60일
신고자	이름		주민등록번호			
	주소					
	연락처			직업		
피신고자	이름		주민등록번호			
	주소					
	연락처			직업		
공익신고 취지 및 이유						
공익신고 내용						
증거자료 등 첨부 서류						
위와 같이 피신고자의 공익침해행의를 신고합니다. 20 . . . 신고자 (인 또는 서명)						

국민권익위원회 위원장 귀하

> ㄴ. 이 서식은 신고인이 직접 방문하여 제출하거나 우송하는 경우에 사용하는 것이다. 공익신고의 내용 등에 난이 부족한 때에는 별지(別紙)에 작성하여 첨부하면 된다. 인터넷으로 신고하는 경우에도 별지를 활용하는 요령은 마찬가지이다.

(공익신고 접수 및 처리사무 운영지침 별지 제2호 서식)

신분공개 동의 여부 확인서

신고자	성명		주민등록번호	
	주소			
	연락처			

공익신고	제목			
	접수일자		접수번호	

신분공개여부	1. 위원회심사·확인과정 앞으로 귀하의 공익신고사건에 관하여 우리 위원회에서 심사·확인하는 절차를 거치게 됩니다. 이 과정에서 귀하의 신분을 밝히거나 암시하는 것에 동의하시겠습니까? ⇨ 〔　〕동의　　〔　〕부동의 2. 조사기관 조사과정 귀하의 신고사건이 조사기관에 이첩(송부)되는 경우, 조사기관의 수사 또는 조사과정 등에 있어서 귀하의 신분을 밝히거나 암시하는 것에 동의하시겠습니까? 이에 부동의하시는 경우에는 귀하의 인적사항을 제외하여 이첩(송부)하게 됩니다. ⇨ 〔　〕동의　　〔　〕부동의

위 신고자 본인은 인적사항 등 신분공개 동의 여부에 대하여 위와 같이 확인합니다.

20　.　.　.
신고자　　　　　(인 또는 서명)

국민권익위원회 위원장 귀하

(공익신고 접수 및 처리사무 운영지침 별지 제3호 서식)

대표신고자 선정서

대표신고자	성명		주민등록번호	
	주소			
	연락처			
공익신고	제목			
	접수일자		접수번호	

아래의 신고자들은 공익신고 접수에 대하여 위 사람을 대표신고자로 선정하고 신고사항 처리결과 통보 수령 등 공익신고 처리에 관한 사항을 위임합니다.

20 . . .

신고인   등   명

국민권익위원회 위원장 귀하

선정자 명단			
연번	성명	주민등록번호	주소(연락처)	서명 또는 날인

첨부서류
대표신고자의 신분증 사본
선정자들의 신분증 사본

ㄴ. 앞쪽의 선정자명단이 부족한 경우 별지로 선정자명단을 작성하여 제출할 수 있습니다.

3

개별 법률의 검토

공익신고 포상금(보상금) 3

제121장 의료기기법

〔개별 법률의 규정들을 검토하기 전에 우선 양해를 구합니다. 이 책은 보상금과 관련한 내용만을 소개하면서 보충설명을 드리는 것을 원칙으로 함에 따른 제약으로 인하여 특별법들의 모든 규정을 다 소개하지는 못합니다. 그뿐만 아니라 벌칙규정 및 과태료와 관련된 규정은 모두 소개하지만 행위의 금지규정 또는 제한규정에 관한 내용도 책자의 분량을 고려하여 모두 소개함에는 어려움이 있습니다. 그러나 신고 및 보상과 관련하여 꼭 필요하다고 생각되는 규정들은 가능한 범위 안에서 최선을 다하여 발췌·인용하는 것으로 하겠습니다.

행정처분은 대부분 벌칙과 병과(竝科)하는 것이 행정법규의 특징이므로, 벌칙규정과 과태료규정만 대강 – 숙지까지는 어려우므로 – 기억을 해두시면 신고대상인 법위반 행위들이 눈과 귀에 들어올 것입니다. 이와 관련한 일을 직업(?)으로 하시는 분이라면 관심 있는 법률만큼은 그 시행령과 시행규칙까지 틈틈이 그러나 꼼꼼하게 챙겨 두시기를 권합니다. 자신 있게 말할 수 있는 것은 다음에 검토하는 법률들의 많은 부분은 보물창고가 될 것입니다. 최첨단 장비는 법령에 대한 지식이며, 받게 되는 보상금의 크기는 습득한 지식의 양에 비례합니다. 법령을 찾아보는 요령을 소개합니다.〕

① 대법원 홈페이지 ⇨ ② 대국민서비스 ⇨ ③ 종합법률정보 ⇨ ④ 법령 ⇨ ⑤ 검색어
① 법제처 홈페이지 ⇨ ② 국가법령 ⇨ ③ 검색어

검색어를 입력할 때에 법률명을 모두 입력할 필요는 없으며, 대부분은 법률명 중 앞부분의 단어만을 입력하면 시행령과 시행규칙도 함께 검색할 수 있다. 그리고 이렇게 검색하는 것이 시행령 및 시행규칙을 아울러 연구하는 데에 도움이 된다.

Ⅲ. 개별 법률 분석

제1절 법률의 이해

「의료기기법」은 의료기기의 제조·수입 및 판매 등에 관한 사항을 규정함으로써 의료기기의 효율적인 관리를 도모하는 것 등을 목적으로 한다. 이 법의 주무관청은 식품의약품안전처(의료기기정책과) 및 보건복지부(약무정책과)이다.

이 법에서 말하는 "의료기기"란 사람이나 동물에게 단독 또는 조합하여 사용되는 기구·기계·장치·재료 또는 이와 유사한 제품으로서 다음 각 호의 어느 하나에 해당하는 제품을 말한다. 다만, 「약사법」에 따른 의약품과 의약외품 및 「장애인복지법」 제65조에 따른 장애인보조기구 중 <u>의지(義肢)</u>[9]·보조기는 제외한다.

1. 질병을 진단·치료·경감·처치 또는 예방할 목적으로 사용되는 제품
2. 상해 또는 장애를 진단·치료·경감 또는 보정할 목적으로 사용되는 제품
3. 구조 또는 기능을 검사·대체 또는 변형할 목적으로 사용되는 제품
4. 임신을 조절할 목적으로 사용되는 제품

제2절 이 법의 적용 배제

이 법의 규정에도 불구하고 진단용 방사선 발생장치와 특수의료장비의 설치·운영에 관하여는 「의료법」 제37조·제38조 및 「수의사법」 제17조의3·제17조의4에 따른다(제4조). "특수의료장비"는 「의료법」 제38조

---

9) ★ 의지 : 인공으로 만든 팔과 다리. 즉 의수(義手) 및 의족(義足)을 말한다.

공익신고 포상금(보상금) 3

제1항에 의하여 보건복지부장관이 지정·고시하는 의료장비를 말한다.

제3절 법령의 규정

제51조(벌칙) ① 제26조 제1항을 위반한 자는 5년 이하의 징역 또는 2천만 원 이하의 벌금에 처한다.

└ 제26조(일반행위의 금지) ① 누구든지 제6조 제2항 또는 제15조 제2항에 따라 허가를 받지 아니하거나 신고를 하지 아니한 의료기기를 수리·판매·임대·수여 또는 사용하여서는 아니 되며, 판매·임대·수여 또는 사용할 목적으로 제조·수입·수리·저장 또는 진열하여서는 아니 된다. 다만, 박람회·전람회·전시회 등에서 전시할 목적으로 총리령으로 정하는 절차 및 방법 등에 따라 의료기기를 제조·수입·저장 또는 진열하는 경우에는 그러하지 아니하다.

  └ 시행규칙 제29조의2(전시 목적 의료기기의 진열 승인 등) ① 법 제26조 제1항 단서에 따라 전시할 목적으로 의료기기를 진열하려는 자는 미리 지방식품의약품안전청장에게 승인을 받아야 한다.

  ② 제1항에 따라 승인받은 의료기기를 진열하려는 자는 사용방법 등을 설명하기 위하여 단순하게 작동시키는 행위, 신고한 내용과 홍보물을 부착하거나 비치하는 행위 등 식품의약품안전처장이 정하여 고시하는 행위 외의 행위를 하여서는 아니 된다.

② 제1항의 징역과 벌금은 **병과(倂科)**[10]할 수 있다.

제52조(벌칙) ① 다음 각 호의 어느 하나에 해당하는 자는 3년 이하의 징역 또는 1천만 원 이하의 벌금에 처한다.

1. 제10조 제1항·제2항 전단·제4항, 제12조 제1항(제15조 제6항 및 제16조 제4항에서 준용하는 경우를 포함한다), 제13조 제1항, 제16조 제1항 본문, 제17조 제1항, 제24조 제1항·제2항, 제26조 제2항부터 제7항까지 또는 제45조 제2항을 위반한 자

---

10) ★ 병과 : 징역형과 벌금형을 동시에 선고할 수 있음을 의미한다.

III. 개별 법률 분석

└ 제10조(임상시험계획의 승인 등) ① 의료기기로 임상시험을 하려는 자는 임상시험계획서를 작성하여 식품의약품안전처장의 승인을 받아야 하며, 임상시험계획서를 변경할 때에도 또한 같다. 다만, 시판중인 의료기기의 허가사항에 대한 임상적 효과를 관찰하는 등 총리령으로 정하는 임상시험의 경우에는 그러하지 아니하다.

  └ 시행규칙 제12조(임상시험계획의 승인 등) ③ 다음 각 호의 어느 하나에 해당하는 경우에는 법 제10조에 따른 식품의약품안전처장의 승인대상에서 제외한다.
  1. 시판중인 의료기기의 허가사항에 대한 임상적 효과관찰 및 이상반응 조사를 위하여 실시하는 시험
  2. 시판 중인 의료기기의 허가된 성능 및 사용목적 등에 대한 안정성·유효성 자료의 수집을 목적으로 하는 시험
  3. 그 밖에 시판 중인 의료기기를 사용하는 시험으로서 안정성과 직접적으로 관련되지 아니하거나 윤리적인 문제가 발생할 우려가 없다고 식품의약품안전처장이 정하는 시험

② 제1항에 따라 승인을 받은 임상시험용 의료기기를 제조·수입하려는 자는 총리령으로 정하는 기준을 갖춘 제조시설에서 제조하거나 제조된 의료기기를 수입하여야 한다. 이 경우 제6조 제2항 및 제15조 제2항에도 불구하고 허가를 받지 아니하거나 신고를 하지 아니하고 이를 제조하거나 수입할 수 있다.

└ 제조시설의 기준은 시행규칙 별표2에서 규정하였다.

④ 제1항에 따라 임상시험을 하려는 자는 다음 각 호의 사항을 지켜야 한다.
  1. 제3항에 따라 지정된 임상시험기관에서 임상시험을 할 것
  2. 사회복지시설 등 총리령으로 정하는 집단시설에 수용 중인 자(이하 이 조에서 "수용자"라 한다)를 임상시험의 대상자로 선정하지 아니할 것. 다만, 임상시험의 특성상 불가피하게 수용자를 그 대상자로 할 수 밖에 없는 경우로서 총리령으로 정하는 기준에 해당하는 경우에는 임상시험의 대상자로 선정할 수 있다.
    └ 단서의 "총리령으로 정하는 기준"은 시행규칙에서 규정하지 않았다.
  3. 임상시험의 내용과 임상시험 중 시험대상자에게 발생할 수 있는 건강상의 피해와 그에 대한 보상 내용 및 절차 등을 임상시험의 대상자에게 설명하고 그 대상자의 동의를 받을 것

└ 제12조(변경허가 등) ① 제조업자는 제6조 제1항 본문 또는 제2항 및 제5항에 따라 허가받은 사항 또는 신고한 사항이 변경된 경우에는 식품의약품안전처장에게 변경허가를 받거나 변경신고를 하여야 한다.

└ 제13조(제조업자의 의무) ① 제조업자는 제6조 제4항에 따른 시설 및 품질관리체계를 유지하여야 하며, 그 밖에 제조 및 품질관리(자기시험을 포함한다) 또는 생산관리에 관하여 총

공익신고 포상금(보상금) 3

리령으로 정하는 사항을 지켜야 한다.
ㄴ. 제조업자의 준수사항은 시행규칙 제15조 제1항에서 규정하였다.
ㄴ. 제16조(수리업의 신고) ① 의료기기의 수리를 업으로 하려는 자(이하 "수리업자"라 한다)는 총리령으로 정하는 바에 따라 식품의약품안전처장에게 수리업신고를 하여야 한다. 다만, 제6조 제2항에 따른 제조허가·제조신고 또는 제15조 제2항에 따른 수입허가·수입신고를 받은 자가 자기 회사가 제조 또는 수입한 의료기기를 수리하는 경우에는 수리업신고를 하지 아니한다.
ㄴ. 제17조(판매업 등의 신고) ① 의료기기의 판매를 업으로 하려는 자(이하 "판매업자"라 한다) 또는 임대를 업으로 하려는 자(이하 "임대업자"라 한)는 영업소마다 총리령으로 정하는 바에 따라 영업소 소재지의 특별자치도지사, 시장·군수·구청장(자치구의 구청장을 말한다. 이하 같다)에게 판매신고 또는 임대신고를 하여야 한다.
ㄴ. 제24조(기재 및 광고의 금지 등) ① 의료기기의 용기, 외장, 포장 또는 첨부문서에 해당 의료기기에 관하여 다음 각 호의 사항을 표시하거나 적어서는 아니 된다.
  1. 거짓이나 오해할 염려가 있는 사항
  2. 제6조 제2항 또는 제15조 제2항에 따른 허가를 받지 아니하거나 신고를 하지 아니한 성능이나 효능 및 효과
  3. 보건위생상 위해가 발생할 우려가 있는 사용방법이나 사용기간
  ② 누구든지 의료기기의 광고와 관련하여 다음 각 호의 어느 하나에 해당하는 광고를 하여서는 아니 된다.
  1. 의료기기의 명칭, 제조방법·성능이나 효능 및 효과 또는 그 원리에 관한 거짓 또는 과대광고
  2. 의사·치과의사·한의사·수의사 또는 그 밖의 자가 의료기기의 성능이나 효능 및 효과에 관하여 보증·추천·공인·지도 또는 인정하고 있거나 그러한 의료기기를 사용하고 있는 것으로 오해할 염려가 있는 기사를 사용한 광고
  3. 의료기기의 성능이나 효능 및 효과를 암시하는 기사·사진·도안을 사용하거나 그 밖에 암시적인 방법을 사용한 광고
  4. 의료기기에 관하여 낙태를 암시하거나 외설적인 문서 또는 도안을 사용한 광고
  5. 제6조 제2항 또는 제15조 제2항에 따라 허가를 받지 아니하거나 신고를 하지 아니한 의료기기의 명칭·제조방법·성능이나 효능 및 효과에 관한 광고. 다만, 제26조 제1항 단서에 해당하는 의료기기의 경우에는 식품의약품안전처장이 정하여 고시하는 절차 및 방법, 허용범위 등에 따라 광고할 수 있다.
  6. 제25조 제1항에 따른 심의를 받지 아니하거나 심의받은 내용과 다른 내용의 광고

III. 개별 법률 분석

ㄴ. 제26조(일반행위의 금지) ② 누구든지 다음 각 호의 어느 하나에 해당하는 의료기기를 제조·수입·판매 또는 임대하여서는 아니 된다.
  1. 제6조 제2항, 제12조 또는 제15조 제2항·제6항에 따라 허가받거나 신고한 내용과 다른 의료기기
  2. 전부 또는 일부가 불결하거나 병원미생물에 오염된 물질 또는 변질되거나 부패한 물질로 된 의료기기
  3. 그 밖에 국민보건에 위해를 끼치거나 끼칠 우려가 있는 경우로서 식품의약품안전처장 또는 특별자치도지사, 시장·군수·구청장이 제34조부터 제36조까지의 규정에 따라 폐기·사용중지·허가취소 등을 명한 의료기기

③ 수리업자는 의료기기를 수리할 때에는 제6조 제2항, 제12조 또는 제15조 제2항·제6항에 따라 허가받거나 신고한 성능, 구조, 정격(定格), 외관, 치수 등을 변환하여야 한다.

④ 의료기관 개설자 및 동물병원 개설자가 의료기기를 사용할 때에는 제6조 제2항, 제12조 또는 제15조 제2항·제6항에 따라 허가받거나 신고한 내용과 다르게 변조 또는 개조하여서는 아니 된다. 다만, 제조업자와 수입업자는 그 의료기기가 자기 회사에서 제조 또는 수입한 의료기기로서 총리령으로 정하는 의료기기인 경우에는 제12조 또는 제15조 제6항에 따라 변경허가를 받거나 변경신고한 내용대로 변조 또는 개조할 수 있다.

ㄴ. 시행규칙 제29조의3(의료기기의 변조·개조의 허용범위) 법 제26조 제4항 단서에 따라 제조업자 또는 수입업자가 변조 또는 개조할 수 있는 의료기기는 다음 각 호와 같다. 이 경우 해당 의료기기의 고유한 특성이 변하지 아니하고 성능을 개선할 수 있는 범위에서 변조 또는 개조하여야 한다.
  1. 「의료법」 제37조에 따른 진단용 방사선 발생장치
  2. 「의료법」 제38조에 따른 특수의료장비
  3. 그 밖에 변조 또는 개조하여도 안전성 및 유효성에 문제가 없는 의료기기로서 식품의약품안전처장이 정하여 고시하는 의료기기

⑤ 수리업자·판매업자 또는 임대업자는 다음 각 호의 어느 하나에 해당하는 의료기기를 수리·판매 또는 임대하거나 수리·판매 또는 임대할 목적으로 저장·진열하여서는 아니 된다.
  1. 제6조 제2항, 제12조, 제15조 제2항·제6항 또는 제16조 제1항에 따라 허가받거나 신고한 내용과 다르게 제조·수입 또는 수리된 의료기기
  2. 제24조 제1항에 위반한 의료기기

⑥ 의료기관 개설자는 제10조에 따라 식품의약품안전처장으로부터 임상시험에 관한 승인을 받지 아니한 의료기기를 임상시험에 사용하여서는 아니 된다.

⑦ 누구든지 의료기기가 아닌 것의 외장·포장 또는 첨부문서에 의료기기와 유사한 성능이나 효능 및 효과 등이 있는 것으로 잘못 인식될 우려가 있는 표시를 하거나 이와 같은 내용의 광고를 하여서는 아니 되며, 이와 같이 표시되거나 광고된 것을 판매 또는 임대하거나 판매 또는 임대할 목적으로 저장 또는 진열하여서는 아니 된다.

ㄴ 제45조(제출자료의 보호) ① 식품의약품안전처장은 제6조부터 제10조까지, 제11조, 제12조 또는 제15조에 따라 자료를 제출한 자가 자료의 보호를 문서로 요청하면 그 제출된 자료를 공개하여서는 아니 된다. 다만, 공익상 자료를 공개할 필요가 있다고 인정하는 경우에는 자료를 공개할 수 있다.

② 제1항에 따라 보호를 요청한 제출자료를 열람·검토한 자는 그 내용을 외부에 공개하여서는 아니 된다.

2. 제34조 제2항에 따라 관계 공무원이 행하는 폐기·봉함·봉인 등 그 밖에 필요한 처분을 거부·방해하거나 기피한 자

② 제1항의 징역과 벌금은 병과할 수 있다.

제53조(벌칙) 제13조 제3항(제15조 제6항에서 준용하는 경우를 포함한다) 또는 제18조 제2항을 위반한 자는 2년 이하의 징역 또는 3천만원 이하의 벌금에 처한다.

ㄴ 제13조(제조업자의 의무) ③ 제조업자는 의료기기 채택·사용유도 등 판매촉진을 목적으로 의료인이나 의료기관 개설자(법인의 대표자나 이사, 그 밖에 이에 종사하는 자를 포함한다)·의료기관 종사자에게 금전, 물품, 편익, 노무, 향응, 그 밖의 경제적 이익(이하 "경제적 이익등"이라 한다)을 제공하여서는 아니 된다. 다만, 견본품 제공, 학술대회 지원, 임상시험 지원, 제품설명회, 대금결제조건에 따른 비용할인, 시판 후 조사 등의 행위(이하 "견본품제공 등의 행위"라 한다)로서 식품의약품안전처장과 협의하여 보건복지부령으로 정하는 범위의 경제적 이익 등인 경우에는 그러하지 아니하다.

ㄴ "허용되는 경제적 이익 등의 범위"는 「의료기기 유통 및 판매질서 유지에 관한 규칙」 제2조 별표에서 규정하였다.

ㄴ 제18조(판매업자 등의 준수사항) ② 판매업자·임대업자는 의료기기 채택·사용유도 등 판매 또는 임대촉진을 목적으로 의료인이나 의료기관 개설자(법인의 대표자나 이사, 그 밖에 이에 종사하는 자를 포함한다)·의료기관 종사자에게 경제적 이익 등을 제공하여서는 아니 된다. 다

Ⅲ. 개별 법률 분석

만, 견본품제공 등의 행위로서 식품의약품안전처장과 협의하여 보건복지부령으로 정하는 범위의 경제적 이익 등인 경우에는 그러하지 아니하다.
　└ "보건복지부령으로 정하는 범위의 경제적 이익"은 위 제13조 제3항 단서의 경우와 같다.

제54조(벌칙) 다음 각 호의 어느 하나에 해당하는 자는 500만 원 이하의 벌금에 처한다.

1. 제18조 제1항, 제20조부터 제23조까지, 제30조 제1항·제2항 또는 제31조 제1항을 위반한 자
　└ 제18조(판매업자 등의 준수사항) ① 이 법에 따라 의료기기를 판매하거나 임대할 수 있는 자는 대통령령으로 정하는 바에 따라 영업소에서의 의료기기 품질확보 방법과 그 밖에 판매질서 유지에 관한 사항을 지켜야 한다.
　　└ "판매업자 또는 임대업자가 준수하여야 할 사항"은 다음 각 호와 같다(시행령 제10조의2).
　　　1. 의료기기 품질확보 방법 및 안전과 관련한 판매질서 유지 등에 관한 사항으로서 총리령으로 정하는 사항
　　　　└ "총리령으로 정하는 사항"은 시행규칙 제25조에서 규정하였다.
　　　2. 제1호에서 규정한 사항을 제외한 판매질서 유지 등에 관한 사항으로서 보건복지부령으로 정하는 사항
　　　　└ 보건복지부령으로 정하는 사항은 없다.
　└ 제20조(용기 등의 기재사항) 의료기기의 용기나 외장(外裝)에는 다음 각 호의 사항을 적어야 한다. 다만, 총리령으로 정하는 용기나 외장의 경우에는 그러하지 아니하다.
　　1. 제조업자 또는 수입업자의 상호와 주소
　　2. 수입품의 경우는 제조원(제조국 및 제조사명)
　　3. 품목명, 형명(型名), 허가(신고)번호
　　4. 제조번호와 제조 연월일(사용기한이 있는 경우에는 제조 연월 대신에 사용기한을 적을 수 있다)
　　5. 중량 또는 포장단위
　　6. "의료기기"라는 표시
　　└ "의료기기의 용기나 외장에 기재사항을 적지 않아도 되는 경우"는 다음 각 호와 같다(시행규칙 제26조).
　　　1. 용기나 외장의 면적이 좁거나 용기 또는 외장에 법 제20조의 사항을 모두 적을 수 없는 경우로서 기재사항을 외부의 용기나 외부의 포장 또는 첨부문서에 적은 경우.

다만, 이 경우에도 제품명과 제조업자 또는 수입업자의 상호는 의료기기의 용기나 외장에 적어야 한다.

    2. 수출용 의료기기로서 수출 대상국의 기준에 따라 기재사항을 적은 경우

ㄴ 제21조(외부포장 등의 기재사항) 의료기기의 용기나 외장에 적힌 제20조의 사항이 외부의 용기나 포장에 가려 보이지 아니할 때에는 외부의 용기나 포장에도 같은 사항을 적어야 한다.

ㄴ 제22조(첨부문서의 기재사항) ① 의료기기의 첨부문서에는 다음 각 호의 사항을 적어야 한다.

1. 사용방법과 사용 시 주의사항
2. 보수점검이 필요한 경우 보수점검에 관한 사항
3. 제19조에 따라 식품의약품안전처장이 기재하도록 정하는 사항
4. 그 밖에 총리령으로 정하는 사항

    ㄴ "총리령으로 정하는 사항"이란 다음 각 호의 사항을 말한다(시행규칙 제27조).

      1. 법 제20조 제1호부터 제3호까지, 제5호 및 제6호의 사항
      2. 삭제
      3. 제품의 사용목적
      4. 보관 또는 저장방법
      5. 일회용인 경우 "일회용"이라는 표시와 "재사용금지"라는 표시
      6. 모든 제조공정을 위탁하여 제조하는 경우에는 제조의뢰자(위탁자를 말한다)와 제조자(수탁자를 말한다)의 상호와 주소
      7. 낱개모음으로 한 개씩 사용할 수 있도록 포장하는 경우에는 최소단위 포장에 형명(型名)과 제조회사명
      8. 멸균 후 재사용이 가능한 의료기기인 경우에는 그 청소, 소독, 포장, 재멸균 방법과 재사용 횟수의 제한내용을 포함하여 재사용을 위한 적절한 절차에 대한 정보
      9. 의학적 치료목적으로 방사선을 방출하는 의료기기인 경우에는 방사선의 특성·종류·강도 및 확산 등에 관한 사항
      10. 그 밖에 의료기기의 특성 등 기술정보에 관한 사항
      11. 첨부문서의 작성연월일

② 제1항에도 불구하고 임상시험용 의료기기의 첨부문서에 기재하여야 할 사항은 다음 각 호와 같다.

    1. "임상시험용"이라는 표시
    2. 제품명 및 형명
    3. 제조번호 및 제조연월일

Ⅲ. 개별 법률 분석

    4. 보관(저장)방법
    5. 제조업자 또는 수입업자의 상호(위탁제조 또는 수입의 경우에는 제조원과 국가명을 포함한다)
    6. "임상시험용 외의 목적으로는 사용할 수 없음"이라는 표시
  ③ 제1항 제1호 및 제3호부터 제7호까지의 사항을 용기 또는 외장이나 포장에 기재한 경우에는 첨부문서에는 그 기재를 생략할 수 있다.
② 제1항의 첨부문서는 디스켓, 시디(CD) 등의 전산매체 또는 안내서 형태로 제공할 수 있다.

ㄴ. 제23조(기재 시 유의사항) 제20조부터 제22조까지에 규정된 사항은 다른 문자·기사·도화(圖畫) 또는 도안보다 쉽게 볼 수 있는 장소에 적어야 하고, 총리령으로 정하는 바에 따라 한글로 읽기 쉽고 이해하기 쉬운 용어로 정확히 적어야 한다.

ㄴ. 제30조(기록의 작성 및 도안 등) ① 추적관리대상 의료기기[11]의 제조업자·판매업자·임대업자 및 수리업자(이하 이 조에서 "취급자"라 한다)는 추적관리대상 의료기기의 제조·판매(구입을 포함한다)·임대 또는 수리 내용 등에 대한 자료를 작성·보존하여야 하고, 추적관리대상 의료기기를 취급하는 의료기관 개설자 및 의료기관에서 종사하는 의사·한의사·치과의사 등(이하 이 조에서 "사용자"라 한다)은 추적관리대상 의료기기를 이용하는 환자에 대한 추적이 가능하도록 기록을 작성·브존하여야 한다.
② 취급자와 사용자는 식품의약품안전처장의 자료제출요구 등의 명령을 정당한 사유 없이 거부할 수 없다.

ㄴ. 제31조(부작용 관리) ① 의료기기취급자는 의료기기를 사용하는 도중에 사망 또는 인체에 심각한 부작용이 발생하였거나 발생할 우려가 있음을 인지한 경우에는 이를 식품의약품안전처장에게 즉시 보고하고 그 기록을 유지하여야 한다.

2. 제32조 제1항 또는 제36조 제1항·제2항에 따른 관계 공무원의 출입·수거·폐쇄 또는 그 밖의 처분을 거부·방해하거나 기피한 자

3. 제33조, 제34조 제1항, 제35조 또는 제36조 제1항·제2항에 따른 검사,

---

11) ★ 추적관리대상 의료기기 : 식품의약품안전처장은 인체에 1년 이상 삽입하는 의료기기 또는 생명유지용 의료기기로서 의료기관 외의 장소에서 사용이 가능한 의료기기 중 사용 과정에서의 부작용 또는 결함이 발생하여 인체에 치명적인 위해를 줄 수 있어 그 소재를 파악해 둘 필요가 있는 의료기기는 별도로 정하여 관리할 수 있다. 지정기준 및 관리기준 등에 관하여 필요한 사항은 총리령 제30조에서 규정한다(법 제29조).

회수, 폐기, 공표, 사용중지, 업무정지 등의 명령을 위반한 자
4. 제37조 제1항 제1호·제2호·제5호에 해당하는 위반행위를 한 자
ㄴ 제37조(지정의 취소 등) ① 식품의약품안전처장은 제10조 제3항 또는 제28조 제2항에 따라 지정을 받은 임상시험기관 또는 품질관리심사기관이 다음 각 호의 어느 하나에 해당하면 그 지정을 취소하거나 6개월 이내의 기간을 정하여 그 업무의 정지를 명할 수 있다. 다만, 제1호·제2호 또는 제5호에 해당하면 그 지정을 취소하여야 한다.
 1. 거짓이나 그 밖의 부정한 방법으로 지정을 받은 경우
 2. 고의 또는 중대한 과실로 거짓의 임상시험결과보고서를 작성·발급하거나 품질관리심사 결과서를 작성·보고한 경우
 5. 업무정지기간 중에 업무를 한 경우

제54조의2(벌칙) 제6조 제7항(제15조 제6항에서 준용하는 경우를 포함한다), 제6조의2 제1항(제16조 제6항에서 준용하는 경우를 포함한다), 제13조 제4항(제15조 제6항에서 준용하는 경우를 포함한다)을 위반한 자는 300만 원 이하의 벌금에 처한다.
ㄴ 제6조(제조업의 허가 등) ⑦ 제1항에 따라 제조업허가를 받으려는 자는 총리령으로 정하는 바에 따라 품질책임자를 두어 제6조의2 제1항에 따른 업무를 하게 하여야 한다.
ㄴ 제6조의2(품질책임자 준수사항 등) ① 제6조 제7항에 따른 품질책임자는 의료기기의 제조업무에 종사하는 종업원에 대한 지도감독, 제조관리·품질관리·안전관리(시판 후 부작용에 대한 안전관리를 포함한다) 업무를 수행한다.
ㄴ 제13조(제조업자의 의무) ④ 제조업자는 품질책임자의 업무를 방해하여서는 아니 되며, 품질책임자가 업무 수행을 위하여 필요한 사항을 요청하면 정당한 사유 없이 그 요청을 거부하여서는 아니 된다.

제55조(양벌규정) 제51조부터 제54조까지 해당

제38조(과징금처분) ① 식품의약품안전처장 또는 특별자치도지사, 시장·군수·구청장은 제36조 제1항 또는 제3항에 따라 업무정지처분을

III. 개별 법률 분석

명하여야 하는 경우로서 의료기기를 이용하는 자에게 심한 불편을 주거나 공익을 해칠 우려가 있는 경우에는 대통령령으로 정하는 바에 따라 업무정지처분을 갈음하여 5천만 원 이하의 과징금을 부과할 수 있다.

제122장 의료기사 등에 관한 법률

제1절 법률의 이해

이 법은 의료기사, 의무기록사 및 안경사의 자격·면허 등에 관하여 필요한 사항을 정한다. 이 법의 주관부처는 보건복지부(의료자원정책과)이다.

이 법에서 말하는 "의료기사"란 의사 또는 치과의사의 지도 아래 진료나 의화학적(醫化學的) 검사에 종사하는 사람을 말하며, "의무기록사"란 의무(醫務)에 관한 기록을 주된 업무로 하는 사람을 말한다. 의료기사의 종류로는 임상병리사, 방사선사, 물리치료사, 작업치료사, 치과기공사 및 치과위생사가 있다.

제2절 법령의 규정

제30조(벌칙) ① 다음 각 호의 어느 하나에 해당하는 사람은 3년 이하의 징역 또는 1천만 원 이하의 벌금에 처한다.

1. 제9조 제1항 본문을 위반하여 <u>의료기사등</u>[12])의 면허 없이 의료기사등의 업무를 한 사람

   ㄴ. 의료기사등이 아니면 의료기사등의 업무를 하지 못한다. 다만, 대학·산업대학 또는 전문대학에서 취득하려는 면허에 상응하는 교육과정을 이수하기 위하여 실습 중에 있는 사람의 실습에 필요한 경우에는 그러하지 아니하다.

---

12) ★ 의료기사등 : 의료기사, 의무기록사 및 안경사를 말한다.

Ⅲ. 개별 법률 분석

2. 제9조 제3항을 위반하여 타인에게 의료기사등의 면허증을 빌려 준 사람
3. 제10조를 위반하여 업무상 알게 된 비밀을 누설한 사람
   ∟ 의료기사등을 말한다.

4. 제11조의2 제1항을 위반하여 치과기공사의 면허 없이 치과기공소를 개설한 자. 다만, 제11조의2 제1항에 따라 개설등록을 한 치과의사는 제외한다.
5. 제11조의3 제1항을 위반하여 치과의사가 발행한 치과기공물제작의뢰서에 따르지 아니하고 치과기공물제작등 업무를 행한 자
   ∟ 제11조의3(치과기공사 등의 준수사항) ① 치과기공사는 제3조에 따른 업무(이하 "치과기공물제작 등 업무"라 한다)를 수행할 때 치과의사가 발행한 치과기공물제작의뢰서에 따라야 한다.

6. 제12조 제1항을 위반하여 안경사의 면허 없이 안경업소를 개설한 사람
② 제1항 제3호의 죄는 고소가 있어야 공소를 제기할 수 있다.

제31조(벌칙) 다음 각 호의 어느 하나에 해당하는 자는 300만 원 이하의 벌금에 처한다.
   1. 제9조 제2항을 위반하여 의료기사등의 면허 없이 의료기사등의 명칭 또는 이와 유사한 명칭을 사용한 자
   1의2. 제11조의2 제2항을 위반하여 2개 이상의 치과기공소를 개설한 자
   2. 제12조 제2항을 위반하여 2개 이상의 안경업소를 개설한 자
   2의2. 제11조의2 제3항을 위반하여 등록을 하지 아니하고 치과기공소를 개설한 자
   3. 제12조 제3항을 위반하여 등록을 하지 아니하고 안경업소를 개설한 자
   3의2. 제12조 제5항을 위반하여 안경 및 콘텍트렌즈를 「전자상거래 등에서의 소비자보호에 관한 법률」 제2조에 따른 전자상거래 및 통신판매

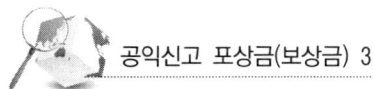

공익신고 포상금(보상금) 3

의 방법으로 판매한 자

3의3. 제12조 제6항을 위반하여 안경 및 콘텍트렌즈를 안경업소 외의 장소에서 판매한 안경사

4. 제14조 제2항을 위반하여 영리를 목적으로 특정 치과기공소·안경업소 또는 치과기공사·안경사에게 고객을 알선·소개 또는 유인한 자

제32조(양벌규정) 제30조 및 제31조 해당

III. 개별 법률 분석

제123장 의료법

제1절 법률의 이해

「의료법」은 모든 국민이 수준 높은 의료혜택을 받을 수 있도록 국민의료에 필요한 사항을 규정하는 것을 목적으로 한다. 이 법에서 말하는 "의료인"이란 보건복지부장관의 면허를 받은 의사·치과의사·한의사·조산사 및 간호사를 말한다. 이 법의 주관부처는 보건복지부(보건의료정책과)이다.

제2절 법령의 규정

제87조(벌칙) ① 다음 각 호의 어느 하나에 해당하는 자는 5년 이하의 징역 또는 2천만 원 이하의 벌금에 처한다.

1. 면허증을 대여한 자
2. 제12조 제2항, 제18조 제3항, 제23조 제3항, 제27조 제1항, 제33조 제2항·제8항(제82조 제3항에서 준용하는 경우를 포함한다)을 위반한 자

   ㄴ. 제12조(의료기술 등에 대한 보호) ② 누구든지 의료기관13)의 의료용 시설·기재(器材)·약품, 그 밖의 기물 등을 파괴·손상하거나 의료기관을 점거하여 진료를 방해하여서는 아니 되며, 이를 교사14)하거나 방조15)하여서는 아니 된다.

---

13) ★ 의료기관 : 의원·치과의원·한의원, 조산원, 병원·치과병원·한방병원·요양병원·종합병원을 말한다.

14) ★ 교사(敎唆) : 남을 꾀거나 부추겨서 범죄를 하게 하는 행위

15) ★ 방조(傍助) : 범죄행위를 옆에서 도와주는 행위

ㄴ. 제18조(처방전 작성과 교부) ③ 누구든지 정당한 사유 없이 전자처방전에 저장된 개인정보를 탐지하거나 누출·변조 또는 훼손하여서는 아니 된다.

ㄴ. 제23조(전자의무기록) ③ 누구든지 정당한 사유 없이 전자의무기록에 저장된 개인정보를 탐지하거나 누출·변조 또는 훼손하여서는 아니 된다.

ㄴ. 제27조(무면허의료행위 등 금지) ① 의료인이 아니면 누구든지 의료행위를 할 수 없으며 의료인도 면허된 것 이외의 의료행위를 할 수 없다. 다만, 다음 각 호의 어느 하나에 해당하는 자는 보건복지부령으로 정하는 범위에서 의료행위를 할 수 있다.
  1. 외국의 의료인 면허를 가진 자로서 일정 기간 국내에 체류하는 자
  2. 의과대학, 치과대학, 한의과대학, 의학전문대학원, 치의학전문대학원, 한의학전문대학원, 종합병원 또는 외국 의료원조기관의 의료봉사 또는 연구 및 시범사업을 위하여 의료행위를 하는 자
  3. 의학·치과의학·한방의학 또는 간호학을 전공하는 학교의 학생

ㄴ. 제33조(개설 등) ② 다음 각 호의 어느 하나에 해당하는 자가 아니면 의료기관을 개설할 수 없다. 이 경우 의사는 종합병원·병원·요양병원 또는 의원을, 치과의사는 치과병원 또는 치과의원을, 한의사는 한방병원·요양병원 또는 한의원을, 조산사는 조산원만을 개설할 수 있다.
  1. 의사, 치과의사, 한의사 또는 조산사
  2. 국가나 지방자치단체
  3. 의료업을 목적으로 설립된 법인(이하 "의료법인"이라 한다)
  4. 민법이나 특별법에 따라 설립된 비영리법인
  5. 「공공기관의 운영에 관한 법률」에 따른 준정부기관, 「지방의원의 설립 및 운영에 관한 법률」에 따른 지방의료원, 「한국보훈복지의료공단법」에 따른 한국보훈복지의료공단
⑧ 제2항 제2호의 의료인은 어떠한 명목으로도 둘 이상의 의료기관을 개설·운영할 수 없다. 다만, 2 이상의 의료인 면허를 소지한 자가 의원급 의료기관을 개설하는 경우에는 하나의 장소에 한하여 면허 종별에 따른 의료기관을 개설할 수 있다.

② 제38조 제3항을 위반한 자는 3년 이하의 징역 또는 3천만 원 이하의 벌금에 처한다.

ㄴ. 제38조(특수의료장비의 설치·운영) ① 의료기관은 보건의료 시책상 적정한 설치와 활용이 필요하여 보건복지부장관이 정하여 고시하는 의료장비(이하 "특수의료장비"라 한다)를 설치하려면 보건복지부령으로 정하는 바에 따라 시장·군수·구청장에게 등록하여야 하며, 보건복지부령으로 정하는 설치인정기준에 맞게 설치·운영하여야 한다.

Ⅲ. 개별 법률 분석

② 의료기관의 개설자나 관리자는 제1항에 따라 특수의료장비를 설치하면 보건복지부령으로 정하는 바에 따라 보건복지부장관에게 정기적인 품질관리검사를 받아야 한다.
③ 의료기관의 개설자나 관리자는 제2항에 따른 품질관리검사에 부적합하다고 판정받은 특수의료장비를 사용하여서는 아니 된다.

제88조(벌칙) 제19조, 제21조 제1항, 제22조 제3항, 제27조 제3항·제4항, 제27조의2 제1항·제2항, 제33조 제4항, 제35조 제1항 단서, 제59조 제3항, 제64조 제2항(제82조 제3항에서 준용하는 경우를 포함한다), 제69조 제3항을 위반한 자 또는 제82조 제1항에 따른 안마사의 자격인정을 받지 아니하고 영리를 목적으로 안마를 한 자는 3년 이하의 징역이나 1천만 원 이하의 벌금에 처한다. 다만, 제19조, 제21조 제1항 또는 제69조 제3항을 위반한 자에 대한 공소는 고소가 있어야 한다.

└ 제19조(비밀누설 금지) 의료인은 이 법이나 다른 법령에 특별히 규정된 경우 외에는 의료·조산 또는 간호를 하면서 알게 된 다른 사람의 비밀을 누설하거나 발표하지 못한다.
└ 제21조(기록 열람 등) ① 의료인이나 의료기관 종사자는 환자가 아닌 다른 사람에게 환자에 관한 기록을 열람하게 하거나 그 사본을 내주는 등 내용을 확인할 수 있게 하여서는 아니 된다.
└ 제22조(진료기록부 등) ③ 의료인은 의료기록부 등을 거짓으로 작성하거나 고의로 사실과 다르게 추가기재·수정하여서는 아니 된다.
└ 제27조(무면허의료행위 등 금지) ③ 누구든지「국민건강보험법」이나「의료보험법」에 따른 본인부담금을 면제하거나 할인하는 행위, 금품 등을 제공하거나 불특정 다수인에게 교통편의를 제공하는 행위 등 영리를 목적으로 환자를 의료기관이나 의료인에게 소개·알선·유인하는 행위 및 이를 사주하는 행위를 하여서는 아니 된다. 다만, 다음 각 호의 어느 하나에 해당하는 행위는 할 수 있다.
  1. 환자의 경제적 사정 등을 이유로 개별적으로 관할 시장·군수·구청장의 사전승인을 받아 환자를 유치하는 행위
  2. 「국민건강보험법」 제109조에 따른 가입자나 피부양자가 아닌 외국인(보건복지부령으로 정하는 바에 따라 국내에 거주하는 외국인은 제외한다)환자를 유치하기 위한 행위
  ④ 제3항 제2호에도 불구하고「보험업법」제2조에 따른 보험회사, 상호회사, 보험설계사, 보험대리점 또는 보험중개사는 외국인환자를 유치하기 위한 행위를 하여서는 아니 된다.
└ 제27조의2(외국인환자 유치에 대한 등록 등) ① 제27조 제3항 제2호에 따라 외국인환자를 유치

공익신고 포상금(보상금) 3

하고자 하는 의료기관은 보건복지부령으로 정하는 요건을 갖추어 보건복지부장관에게 등록하여야 한다.
ㄴ. 외국인환자를 유치하려는 의료기관은 법 제27조의2 제1항에 따라 외국인환자를 유치하려는 진료과목별로 법 제77조에 따른 전문의 1명 이상을 두어야 한다. 다만, 진료과목이 「전문의의 수련 및 자격인정 등에 관한 규정」 제3조에 따른 전문과목이 아닌 경우에는 그러하지 아니하다(시행규칙 제19조의3).

② 제1항의 의료기관을 제외하고 제27조 제3항 제2호에 따른 외국인환자를 유치하고자 하는 자는 다음 각 호의 요건을 갖추어 보건복지부장관에게 등록하여야 한다.
1. 보건복지부령으로 정하는 보증보험에 가입하였을 것
   ㄴ. 보증보험에 관하여는 시행규칙 제19조의4 제1항에서 규정하였다.
2. 보건복지부령으로 정하는 규모 이상의 자본금을 보유할 것
   ㄴ. "보건복지부령으로 정하는 규모"란 1억 원(다만, 「관광진흥법」 제4조 및 같은 법 시행령 제2조 제1항 제1호 가목에 따라 일반여행업등록을 한 경우에는 0원)을 말한다(시행규칙 제19조의4 제2항).
3. 그 밖에 외국인환자 유치를 위하여 보건복지부령으로 정하는 사항
   ㄴ. "보건복지부령으로 정하는 사항"이란 국내에 설치된 사무소를 말한다(시행규칙 제19조의4 제3항).

ㄴ. 제33조(개설 등) ④ 제2항에 따라 종합병원·병원·치과병원·한방병원 또는 요양병원을 개설하려면 보건복지부령으로 정하는 바에 따라 시·도지사의 허가를 받아야 한다. 이 경우 시·도지사는 개설하려는 의료기관이 제36조에 따른 개설기준에 맞지 아니하는 경우에는 개설허가를 할 수 없다.

ㄴ. 제35조(의료기관 개설 특례) ① 제33조 제1항·제2항 및 제8항에 따른 자 외의 자가 그 소속 직원, 종업원, 그 밖의 구성원(수용자를 포함한다)이나 그 가족의 건강관리를 위하여 부속 의료기관을 개설하려면 그 개설 장소를 관할하는 시장·군수·구청장에게 신고하여야 한다. 다만, 부속 의료기관으로 병원급 의료기관을 개설하려면 그 개설 장소를 관할하는 시·도지사의 허가를 받아야 한다.

ㄴ. 제59조(지도와 명령) ② 보건복지부장관, 시·도지사 또는 시장·군수·구청장은 의료인이 정당한 사유 없이 진료를 중단하거나 의료기관 개설자가 집단으로 휴업하거나 폐업하여 환자 진료에 막대한 지장을 초래하거나 초래할 우려가 있다고 인정할 만한 상당한 이유가 있으면 그 의료인이나 의료기관 개설자에게 업무개시명령을 할 수 있다.
③ 의료인과 의료기관 개설자는 정당한 사유 없이 제2항의 명령을 거부할 수 없다.

ㄴ. 제64조(개설허가 취소 등) ② 제1항에 따라 개설허가를 취소당하거나 폐쇄명령을 받은 자는 그

Ⅲ. 개별 법률 분석

취소된 날이나 폐쇄명령을 받은 날부터 6개월 이내에, 의료업 정지처분을 받은 자는 그 업무 정지기간 중에 각각 의료기관을 개설·운영하지 못한다. 다만, 제1항 제1호에 따라 의료기관 개설허가를 취소당하거나 폐쇄명령을 받은 자는 취소당하거나 폐쇄명령을 받은 날부터 3년 안에는 의료기관을 개설·운영하지 못한다.

∟ 제69조(의료지도원) ③ 의료지도원 및 그 밖의 공무원은 직무를 통하여 알게 된 의료기관, 의료인, 환자의 비밀을 누설하지 못한다.

∟ 제82조(안마사) ① 안마사는 「장애인복지법」에 따른 시각장애인 중 다음 각 호의 어느 하나에 해당하는 자로서 시·도지사에게 자격인정을 받아야 한다.
  1. 「초·중등교육법」 제2조 제5호에 따른 특수학교 중 고등학교에 준한 교육을 하는 학교에서 제4항에 따른 안마사의 업무한계에 따라 물리적 시술에 관한 교육과정을 마친 자
  2. 중학교 과정 이상의 교육을 받고 보건복지부장관이 지정하는 안마수련기관에서 2년 이상의 안마수련과정을 마친 자

제88조의2(벌칙) 제23조의2를 위반한 자는 2년 이하의 징역이나 3천만원 이하의 벌금에 처한다. 이 경우 취득한 경제적 이익 등은 몰수하고, 몰수할 수 없을 때에는 그 가액을 추징한다.

∟ 제23조의2(부당한 경제적 이익 등의 취득 금지) ① 의료인, 의료기관 개설자(법인의 대표자, 이사, 그 밖에 이에 종사하는 자를 포함한다. 이하 이 조에서 같다) 및 의료기관 종사자는 「약사법」 제31조에 따른 품목허가를 받은 자 또는 품목신고를 한 자, 같은 법 제42조에 따른 의약품 수입자, 같은 법 제45조에 따른 의약품도매상으로부터 의약품 채택·처방유도 등 판매촉진을 목적으로 제공되는 금전, 물품, 편익, 노무, 향응, 그 밖의 경제적 이익(이하 "경제적 이익등"이라 한다)을 받아서는 아니 된다. 다만, 견본품 제공, 학술대회 지원, 임상시험 지원, 제품설명회, 대금결제조건에 따른 비용할인, 시판 후 조사 등의 행위(이하 "견본제공 등의 행위"라 한다)로서 보건복지부령으로 정하는 범위 안의 경제적 이익 등인 경우에는 그러하지 아니하다.
  ∟ "허용되는 경제적 이익등의 범위"는 시행규칙 제16조의2 별표3의2에서 규정하였다.
  ② 의료인, 의료기관 개설자 및 의료기관 종사자는 「의료기기법」 제6조에 따른 제조업자, 같은 법 제15조에 따른 의료기기 수입업자, 같은 법 제17조에 따른 의료기기 판매업자 또는 임대업자로부터 의료기기 채택·사용유도 등 판매촉진을 목적으로 제공되는 경제적 이익등을 제공받아서는 아니 된다. 다만, 견본품의 제공등의 행위로서 보건복지부령으로 정하는 범위 안의 경제적 이익 등인 경우에는 그러하지 아니하다.
  ∟ "허용되는 경제적 이익등의 범위"는 위 제1항과 같다.

공익신고 포상금(보상금) 3

제88조의3(벌칙) 제20조를 위반한 자는 2년 이하의 징역이나 1천만 원 이하의 벌금에 처한다.
ㄴ. 제20조(태아 성 감별행위 등 금지) ① 의료인은 태아 성(性) 감별을 목적으로 임부(姙婦)를 진찰하거나 검사를 하여서는 아니 되며, 같은 목적을 위한 다른 사람의 행위를 도와서도 아니 된다.
② 의료인은 임신 32주 이전에 태아나 임부를 진찰하거나 검사하면서 알게 된 태아의 성을 임부, 임부의 가족, 그 밖에 다른 사람이 알게 하여서는 아니 된다.

제89조(벌칙) 제15조 제1항, 제17조 제1항·제2항(제1항 단서 후단과 제2항 단서는 제외한다), 제56조 제1항부터 제4항까지, 제57조 제1항, 제58조의6 제2항을 위반한 자는 1년 이하의 징역이나 500만 원 이하의 벌금에 처한다.
ㄴ. 제15조(진료거부 금지 등) ① 의료인은 진료나 조산 요청을 받으면 정당한 사유 없이 거부하지 못한다.
ㄴ. 제17조(진단서 등) ① 의료업에 종사하고 직접 진찰하거나 검안(檢案)한 의사(이하 이 항에서는 검안서에 한하여 검시(檢屍) 업무를 담당하는 국가기관에 종사하는 의사를 포함한다), 치과의사, 한의사가 아니면 진단서·검안서·증명서 또는 처방전(의사나 치과의사가 「전자서명법」에 따른 전자서명이 기재된 전자문서 형태로 작성된 처방전(이하 "전자처방전"이라 한다)을 포함한다. 이하 같다) 또는 「형사소송법」 제222조 제1항에 따라 검시를 하는 지방검찰청 검사(검안서에 한한다)에게 교부하거나 발송(전자처방전에 한한다)하지 못한다. 다만, 진료 중이던 환자가 최종 진료 시부터 48시간 이내에 사망한 경우에는 다시 진료하지 아니하더라도 진단서나 증명서를 내줄 수 있으며, 환자 또는 사망자를 직접 진찰하거나 검안한 의사·치과의사 또는 한의사가 부득이한 사유로 진단서·검안서 또는 증명서를 내줄 수 없으면 같은 의료기관에 종사하는 다른 의사·치과의사 또는 한의사가 환자의 진료기록부 등에 따라 내줄 수 있다.
② 의료업에 종사하고 직접 조산한 의사·한의사 또는 조산사가 아니면 출생·사망 또는 사산 증명서를 내주지 못한다. 다만, 직접 조산한 의사·한의사 또는 조산사가 부득이한 사유로 증명서를 내줄 수 없으면 같은 의료기관에 종사하는 다른 의사·한의사 또는 조산사가 진료기록부 등에 따라 증명서를 내줄 수 있다.
ㄴ. 제56조(의료광고의 금지 등) ① 의료법인·의료기관 또는 의료인이 아닌 자는 의료에 관한 광고를 하지 못한다.

Ⅲ. 개별 법률 분석

② 의료법인·의료기관 또는 의료인은 다음 각 호의 어느 하나에 해당하는 의료광고를 하지 못한다.
1. 제53조에 따른 평가를 받지 아니한 신의료기술에 관한 광고
2. 치료효과를 보장하는 등 소비자를 현혹할 우려가 있는 내용의 광고
3. 다른 의료기관·의료인의 기능 또는 진료방법과 비교하는 내용의 광고
4. 다른 의료법인·의료기관 또는 의료인을 비방하는 내용의 광고
5. 수술장면 등 직접적인 시술행위를 노출하는 내용의 광고
6. 의료인의 기능, 진료방법과 관련하여 심각한 부작용 등 중요한 정보를 누락하는 광고
7. 객관적으로 인정되지 아니하거나 근거가 없는 내용을 포함하는 광고
8. 신문, 방송, 잡지 등을 이용하여 기사(記事) 또는 전문가의 의견 형태로 표현되는 광고
9. 제57조에 따른 심의를 받지 아니하거나 심의받은 내용과 다른 내용의 광고
10. 제27조 제3항에 따라 외국인환자를 유치하기 위한 국내광고
11. 그 밖에 의료광고의 내용이 국민건강에 중대한 위해를 발생하게 하거나 발생하게 할 우려가 있는 것으로서 대통령령으로 정하는 광고
    ㄴ. 이에 관하여는 시행령 제23조에서 규정하였다.
③ 의료법인·의료기관 또는 의료인은 거짓이나 과장된 내용의 의료광고를 하지 못한다.
④ 의료광고는 다음 각 호의 방법으로는 하지 못한다.
1. 「방송법」 제2조 제1호의 방송
2. 그 밖에 국민의 보건과 건전한 의료경쟁의 질서를 유지하기 위하여 제한할 필요가 있는 경우로서 대통령령으로 정하는 방법
    ㄴ. 이에 관하여는 시행령 제23조에서 규정하였다.
ㄴ. 제57조(광고의 심의) ① 의료법인·의료기관·의료인이 다음 각 호의 어느 하나에 해당하는 매체를 이용하여 의료광고를 하려는 경우 미리 광고의 내용과 방법 등에 관하여 보건복지부장관의 심의를 받아야 한다.
1. 「신문 등의 진흥에 관한 법률」 제2조에 따른 신문·인터넷신문 또는 「잡지 등 정기간행물의 진흥에 관한 법률」 제2조에 따른 정기간행물
2. 「옥외광고물 등 관리법」 제2조 제1호어 따른 옥외광고물 중 현수막, 벽보, 전단 및 교통시설·교통수단에 표시되는 것
3. 전광판
4. 대통령령으로 정하는 인터넷매체
    ㄴ. "대통령령으로 정하는 인터넷매체"는 시행령 제24조 제1항에서 규정한다.

공익신고 포상금(보상금) 3

ㄴ. 제58조의6(인증서와 인증마크) ② 누구든지 제58조 제1항에 따른 인증을 받지 아니하고 인증서나 인증마크를 제작·사용하거나 그 밖의 방법으로 인증을 사칭하여서는 아니 된다.
  ㄴ. 보건복지부장관관은 의료의 질과 환자 안전의 수준을 높이기 위하여 병원급 의료기관에 대한 인증(이하 "의료기관 인증"이라 한다)을 할 수 있다.

제90조(벌칙) 제16조 제1항·제2항, 제17조 제3항·제4항, 제18조 제4항, 제21조 제3항·제5항, 제22조 제1항·제2항, 제26조, 제27조 제2항, 제33조 제1항·제3항(제82조 제3항에서 준용하는 경우를 포함한다)·제5항(허가의 경우만을 말한다), 제35조 제1항 본문, 제41조, 제42조 제1항, 제48조 제3항·제4항, 제77조 제2항을 위반한 자나 제63조에 따른 명령을 위반한 자와 의료기관 개설자가 될 수 없는 자에게 고용되어 의료행위를 한 자는 300만 원 이하의 벌금에 처한다.

ㄴ. 제16조(세탁물처리) ① 의료기관에서 나오는 세탁물은 의료인·의료기관 또는 시장·군수·구청장(자치구의 구청장을 말한다. 이하 같다)에게 신고한 자가 아니면 처리할 수 없다.
  ② 제1항에 따라 세탁물을 처리하는 자는 보건복지부령으로 정하는 바에 따라 위생적으로 보관·운반·처리하여야 한다.
    ㄴ. 의료기관에서 나오는 세탁물의 처리 기준 등은 보건복지부령인 「의료기관세탁물 관리규칙」에서 규정하였다.

ㄴ. 제17조(진단서 등) ③ 의사·치과의사 또는 한의사는 자신이 진찰하거나 검안한 자에 대한 진단서·검안서 또는 증명서 교부를 요구받은 때에는 정당한 사유 없이 거부하지 못한다.
  ④ 의사·한의사 또는 조산사는 자신이 조산(助産)한 것에 대한 출생·사망 또는 사산(死産) 증명서 교부를 요구받은 때에는 정당한 사유 없이 거부하지 못한다.

ㄴ. 제18조(처방전 작성과 교부) ④ 제1항에 따라 처방전을 발행한 의사 또는 치과의사(처방전을 발행한 한의사를 포함한다)는 처방전에 따라 의약품을 조제하는 약사 또는 한약사가 「약사법」 제26조 제2항에 따라 문의한 때 즉시 이에 응하여야 한다. 다만, 다음 각 호의 어느 하나에 해당하는 사유로 약사 또는 한약사의 문의에 응할 수 없는 경우 사유가 종료된 때 즉시 이에 응하여야 한다.
  1. 「응급의료에 관한 법률」 제2조 제1호에 따른 응급환자를 진료 중인 경우
  2. 환자를 수술 또는 처치 중인 경우
  3. 그 밖에 약사의 문의에 응할 수 없는 정당한 사유가 있는 경우

Ⅲ. 개별 법률 분석

ㄴ. 제21조(기록 열람 등) ③ 의료인은 다른 의료인으로부터 제22조 또는 제23조에 따른 진료기록의 내용확인이나 환자의 진료 경과에 대한 소견 등을 송부할 것을 요청받은 경우에는 해당 환자나 환자 보호자의 동의를 받아 송부하여야 한다. 다만, 해당 환자의 의식이 없거나 응급환자인 경우 또는 환자의 보호자가 없어 동의를 받을 수 없는 경우에는 환자나 환자 보호자의 동의 없이 송부할 수 있다.

⑤ 의료인은 응급환자를 다른 의료기관에 이송하는 경우에는 지체 없이 내원 당시 작성된 진료기록의 사본 등을 이송하여야 한다.

ㄴ. 제22조(진료기록부 등) ① 의료인은 각각 진료기록부, 조산기록부, 간호기록부, 그 밖의 진료에 관한 기록(이하 "진료기록부등"이라 한다)을 갖추어 두고 환자의 주된 증상, 진단 및 치료 내용 등 보건복지부령으로 정하는 의료행위에 관한 사항과 의견을 상세히 기록하고 서명하여야 한다.

② 의료인이나 의료기관 개설자는 진료기록부등(제23조 제1항에 따른 전자의무기록(電子醫務記錄)을 포함한다. 이하 제40조 제2항에서 같다]을 보건복지부령으로 정하는 바에 따라 보존하여야 한다.

ㄴ. 진료기록부등의 보존에 관한 사항은 시행규칙 제15조에서 규정하였다.

ㄴ. 제26조(변사체 신고) 의사·치과의사·한의사 및 조산사는 사체(死體)를 검안하여 변사(變死)[16] 한 것으로 의심되는 때에는 사체의 소재지를 관할하는 경찰서장에게 신고하여야 한다.

ㄴ. 제27조(무면허의료행위 등 금지) ② 의료인이 아니면 의사·치과의사·한의사·조산사 또는 간호사 명칭이나 이와 비슷한 명칭을 사용하지 못한다.

ㄴ. 제33조(개설 등) ① 의료인은 이 법에 따른 의료기관을 개설하지 아니하고는 의료기관을 개설할 수 없으며, 다음 각 호의 어느 하나에 해당하는 경우 외에는 그 의료기관 내에서 의료업을 하여야 한다.

  1. 「응급의료에 관한 법률」 제2조 제1호에 따른 응급환자를 진료하는 경우
  2. 환자나 환자 보호자의 요청에 따라 진료하는 경우
  3. 국가나 지방자치단체의 장이 공익상 필요하다고 인정하여 요청하는 경우
  4. 보건복지부령으로 정하는 바에 따라 가정간호를 하는 경우
     ㄴ. "가정간호의 범위"는 다음 각 호와 같다(시행규칙 제24조 제1항).
        1. 간호
        2. 검체(檢體)의 채취(보건복지부장관이 정하는 현장검사를 포함한다. 이하 같다) 및 운반
        3. 투약
        4. 주사

---

16) ★ 변사 : 뜻밖의 사고로 죽음. 자연사가 아닌 사망

            5. 응급처치 등에 대한 교육 및 훈련
            6. 상담
            7. 다른 보건의료기관 등에 대한 건강관리에 관한 의뢰
        5. 그 밖에 이 법 또는 다른 법령으로 특별히 정한 경우나 환자가 있는 현장에서 진료를 하여야 하는 부득이한 사유가 있는 경우
    ③ 제2항에 따라 의원·치과의원·한의원 또는 조산원을 개설하려는 자는 보건복지부령으로 정하는 바에 따라 시장·군수·구청장에게 신고하여야 하다.
    ⑤ 제3항과 제4항에 따라 개설된 의료기관이 개설 장소를 이전하거나 개설에 관한 신고 또는 허가사항 중 보건복지부령으로 정하는 중요사항을 변경하려는 때에도 제3항 또는 제4항과 같다.
    ㄴ. "중요사항을 변경하려는 때"는 다음 각 호의 사항을 변경하려는 때를 말한다(시행규칙 제26조 제1항).
        1. 의료기관 개설자의 변경사항
        2. 의료기관 개설자가 입원, 해외출장 등으로 다른 의사·치과의사·한의사 또는 조산사에게 진료하게 할 경우 그 기간 및 해당 의사 등의 인적사항
        3. 의료기관의 진료과목의 변동사항
        4. 진료과목 증감이나 입원실 등 주요시설의 변경에 따른 시설 변동 내용
        5. 의료기관의 명칭 변경사항
        6. 의료기관의 의료인 수
ㄴ. 제35조(의료기관 개설 특례) ① 제33조 제1항·제2항 및 제8항에 따른 자 외의 자가 그 소속 직원, 종업원, 그 밖의 구성원(수용자를 포함한다)이나 그 가족의 건강관리를 위하여 부속 의료기관을 개설하려면 그 개설 장소를 관할하는 시장·군수·구청장에게 신고하여야 한다. 다만, 부속 의료기관으로 병원급 의료기관을 개설하려면 그 개설 장소를 관할하는 시·도지사의 허가를 받아야 한다.
ㄴ. 제41조(당직의료인) 각종 병원에는 응급환자와 입원환자의 진료 등에 필요한 당직의료인을 두어야 한다.
ㄴ. 제42조(의료기관의 명칭) ① 의료기관은 제3조 제2항에 따른 의료기관의 종류에 따르는 명칭 외의 명칭을 사용하지 못한다. 다만, 다음 각 호의 어느 하나에 해당하는 경우에는 그러하지 아니하다.
    1. 종합병원이 그 명칭을 병원으로 표시하는 경우
    2. 제3조의4 제1항에 따라 상급종합병원으로 지정받거나 제3조의5 제1항에 따라 전문병원으로 지정받은 의료기관이 지정받은 기간 동안 그 명칭을 사용하는 경우
    3. 제33조 제8항 단서에 따라 개설한 의원급 의료기관이 면허 종별에 따른 종별명칭을 함께

Ⅲ. 개별 법률 분석

　　사용하는 경우
　4. 국가나 지방자치단체에서 개설하는 의료기관이 보건복지부장관이나 시·도지사와 협의하여 정한 명칭을 사용하는 경우
　5. 다른 법령으로 따로 정한 명칭을 사용하는 경우
└ 제48조(설립허가 등) ③ 의료법인이 재산을 처분하거나 정관을 변경하려면 시·도지사의 허가를 받아야 한다.
　④ 이 법에 따른 의료법인이 아니면 이와 비슷한 명칭을 사용할 수 없다.
└ 제77조(전문의) ② 제1항에 따라 전문의 자격을 인정받은 자가 아니면 전문과목을 표시하지 못한다. 다만, 보건복지부장관은 의료체계를 효율적으로 운영하기 위하여 전문의 자격을 인정받은 치과의사와 한의사에 대하여 종합병원·치과병원·한방병원 중 보건복지부령으로 정하는 의료기관에 한하여 전문과목을 표시하도록 할 수 있다.
　└ "전문과목을 표시할 수 있는 의료기관"은 다음 각 호와 같다(시행규칙 제74조).
　　1. 병상이 300개 이상인 종합병원
　　2. 「치과의사전문의의 수련 및 자격인정 등에 관한 규정」에 따른 수련치과병원
　　3. 「한의사전문의의 수련 및 자격인정 등에 관한 규정」에 따른 수련한방병원
└ 제63조(경비 보조 등) ① 보건복지부장관 또는 시·도지사는 국민보건 향상을 위하여 필요하다고 인정될 때에는 의료인·의료기관·중앙회 또는 의료 관련 단체에 대하여 시설, 운영 경비, 조사·연구비용의 전부 또는 일부를 보조할 수 있다.
　② 보건복지부장관은 다음 각 호의 의료기관이 인증을 신청할 때 예산의 범위에서 인증에 소요되는 비용의 전부 또는 일부를 보조할 수 있다.
　1. 제58조의4 제2항에 따라 인증을 신청하여야 하는 의료기관
　2. 300병상 미만의 의료기관(종합병원은 제외한다) 중 보건복지부장관이 정하는 기준에 해당하는 의료기관

제91조(양벌규정) 제87조, 제88조, 제88조의3, 제89조 및 제90조 해당

제92조(과태료) ① 다음 각 호의 어느 하나에 해당하는 자에게는 300만 원 이하의 과태료를 부과한다.
　1. 제37조 제1항에 따른 신고를 하지 아니하고 진단용 방사선 발생장치를 설치·운영한 자

공익신고 포상금(보상금) 3

2. 제37조 제2항에 따른 안전관리책임자를 선임하지 아니하거나 정기검사와 측정 또는 방사선 관계 종사자에 대한 피폭관리를 실시하지 아니한 자
   ∟ 의료기관 개설자나 관리자는 진단용 방사선[17] 발생장치를 설치한 경우에는 보건복지부령으로 정하는 바에 따라 안전관리책임자를 선임하고, 정기적으로 검사와 측정을 받아야 하며, 방사선 관계 종사자에 대한 피폭관리(被曝管理)를 하여야 한다.

3. 제46조 제3항을 위반하여 선택진료에 관한 정보를 제공하지 아니한 자
   ∟ 제46조(환자의 진료의사 선택 등) ① 환자나 환자의 보호자는 보건복지부령으로 정하는 바에 따라 종합병원·병원·치과병원·한방병원 또는 요양병원의 특정한 의사·치과의사 또는 한의사를 선택하여 진료(이하 "선택진료"라 한다)를 요청할 수 있다. 이 경우 의료기관의 장은 특별한 사유가 없으면 환자나 환자의 보호자가 요청한 의사·치과의사 또는 한의사가 진료하도록 하여야 한다.
   ③ 의료기관의 장은 보건복지부령으로 정하는 바에 따라 환자 또는 환자의 보호자에게 선택진료의 내용·절차 및 방법 등에 관한 정보를 제공하여야 한다.
   ∟ 선택진료와 관련한 내용은 보건복지부령인 「선택진료에 관한 규칙」에서 규정하였다.

4. 제49조 제3항을 위반하여 신고하지 아니한 자
   ∟ 제49조(부대사업) ③ 제1항 및 제2항에 따라 부대사업[18]을 하려는 의료법인은 보건복지부령으로 정하는 바에 따라 미리 의료기관의 소재지를 관할하는 시·도지사에게 신고하여야 한다. 신고사항을 변경하려는 경우에도 또한 같다.

제67조(과징금 처분) ① 보건복지부장관이나 시장·군수·구청장은 의료기관이 제64조 제1항 각 호의 어느 하나에 해당할 때에는 대통령령으로 정하는 바에 따라 의료업정지처분을 갈음하여 5천만 원 이하의 과징금을 부과할 수 있다. 이 경우 과징금은 3회까지만 부과할 수 있다.

---

17) ★ 방사선 피폭 : 방사선에 노출되는 것
18) ★ 부대사업(附帶事業) : 의료법인이 의료업무 외에 부수적으로 하는 사업을 말한다. 대표적인 것으로는 장례식장 및 부설주차장의 설치·운영을 들 수 있다.

제124장 인삼산업법

제1절 법률의 이해

「인삼산업법」은 인삼 및 인삼류의 경작·제조·검사 등에 필요한 사항을 규정함으로써 인삼을 특산물로 보호·육성하는 것 등을 목적으로 한다. 이 법의 주관부처는 농림축산식품부(원예산업과)이다.

「임업 및 산촌진흥촉진에 관한 법률」 제2조 제3호의2에 따른 특별관리 임산물인 산양삼에 관하여 같은 법에서 규정한 사항에 관하여는 이 법을 적용하지 않는다(제3조의2).

제2절 법령의 규정

제31조(벌칙) ① 다음 각 호의 어느 하나에 해당하는 자는 3년 이하의 징역 또는 3천만 원 이하의 벌금에 처한다.

1. 제15조 제1항을 위반하여 <u>연근[19]</u>을 거짓으로 표시하여 판매한 자

　ㄴ 제15조(인삼류의 제조기준 등) ① 인삼류를 제조하는 자는 홍삼, 태극삼, 백삼[20] 또는 그 밖의 인삼을 연근별로 구분하여 제조하고 해당 제품이나 그 용기·포장 등에 해당 연근 및 원산지를 표시하여야 한다. 이 경우 원산지의 표시방법 및 판정기준 등에 필요한 사항은 대통령령으로 정한다.

---

19) ★ 연근(年根) : 인삼이 출아(出芽)하여 자란 햇수를 말한다.

20) ★ 홍삼(紅蔘)·태극삼(太極蔘)·백삼(白蔘) : "홍삼"은 수삼을 증기나 그 밖의 방법으로 쪄서 익혀 말린 것을, "태극삼"은 수삼을 물로 익히거나 그 밖의 방법으로 익혀 말린 것을, "백삼"은 수삼을 햇볕·열풍 또는 그 밖의 방법으로 익히지 아니하고 말린 것을 각각 말한다.

공익신고 포상금(보상금) 3

ㄴ. "인삼류의 원산지 표시방법 및 판정기준 등"에 관하여는 「농수산물의 원산지표시에 관한 법률 시행령」 제5조를 준용한다(시행령 제3조의2).

2. 제19조 제1항을 위반하여 연근표시를 제거 또는 변경하여 홍삼, 태극삼, 백삼 또는 그 밖의 인삼을 판매하거나 판매할 목적으로 보관 또는 진열한 자
3. 제19조 제2항을 위반하여 미검사품 또는 불합격품을 판매·수출하거나 판매의 목적으로 보관 또는 진열한 자
4. 제19조 제4항을 위반하여 자체검사필증 또는 검사증지를 붙이거나 인쇄한 검사품의 포장을 뜯어 판매의 목적으로 보관 또는 진열하거나 그 내용물이나 포장단위를 변경한 자

② 다음 각 호의 어느 하나에 해당하는 자는 1년 이하의 징역 또는 1천만 원 이하의 벌금에 처한다.

1. 제12조 제1항에 따른 신고를 하지 아니하고 홍삼이나 5년근 이상의 태극삼, 백삼 또는 그 밖의 인삼 등을 제조·판매한 자

  ㄴ. 인삼류제조를 업으로 하려는 자는 농림축산식품부령으로 정하는 바에 따라 제조장을 관할하는 시장(특별자치도지사를 포함한다. 이하 같다), 군수 또는 자치구의 구청장(이하 "시장·군수"라 한다)에게 신고하여야 한다. 다만, 인삼경작자가 자기가 생산한 수삼을 원료로 하여 자가제조(自家製造)한 홍삼, 태극삼, 백삼 또는 그 밖의 인삼을 수출 또는 도매의 목적으로 수입하는 자(이하 "수집자"라 한다)에게 판매하는 경우에는 신고하지 아니할 수 있다.

2. 제15조 제2항에 따른 제조기준을 위반하여 홍삼, 태극삼, 백삼 또는 그 밖의 인삼을 제조한 자

  ㄴ. 제15조(인삼류의 제조기준) ② 인삼류를 제조하려는 자는 농림축산식품부령으로 정하는 제조기준을 준수하여야 한다.
  ㄴ. "제조기준"은 시행규칙 제15조 별표2에서 규정하였다.

3. 제15조 제3항에 따른 관계 직원의 제조확인을 정당한 이유 없이 거

Ⅲ. 개별 법률 분석

부·방해 또는 기피한 자

4. 제17조의4 제2항에 따른 명령을 위반하거나 압류를 거부·방해 또는 기피한 자

  ㄴ 제17조의4(검사합격품에 대한 확인검사) ① 국립농산물검사기관의 장은 인삼류의 품질관리를 위하여 필요하다고 인정할 때에는 제17조 제1항에 따른 검사에 합격한 제품에 대하여 확인검사를 할 수 있다.
  ② 국립농산물검사기관의 장은 제1항에 따른 확인검사 결과 해당 제품이 제17조 제3항에 따른 검사의 기준에 미달되는 때에는 농림축산식품부령으로 정하는 바에 따라 제17조 제1항 각 호의 어느 하나에 해당하는 자에게 해당 제품과 검사일이 같은 제품의 수거·폐기 또는 재검사를 명할 수 있고, 이에 따르지 아니하는 경우에는 소속 공무원으로 하여금 그 제품을 압류하게 할 수 있다. 이 경우 압류 등에 필요한 절차는 농림축산식품부령으로 정한다.

5. 제19조 제3항에 따른 명령을 위반하거나 압류를 거부·방해 또는 기피한 자

  ㄴ 제10조(미검사품의 거래제한 등) ③ 국립농산물검사기관의 장은 제17조 제1항에 따른 검사를 받지 아니하였거나 검사에 불합격된 홍삼, 태극삼, 백삼 또는 그 밖의 인삼을 판매·수출의 목적으로 보관 또는 진열 중인 것을 적발하였을 때에는 소속 공무원으로 하여금 해당 제품을 압류하게 하거나 제17조 제1항 각 호의 어느 하나에 해당하는 자에게 해당 제품의 검사를 받게 할 수 있다.

제32조(양벌규정) 제31조 해당

제33조(과태료) ① 다음 각 호의 어느 하나에 해당하는 자에게는 500만 원 이하의 과태료를 부과한다.

1. 제8조 제3항을 위반하여 잔류성 농약 또는 화학비료를 사용한 자

  ㄴ 제8조(경작방법 및 지도 등) ③ 인삼경작자는 인삼을 경작할 때 농림축산식품부령으로 정하는 잔류성농약 및 화학비료를 사용하여서는 아니 된다. 다만, 수경재배(水耕栽培) 등 농림축산식품부장관이 정하여 고시하는 방법으로 경작하는 경우에는 농림축산식품부장관이 정하

여 고시하는 화학비료를 사용할 수 있다.
  ㄴ "잔류성농약 및 화학비료"란 다음 각 호의 1에 해당하는 것을 말한다(시행규칙 제7조).
    1. 「농약관리법」 제8조 및 동법 제17조의 규정에 의하여 인삼에 사용할 수 있도록 등록되지 아니한 농약
    2. 질소·인산·가리 성분 중 1성분 이상을 함유하는 무기질비료로서 화학적 또는 물리적인 작용에 의하여 생산되는 비료

2. 제12조 제1항에 따른 신고를 하지 아니하고 4년근 이하의 태극삼, 백삼, 그 밖의 인삼을 제조·판매한 자
3. 제12조 제3항을 위반하여 중요사항 변경, 휴업 또는 영업재개에 관한 신고를 하지 아니한 인삼류제조업자
4. 인삼류제조업자의 지위를 승계한 자로서 제14조 제2항에 따른 신고를 하지 아니하고 홍삼, 태극삼, 백삼 또는 그 밖의 인삼을 제조·판매한 자
5. 제17조 제2항에 따른 검사기록서를 보존하지 아니한 인삼류검사기관과 자체검사업체
6. 제17조 제4항을 위반하여 자체검사필증 또는 검사증지를 붙이지 아니하거나 인쇄를 하지 아니하고 홍삼, 태극삼, 백삼 또는 그 밖의 인삼을 판매한 자
  ㄴ 자체검사 또는 인삼류검사기관의 검사에 합격한 제품에 대하여는 농림축산식품부령으로 정하는 바에 따라 그 포장 등에 자체검사필증 또는 검사증지를 붙이거나 인쇄하여야 한다. 다만, 수출용 인삼류의 경우에는 자체검사필증 또는 수입증지를 붙이지 아니할 수 있다.

7. 제17조 제5항을 위반하여 자체검사성적서 등을 제출하지 아니한 자
8. 제17조의2 제3항에 따른 변경신고를 하지 아니한 자
  ㄴ 자체검사업체는 지정받은 시설이나 인력 등이 변경되는 경우 그 변경사유가 발생한 날부터 1개월 이내에 국립농산물검사기관의 장에게 신고하여야 한다.

9. 제17조의5 제1항을 위반하여 교육을 받지 아니한 검사원으로 하여금

III. 개별 법률 분석

    검사하게 한 자체검사업체
10. 제29조 제1항에 따른 조사 등에 대하여 정당한 이유 없이 거부한 자
    ┗ 관계 공무원의 조사·검사 등을 말한다.

제125장 임업 및 산촌 진흥촉진에 관한 법률

제1절 법률의 이해

이 법은 임업의 구조를 개선하여 임업인의 권익을 증진하고 임업의 경쟁력을 강화함과 아울러 뒤떨어진 산촌지역을 진흥시키는 것을 목적으로 한다. 이 법의 주관부서는 산림청 산림경영소득과이다.

"임업"이란 영림업(「산림문화 휴양에 관한 법률」과 「수목원조성 및 진흥에 관한 법률」에 따른 자연휴양림 및 수목원의 조성 또는 관리·운영을 포함한다), 임산물생산업, 임산물유통·가공업, 야생조수사육업과 이에 딸린 업으로서 농림축산식품부령으로 정하는 업을 말한다.

"농림축산식품부령으로 정하는 업"이란 분재생산업, 조경업 및 수목조사업 등 임업 관련 서비스업을 말한다.

제2절 법령의 규정

제32조(벌칙) 다음 각 호의 어느 하나에 해당하는 자는 3년 이하의 징역 또는 3천만 원 이하의 벌금에 처한다.

1. 제18조의4 제1항 또는 제2항에 따른 품질검사를 받지 아니하고 **특별관리임산물**21)을 유통·판매 또는 통관한 자

    ㄴ. 제18조의4(품질검사) ① 생산자가 특별관리임산물을 유통·판매하고자 하거나 특별관리

---

21) ★ 특별관리임산물 : 소비자의 보호 및 품질향상을 위하여 특별한 관리가 필요한 임산물로서 산양삼과 그 밖에 대통령령으로 정하는 임산물(건조된 것을 포함한다)을 말한다(법 제2조 제3의2호).

III. 개별 법률 분석

임산물을 수입한 자(이하 "수입자"라 한다)가 이를 통관하고자 하는 경우에는 전문기관에서 미리 품질검사를 받아야 한다.

② 제1항에 따라 품질검사를 받은 자가 검사결과에 대하여 이의가 있을 때에는 대통령령으로 정하는 바에 따라 이의신청을 하고 다시 품질검사를 받을 수 있다.

2. 제18조의4 제1항 및 제2항에 따른 품질검사를 고의로 잘못하였거나 품질검사 결과를 거짓으로 통보한 자
3. 제18조의5 제2항에 따른 폐기 또는 반송의무를 이행하지 아니하거나 태만히 한 자

ㄴ 제18조의5(폐기명령 등) ① 산림청장은 제18조의4 제1항 및 제2항에 따른 품질검사를 한 결과 제18조의3 제2항을 위반하였거나 제13조의4 제3항에 따른 품질검사의 기준에 적합하지 아니한 경우에는 다음 각 호의 구분에 따라 생산자 또는 수입자에게 폐기 또는 반송명령을 하여야 한다.
   1. 생산자 : 생산신고한 구역에서 재배하는 특별관리임산물의 전부 또는 일부 폐기
   2. 수입자 : 수입신고한 특별관리임산물의 전부 또는 일부 폐기 또는 반송
② 제1항의 폐기명령 또는 반송명령을 받은 생산자 또는 수입자는 명령받은 내용대로 특별관리임산물을 폐기 또는 반송하여야 한다.

4. 제18조의6 제2항에 따른 품질검사를 하지 아니하고 특별관리임산물을 유통·판매 또는 통관하였거나 거짓으로 품질표시를 한 자

ㄴ 제18조의6(품질표시 등) ② 생산자·수입자 또는 판매자가 특별관리임산물을 유통·판매 또는 통관하고자 하는 때에는 제18조의4 제1항 및 제2항에 따른 품질검사의 결과를 소비자가 쉽게 알아볼 수 있는 위치에 표시(이하 "품질표기"라 한다)하여야 한다.

제33조(벌칙) 다음 각 호의 어느 하나에 해당하는 자는 1년 이하의 징역 또는 1천만 원 이하의 벌금에 처한다.
   1. 삭제
   2. 삭제
   3. 삭제

4. 제18조의2 제1항에 따른 신고를 하지 아니하거나 신고가 수리되지 아니한 상태에서 특별관리임산물을 생산한 자

제34조(과태료) ① 다음 각 호의 어느 하나에 해당하는 자에게는 1천만 원 이하의 과태료를 부과한다.
1. 제18조의3 제1항을 위반하여 생산과정을 기록·관리하지 아니하였거나 생산과정을 거짓으로 기재한 자
   ㄴ 특별관리임산물을 생산하는 자는 대통령령으로 정하는 바에 따라 특별관리임산물의 생산과정을 기록·관리하여야 한다.
      ㄴ 기록관리하여야 할 내용은 시행령 제17조의4 제1항에서 규정하였다.

2. 제18조의6 제1항에 따른 규격으로 포장하지 아니하고 특별관리임산물을 유통·판매 또는 통관한 자
   ㄴ 제18조의6(품질표시 등) ① 생산자 또는 수입자가 제18조의4 제3항의 품질검사의 기준에 적합한 특별관리임산물을 유통·판매 또는 통관하고자 하는 경우에는 대통령령으로 정하는 규격으로 포장하여야 한다. 구입한 특별관리임산물을 다시 판매하는 자(이하 "판매자"라 한다)의 경우에도 같다.
      ㄴ 생산자·수입자 또는 판매자가 특별관리임산물을 유통·통관 또는 판매하려는 경우에는 길이 20센티미터, 너비 10센티미터, 높이 3센티미터 이상의 직육면체 상자에 포장하여야 한다(시행령 제17조의8 제1항).

3. 제18조의7 제2항을 위반하여 수거·조사·검사 또는 열람을 거부·방해하거나 기피한 자

Ⅲ. 개별 법률 분석

제126장 자격기본법

제1절 법률의 이해

「자격기본법」은 자격에 관한 기본적인 사항을 정함으로써 자격제도의 관리·운영을 체계화하고, 평생직업능력 개발을 촉진하는 것 등을 목적으로 한다. 이 법의 주관부처는 교육부(인재직무능력정책과) 및 고용노동부(직업능력평가과)이다.

제2절 법령의 규정

제39조(벌칙) 다음 각 호의 어느 하나에 해당하는 자는 3년 이하의 징역 또는 3천만 원 이하의 벌금에 처한다. 다만, 제1호의 경우 국가자격 관련 법령에 처벌규정이 있는 경우에는 그 규정에 따른다.
1. 제17조 제1항에서 금지하고 있는 민간자격을 신설하거나 관리·운영하는 자

ㄴ 제17조(민간자격의 신설 및 등록 등) ① 국가 외의 법인·단체 또는 개인은 누구든지 다음 각 호에 해당하는 분야를 제외하고는 민간자격을 신설하여 관리·운영할 수 있다.
　1. 다른 법령에서 금지하는 행위와 관련된 분야
　2. 국민의 생명·건강·안전 및 국방에 직결되는 분야
　3. 선량한 풍속을 해하거나 사회질서에 반하는 행위와 관련되는 분야
　4. 그 밖에 민간자격으로 운영하는 것이 적합하지 아니하다고 심의회의 심의를 거쳐 대통령령으로 정하는 분야

ㄴ 시행령 제23조(민간자격의 신설 및 등록 등) ① 주무부장관은 법 제17조 제1항 각 호에 따른 민간자격의 신설 금지분야(이하 이 조에서 "금지분야"라 한다)에 관한 세부사항을 해당 기관의 인터넷 홈페이지 및 교육부장관이 구축하는 자격정보시스템(이하 "민간자격

공익신고 포상금(보상금) 3

정보시스템"이라 한다)에 공고하여야 한다.
ㄴ. 교육부장관은 시행령 제23조 제1항에 터 잡아 「민간자격 신설 금지분야 세부사항 공고」라는 명칭으로 공고하였다.

1의2. 거짓이나 그 밖의 부정한 방법으로 제17조 제2항에 따른 등록을 한 자
ㄴ. 민간자격의 신설등록을 말한다.

1의3. 제17조 제2항을 위반하여 민간자격을 등록하지 아니하고 이를 신설하여 관리·운영한 자

2. 제22조 제2항을 위반하여 공인받은 것으로 기재한 자격증을 교부한 자
ㄴ. 제22조(공인증서의 교부 등) ① 주무부장관은 제19조에 따라 공인을 하거나 제20조에 따라 공인기간의 연장 또는 재공인을 하는 경우 공인자격관리자에게 당해 민간자격의 공인을 증명하는 서류(이하 "공인증서"라 한다)를 교부하여야 한다.
② 제19조에 따른 민간자격의 공인을 받지 아니한 민간자격관리자는 공인받은 것으로 기재한 자격증을 교부하여서는 아니 된다.

3. 제26조 제1항 제2호에 따른 거짓이나 그 밖의 부정한 방법으로 공인을 받은 자

4. 제33조 제2항을 위반하여 공인받지 아니한 민간자격을 공인받은 것으로 광고하거나 공인에 따른 효력이 있는 것으로 광고한 자

5. 제34조 제3항을 위반하여 자격정보를 누설하거나 다른 사람의 이용에 제공하는 등 부당한 목적을 위하여 자격정보를 사용한 자

제40조(벌칙) 다음 각 호의 어느 하나에 해당하는 자는 1년 이하의 징역 또는 1천만 원 이하의 벌금에 처한다. 다만, 국가자격관련법령에 처벌규정이 있는 경우에는 그 법령에 따른다.

1. 제14조를 위반하여 국가자격의 명칭과 동일한 명칭을 사용한 자

Ⅲ. 개별 법률 분석

2. 제23조 제4항을 위반하여 공인자격을 취득하지 아니하고 공인자격의 명칭과 동일한 명칭을 사용한 자
3. 제25조를 위반하여 주무부장관의 시정명령에 정당한 사유 없이 따르지 아니한 자
4. 제27조 제2항을 위반하여 공인증서를 다른 사람에게 대여하거나 양도한 자 또는 대여받거나 양도받은 자
5. 제31조 제2항을 위반하여 취득한 자격을 다른 사람에게 대여한 자 또는 대여받은 자

제41조(벌칙) 제33조 제1항을 위반하여 자격과 관련하여 표시사항을 표시하지 아니하거나 같은 조 제2항을 위반하여 거짓 또는 과장광고를 한 자는 3천만 원 이하의 벌금에 처한다. 다만, 다른 법령에 처벌규정이 있는 경우에는 그 규정에 따른다.

ㄴ. 제33조(표시의무 등) ① 자격과 관련하여 광고하는 경우에는 다음 각 호의 사항을 표시하여야 한다.
　1. 자격의 종류
　2. 등록 또는 공인 번호
　3. 해당 자격을 관리·운영하는 자
　4. 그 밖에 소비자 보호를 위하여 대통령령으로 정하는 사항
　　ㄴ. "소비자 보호를 위하여 표시하여야 하는 사항"은 다음 각 호와 같다(시행령 제31조의5).
　　　1. 자격취득 및 자격검정 등에 드는 총비용 및 환불에 관한 사항
　　　2. 국가자격관리자 또는 민간자격관리자의 전화번호(국가자격관리자 또는 민간자격관리자와 실제 광고주가 일치하지 아니하는 경우에는 그 사실과 각각의 전화번호를 말한다)
② 누구든지 공인받지 아니한 민간자격을 공인받은 것으로 광고하거나 공인에 따른 효력이 있는 것으로 광고하는 등 거짓되거나 과장된 광고를 하여서는 아니 된다.
③ 제2항의 거짓 또는 과장된 광고의 유형 및 기준 등에 관하여 필요한 사항은 대통령령으로 정한다.
　ㄴ. 거짓 또는 과장광고의 유형 및 기준(시행령 제31조의6 별표).

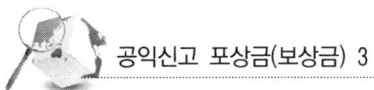
공익신고 포상금(보상금) 3

1. 등록자격, 공인자격 또는 국가자격이 아님에도 등록자격, 공인자격 또는 국가자격으로 표시하는 광고
2. 공인자격이 아님에도 공인자격 또는 국가자격과 같거나 같은 수준의 대우를 받을 수 있다고 표현하는 광고
3. 등록자격을 "한국직업능력개발원이 인정 또는 공인한 자격" 또는 "교육부가 인정 또는 공인한 자격" 등으로 표현하여 공인자격으로 혼동할 우려가 있는 광고
4. 국가자격이 아님에도 "국가자격으로 변경될 예정"이라고 표현하거나 등록자격 또는 공인자격이 아님에도 "등록예정", "공인예정" 등의 내용으로 표현하여 소비자를 현혹할 우려가 있는 광고
5. 객관적인 사실에 근거하지 않고 "최대", "국내 유일", "최고 자격" 등의 표현으로 해당 자격이 유일하고 절대적인 자격인 것으로 과장하는 광고
6. 객관적인 사실에 근거하지 않고 "취업보장", "고소득 가능", "채용 가산점" 등의 표현으로 소비자를 현혹할 우려가 있는 광고
7. 교육훈련 이수시간과 교육훈련 방법(집합교육 또는 원격교육 등)을 사실과 다르게 표시하는 광고
8. 자격취득 및 자격검정 등에 사용되는 교재의 금액과 구입 후 계약 파기 시의 환불기준 등을 사실과 다르게 표시하는 광고
9. 자격취득 및 자격검정 등에 드는 총비용 및 환불에 관한 사항을 거짓으로 표시하는 광고
10. 그 밖에 제1호부터 제9호까지의 유형에 준하는 것으로서 주무부장관이 거짓 또는 과장광고로 홈페이지와 민간자격정보시스템에 공고한 광고

제42조(양벌규정) 제39조, 제40조(제5호를 제외한다) 및 제41조 해당

III. 개별 법률 분석

제127장 자연공원법

제1절 법률의 이해

「자연공원법」은 자연공원의 지정·보전 및 관리에 관한 사항을 규정함으로써 자연생태계와 자연 및 문화경관 등을 보전함과 아울러 지속가능한 이용을 도모하는 것을 목적으로 한다. "자연공원"이란 국립공원, 도립공원, 군립공원 및 지질공원을 말한다. 이 법의 주관부처는 환경부(공원생태과)이다.

제2절 법령의 규정

제82조(벌칙) 다음 각 호의 어느 하나에 해당하는 자는 3년 이하의 징역 또는 3천만 원 이하의 벌금에 처한다.
1. 제20조를 위반하여 공원관리청의 허가를 받지 아니하고 공원사업을 시행한 자

  ㄴ. 공원관리청이 아닌 자는 공원사업을 하거나 공원관리청[22]이 설치한 공원시설[23]을 관리하려는 경우에는 공원관리청의 허가를 받아야 한다.

---

22) ★ 공원관리청 : 자연공원을 지정·관리하는 환경부장관, 시·도지사 및 군수를 말한다.
23) ★ 공원시설 : 자연공원을 보전·관리 또는 이용하기 위하여 공원계획과 공원별 보전·관리계획에 따라 자연공원에 설치하는 시설(공원계획에 따라 자연공원 밖에 설치하는 진입도로 또는 주차시설을 포함한다)로서 대통령령으로 정하는 시설을 말한다. "대통령령으로 정하는 시설"은 시행령 제2조에서 규정하였다.

2. 제23조 제1항 제1호부터 제7호까지의 규정을 위반하여 공원관리청의 허가를 받지 아니하고 허가대상 행위를 한 자

　ㄴ 제23조(금지행위) ① 공원구역에서 공원사업 외에 다음 각 호의 어느 하나에 해당하는 행위를 하려는 자는 대통령령으로 정하는 바에 따라 공원관리청의 허가를 받아야 한다. 다만, 대통령령으로 정하는 경미한 행위는 대통령령으로 정하는 바에 따라 공원관리청에 신고하거나 허가 또는 신고 없이 할 수 있다.
　　1. 건축물이나 그 밖의 공작물을 신축·증축·개축·재축 또는 이축하는 행위
　　2. 광물을 채굴하거나 흙·돌·모래·자갈을 채취하는 행위
　　3. 개간이나 그 밖의 토지의 형질변경(지하 굴착 및 해저의 형질변경을 포함한다)을 하는 행위
　　4. 수면을 매립하거나 간척하는 행위
　　5. 하천 또는 호소(湖沼)의 물높이나 수량을 늘거나 줄게 하는 행위
　　6. 야생동물(해중동물(海中動物)을 포함한다)을 잡는 행위
　　7. 나무를 베거나 야생식물(해중식물을 포함한다. 이하 같다)을 채취하는 행위
　　8. 가축을 놓아먹이는 행위
　　9. 물건을 쌓아두거나 묶어두는 행위
　　10. 경관을 해치거나 자연공원의 보전·관리에 지장을 줄 우려가 있는 건축물의 용도변경과 그 밖의 행위로서 대통령령으로 정하는 행위
　　　ㄴ "대통령령으로 정하는 행위"란 다음 각 호의 행위를 말한다(시행령 제20조).
　　　　1. 선전이나 광고를 위한 입간판을 설치하는 행위
　　　　2. 계곡 등에 좌판대를 설치하는 행위
　　　　3. 전신주·철조망 등을 설치하는 행위
　　　　4. 비닐하우스 기타 조립식 가설건조물을 설치하는 행위
　ㄴ 법 제23조 제1항 단서에서 규정하는 "신고사항"은 시행령 제18조에서, "신고생략사항"은 시행령 제19조에서 각각 규정하였다.

3. 제27조 제1항 제1호를 위반하여 자연공원의 형상을 해치거나 공원시설을 훼손한 자

　ㄴ 제27조(금지행위) ① 누구든지 자연공원에서 다음 각 호의 어느 하나에 해당하는 행위를 하여서는 안 된다.
　　1. 자연공원의 형상을 해치거나 공원시설을 훼손하는 행위

Ⅲ. 개별 법률 분석

제83조(벌칙) 다음 각 호의 어느 하나에 해당하는 자는 2년 이하의 징역 또는 2천만 원 이하의 벌금에 처한다.

1. 제23조 제1항 제8호부터 제10호까지의 규정을 위반하여 공원관리청의 허가를 받지 아니하고 허가대상 행위를 한 자
   ∟ 위 제82조 제2호 참조

2. 제30조에 따른 사업의 정지처분 또는 변경처분을 받고 이를 이행하지 아니한 자
   ∟ 공원관리청의 허가 등을 받은 자를 말한다.

3. 속임수나 그 밖의 부정한 방법으로 이 법에 따른 허가를 받은 자

제84조(벌칙) 다음 각 호의 어느 하나에 해당하는 자는 1년 이하의 징역 또는 1천만 원 이하의 벌금에 처한다.

1. 제23조 제1항 단서에 따른 신고를 하지 아니하고 신고대상 행위를 한 자
   ∟ 제82조 제2호 참조

2. 제27조 제1항 제2호를 위반하여 나무를 말라 죽게 한 자
   ∟ 제27조(금지행위) ① 누구든지 다음 각 호의 어느 하나에 해당하는 행위를 하여서는 아니 된다.
      2. 나무를 말라 죽게 하는 행위
      3. 야생동물을 잡기 이하여 화약류·덫·올무 또는 함정을 설치하거나 유독물·농약을 뿌리는 행위

3. 제27조 제1항 제3호를 위반하여 야생동물을 잡기 위하여 화약류·덫·올무 또는 함정을 설치하거나 유독물·농약을 뿌린 자
   ∟ 위 제2호 참조

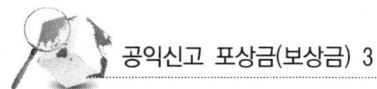

4. 제37조 제2항 단서를 위반하여 공원관리청의 허가를 받지 아니하고 사용료를 징수한 자

제85조(양벌규정) 제82조부터 제84조까지

제128장 자연재해대책법

제1절 법률의 이해

「자연재해대책법」은 태풍, 홍수 등 자연현상으로 인한 재난으로부터 국토를 보존하고, 국민의 생명·신체 및 재산과 주요 기간시설(基幹施設)을 보호하기 위하여 자연재해의 예방·복구 및 그 밖의 대책에 관하여 필요한 사항을 규정한다. 이 법의 주관부서는 소방방재청 재해대책과이다.

이 법에서 말하는 "자연재해"란 「재난 및 안전관리기본법」 제3조 제1호 가목에 따른 자연현상으로 인하여 발생하는 재해를 말한다(제2조 제2호). 「재난 및 안전관리기본법」 제3조 제1호 가목은 태풍·홍수·호우(豪雨)·강풍·풍랑·해일(海溢)·대설·낙뢰·가뭄·지진·황사(黃砂)·조류(藻類) 대발생·조수(潮水), 그 밖에 이에 준하는 자연현상으로 인하여 발생하는 재해를 규정하였다.

제2절 법령의 규정

제77조(벌칙) ① 제38조 제2항에 따른 대행자등록을 하지 아니하고 방재관리대책업무를 대행한 자는 1년 이하의 징역 또는 1천만 원 이하의 벌금에 처한다.

  ㄴ. 방재관리대책대행자는 대통령령으로 정하는 요건을 갖추고 안전행정부령으로 정하는 바에 따라 소방방재청장에게 등록하여야 한다. 등록사항 중 대통령령으로 정하는 중요사항을 변경할 때에도 또한 같다.

② 제37조 제1항에 따른 비상대처계획을 수립하지 아니한 자는 500만 원 이하의 벌금에 처한다.

┗ 태풍, 지진, 해일 등 자연현상으로 인하여 대규모 인명 또는 재산피해가 우려되는 댐, 다중이용시설 또는 해안지역 등에 대하여 시설물 또는 지역의 관리주체는 피해경감을 위한 비상대처계획을 수립하여야 한다.

제78조(양벌규정) 제77조 해당

제79(과태료) ① 다음 각 호의 어느 하나에 해당하는 자에게는 300만 원 이하의 과태료를 부과한다.
1. 제12조 제2항에 따른 자연재해위험개선지구의 재해예방을 위한 점검·정비명령을 이행하지 아니한 자

┗ 제12조(자연재해위험개선지구의 지정 등) ① 시장·군수·구청장은 상습침수지역, 산사태위험지역 등 지형적인 여건 등으로 인하여 재해가 발생할 우려가 있는 지역을 자연재해위험개선지구로 지정·고시하고, 그 결과를 시·도지사를 거쳐 소방방재청장과 관계 중앙행정기관의 장에게 보고하여야 한다.
② 시장·군수·구청장은 제1항에 따라 지정된 자연재해위험개선지구를 관할하는 관계기관(군부대를 포함한다) 또는 그 지구에 속해 있는 시설물의 소유자·점유자 또는 관리인에게 안전행정부령으로 정하는 바에 따라 재해예방에 필요한 한도에서 점검·정비 등 필요한 조치를 할 것을 요청하거나 명할 수 있다.

2. 제19조의6 제1항에 따른 우수(雨水)유출저감시설을 설치하지 아니한 자

┗ 제19조의6(개발사업시행자 등의 우수유출저감시설 설치) ① 개발사업 등을 시행하거나 공공시설을 관리하는 자는 대통령령으로 정하는 바에 따라 우수유출저감대책을 수립하고 우수유출저감시설을 설치하여야 한다.

┗ 시행령 제16조의2(우수유출저감대책수립 등) ① 법 제19조의6 제1항에 따라 개발사업 등을 시행하거나 공공시설 등을 관리하는 자는 다음 각 호의 어느 하나에 해당하는 시설(「수질 및 수생태계보전에 관한 법률」 제53조에 따라 비점오염저감시설을 설치하는 대상 사업은 제외한다)을 시행하는 경우 우수유출저감대책을 수립하여야 한다. 다만, 법 제5

Ⅲ. 개별 법률 분석

조 제1항에 따른 사전재해영향성 검토협의 대상 사업내용에 우수유출저감시설의 설치에 관한 사항이 법 제19조의7 제3항에서 정한 기준에 맞게 반영된 경우에는 그러하지 아니하다. (각 호 생략)
③ 제1항에 따라 우수유출저감대책을 수립한 자는 제16조의3 제1항에 따른 우수유출저감시설 중 필요한 시설을 설치하여야 한다.
④ 제1항에 따른 우수유출저감대책의 수립에 필요한 세부적인 사항은 소방방재청장이 정한다.

3. 제21조 제2항에 따른 침수흔적 등의 조사를 방해하거나 무단으로 침수흔적 표지를 훼손한 자

ㄴ. 제21조(각종 재해지도의 제작활용) ② 지방자치단체의 장은 침수피해가 발생하였을 때에는 침수, 범람, 그 밖의 피해흔적을 조사하여 침수흔적도를 작성·보존하고 현장에 침수흔적을 표시·관리하여야 한다.

4. 제25조의3 제2항에 따른 해일위험지구의 재해예방을 위한 점검·정비 명령을 이행하지 아니한 자

ㄴ. 제25조의3(해일위험지구의 지정) ② 지역대책본부장은 제1항에 따라 지정된 해일위험지구를 관할하는 관계 기관 또는 그 지구에 속해 있는 소유자·점유자 또는 관리인에게 안전행정부령으로 정하는 바에 따라 재해예방에 필요한 한도에서 점검·정비 등 필요한 조치를 할 것을 요청하거나 명할 수 있다.

5. 제40조에 따른 준수사항을 위반한 자

ㄴ. 제40조(대행자의 준수사항) ① 대행자는 제38조 제1항 각 호의 업무를 수행할 때에는 다음 각 호의 사항을 준수하여야 한다.
  1. 다른 방재관리대책업무의 대행 내용을 복제하지 아니할 것
  2. 방재관리대책의 내용을 보존할 것
    ㄴ. (제2호는 방지관리대책의 내용을 보존하라고만 명령하였을 뿐 언제까지 보존하여야 하는지에 관하여는 시행령이나 시행규칙에서조차도 침묵을 하였습니다. 이러한 서류의 보존명령은 보존의 필요성이 있을 때까지 최단기간을 정하여 의무를 부과하여야 합니다. 이렇게 막연한(불확실한) 규정에 터 잡아서는 이를 위반하였다는 이유로 과태료를 부과할 수는 없다고 해석됩니다. 따라서 편저자가 안전행정부장관에게 법령

의 정비의견을 제출하였습니다. 뒤에서 검토하게 되는 이 조(제40조) 제2항도 함께 정비의견을 제출하였습니다. 그 내용은 이 장의 끝부분에서 소개합니다.)
   3. 방재관리대책업무 수행의 기초가 되는 자료를 거짓으로 작성하지 아니할 것
② 대행자는 등록증이나 명의를 다른 사람에게 빌려주거나 도급받은 방재관리대책업무를 한꺼번에 하도급하지 아니하여야 한다.

ㄴ. (제2항에서 문제가 되는 부분은 "한꺼번에 하도급하지 아니하여야 한다"는 부분입니다. 이 법의 규정 중 방재관리대책업무 대행자와 관련된 규정들을 종합하여 보면 이른바 일괄재하도급(一括再下都給)을 금지하는 명령으로 이해됩니다. 이러한 경우에는 도급받은 방재관리대책업무의 전부를 같은(또는 동일한) 하수급인(下受給人)에게 하도급하면 안 된다는 취지로 표현하여야 할 것입니다. 현행 법률의 규정에 의하면 같은 하수급인(동일인)에게 여러 차례에 걸쳐 하도급을 하더라도 이 조항을 위반하였다는 이유로 과태료를 부과할 수 없는 문제점이 있습니다.
한 가지를 더 부연하자면 이 법은 대형 재해와도 직결될 수 있는 사항들을 규율하는 법률임을 감안할 때 법을 위반하는 내용은 무거운 행위들이라고 말할 수 있습니다. 그러나 법률의 형벌체계는 그에 상응하지 못하는 아쉬움도 발견됩니다. 무거운 형벌이나 중한 행정질서벌이 반드시 위법행위를 막는 효과를 발휘한다는 보장은 없다는 점에는 동의를 하지만 · · ·)

6. 제41조에 따른 신고를 하지 아니하고 사업을 휴업하거나 폐업한 자
   ㄴ. 방재관리대책업무 대행자는 업무의 전부 또는 일부를 휴업 또는 폐업하거나 휴업한 사업을 재개하려는 경우에는 안전행정부령으로 정하는 바에 따라 소방방재청장에게 신고하여야 한다.

7. 제41조의2에 따른 실태점검을 거부 · 기피 · 방해하거나 거짓 자료를 제출한 방지관리대책업무 대행자 및 방지관리대책업무를 대행하게 한 자
   ㄴ. 소방방제청장은 대행자 등록기준 적합 여부, 준수사항 준수 여부 등 대행자의 대행업무 실태를 확인 · 점검할 수 있다.

III. 개별 법률 분석

법령 정비 제안

1. 제목 :「자연재해대책법」정비 관련 제안

2. 관계 행정기관 : 안전행정부(소방방재청)

3. 현행 법률의 규정
  제40조(대행자의 준수사항) ① 대행자는 제38조 제1항 각 호의 업무를 수행할 때에는 다음 각 호의 사항을 준수하여야 한다.
  1. (생략)
  2. 방재관리대책의 내용을 보존할 것
  ② 대행자는 등록증이나 명의를 다른 사람에게 빌려주거나 도급받은 방재관리대책업무를 한꺼번에 하도급하지 아니하여야 한다.

4. 문제점
  가. 제40조 제1항 제2호
  법 제40조 제1항 제2호는 방재관리대책업무 대행자에게 방재관리대책의 내용을 보존하라고 명령하였습니다. 이러한 서류나 정보를 보존하라고 명할 때에는 필요한 범위 안에서 최단기간을 정하여 의무를 부과함이 옳을 것입니다. 그러나 법률, 시행령 및 시행규칙은 모두 이를 언제까지 보존하여야 하는지에 관하여 침묵하였습니다. 사정이 이러함에도 불구하고 법 제79조 제1항 제5호에서는 법 제40

조의 규정을 위반하는 방재관리대책업무 대행자에게는 과태료를 부과한다고 규정하였습니다. 불명확(모호한)한 규정이라고 이해할 수 있겠습니다.

나. 제40조 제2항

법 제40조 제2항의 내용 중에서는 "도급받은 방재대책관리업무를 한꺼번에 하도급하지 아니하여야 한다."는 부분에 관하여 지적하고자 합니다.

이 법률 중 방재관리대책업무 대행자와 관련한 규정들을 종합하여 볼 때 법 제40조 제2항의 규정 중 뒷부분은 "방재관리대책업무 대행자는 그가 도급받은(수급한) 방재대책업무를 같은 사람(동일인)에게 일괄재하도급(一括再下都給)을 하여서는 아니 된다."는 취지로 이해됩니다. 위 규정의 취지를 제안자가 이해하는 것과 같다고 보면 방재관리대책업무 대행자가 수급(受給)한 방재대책관리업무를 동일한 하수급인에게 여러 번에 걸쳐(나누어서) 하도급을 하는 경우에는 위 규정을 위반하였다고 해석하기는 어렵습니다. 이 경우에는 "한꺼번에" 하도급을 하였다고 단정하기는 어렵기 때문입니다.

이 규정 역시 위반하는 방재대책관리업무 대행자에게는 법 제79조 제1항 제5호에 의하여 과태료를 부과하도록 하였습니다. 명확히 규정하여 꼼수를 부리려는 행위를 미리 막을 필요가 있어 보이는 규정이라고 하겠습니다.

다. 기타 문제

「자연재해대책법」은 태풍, 홍수, 호우, 강풍, 풍랑, 해일, 대설, 낙

III. 개별 법률 분석

뢰 등의 자연재해로 인하여 발생하는 국민의 생명, 신체 및 재산과 주요 기간시설의 보호 등을 목적으로 합니다. 이 법이 이러한 자연재해로 인한 대형 사고와 관련이 없다고 하더라도 다른 유사한 관련 법률과 견주어볼 때 이 법의 법정형과 법정 과태료의 부과기준은 지나치게 가볍다는 느낌을 받게 한다는 점도 참고하셨으면 좋겠습니다. 물론 법률의 규정을 위반하는 자에 대한 형벌 등이 무겁다고 하여 범법행위가 당연히 예방된다고는 말할 수 없지만, 이 법의 법정 최고형은 징역 1년과 벌금 1천만 원이며, 과태료의 최고액은 300만 원에 불과합니다. 긍정적인 검토를 기대합니다. 감사합니다.

위 제안자   최 종 배

행정자치부장관 귀하

공익신고 포상금(보상금) 3

제129장 자연환경보전법

제1절 법률의 이해

「자연환경보전법」은 자연환경을 인위적 훼손으로부터 보호하고, 생태계와 자연경관을 보전하는 등 자연환경을 체계적으로 보전·관리하는 것 등을 목적으로 한다. "자연환경"이라 함은 지하·지표(해양을 제외한다) 및 지상의 모든 생물과 이들을 둘러싸고 있는 비생물적인 것을 포함한 자연의 상태(생태계 및 자연경관을 포함한다)를 말한다. 이 법의 주관부처는 환경부(자연생태과)이다.

제2절 법령의 규정

제63조(벌칙) 다음 각 호의 어느 하나에 해당하는 사람은 3년 이하의 징역 또는 2천만 원 이하의 벌금에 처한다.

1. <u>핵심구역</u>[24] 안에서 제15조 제1항(제22조 제2항의 규정에 의하여 준용되는 경우를 포함한다)의 규정을 위반하여 자연생태·자연경관의 훼손 행위를 한 사람
   ㄴ. 제15조(생태·경관보호지역에서의 행위제한 등) ① 누구든지 생태·경관보호지역 안에서 다음 각 호의 어느 하나에 해당하는 자연생태 또는 자연경관의 훼손행위를 하여서는 아니 된

---

24) ★ 핵심구역 : "생태·경관핵심보전구역"을 줄여 말하는 것으로서 생태계의 구조와 기능의 훼손방지를 위하여 특별한 보호가 필요하거나 자연경관이 수려하여 특별히 보호하고자 하는 지역을 말한다.

Ⅲ. 개별 법률 분석

다. 다만, 생태·경관보전지역 안에 「자연공원법」에 의하여 지정된 공원구역 또는 「문화재보호법」에 의한 문화재(보호구역을 포함한다)가 포함된 경우에는 「자연공원법」 또는 「문화재보호법」이 정하는 바에 의한다.

1. 핵심구역 안에서 야생동·식물을 포획·채취·이식(移植)·훼손하거나 고사(枯死)시키는 행위 또는 포획하거나 고사시키기 위하여 화약류·덫·올무·그물·함정 등을 설치하거나 유독물·농약 등을 살포·주입(注入)하는 행위
2. 건축물 그 밖의 공작물(이하 "건축물등"이라 한다)의 신축·증축(생태·경관보전지역 지정 당시의 건축연면적의 2배 이상 증축하는 경우에 한한다) 및 토지의 형질변경
3. 하천·호소(湖沼)25) 등의 구조를 변경하거나 수위(水位) 또는 수량에 증감을 가져오는 행위
4. 토석(土石)의 채취
5. 그 밖에 자연환경보전에 유해하다고 인정되는 행위로서 대통령령이 정하는 행위
    ↳ "대통령령이 정하는 행위"라 함은 수면의 매립·간척 및 불을 놓는 행위를 말한다 (시행령 제11조).

② 다음 각 호의 어느 하나에 해당하는 경우에는 제1항의 규정을 적용하지 아니한다.
1. 군사목적을 위하여 필요한 경우
2. 천재·지변 또는 이에 준하는 대통령령이 정하는 재해가 발생하여 긴급한 조치가 필요한 경우
    ↳ "대통령령으로 정하는 재해"란 다음 각 호의 어느 하나에 해당하는 경우를 말한다 (시행령 제12조).
        1. 건축물·공작물 등의 붕괴·폭발 등으로 인명피해가 발생하거나 재산상 손실이 발생한 경우
        2. 화재가 발생한 경우
        3. 그 밖의 현존(現存)하는 위험으로부터 인명을 구조하기 위하여 필요한 경우
3. 생태·경관보전지역 안에 거주하는 주민의 생활양식의 유지 또는 생활향상을 위하여 필요하거나 생태·경관보전지역 지정 당시에 실시하던 영농행위를 지속하기 위하여 필요한 행위 등 대통령령이 정하는 행위를 하는 경우
    ↳ "대통령령이 정하는 행위"라 함은 생태·경관보전지역 또는 그 인근 지역에 거주하는 주민이나 생태·경관보전지역 안의 토지·공유수면의 토지 소유자·점유자 또는 관리인의 행위로서 생태적으로 지속가능하다고 인정되는 농사, 어로행위, 수산물의 채취행위, 버섯·나물 등의 차취행위, 그 밖의 이에 준하는 행위를 말한다(시행령

---

25) ★ 호소 : 호수와 늪

제13조 제1항).
4. 환경부장관이 당해 지역의 보전에 지장이 없다고 인정하여 환경부령이 정하는 바에 따라 허가하는 경우
5. 「농어촌정비법」제2조의 규정에 의한 농업생산기반정비사업으로서 제14조의 규정에 의한 생태·경관보전지역관리기본계획에 포함된 사항을 시행하는 경우
6. 「산림자원의 조성 및 관리에 관한 법률」에 의한 산림경영계획 및 산림보호와 「산림보호법」에 따른 산림유전자원보호구역의 보전을 위하여 시행하는 사업으로서 나무를 베어내거나 토지의 형질변경을 수반하지 아니하는 경우
7. 다른 법률에 의하여 관계 행정기관의 장이 직접 실시하거나 관계 행정기관의 장이 인가·허가 또는 승인 등(이하 "인·허가등"이라 한다)을 하는 경우. 이 경우 관계 행정기관의 장은 미리 환경부장관과 협의하여야 한다.
8. 환경부장관이 생태·환경보전지역을 보호·관리하기 위하여 대통령령이 정하는 행위 및 필요한 시설을 설치하는 경우
   ㄴ "대통령령이 정하는 행위 및 필요한 시설을 설치하는 경우"라 함은 다음 각 호의 어느 하나에 해당하는 경우를 말한다(시행령 제13조 제2항).
   1. 법 제14조의 규정에 따른 관리기본계획에 포함된 시설 등을 설치하는 경우
   2. 생태·경관보전지역의 생태계 및 자연경관에 대한 정기적인 현황조사·학술연구 또는 그 수행에 필요한 관측시설 등을 설치하는 경우
   3. 생태·경관보전지역을 보호하고 외부인의 무단출입으로 인한 자연환경의 훼손을 방지하기 위하여 필요하다고 인정되는 시설 등을 설치하는 경우

③ 제1항에 불구하고 완충구역26) 안에서는 다음 각 호의 행위를 할 수 있다.
1. 「측량·수로조사 및 지적에 관한 법률」에 따른 지목이 대지(생태·경관보전지역 지정 이전의 지목이 대지인 경우에 한한다)인 토지에서 주거·생계 등을 위한 건축물로서 대통령령으로 정하는 건축물등의 설치
   ㄴ "대통령령이 정하는 건축물등"이란 다음 각 호의 시설(부대시설 및 부설주차장을 포함한다)로서 환경부령이 정하는 규모 이하인 것을 말한다(시행령 제14조 제1항).
      1. 「건축법 시행령」별표1(이하 이 항에서 "동표"라 한다)에 정한 다음 각 목의 어느 하나에 해당되는 것
         가. 동표 제1호 가목의 단독주택
         나. 동표 제3호 가목의 일용품 등을 판매하는 소매점

---

26) ★ 완충구역 : "생태·경관완충보전구역"의 줄인 말로써 핵심구역의 연접지역이며, 핵심구역의 보호를 위하여 필요한 지역을 말한다.

III. 개별 법률 분석

　　　다. 동표 제3호 나목 중 휴게음식점
　2. 농산물·임산물·수산물의 보관·저장시설 또는 판매시설
　└, "환경부령이 정하는 규모 이하"라 함은 다음 각 호의 어느 하나에 해당하는 경우를 말한다(시행규칙 제5조).
　　1. 신축시에는 지상층의 건축연면적이 130제곱미터 이하이고 높이가 2층 이하이며 지하층의 건축연면적이 130제곱미터 이하인 경우
　　2. 증·개축시에는 기존 건축연면적의 2배 이하이고 높이가 2층 이하인 경우. 다만, 기존 건축물의 연면적이 50제곱미터 미만인 때에는 증·개축의 연면적이 130제곱미터 이하이고, 기존 건축물의 층수가 3층 이상인 때에는 증·개축의 층수가 동일 층수 이하인 경우를 말한다.
2. 생태탐방·생태학습 등을 위하여 대통령령이 정하는 시설의 설치
　└, "대통령령이 정하는 시설"이라 함은 관리기본계획에 반영된 시설 중 다음 각 호의 어느 하나에 해당하는 것을 말한다(시행령 제14조 제2항).
　　1. 자연학습장, 생태 또는 산림박물관, 수목원, 식물원, 생태숲, 생태체험장, 생태연구소 등 자연환경의 교육·홍보 또는 연구를 위한 시설
　　2. 「청소년활동 진흥법」 제10조의 규정에 따른 청소년수련원 또는 청소년야영장
3. 「산림자원의 조성 및 관리에 관한 법률」에 의한 산림경영계획과 산림보호 및 「산림보호법」에 따른 산림유전자원보호구역 등의 보전·관리를 위하여 시행하는 산림사업
4. 하천유량 및 지하수 관측시설, 배수로의 설치 또는 이와 유사한 농·임·수산업에 부수되는 건축물 등의 설치
5. 「장사등에관한법률」 제13조 제1항 제1호의 규정에 의한 개인묘지의 설치

④ 제1항의 규정에 불구하고 전이구역27) 안에서는 다음의 행위를 할 수 있다.
1. 제3항 각 호의 행위
2. 전이구역 안에 거주하는 주민의 생활양식의 유지 또는 생활향상 등을 위한 대통령령이 정하는 건축물 등의 설치
　└, "대통령령이 정하는 건축물등"이라 함은 다음 각 호의 어느 하나에 해당하는 것을 말한다(시행령 제15조 제1항).
　　1. 환경부령이 정하는 규모 이하의 주거용 건축물
　　2. 환경부령이 정하는 규모 이하의 다음 각 목의 어느 하나에 해당하는 건축물(신

---

27) ★ 전이구역(轉移區域): "생태·경관전이보전구역"의 줄인 말로써 핵심구역 또는 완충구역에 둘러싸인 취락지역(聚落地域)이며, 지속가능한 보전과 이용을 위하여 필요한 지역을 말한다.

축 · 증축 및 개축의 경우에 한한다)
　　가. 「건축법 시행령」 별표1(이하 이 항 및 제2항에서 "동표"라 한다) 제3호의 제1종 근린생활시설(휴게음식점 · 제과점 및 목욕장을 제외한다)
　　나. 동표 제4호의 제2종 근린생활시설(일반음식점 · 휴게음식점 · 제과점 · 실내낚시터 · 골프연습장 · 총포판매사 · 단란주점 및 안마시술소를 제외한다)
　　다. 동표 제9호 가목의 병원
　　라. 동표 제21호 가목 또는 마목의 축사 또는 작물재배사
　　마. 동표 제26호 나목의 봉안당(현지 지역주민들을 위한 것에 한한다)
　　바. 초등학교
3. 생태 · 경관보전지역을 방문하는 사람을 위한 대통령령이 정하는 음식 · 숙박 · 판매시설의 설치
　└ "대통령령이 정하는 음식 · 숙박 · 판매시설"이라 함은 환경부령이 정하는 규모 이하의 다음 각 호의 어느 하나에 해당하는 것을 말한다(시행령 제15조 제2항).
　　1. 동표 제3호 나목의 휴게음식점 · 제과점
　　2. 동표 제4호 아목의 휴게음식점 · 제과점
　　3. 동표 제4호 자목의 일반음식점
　　4. 동표 제12호의 수련시설
4. 도로, 상 · 하수도 시설 등 지역주민 및 탐방객의 생활편의 등을 위하여 대통령령이 정하는 공공용시설 및 생활편의시설의 설치
　└ "대통령령이 정하는 공공용시설 및 생활편의시설"이라 함은 다음 각 호의 어느 하나에 해당하는 것을 말한다(시행령 제15조 제3항).
　　1. 도로(탐방로를 포함한다) 또는 주차장 등 교통시설
　　2. 국가 · 지방자치단체 등이 설치하는 상 · 하수도 또는 전주(電柱) 등의 공공용시설 또는 지역주민을 위한 생활편의시설

2. 완충구역 안에서 제15조 제1항 제2호 내지 제5호의 규정을 위반하여 자연생태 · 자연경관의 훼손행위를 한 사람
　└ 위 제1호 참조

3. 제17조(제22조 제2항의 규정에 의하여 준용되는 경우를 포함한다)의 규정에 의한 중지 · 원상회복 또는 조치명령을 위반한 사람

III. 개별 법률 분석

ㄴ. **제17조(중지명령 등)** 환경부장관은 생태·경관보전지역 안에서 제15조 제1항의 규정에 위반되는 행위를 한 사람에 대하여 그 행위의 중지를 명하거나 상당한 기간을 정하여 원상회복을 명할 수 있다. 다만, 원상회복이 곤란한 경우에는 대체자연의 조성 등 이에 상응하는 조치를 하도록 명할 수 있다.

제64조(벌칙) 다음 각 호의 어느 하나에 해당하는 자는 2년 이하의 징역 또는 1천만 원 이하의 벌금에 처한다.

1. 전이구역에서 제15조 제1항을 위반하여 자연생태·자연경관을 훼손시킨 자

   ㄴ. 제63조 제1호 참조

2. 제16조 제1호(제22조 제2항에 따라 준용되는 경우를 포함한다)를 위반하여 금지행위를 한 자

   ㄴ. **제16조(생태·경관지역 안에서의 금지행위)** 누구든지 생태·경관보전지역 안에서 다음 각 호의 어느 하나에 해당하는 행위를 하여서는 아니 된다. 다만, 군사목적을 위하여 필요한 경우, 천재·지변 또는 이에 준하는 대통령령이 정하는 재해가 발생하여 긴급한 조치가 필요한 경우에는 그러하지 아니하다.
   1. 「수질 및 수생태계보전에 관한 법률」 제2조의 규정에 의한 특정수질유해물질, 「폐기물관리법」 제2조의 규정에 의한 폐기물 또는 「유해화학물질관리법」 제2조의 규정에 의한 유독물을 버리는 행위
   2. 환경부령이 정하는 인화물질을 소지하거나 환경부장관이 지정하는 장소 외에서 취사 또는 야영을 하는 행위(핵심구역 및 완충구역에 한한다)
   3. 자연환경보전에 관한 안내판 그 밖의 표지물을 오손 또는 훼손하거나 이전하는 행위
   4. 그 밖의 생태·경관보전지역의 보전을 위하여 금지하여야 할 행위로서 풀·나무의 채취 및 벌채 등 대통령령이 정하는 행위

      ㄴ. "대통령령이 정하는 행위"라 함은 다음 각 호의 어느 하나에 해당하는 행위를 말한다(시행령 제17조).
      1. 소리·빛·연기·악취 등을 내어 야생동물을 쫓는 행위
      2. 야생동·식물의 둥지·서식지를 훼손하는 행위
      3. 완충구역 또는 전이구역 안에서 풀·잎·죽을 채취하거나 고사시키는 행위 또는

공익신고 포상금(보상금) 3

　　　　고사시키기 위하여 유독물·농약 등을 살포·주입하는 행위. 다만,「문화재보호
　　　　법」에 따른 문화재 및 그 보호구역에서는「문화재보호법」이 정하는 바에 따르며,
　　　　다음 각 목의 어느 하나에 해당하여 법 제15조의 규정에 따른 행위제한의 대상
　　　　에 해당되지 아니하는 경우를 제외한다.
　　　　　가. 법 제15조 제2항 제3호 내지 제8호에 해당하는 경우
　　　　　나. 법 제15조 제3항 제1호 내지 제5호의 규정에 해당하는 경우
　　　　　다. 법 제15조 제4항 제1호 내지 제4호의 규정에 해당하는 경우
　　　4. 가축의 방목
　　　5. 완충구역 또는 전이구역 안에서 동물을 포획하거나 알을 채취하는 행위 또는 화
　　　　약류·덫·올무·그물·함정 등을 설치하는 행위. 다만,「문화재보호법」에 따른
　　　　문화재 및 그 보호구역 안에서는「문화재보호법」이 정하는 바에 따른다.
　　　6. 동물의 방사. 다만, 조난된 동물을 구조·치료하여 동일지역에 방사하거나 관계행
　　　　정기관의 장이 야생동·식물의 복원을 위하여 환경부장관과 협의하여 동물을 방
　　　　사하는 경우에는 그러하지 아니하다.
└ 시행령은 법 제16조 각 호 외의 본문 중 단서의 "대통령령이 정하는 재해"에 관하여 규
　정하지 않았다.

제65조(양벌규정) 제63조 및 제64조 해당

제66조(과태료) ① 제26조의 규정에 의한 시·도지사의 조치를 위반한 사람은 1천만 원 이하의 과태료에 처한다.
└ 시·도지사는 제15조 내지 제17조의 규정에 준하여 당해 지방자치단체가 정하는 조례에 따라
　시·도생태·경관보전지역의 보전·관리를 위하여 필요한 조치를 할 수 있다.

III. 개별 법률 분석

제130장 잔류성유기오염물질 관리법

제1절 법률의 이해

이 법은 「잔류성유기오염물질에 관한 스톡홀름협약」의 시행을 위하여 동 협약에서 규정하는 다이옥신 등 잔류성유기오염물질의 관리에 필요한 사항을 규정한다. "잔류성유기오염물질"이라 함은 독성·잔류성·생물농축성 및 장거리이동성 등의 특성을 지니고 있어 사람과 생태계를 위태롭게 하는 물질로서 다이옥신 등 「잔류성유기오염물질에 관한 스톡홀름협약」에서 정하는 것을 말하며, 그 구체적인 내용은 시행령 제2조 별표1에서 규정하였다.

이 법은 「해양수산발전기본법」 제3조의 규정에 의한 해양에서의 잔류성유기오염물질의 관리에 관하여는 적용하지 않는다(제3조). 이 법의 주관부처는 환경부(화학물질과)이다.

제2절 법령의 규정

제32조(벌칙) 제16조 제3항·제19조 제4항 또는 제23조 제3항의 규정에 따른 폐쇄명령을 이행하지 아니한 자는 5년 이하의 징역 또는 5천만 원 이하의 벌금에 처한다.

ㄴ. 제16조(개선명령·사용중지명령 및 폐쇄명령) ① 환경부장관은 배출시설[28]에서 배출되는 잔류

---

28) ★ 배출시설 : 잔류성유기오염물질을 배출하는 시설물·기계·기구 그 밖의 물체로서 환경부령으로 정하는 것을 말한다(법 제2조 제2호). 시행규칙 제2조 별표1에서 규정하는 "배출시설"은 제철 및 제강시설, 알루미늄 압연·압출 및 연

공익신고 포상금(보상금) 3

성유기오염물질의 정도가 배출허용기준을 초과하는 경우에는 개선에 필요한 조치 및 시설 설치기간 등을 고려하여 환경부령이 정하는 바에 따라 1년 이내의 범위에서 기간을 정하여 배출사업자에게 그 잔류성유기오염물질의 배출농도가 배출허용기준 이하로 내려가는데 필요한 조치를 취할 것을 명할 수 있다.

② 환경부장관은 제1항에 따른 명령(이하 "개선명령"이라 한다)을 받은 자가 이를 이행하지 아니하거나 기간 내에 이행을 하였으나 검사결과 배출허용기준을 계속 초과하면 6개월의 범위에서 환경부령으로 정하는 바에 따라 해당 배출시설의 전부나 일부의 사용중지를 명할 수 있다.

└ "행정처분의 기준"은 시행규칙 제11조 별표4에서 규정하였다.

③ 환경부장관은 제2항의 규정에 따른 사용중지명령을 받은 자가 이를 이행하지 아니하거나 배출시설 구조나 방지시설의 노후화 등으로 인하여 배출허용기준의 준수가 불가능하다고 판단하는 경우에는 그 배출시설의 폐쇄를 명할 수 있다.

└ 제19조(잔류성유기오염물질의 측정과 주변지역 영향조사 등) ③ 환경부장관은 배출사업자가 제1항의 규정에 따른 측정의무를 이행하지 아니하거나 제2항의 규정에 따른 영향조사를 하지 아니하는 경우에는 환경부령이 정하는 바에 따라 기간을 정하여 잔류성유기오염물질의 측정 또는 영향조사를 명령할 수 있다.

④ 환경부장관은 제3항의 규정에 따른 명령을 이행하지 아니하는 배출사업자에 대하여 배출시설의 사용중지나 폐쇄를 명령할 수 있다.

└ 제23조(재활용의 제한) ① <u>잔류성유기오염물질함유폐기물[29]</u>을 재활용하려는 자는 친환경적으로 재활용하기 위하여 환경부령이 정하는 종류와 용도로만 잔류성유기오염물질함유폐기물을 재활용하여야 한다.

③ 시·도지사는 제1항의 규정에 따른 종류와 용도 외로 잔류성유기오염물질함유폐기물을 재활

신제품 제조시설, 알루미늄 제련·정련 및 합금 제조시설, 동(銅) 제련·정련 및 합금 제조시설, 동(銅) 압연·압출 및 연신제품 제조시설, 시멘트 제조시설, 석유화학계 기초화학물질 제조시설, 소각시설을 말하며, 그 구체적인 내용은 별표1에서 규정하였다.

29) ★ 잔류성유기오염물질함유폐기물 : 「폐기물관리법」 제2조 제3호의 사업장폐기물 중 환경부령으로 정하는 잔류성유기오염물질 함유량 기준을 초과하는 잔류성유기오염물질에 오염된 쓰레기·연소재·오니(汚泥)·폐유·폐산(廢酸)·폐알칼리 등으로서 사람의 생활이나 사업활동에 필요하지 아니하게 된 물질 중 대통령령이 정하는 폐기물을 말한다(법 제2조 제3호). 시행령 제3조 별표2에서는 다이옥신 함유 폐기물, 폴리클로리네이티드비페닐 함유 폐기물, 폐농약 및 환경부장관이 고시한 것을 규정하였으며, 그 구체적인 내용도 함께 규정하였다.

III. 개별 법률 분석

용하는 자에게 해당 시설의 사용중지나 폐쇄를 명령할 수 있다.

제33조(벌칙) 다음 각 호의 어느 하나에 해당하는 자는 3년 이하의 징역 또는 3천만 원 이하의 벌금에 처한다.

1. 제13조 제1항 본문을 위반하여 취급금지 잔류성유기화합물질을 제조·수출입 또는 사용한 자

   ㄴ. 제13조 ① 누구든지 취급금지 잔류성유기오염물질(「스톡홀름협약 부속서 에이(A)」에 규정된 잔류성유기화합물질을 말하며, 「유해화학물질 관리법」 제32조의 규정에 따른 취급제한·금지물질과 「농약관리법」에 따른 농약을 제외한다. 이하 같다)을 제조·수출입 또는 사용하여서는 아니 된다. 다만, 취급금지 잔류성유기오염물질 중 「스톡홀름협약 부속서 에이(A)[30]」에서 특정한 용도로 제조 또는 사용이 허용된 물질(이하 "취급금지 특정면제 잔류성유기오염물질"이라 한다)은 그 용도로 제조, 수출입 또는 사용할 수 있다.

2. 제16조 제1항 또는 제2항의 규정에 따른 개선명령을 이행하지 아니하거나 사용중지명령을 이행하지 아니한 자

3. 제19조 제4항의 규정에 따른 사용중지명령을 이행하지 아니한 자

4. 제23조 제1항의 규정을 위반하여 환경부령이 정하는 종류 및 용도 외로 잔류성유기오염물질함유폐기물을 재활용한 자

   ㄴ. "환경부령이 정하는 종류와 용도"는 시행규칙 제19조 제1항에서 규정한다.

5. 제23조 제3항의 규정에 따른 사용중지명령을 이행하지 아니한 자

5의2. 제24조의3을 위반하여 관리대상기록 등을 수출하거나 수입한 자

   ㄴ. 누구든지 잔류성유기오염물질의 농도가 대통령령으로 정하는 기준 이상인 절연유를 함유하는 관리대상기기등을 수출하거나 수입하여서는 아니 된다.

---

30) ★ 스톡홀름협약 부속서 에이(A) : 이 조약의 검색 요령은 다음과 같다. 이 조약의 내용을 한글로 번역한 규정에서는 "에이(A)"에 해당하는 부분을 "가"로 표시하였다. 검색절차는 ① 법제처 홈페이지 → ② 국가법령 → ③ 법령·조약 → ④ 조약 → ⑤ 검색어에 "스톡홀름 협약" 입력 후 클릭

ㄴ. "잔류성유기오염물질의 농도가 대통령령으로 정하는 기준 이상인 절연유"란 절연유의 폴리 클리네이티드비페닐 함유량이 리터당 2밀리그램 이상인 것을 말한다(시행령 제23조의2).

6. 제26조의 규정을 위반하여 오염기기 등을 기한 내에 적정하게 처리하지 아니한 자
  ㄴ. 사용을 마친 오염기기[31] 등의 소유자는 그 기기를 환경부령이 정하는 기한 내에 제22조의 규정에 따른 기준과 방법에 따라 적정하게 처리하여야 한다.
    ㄴ. "환경부령이 정하는 기한"이란 「폐기물관리법 시행규칙」 별표5 제4호 나목 6)에 따른 배출자의 보관기간으로 45일을 말하며, 같은 표 제4호 나목 7)에 따라 시·도지사의 승인을 받아 1년 단위로 그 기한을 연장할 수 있다(시행규칙 제22조의2).
    ㄴ. 법 제22조 : 잔류성유기화합물질함유폐기물을 수집·운반·보관 또는 처리하는 자는 환경부령이 정하는 기준과 방법에 따라야 한다.
      ㄴ. 처리기준과 방법은 시행규칙 제18조 별표8에서 규정하였다.

제34조(벌칙) 다음 각 호의 어느 하나에 해당하는 자는 2년 이하의 징역 또는 2천만 원 이하의 벌금에 처한다.
1. 제13조 제2항을 위반하여 취급금지 특정면제 잔류성유기오염물질의 제조, 수출입 또는 사용에 관한 관리기준을 지키지 아니한 자
  ㄴ. 제13조 ① 누구든지 잔류성유기오염물질(「스톡홀름협약 부속서 에이(A)」에 규정된 잔류성유기오염물질을 말하며, 「유해화학물질관리법」 제32조의 규정에 따른 취급제한·금지물질과 「농약관리법」에 따른 농약을 제외한다. 이하 같다)을 제조·수출입 또는 사용하여서는 아니 된다. 다만, 취급금지 잔류성유기성오염물질 중 「스톡홀름협약 부속서 에이」에서 특정한 용도로 제조 또는 사용이 허용된 물질(이하 "취급금지 특정면제 잔류성유기오염물질"이라 한다)은 그 용도로 제조·수출입 또는 사용할 수 있다.
  ② 제1항 단서에 따라 취급금지 특정면제 잔류성유기오염물질을 제조·수출입 또는 사용하려는 자는 용기나 포장에 안전관리를 위한 표시를 하는 등 대통령령으로 정하는 관리기준을 지켜야 한다.
    ㄴ. "관리기준"은 시행령 제18조에서 규정하였다.

---

31) ★ 오염기기 : 잔류성유기화합물질을 함유하는 기기·설비·제품을 말한다.

III. 개별 법률 분석

1의2. 제13조 제3항을 위반하여 취급제한 잔류성유기오염물질의 제조, 수출입 또는 사용에 관한 제한내용 또는 관리기준을 지키지 아니한 자
2. 제13조 제4항을 위반하여 승인 또는 변경승인을 받지 아니하거나 거짓으로 승인 또는 변경승인을 받아 수출한 자
3. 제14조 제3항의 규정을 위반하여 배출허용기준을 지키지 아니한 자
   ㄴ. 제14조(배출허용기준) ① 배출시설에서 배기가스 및 폐수 등으로 배출되는 잔류성유기오염물질의 배출허용기준은 환경부령으로 정한다.
   ㄴ. "배출허용기준"은 시행규칙 제7조 별표3에서 규정하였다.
   ③ 배출시설을 운영하는 자(이하 "배출사업자"라 한다)는 제1항에 따른 배출허용기준(제15조 제2호에 따라 설치되는 배출시설 중 「수질 및 수생태계 보전에 관한 법률」 제33조 제1항 단서 및 제2항에 따라 설치되는 폐수무방류배출시설을 운영하는 자의 경우 폐수로 배출되는 배출허용기준은 제외한다)을 지켜야 한다.

4. 제19조 제3항의 규정에 따른 잔류성유기오염물질의 측정명령이나 주변지역의 영향조사명령을 이행하지 아니한 자
5. 제20조 제3항의 규정에 따른 조치명령을 이행하지 아니한 자
   ㄴ. 환경부장관은 사고가 발생한 배출시설의 배출사업자에게 사고의 확대나 재발을 방지하기 위하여 필요한 조치를 취하도록 명할 수 있다.

6. 제22조의 규정을 위반하여 잔류성유기오염물질함유폐기물을 수집·운반·보관 또는 처리하여 주변환경을 오염시킨 자
   ㄴ. 잔류성유기오염물질함유폐기물을 수집·운반·보관 또는 처리하는 자는 환경부령이 정하는 기준과 방법에 따라야 한다.
   ㄴ. "처리기준과 방법"은 시행규칙 제18조 별표8에서 규정하였다.

제36조(양벌규정) 제32조부터 제35조까지 해당

제37조(과태료) ① 다음 각 호의 어느 하나에 해당하는 자에게는 1천

만 원 이하의 과태료를 부과한다.
1. 제19조 제1항 또는 제2항을 위반하여 잔류성유기오염물질을 측정하지 아니하거나 그 기록을 보존하지 아니하거나 거짓으로 기록·보존한 자 또는 주변지역에 미치는 영향을 조사하지 아니하거나 그 결과를 제출하지 아니한 자
2. 제20조 제1항 또는 제2항을 위반하여 응급조치를 강구하지 아니하거나 배출된 잔류성유기오염물질을 신속하고 안전하게 수거 또는 처리하지 아니하거나 사고신고를 하지 아니한 자

┗ 제20조(사고발생에 따른 응급조치신고 및 재발방지조치 등) ① 배출사업자는 배출시설의 고장, 파손, 그 밖의 사고가 발생하여 잔류성유기오염물질이 대기중으로 또는 「수질 및 수생태계보전에 관한 법률」 제2조 제9호에 따른 공공수역으로 배출된 경우에는 환경부령으로 정하는 사고처리기준에 따라 지체 없이 필요한 응급조치를 취하고 배출된 잔류성유기오염물질을 신속하고 안전하게 수거하거나 처리하여야 한다.
② 배출사업자는 제1항의 규정에 따른 사고가 발생한 경우에는 지체 없이 사고상황을 환경부장관에게 신고하여야 한다.

3. 제22조의 규정을 위반하여 잔류성유기오염물질함유폐기물을 수집·운반·보관하거나 처리한 자(제34조 제6호에 해당하는 자는 제외한다)

② 다음 각 호의 어느 하나에 해당하는 자에게는 300만 원 이하의 과태료를 부과한다.
1. 제23조 제2항의 규정에 위반하여 보관시설과 재활용시설에 대한 신고나 변경신고를 하지 아니한 자
2. 제24조의2를 위반하여 관리대상기기등의 신고나 변경신고를 하지 아니한 자 또는 거짓으로 신고하거나 변경신고를 한 자

┗ 제24조의2(관리대상기기등의 신고 등) 변압기 등 대통령령으로 정하는 기기·설비·제품(이하 "관리대상기기등"이라 한다)의 소유자는 제조사, 제조 연월일, 절연유 교체 여부 등 환경부령으로 정하는 사항을 시·도지사에게 신고하여야 한다. 신고한 사항 등 절연유 교체

III. 개별 법률 분석

등 환경부령으로 정하는 중요한 사항을 변경한 경우에도 또한 같다.
└ 전단에서 "환경부령으로 정하는 사항"이란 다음 각 호의 사항을 말한다(시행규칙 제21조 제1항).
　1. 법 제24조의2에 따른 관리대상기기등의 제조사 및 제조연월일
　2. 관리대상기기등의 용량 및 총중량
　3. 절연유량 및 절연유 교체 여부
　4. 폴리클로리네이티드비페닐 농도(변압기만 해당한다)
　5. 사업장의 대표자, 명칭 및 소재지
└ 후단에서 "환경부령으로 정하는 중요한 사항"이란 다음 각 호의 사항을 말한다(시행규칙 21조 제3항).
　1. 절연유(폴리클로리네이티드폐비닐을 리터당 2밀리그램 이상 함유한 절연유만 해당한다) 교체
　2. 관리대상기기등의 매매 및 폐기
　3. 관리대상기기등의 재설치(수리하여 재설치하려는 경우만 해당한다)
　4. 사업자의 대표자, 명칭 및 소재지

제17조(과징금처분) ① 환경부장관은 배출사업자에게 제16조 제2항의 규정에 따라 사용중지명령을 하여야 하는 경우로서 그 시설의 사용을 중지시키면 주민의 생활, 대외적 신용, 고용, 물가 등 국민경제와 그 밖의 공익에 현저한 지장을 줄 우려가 있다고 인정되는 경우에는 사용중지명령에 갈음하여 3억 원 이하의 과징금을 부과할 수 있다.

공익신고 포상금(보상금) 3

제131장 장기 등 이식에 관한 법률

제1절 법률의 이해

이 법은 장기등의 기증에 관한 사항과 사람의 장기등을 다른 사람의 장기등의 기능회복을 위하여 적출(摘出)하고 이식(移植)하는 데에 필요한 사항을 규정하여 장기등의 적출 및 이식을 적정하게 하는 것 등을 목적으로 한다. 이 법에서 주로 문제로 되는 것은 장기의 매매(이른바 밀매)라고 할 수 있을 것이다. 이 법의 주관부처는 보건복지부(생명윤리정책과)이다.

이 법에서 말하는 "장기등"이란 사람의 내장이나 그 밖에 손상되거나 정지된 기능을 회복하기 위하여 이식이 필요한 조직으로서 다음 각 목의 어느 하나에 해당하는 것을 말한다(제4조 제1호).

가. 신장·간장·췌장·심장·폐

나. 골수·안구

다. 그 밖에 사람의 내장 또는 조직 중 기능회복을 위하여 적출·이식할 수 있는 것으로서 대통령령으로 정하는 것

　┗ "대통령령으로 정하는 것"이란 다음 각 호의 어느 하나에 해당하는 것을 말한다. 다만, 제3호는 소장과 동시에 이식하기 위한 경우만 해당한다(시행령 제2조).

　　1. 췌도(膵島)
　　2. 소장
　　3. 위장, 십이지장, 대장, 비장

III. 개별 법률 분석

제2절 법령의 규정

제44조(벌칙) ① 다음 각 호의 어느 하나에 해당하는 자는 무기징역 또는 2년 이하의 유기징역에 처한다.

1. 제11조 제1항을 위반하여 감염성병원체에 감염된 장기등, 암세포가 침범한 장기등 또는 이식대상자의 생명·신체에 위해를 줄 우려가 있는 장기등을 적출하거나 이식한 자
2. 제11조 제2항을 위반하여 이식대상자가 정하여지지 아니한 장기등을 적출한 자
3. 제11조 제3항을 위반하여 같은 항 각 호의 어느 하나에 해당하는 사람으로부터 장기등을 적출한 자

  ㄴ 제11조(장기등의 적출·이식의 금지 등) ③ 살아있는 사람으로서 다음 각 호의 어느 하나에 해당하는 사람의 장기등은 적출하여서는 아니 된다. 다만, 제1호에 해당하는 사람의 경우에는 골수에 한하여 적출할 수 있다.
   1. 16세 미만의 사람
   2. 임신한 여성 또는 해산한 날부터 3개월이 지나지 아니한 사람
   3. 정신질환자, 지적장애인. 다만, 정신건강의학과전문의가 본인동의 능력을 갖춘 것으로 인정하는 사람은 그러하지 아니하다.
   4. 마약·대마 또는 향정신성 의약품에 중독된 사람

4. 제11조 제4항을 위반하여 16세 이상인 미성년자의 장기등을 적출한 자

  ㄴ 살아 있는 사람으로서 16세 이상인 미성년자의 장기등(골수는 제외한다)은 배우자·직계존비속·형제자매 또는 4촌 이내의 친족에게 이식하는 경우가 아니면 적출할 수 없다.

5. 제11조 제5항을 위반하여 살아있는 사람으로부터 적출할 수 없는 장기

공익신고 포상금(보상금) 3

등을 적출한 자

ㄴ. 제11조 ⑤ 살아 있는 사람으로부터 적출할 수 있는 장기등은 다음 각 호의 것에 한정한다.
  1. 신장은 정상인 것 2개 중 1개
  2. 간장·골수 및 대통령령으로 정하는 장기등은 의학적으로 인정되는 범위에서 그 일부

6. 제18조에 따른 뇌사판정을 받지 아니한 뇌사추정자의 장기등을 적출한 자
7. 제18조 제2항을 위반하여 뇌사판정을 한 자
8. 제22조 제1항 또는 제2항을 위반하여 본인등의 동의를 받지 아니하고 장기등을 적출한 자
9. 제22조 제3항을 위반하여 뇌사자로부터 장기등을 적출한 자

② 제1항 각 호의 어느 하나를 위반하여 사람을 사망에 이르게 한 자는 사형·무기징역 또는 5년 이상의 유기징역에 처한다.

제45조(벌칙) ① 제7조 제1항 제1호 또는 제3호 등을 위반하여 장기등을 주고받을 것을 약속하거나, 이를 <u>교사·알선·방조[32]</u>하는 자 또는 같은 조 제3항을 위반하여 장기등을 적출하거나 이식한 자는 2년 이상의 유기징역에 처한다.

ㄴ. 제7조(장기등의 매매행위 등 금지) ① 누구든지 금전 또는 재산상의 이익, 그 밖의 반대급부를 주고받거나 주고받을 것을 약속하고 다음 각 호의 어느 하나에 해당하는 행위를 하여서는 아니 된다.
  1. 다른 사람의 장기등을 제3자에게 주거나 제3자에게 주기 위하여 받는 행위 또는 이를 약속하는 행위
  2. 자신의 장기등을 다른 사람에게 주거나 다른 사람의 장기등을 자신에게 이식하기 위하여 받는 행위 또는 이를 약속하는 행위
  3. 제1호 또는 제2호의 행위를 교사·알선·방조하는 행위

---

[32] ★ 교사(敎唆)·알선(斡旋)·방조(傍助) : 교사는 범죄행위를 할 생각이 없는 사람에게 범죄행위를 하도록 시키는 행위를, 알선은 일이 잘 되도록 주선하는 행위를, 방조는 범죄행위를 옆에서 돕는 행위를 각각 말한다.

Ⅲ. 개별 법률 분석

② 누구든지 제1항 제1호·제2호의 행위를 교사·알선·방조하여서는 아니 된다.
③ 누구든지 제1항 또는 제2항을 위반하는 행위가 있음을 알게 된 경우에는 그 행위와 관련되는 장기등을 적출하거나 이식하여서는 아니 된다.

② 제7조 제1항 제2호를 위반하여 장기등을 주고받거나 주고받을 것을 약속하거나, 같은 조 제2항을 위반하여 같은 조 제1항 제1호 및 제2호의 행위를 교사·알선·방조하는 자는 10년 이하의 징역 또는 5천만 원 이하의 벌금에 처한다. 이 경우 징역과 벌금은 <u>병과</u>33)할 수 있다.

③ 제26조 제1항부터 제3항까지의 규정에 따른 이식대상자의 선정 또는 선정 승인과 관련하여 금전, 재산상의 이익, 그 밖의 대가적 급부를 받은 자는 7년 이하의 징역 또는 3천만 원 이하의 벌금에 처한다. 이 경우 징역과 벌금은 병과할 수 있다.

④ 제1항부터 제3항까지의 죄를 범하여 얻은 금전이나 재산상의 이익은 <u>몰수</u>34)한다. 다만, 몰수할 수 없으면 그 가액을 <u>추징</u>35)한다.

제46조(벌칙) ① 제18조 제1항에 따른 전문의사 또는 진료담당의사가 뇌사조사서를 거짓으로 작성하여 뇌사자(腦死者)가 아닌 사람에게 뇌사 판정을 하게 한 경우에는 1년 이상의 유기징역에 처한다.

② 제1항의 죄를 범하여 상해(傷害)에 이르게 한 경우에는 2년 이상의 유기징역에 처한다.

---

33) ★ 병과(倂科) : 징역형과 벌금형을 동시에 선고하는 것을 말한다.

34) ★ 몰수(沒收) : 범죄행위로 취득하였거나 범죄행위에 제공한 물건·금전을 국가의 소유로 하는 형벌의 하나이다.

35) ★ 추징(追徵) : 몰수대상을 어떤 사정으로 인하여 몰수할 수 없을 때에 그 대상물의 가격에 상응하는 금전을 받아내는 형벌의 하나이다. 전직 대통령 2명에게 문제되었던 것이 이 형벌에 관한 것이다.

③ 제1항의 죄를 범하여 사람을 사망에 이르게 한 경우에는 사형·무기징역 또는 5년 이상의 유기징역에 처한다.

제47조(벌칙) ① 제18조 제1항에 따른 전문의사 또는 진료담당의사가 업무상 과실로 뇌사조사서를 사실과 다르게 작성하여 뇌사자가 아닌 사람에게 뇌사판정을 하게 한 경우에는 5년 이하의 금고[36] 또는 2천만 원 이하의 벌금에 처한다.

② 제1항의 죄를 범하여 사람을 상해에 이르게 한 경우에는 7년 이하의 금고 또는 3천만 원 이하의 벌금에 처한다.

③ 제1항의 죄를 범하여 사람을 사망에 이르게 한 경우에는 10년 이하의 금고 또는 5천만 원 이하의 벌금에 처한다.

제48조(벌칙) 다음 각 호의 어느 하나에 해당하는 자는 5년 이하의 징역 또는 3천만 원 이하의 벌금에 처한다.

1. 제16조 제1항을 위반하여 국립장기이식관리기관의 장에게 알리지 아니하고 뇌사판정업무를 하거나 제36조 제2항에 따른 뇌사판정업무의 정지기간 중에 뇌사판정업무를 한 의료기관의 장
2. 제16조 제2항 및 제3항에 따른 시설·장비·인력 등을 갖추지 아니하거나 뇌사판정위원회를 설치하지 아니하고 뇌사판정업무를 한 의료기관의 장. 다만, 뇌사판정기관에 설치된 뇌사판정위원회가 제16조 제4항 단서에 따라 뇌사판정업무를 하는 경우는 제외한다.
3. 제22조 제3항을 위반하여 사망한 자로부터 장기등을 적출한 자

---

[36] ★ 금고(禁錮) : 교도소에 감금하는 자유형의 하나이나 징역과는 달리 노역을 시키지 않는 형벌을 말한다.

III. 개별 법률 분석

4. 제25조 제3항을 위반하여 장기등을 적출하거나 이식한 자
   ㄴ 제25조(장기이식의료기관) ① 장기등의 이식을 위하여 장기등을 적출하거나 이식하려는 의료기관은 보건복지부장관으로부터 장기이식의료기관으로 지정받아야 한다.
   ③ 이식의료기관이 아니면 장기등의 이식을 위하여 장기등을 적출하거나 이식할 수 없다. 다만, 이식의료기관이 아닌 의료기관에서도 보건복지부령으로 정하는 시설·인력·장비 등을 갖춘 경우에는 장기등을 적출할 수 있다.

5. 제26조 제1항 전단을 위반하여 이식대상자의 선정기준에 따르지 아니하고 이식대상자를 선정한 자
   ㄴ 국립장기이식관리기관의 장만 해당한다.

6. 제26조 제4항을 위반하여 이식대상자를 선정하거나 그 장기등을 이식한 자
   ㄴ 장기이식의료기관에 관한 규정이다.

7. 제27조를 위반하여 뇌사자의 장기등의 적출 또는 이식수술에 참여한 자

제49조(벌칙) 다음 각 호의 어느 하나에 해당하는 자는 3년 이하의 징역 또는 2천만 원 이하의 벌금에 처한다.

1. 제26조 제2항 후단을 위반하여 이식대상자를 선정한 사유 및 선정결과를 국립장기이식관리기관의 장에게 알리지 아니한 자
2. 제28조 제3항을 위반하여 뇌사자의 장기등을 적출한 사실을 관할 지방검찰청 또는 지방검찰청 지청의 장에게 서면으로 알리지 아니한 자
3. 제31조를 위반하여 같은 조 제1항 각 호의 어느 하나의 행위를 한 자
   ㄴ 제31조(비밀의 유지) ① 국립장기이식관리기관·뇌사판정기관(제16조 제5항에 따른 의료기관을 포함한다)·이식의료기관(제25조 제3항 단서에 따른 의료기관을 포함한다)·뇌사판정대상자관리전문기관·장기구득기관에 종사하는 사람으로서 대통령령으로 정하는 사람은 이 법에서 특별히 규정한 경우 외에는 해당 장기등기증자 등의 등록, 뇌사판정대상자 관리, 장기구

공익신고 포상금(보상금) 3

득 또는 장기등의 적출·이식과 관련된 업무를 담당하는 사람 외의 사람에게 다음 각 호의 어느 하나에 해당하는 행위를 하여서는 아니 된다.
1. 장기등기증자와 적출한 장기등에 관한 사항을 알려주는 행위
2. 이식대상자와 이식한 장기등에 관한 사항을 알려주는 행위
3. 장기등기증희망자 및 장기등이식대기자에 관한 사항을 알려주는 행위

ㄴ "대통령령으로 정하는 사람"의 범위는 시행령 제28조에서 규정하였다.

제50조(벌칙) 다음 각 호의 어느 하나에 해당하는 자는 2년 이하의 징역 또는 1천만 원 이하의 벌금에 처한다.

1. 업무상 과실로 제11조 제1항을 위반하여 감염성병원체에 감염된 장기등, 암세포가 침범한 장기등 또는 이식에 적합하지 아니한 장기등을 적출하거나 이식한 자
2. 제13조 제1항을 위반하여 등록기관으로 지정받지 아니하고 장기등기증자 등의 등록업무를 수행한 자
3. 제18조 제5항을 위반하여 뇌사판정서 및 회의록의 사본과 해당 자료를 국립장기이식관리기관의 장에게 보내지 아니한 자
4. 제24조를 위반하여 장기등을 적출한 자

ㄴ 제24조(해부 또는 검시의 우선) 「형사소송법」 또는 「검역법」에 따라 해부 또는 검시[37]를 하여야 하는 경우에는 그 해부 또는 검시를 하기 전에는 이식을 위하여 장기등을 적출할 수 없다. 다만, 진료담당의사가 적출할 장기등이 사망원인과 상관관계가 없고 해부 또는 검시가 끝날 때까지 기다리면 적출시기를 놓칠 우려가 있다고 판단하는 경우에는 관할 지방검찰청 또는 지방검찰청 지청의 검사, 관할 검역소장의 승인과 유족의 동의를 받아 장기등을 적출할 수 있다.

5. 제26조 제3항을 위반하여 국립장기이식관리기관의 장의 승인을 받지 아니하고 이식대상자를 선정하여 장기등을 기증한 자
6. 제28조 제1항을 위반하여 장기등의 적출·이식에 관한 기록을 작성하

---
[37] ★ 검시(檢屍) : 변사자(變死者)의 시체를 검사(檢事)가 검사(檢査)하는 일

III. 개별 법률 분석

지 아니하거나 거짓으로 작성한 자
7. 제29조 제1항을 위반하여 뇌사판정서 등 뇌사판정에 관련된 자료를 15년 동안 보존하지 아니한 자
8. 제29조 제2항을 위반하여 장기등의 적출·이식에 관한 기록을 보존하지 아니한 자

제52조(양벌규정) 제45조 제2항·제3항, 제47조부터 제50조까지 해당

제53조(과태료) ① 다음 각 호의 어느 하나에 해당하는 자에게는 500만 원 이하의 과태료를 부과한다.
1. 제3조 제3항을 위반하여 시정요구를 따르지 아니한 자
   ㄴ 국가 또는 지방자치단체는 장기등기증자에게 불이익을 주거나 차별대우를 한 것으로 인정되는 자에 대하여 시정을 요구할 수 있다.

2. 제28조 제1항을 위반하여 사후 경과에 관한 기록을 작성하지 아니하거나 거짓으로 작성한 자
3. 제29조 제2항을 위반하여 사후 경과에 관한 기록을 보존하지 아니한 자
   ㄴ 의료기관의 장은 장기등을 적출하거나 이식한 때부터 10년 동안 기록을 보존하여야 한다(시행규칙 제25조 제2항).

② 다음 각 호의 어느 하나에 해당하는 자에게는 300만 원 이하의 과태료를 부과한다.
1. 제14조 제3항, 제15조 제2항을 위반하여 등록결과를 국립장기이식관리기관의 장에게 알리지 아니한 자
2. 제17조 제1항을 위반하여 뇌사추정자를 알리지 아니하거나 신고하지 아니한 자

　ㄴ. 뇌사로 추정되는 사람을 진료한 의료기관의 장은 제20조에 따른 장기구득기관의 장에게 알려야 하고, 통보를 받은 장기구득기관의 장은 국립장기이식관리기관의 장에게 그 사실을 신고하여야 한다.

3. 제23조를 위반하여 동의 및 승인 사실 또는 본인 여부를 확인하지 아니하거나 필요한 설명을 하지 아니한 자
　ㄴ. 장기등을 적출하려는 의사의 준수사항에 관한 것을 말한다.

4. 제26조 제1항 후단 또는 제2항 후단을 위반하여 이식대상자의 선정사실을 장기등기증자, 이식대상자와 그 가족·유족에게 알리지 아니한 자

5. 제37조 제3항을 위반하여 국립장기이식관리기관의 장에게 관련 자료를 이관하지 아니한 자

III. 개별 법률 분석

제132장 저수지·댐의 안전관리 및 재해예방에 관한 법률

제1절 법률의 이해

이 법은 저수지·댐의 붕괴 등으로 인한 재해로부터 국민의 생명·신체 및 농경지 등 재산을 보호하기 위하여 저수지·댐의 안전관리와 재해예방을 위한 사전점검·정비 및 재해가 발생한 경우 대응 등에 관하여 필요한 사항을 규정한다. 이 법의 주관부서는 소방방재청 재해경감과이다.

이 법에서 말하는 "저수지·댐"이란 하천의 흐름을 막아 그 저수(貯水)를 생활 및 공업용수, 농업용수, 환경개선용수, 발전, 홍수조절, 주운(舟運)38), 그 밖의 용도로 이용하기 위하여 설치한 공작물로서 다음 각 목에 해당하는 저수지 및 댐을 말한다. 이 경우 여수로(餘水路)39)·보조댐, 그 밖에 해당 저수지 또는 댐과 일체가 되어 그 효용을 다하게 하는 시설 또는 공작물을 포함한다.

가. 「댐건설 및 주변지역 지원 등에 관한 법률」 제3조에 따른 댐

나. 「농어촌정비법」 제2조 제5호에 따른 저수지

다. 「전기사업법」 제2조 제16호에 따른 전기설비 중 댐 및 저수지

라. 그 밖에 대통령령으로 정하는 저수지 또는 댐과 유사한 기능을 하는 시설물

    ㄴ 대통령령으로 정한 것은 없다.

---

38) ★ 주운 : 배로 물건 등을 실어 나름

39) ★ 여수로 : 여분의 물을 빼어 버리는 용도의 물길

제2절 법령의 규정

제30조(벌칙) ① 제3조에 따른 저수지·댐의 보수·보강 등 필요한 조치를 하지 아니하거나 성실하게 조치를 하지 아니함으로써 저수지·댐에 중대한 손괴를 야기하여 공공의 안전에 위험을 발생하게 한 자는 10년 이하의 징역에 처한다.

└ 제3조(저수지·댐관리자의 책무) 저수지·댐관리자는 저수지·댐에서 발생할 수 있는 재해를 저감(低減)하기 위하여 제6조에 따른 안전관리기준을 준수하고, 저수지·댐의 안전점검·정밀안전진단·보수 및 보강 등 안전성 확보를 위하여 노력하여야 하며, 재해가 발생하거나 발생할 우려가 있는 경우에 사람의 생명 또는 신체에 대한 위해를 방지하기 위하여 해당 지역 안의 주민이나 해당 지역 안에 있는 자가 안전하게 대피할 수 있도록 하여야 한다.

② 제1항의 죄를 범하여 사람을 상해에 이르게 한 자는 1년 이상의 징역에 처하고, 사망에 이르게 한 자는 무기 또는 3년 이상의 징역에 처한다.

③ 업무상 과실 또는 중대한 과실로 제1항의 죄를 범한 자는 5년 이하의 징역 또는 5천만 원 이하의 벌금에 처한다.

④ 업무상 과실 또는 중대한 과실로 제1항의 죄를 범하여 사람을 사상에 이르게 한 자는 10년 이하의 징역 또는 1억 원 이하의 벌금에 처한다.

제31조(벌칙) 제27조를 위반하여 업무상 알게 된 비밀을 누설하거나 그 목적 외의 용도로 이용한 자는 2년 이하의 징역 또는 2천만 원 이하의 벌금에 처한다.

└ 안전점검·정밀안전진단 및 합동안전점검을 실시하는 자를 말한다.

III. 개별 법률 분석

제32조(양벌규정) ① 법인의 대표자나 법인 또는 개인의 대리인·사용인 및 그 밖의 종업원이 그 법인 또는 개인의 업무에 관하여 제30조의 위반행위를 한 때에는 행위자를 벌하는 외에 해당 법인 또는 개인을 10억 원 이하의 벌금에 처한다. 다만, 법인 또는 개인이 그 위반행위를 방지하기 위하여 해당 업무에 관하여 상당한 주의와 감독을 게을리하지 아니한 때에는 그러하지 아니하다.

② 법인의 대표자나 법인 또는 개인의 대리인·사용인 및 그 밖의 종업원이 그 법인 또는 개인의 업무에 관하여 제31조의 위반행위를 한 때에는 행위자를 벌하는 외에 그 법인 또는 개인에 대하여도 같은 조의 벌금형을 과한다. 다만, 법인 또는 개인이 그 위반행위를 방지하기 위하여 해당 업무에 관하여 상당한 주의와 감독을 게을리하지 아니한 경우에는 그러하지 아니하다.

제33조(과태료) ① 제18조 제2항에 따른 동의 또는 허가를 받지 아니하고 같은 조 제1항에 따른 행위를 한 자에게는 1천만 원 이하의 과태료를 부과한다.

ㄴ. 제18조(토지에의 출입 등) ① 정비사업시행자는 정비지구의 지정, 정비기본계획 또는 사업시행계획의 작성을 위한 조사나 측량을 하고자 할 때와 정비사업[40] 시행을 위하여 필요한 때에는 타인이 점유하는 토지에 출입하거나 타인의 토지를 일시 사용할 수 있으며, 나무·흙·돌 등(이하 "나무등"이라 한다), 그 밖의 장애물을 변경하거나 제거할 수 있다.
② 제1항에 따라 타인의 토지에 출입, 토지의 일시 사용 또는 나무등 그 밖의 장애물을 변경·제거하고자 하는 자는 미리 해당 토지 또는 장애물의 소유자·점유자 또는 관리인(이하 "관계인"이라 한다)의 동의를 받아야 한다. 다만, 관계인이 현장에 없거나 주소 또는 거소의 불명으로 그 동의를 받을 수 없을 때에는 관할 시장·군수·구청장의 허가를 받아야 한다.

---

40) ★ 정비사업 : 위험한 저수지·댐의 정비사업을 말한다.

공익신고 포상금(보상금) 3

② 다음 각 호의 어느 하나에 해당하는 자에게는 300만 원 이하의 과태료를 부과한다.

1. 제7조 제1항에 따른 안전점검을 실시하지 아니하거나 성실하게 수행하지 아니한 자

    ㄴ 제7조(안전점검) ① 저수지·댐관리자는 관할 저수지·댐의 안전관리를 위하여 「시설물의 안전관리에 관한 특별법」 및 「농어촌정비법」 등 관련 법령에 따라 안전점검을 실시하여야 한다.

2. 제17조에 따른 행위를 시장·군수·구청장의 허가를 받지 아니하고 한 자

    ㄴ 제17조(행위 등의 제한) 정비지구 안에서 토지형질의 변경·건축물의 건축·공작물의 설치 또는 토석·사력[41]의 채취 등 대통령령으로 정하는 행위를 하고자 하는 자는 관할 시장·군수·구청장의 허가를 받아야 한다. 허가받은 사항을 변경하고자 하는 때에도 또한 같다. 다만, 정비지구를 지정·고시한 때에 이미 관계 법령에 따라 토지형질의 변경·건축물의 건축·공작물의 설치 또는 토석·사력의 채취 등에 관하여 허가를 받아 그 공사 또는 사업에 착수한 자는 안전행정부령으로 정하는 바에 따라 신고한 후 이를 계속 시행할 수 있다.

3. 제18조 제1항에 따른 행위를 정당한 사유 없이 방해한 자

    ㄴ 정비사업시행자의 정당한 행위를 방해하는 것을 말한다.

4. 제23조 제1항에 따른 조사를 거부·방해 또는 기피한 자

    ㄴ 관계 공무원의 조사를 말한다.

5. 제25조 제2항에 따른 교육을 받지 아니한 자

    ㄴ 저수지·댐의 관리자는 소방방재청장이 실시하는 교육을 받아야 한다.

---

41) ★ 토석(土石)·사력(砂礫) : "토석"은 흙과 돌을 말하는 것으로 그리 어렵지 않지만, "사력"은 일반인들은 물론 법률을 자주 접하는 사람에게도 다소 생소하게 느껴지는 용어이다. 모래와 자갈을 뜻하는 것으로 이해하면 될 것이다. "력"이라는 글자는 조약돌을 의미한다. 다음에 이 법을 개정할 때에는 "토석·사력"은 "흙·모래·자갈·돌"로 바꾸기를 기대해본다. 이 법의 최근 개정 공포일은 2014. 1. 14.임에도 불구하고 이러한 용어(일본어식 용어)를 방치하고 있어 아쉬운 느낌을 갖게 된다.

제133장 전기공사업법

제1절 법률의 이해

「전기공사업법」은 전기공사업과 전기공사의 시공·기술관리 및 도급에 관한 기본적인 사항을 규정한다. 이 법의 주관부처는 산업통상자원부(전력산업과)이다.

이 법에서 말하는 "전기공사"라 함은 다음 각 목의 어느 하나에 해당하는 설비 등을 설치·유지·보수하는 공사 및 이에 따른 부대공사로서 대통령령으로 정하는 것을 말한다(제2조 제1호).

가. 「전기사업법」 제2조 제16호에 따른 전기설비
나. 전력 사용 장소에서 전력을 이용하기 위한 전기계장설비(電氣計裝設備)
다. 전기에 의한 신호표지
라. 「신에너지 및 재생에너지 개발·이용·보급 촉진법」 제2조 제3호에 따른 신·재생에너지 설비 중 전기를 생산하는 설비
마. 「지능형전력망의 구축 및 이용촉진에 관한 법률」 제2조 제2호에 따른 지능형전력망 중 전기설비

제2절 법령의 규정

제40조(벌칙) ① 공사업자 또는 제17조에 따라 시공관리책임자로 지정된 사람으로서 제18조 또는 제22조를 위반하여 전기공사를 시공함으

로써 착공 후 하자담보책임기간에 대통령령으로 정하는 주요 전력시설물의 주요 부분에 중대한 파손을 일으키게 하여 <u>사람들을 위험하게</u> 한 자는 7년 이하의 징역 또는 7천만 원 이하의 벌금에 처한다.
　┗ 제15조의2(전기공사 수급인의 하자담보책임) ① 수급인은 발주자에 대하여 전기공사의 완공일부터 10년의 범위에서 전기공사의 종류별로 대통령령으로 정하는 기간에 해당 전기공사에서 발생하는 하자에 대하여 담보책임이 있다.
　　┗ "전기공사의 종류별 하자담보책임기간"은 시행령 제11조의2 별표3의2에서 규정한다.
　② 제1항에도 불구하고 수급인은 다음 각 호의 어느 하나의 사유로 발생하는 하자에 대하여는 담보책임이 없다.
　　1. 발주자가 제공한 재료의 품질이나 규격 등의 기준미달로 인한 경우
　　2. 발주자의 지시에 따라 시공한 경우
　③ 공사에 관한 하자담보책임에 관하여 다른 법률에 특별한 규정(「민법」 제670조 및 제671조는 제외한다)이 있는 경우에는 그 법률에서 정하는 바에 따른다.
　┗ "대통령령으로 정하는 주요 전력시설물의 주요 부분"이란 다음 각 호의 부분을 말한다(시행령 제17조).
　　1. 345킬로볼트 이상의 공중 송전설비 중 철탑 기초부분, 철탑 조립부분 및 공중전선 연결부분
　　2. 345킬로볼트 이상의 변전소 개폐기 및 차단기의 연결부분
　┗ 제17조(시공관리책임자의 지정) 공사업자는 전기공사를 효율적으로 시공하고 관리하게 하기 위하여 제16조 제2항에 따른 전기공사기술자 중에서 시공관리책임자를 지정하고 이를 그 전기공사의 발주자(공사업자가 하수급인인 경우에는 발주자 및 수급인, 공사업자가 다시 하도급받은 자인 경우에는 발주자·수급인 및 하수급인을 말한다)에게 알려야 한다.
　┗ 제18조(전기공사기술자의 의무) 전기공사기술자는 전기공사에 따른 위험 및 장해가 발생하지 아니하도록 이 법, 「전기사업법」 제67조에 따른 기술기준(이하 "기술기준"이라 한다) 및 설계도서(設計圖書)에 적합하게 전기공사를 시공·관리하여야 한다.
　┗ 제22조(전기공사의 시공) 공사업자는 전기공사를 시공할 때에는 이 법, 기술기준 및 설계도서에 적합하도록 시공하여야 한다.

② 제1항의 죄를 범하여 사람을 상해에 이르게 한 경우에는 1년 이상의 유기징역 또는 1천만 원 이상 2억 원 이하의 벌금에 처하며, 사망에 이르게 한 경우에는 3년 이상의 유기징역 또는 3천만 원 이상 5

III. 개별 법률 분석

억 원 이하의 벌금에 처한다.

(제40조 제1항은 "사람들을 위험하게 한 자"이 대한 형벌을 규정하였습니다. 그리고 같은 조 제2항은 같은 조 제1항에 대한 결과적가중범(結果的加重犯)에 관한 규정을 두었으며, 제41조는 위 제40조 제1항에 대한 업무상과실범을 규정하였습니다.

여기에서 문제가 되는 부분은 제40조 제1항의 규정 중 "사람들에게"라고 표현한 부분입니다. 제40조 제1항은 형법학에서 말하는 이른바 "위험범(危險犯)"에 관한 규정이라고 할 수 있는데, "사람에게"라고 표현하기 보다는 "사람들에게"라고 표현하였습니다. 따라서 제40조 제1항은 물론 같은 조 제2항과 제41조를 적용하기 위해서는 반드시 두 사람 이상에게 위험이 발생하여야 합니다. 즉 1명에게 위험이 발생한 경우로서 사람이 다치거나 죽은 경우에는 위 조항들을 적용할 수 없으므로, 「형법」상의 업무상과실치상죄 또는 업무상과실치사죄를 적용할 수밖에 없습니다.

이 법의 입법취지에 비추어 볼 때 "사람들을 위험하게"라는 부분은 사람들의 신체나 생명을 위험하게 하는 행위를 말하는 것이 분명한데, 1명의 신체나 생명을 위험하게 하면 특별법인 이 법을 적용하지 못하고, 법정형이 가벼운 「형법」을 적용하여 처벌하여야 할 이유를 찾아보기 어렵습니다. 이 규정과 매우 흡사한 내용을 규정하고 있는 이 책 제137장의 「전력기술관리법」 제27조의1(벌칙) 제1항에서는 "일반인을 위험하게"라고 규정한 것과는 비교가 됩니다. 따라서 편저자가 산업통상자원부장관에게 제40조 제1항의 개정의견을 제출하였습니다. 그리고 개정하겠다는 답변도 받았습니다)

제41조(벌칙) ① 업무상 과실로 제40조 제1항의 죄를 범한 자는 3년 이하의 금고 또는 3천만 원 이하의 벌금에 처한다.

② 업무상 과실로 제40조 제1항의 죄를 범하여 사람을 상해에 이르게 한 경우에는 5년 이하의 금고 또는 5천만 원 이하의 벌금에 처하며, 사망에 이르게 한 경우에는 7년 이하의 금고 또는 7천만 원 이하의 벌금에 처한다.

제42조(벌칙) 다음 각 호의 어느 하나에 해당하는 자는 1년 이하의 징역 또는 1천만 원 이하의 벌금에 처한다.

공익신고 포상금(보상금) 3

1. 제4조 제1항에 따른 등록을 하지 아니하고 공사업을 한 자
   ㄴ 전기공사업의 등록을 말한다.

2. 거짓이나 그 밖의 부정한 방법으로 제4조 제1항에 따른 등록을 한 자
3. 제10조에 따른 공사업등록증 등의 대여금지 등을 위반한 공사업자 및 그 상대방
   ㄴ 공사업자는 타인에게 자기의 성명 또는 상호를 사용하게 하여 전기공사를 수급(受給) 또는 시공하게 하거나, 등록증 또는 등록수첩을 빌려 주어서는 아니 된다.

4. 제14조 제1항 본문 또는 제2항 본문을 위반하여 하도급을 주거나 다시 하도급을 준 자 및 그 상대방
   ㄴ 제14조(하도급의 제한) ① 공사업자는 도급받은 전기공사를 다른 공사업자에게 하도급 주어서는 아니 된다. 다만, 대통령령으로 정하는 경우에는 전기공사의 일부를 다른 공사업자에게 하도급 줄 수 있다.
      ㄴ 도급받은 전기공사의 일부를 다른 공사업자에게 하도급 줄 수 있는 경우는 다음 각 호 모두에 해당하는 경우로 한다(시행령 제10조).
         1. 도급받은 전기공사 중 공정별로 분리하여 시공하여도 전체 전기공사의 완성에 지장을 주지 아니하는 부분을 하도급 하는 경우
         2. 수급인이 법 제17조에 따른 시공관리책임자를 지정하여 하수급인을 지도·조정하는 경우
   ② 하수급인은 하도급받은 전기공사를 다른 공사업자에게 다시 하도급 주어서는 아니 된다. 다만, 하도급받은 전기공사 중에 전기기자재의 설치 부분이 포함되는 경우로서 그 전기기자재를 납품하는 전기공사업자가 그 전기기자재를 설치하기 위하여 전기공사를 하는 경우에는 하도급 줄 수 있다.

5. 제18조의2를 위반하여 경력수첩을 빌려준 사람 또는 타인의 경력수첩을 빌려서 사용한 자
6. 제28조 제1항에 따른 영업정지처분기간에 영업을 한 자
7. 제31조 제4항에 따른 신고를 거짓으로 한 자

Ⅲ. 개별 법률 분석

┗ 제31조(공사업 관련 정보의 종합관리 등) ④ 제3항에 다른 시공능력 평가 및 공시를 받으려는 공사업자는 해마다 전년도 공사실적, 자본금, 그 밖에 산업통상자원부령으로 정하는 사항을 산업통상자원부장관에게 신고하여야 한다.

제43조(벌칙) 다음 각 호의 어느 하나에 해당하는 자는 500만 원 이하의 벌금에 처한다.

1. 제4조 제3항에 따른 공사업의 등록기준에 관한 신고를 하지 아니하고 공사업을 한 자
2. 거짓이나 그 밖의 부정한 방법으로 제4조 제3항에 따른 공사업의 등록기준에 관한 신고를 한 자
3. 제7조 제2항에 따른 승계신고를 하지 아니하거나 거짓이나 그 밖의 부정한 방법으로 승계신고를 한 자
   ┗ 전기공사업의 승계신고를 말한다.

4. 제11조 제1항을 위반하여 전기공사를 다른 업종의 공사와 분리발주하지 아니한 자
4의2. 제11조 제2항을 위반하여 시공책임형 전기공사관리를 다른 업종의 공사관리와 분리발주하지 아니한 자
   ┗ 제11조 ② 시공책임형 전기공사관리는 「건설산업기본법」에 따른 시공책임형 건설사업관리 등 다른 업종의 공사관리와 분리발주하여야 한다. 다만, 대통령령으로 정하는 특별한 사유가 있는 경우에는 그러하지 아니하다.
      ┗ "대통령령으로 정하는 특별한 사유가 있는 경우"란 다음 각 호의 어느 하나에 해당하는 경우를 말한다(시행령 제8조).
         1. 공사의 성질상 분리하여 발주할 수 없는 경우
         2. 긴급한 조치가 필요한 공사로서 기술관리상 분리하여 발주할 수 없는 경우
         3. 국방 및 국가안보 등과 관련한 공사로서 기밀유지를 위하여 분리하여 발주할 수 없는 경우

5. 제16조(제3조 제3항에서 준용하는 경우를 포함한다)의 시공관리의무를 이행하지 아니한 자
   ㄴ. 제16조(전기공사의 시공관리) ① 공사업자는 전기공사기술자가 아닌 자에게 전기공사의 시공관리를 맡겨서는 아니 된다.
   ② 공사업자는 전기공사의 규모별로 대통령령으로 정하는 구분에 따라 전기공사기술자로 하여금 전기공사의 시공관리를 하게 하여야 한다.
      ㄴ. "전기공사기술자의 시공관리 구분"에 관한 사항은 시행령 제12조 별표4에서 규정하였다.

6. 제17조(제3조 제3항에서 준용하는 경우를 포함한다)에 따른 시공관리책임자를 지정하지 아니한 자
7. 제18조를 위반하여 이 법, 기술기준 및 설계도서에 적합하게 시공관리하지 아니한 전기공사기술자
8. 제22조(제3조 제3항에서 준용하는 경우를 포함한다)에 위반하여 이 법, 기술기준 및 설계도서에 적합하게 시공하지 아니한 자
9. 제33조 제2항을 위반하여 수수료 외의 금품을 받은 사람
   ㄴ. 제33조 ② 공사업자단체의 임원 및 직원은 제32조 제2항에 따라 위탁받은 업무를 수행하면서 공사업자에게 공사업자단체에 가입할 것을 강요하거나 제35조 제6호 및 제7호에 따른 수수료 외의 금품을 받아서는 아니 된다.

10. 제36조를 위반하여 전기공사에 관하여 알게 된 비밀을 누설한 공사업자
11. 제37조를 위반하여 업무수행 중 알게 된 비밀을 누설한 사람

제45조(양벌규정) 제40조부터 제43조까지 해당

제46조(과태료) ① 다음 각 호의 어느 하나에 해당하는 자에게는 300만 원 이하의 과태료를 부과한다.
   1. 제4조 제3항에 따른 공사업의 등록기준에 관한 신고를 산업통상자원부

Ⅲ. 개별 법률 분석

령으로 정하는 기간 내에 하지 아니한 자
　ㄴ 제4조(공사업의 등록) ③ 제1항에 따라 공사업을 등록한 자 중 등록한 날부터 5년이 지나지 아니한 자는 제2항에 따른 기술능력 및 자본금 등(이하 "등록기준"이라 한다)에 관한 사항을 대통령령이 정하는 기간이 지날 때마다 산업통상자원부령으로 정하는 바에 따라 시·도지사에게 신고하여야 한다.
　　ㄴ "대통령령으로 정하는 기간"이란 등록한 날부터 3년을 말한다(시행령 제6조 제3항).

2. 제6조 제2항에 따른 통지를 하지 아니한 공사업자 또는 그 승계인
　ㄴ 등록취소처분이나 영업정지처분을 받은 공사업자 또는 그 포괄승계인[42]은 그 처분의 내용을 지체 없이 해당 전기공사의 발주자 및 수급인에게 알려야 한다.

3. 제9조에 따른 신고를 하지 아니하거나 거짓으로 신고한 자
　ㄴ 공사업자는 등록사항 중 대통령령으로 정하는 중요사항이 변경된 경우에는 시·도지사에게 그 사실을 신고하여야 한다(제9조 제1항).
　　ㄴ "대통령령으로 정하는 중요사항"이란 다음 각 호의 사항을 말한다.
　　　1. 상호 또는 명칭
　　　2. 영업소의 소재지
　　　3. 대표자
　　　4. 자본금(공사업과 관련이 없는 자본금의 변경은 제외한다)
　　　5. 전기공사기술자

4. 제12조 제1항의 도급계약 체결 시 의무를 이행하지 아니한 자
　ㄴ 도급 또는 하도급의 계약당사자는 그 계약을 체결할 때 도급 또는 하도급의 금액, 공사기간, 그 밖에 대통령령으로 정하는 사항을 계약서에 분명히 기재하여야 하며, 서명날인한 계약서를 서로 주고받아 보관하여야 한다.

5. 제12조 제2항에 따른 전기공사 도급대장을 비치하지 아니한 자
　ㄴ 제12조(전기공사의 도급계약 등) ② 공사업자는 산업통상자원부령으로 정하는 바에 따라 도

---

42) ★ 포괄승계인 : 공사업자의 지위를 이전받은 상속인 또는 회사합병의 당사자인 회사를 말한다.

급·하도급 및 시공에 관한 사항을 적은 전기공사 도급대장을 비치(備置)하여야 한다.
ㄴ 법 제12조 제2항에 따른 전기공사 도급대장은 별지 제19호 서식에 따른다(시행규칙 제10조).
ㄴ [제46조 제1항 제5호는 도급이나 하도급을 한 전기공사업자에게 제12조 제2항에 따른 전기공사 도급대장을 비치하여야 한다고 명령하였으며, 이 명령을 위반하는 경우에는 300만 원 이하의 과태료를 부과한다고 규정하였습니다.

법률이 국민(여기에서는 전기공사업자)에게 이러한 의무를 부과할 때에는 행정목적을 달성함에 필요한 최소한에 그쳐야 하며, 그 의무를 이행하여야 하는 기간 등이 명확하여야 합니다. 그러나 법률의 위 규정을 살펴보면 전기공사를 도급한 전기공사업자가 전기공사 도급대장을 "언제까지" 비치하여야 하는지를 알 수 없습니다. 법 제12조 제2항의 규정은 산업통상자원부령에서 "도급·하도급 및 시공에 관한 사항"이 무엇인지를 규정하도록 위임하였을 뿐 전기공사 도급대장의 비치기간을 정하는 내용은 위임하지 않았습니다. 그렇다고 하더라도 시행규칙인 산업통상자원부령에서는 그 비치기간을 규정할 수는 있지만, 이에 관하여는 침묵하였습니다.

전기공사를 도급 또는 하도급을 한 전기공사업자로서는 위 전기공사 도급대장을 영구·무한정 비치할 수는 없는 노릇이므로, 행정청이 위에서 검토한 규정들에 터 잡아 전기공사업자에게 과태료를 부과하는 것은 정당(적법)한 행정처분이 될 수 없다고 해야 할 것입니다. 따라서 편저자가 관련 법령에 관한 정비의견을 국민권익위원회를 통하여(국민권익위원회에서 행정부의 국민신문고를 통합 운영하고 있음) 산업통상자원부장관에게 제안하였습니다.]

6. 제14조 제3항 또는 제4항에 따른 하도급통지를 하지 아니한 자

ㄴ 제14조(하도급의 제한 등) ① 공사업자는 도급받은 전기공사를 다른 공사업자에게 하도급 주어서는 아니 된다. 다만, 대통령령으로 정하는 경우에는 도급받은 전기공사의 일부를 다른 전기공사업자에게 하도급 줄 수 있다.
ㄴ "도급받은 전기공사의 일부를 다른 전기공사업자에게 하도급 할 수 있는 경우"는 시행령 제10조에서 규정하였다.
② 하수급인은 하수급받은 전기공사를 다른 공사업자에게 다시 하도급 주어서는 아니 된다. 다만, 하도급받은 전기공사 중에 전기기자재의 설치부분이 포함되는 경우로서 그 전기기자재를 납품하는 공사업자가 그 전기기자재를 설치하기 위하여 전기공사를 하는 경우에는 하도급 줄 수 있다.
③ 공사업자는 제1항 단서에 따라 전기공사를 하도급 주려면 미리 해당 전기공사의 발주자에게 이를 서면으로 알려야 한다.

Ⅲ. 개별 법률 분석

④ 하수급인은 제2항 단서에 따라 전기공사를 다시 재하도급 주려면 미리 해당 전기공사의 발주자 및 수급인에게 서면으로 이를 알려야 한다.

7. 제17조에 따른 시공관리책임자의 지정 사실을 알리지 아니한 자
└ 전기공사의 발주자 등에게 알리지 아니한 경우를 말한다.

8. 제23조를 위반하여 공사업자임을 표시하거나 공사업자로 오인될 우려가 있는 표시를 한 자
└ 공사업자가 아닌 자는 사업장·광고물 등에 공사업자임을 표시하거나 공사업자로 오인될 우려가 있는 표시를 하여서는 아니 된다.

9. 제24조 제1항에 따른 표지를 게시하지 아니한 자 또는 같은 조 제2항에 따른 표지판을 붙이지 아니하거나 설치하지 아니한 자
└ 제24조(전기공사표지의 게시 등) ① 공사업자는 전기공사현장의 눈에 잘 띄는 곳에 시공자, 전기공사의 내용, 그 밖에 산업통상자원부령으로 정하는 사항을 기재한 표지를 게시하여야 한다.
　└ 시행규칙 별표22호 서식 참조
② 공사업자는 수급한 공사를 완공하면 시공자, 전기공사의 내용, 그 밖에 산업통상자원부령으로 정하는 사항을 적은 표지판을 주된 배전반에 붙이거나 확인하기 쉬운 부분에 설치하여야 한다.
　└ 시행규칙 별표23호 서식 참조

10. 제29조의2 제1항 제1호에 따른 조사 또는 검사를 거부·방해 또는 기피하거나 거짓으로 보고를 한 자

제134장 전기사업법

제1절 법률의 이해

「전기사업법」은 전기사업에 관한 기본제도를 확립하고, 전기사업의 경쟁을 촉진함으로써 전기사업의 건전한 발전을 도모하는 것 등을 목적으로 한다. "전기사업"이란 발전사업ㆍ송전사업ㆍ배전사업ㆍ전기판매사업 및 구역전기사업을 말한다. 이 법의 주관부처는 산업통상자원부(전력산업과)이다.

제2절 법령의 규정

제100조(벌칙) ① 다음 각 호의 어느 하나에 해당하는 자는 10년 이하의 징역 또는 1억 원 이하의 벌금에 처한다.
1. 전기사업용전기설비를 손괴하거나 절취(竊取)[43]하여 발전ㆍ송전ㆍ변전 또는 배전을 방해한 자
2. 전기사업용전기설비에 장애를 발생하게 하여 발전ㆍ송전ㆍ변전 또는 배전을 방해한 자

② 다음 각 호의 어느 하나에 해당하는 자는 5년 이하의 징역 또는 5천만 원 이하의 벌금에 처한다.
1. 정당한 사유 없이 전기사업용전기설비를 조작하여 발전ㆍ송전ㆍ변전 또는 배전을 방해한 자

---

43) ★ 절취 : 훔치는 것

Ⅲ. 개별 법률 분석

   2. 전기사업에 종사하는 자로서 정당한 사유 없이 전기사업용전기설비의 유지 또는 운용업무를 수행하지 아니함으로써 발전·송전·변전 또는 배전에 장애가 발생하게 한 자
   ③ 제1항 및 제2항 제1호의 미수범은 처벌한다.

제101조(벌칙) 다음 각 호의 어느 하나에 해당하는 자는 3년 이하의 징역 또는 3천만 원 이하의 벌금에 처하거나 이를 병과할 수 있다.
   1. 제7조 제1항을 위반하여 허가 도는 변경허가를 받지 아니하고 전기사업을 한 자
   2. 제21조 제1항에 따른 금지행위를 한 자
   ┗ 제21조(금지행위) ① 전기사업자는 전력시장에서의 공정한 경쟁을 해치거나 전기사용의 이익을 해할 우려가 있는 다음 각 호의 어느 하나의 행위를 하거나 제3자로 하여금 이를 하게 하여서는 아니 된다.
      1. 제33조에 따른 전력거래가격을 부당하게 높게 형성할 목적으로 발전소에서 생산되는 전기에 대한 거짓 자료를 한국전력거래소에 제출하는 행위
      2. 송전용 또는 배전용 전기설비의 이용을 제공할 때 부당하게 차별을 하거나 이용을 제공하는 의무를 이행하지 아니하는 행위 또는 지연하는 행위
      3. 송전용 또는 배전용 전기설비의 이용을 제공함으로 인하여 알게 된 다른 전기사업자에 관한 정보를 이용하여 다른 전기사업자의 영업활동 또는 전기사용자의 이익을 부당하게 해치는 행위
      4. 비용이나 수익을 부당하게 분류하여 전기요금이나 송전용 또는 배전용 전기설비의 이용요금을 부당하게 산정하는 행위
      5. 전기사업자의 업무처리 지연 등 전기 공급 과정에서 전기사용자의 이익을 현저하게 해치는 행위
      6. 전력계통의 운영에 관한 한국전력거래소의 지시를 정당한 사유 없이 이행하지 아니하는 행위
      ② 제1항에 따른 행위의 유형 및 기준은 대통령령으로 정한다.
      ┗ "금지행위의 유형 및 기준"은 시행령 제9조에서 규정하였다.

3. 제23조에 따른 명령을 이행하지 아니한 자

  ㄴ 제23조(금지행위에 대한 조치) ① 산업통상자원부장관은 전기사업자가 제21조 제1항에 따른 금지행위를 한 것으로 인정하는 경우에는 전기위원회의 심의를 거쳐 전기사업자에게 다음 각 호의 어느 하나의 조치를 명할 수 있다.
  1. 송전용 또는 배전용 전기설비의 이용 제공
  2. 내부 규정 등의 변경
  3. 정보의 공개
  4. 금지행위의 중지
  5. 금지행위를 하여 시정조치를 명령받은 사실에 대한 공표
  6. 그 밖에 대통령령으로 정하는 사항
   ㄴ "대통령령으로 정하는 사항"이란 다음 각 호의 사항을 말한다(시행령 제11조).
     1. 공급약관 또는 계약조건의 변경
     2. 금지행위에 관하여 임직원의 징계
  ② 제1항에 따른 산업통상자원부장관의 명령을 받은 전기사업자는 산업통상자원부장관이 정한 기간에 이를 이행하여야 한다. 다만, 산업통상자원부장관은 천재지변이나 그 밖의 부득이한 사유로 전기사업자가 그 기간에 명령을 이행할 수 없다고 인정되는 경우에는 그 기간을 연장할 수 있다.

4. 제28조를 위반하여 승인 또는 변경승인을 받지 아니하고 원자력발전연료를 제조·공급한 자

5. 제31조 제1항·제2항 또는 제32조를 위반하여 전력시장 외에서 전력거래를 한 자

6. 제42조 제1항(같은 조 제2항에 따라 준용하는 경우를 포함한다)을 위반하여 직무와 관련하여 알게 된 비밀을 누설 또는 도용하거나 다른 사람으로 하여금 이용하게 한 자

7. 제70조를 위반하여 물밑선로를 손상하거나 손상하게 할 우려가 있는 행위를 한 자

  ㄴ 제70조(물밑선로보호구역의 선로 손상행위 금지) 누구든지 제69조에 따른 물밑선로보호구역44)에서는 다음 각 호의 행위를 하여서는 아니 된다. 다만, 산업통상자원부장관의 승인을

III. 개별 법률 분석

받은 경우에는 그러하지 아니하다.
1. 물밑선로를 손상시키는 행위
2. 선박의 닻을 내리는 행위
3. 물밑에서 광물·수산물을 채취하는 행위
4. 그 밖에 물밑선로를 손상하게 할 우려가 있는 행위로서 대통령령으로 정하는 행위
  ㄴ "대통령령으로 정하는 행위"란 다음 각 호의 어느 하나에 해당하는 행위를 말한다(시행령 제44조).
    1. 안강망어업[45]·저인망어업[46] 또는 트롤어업[47] 행위
    2. 연해·근해[48] 준설작업[49] 행위
    3. 해저탐사를 위한 지형변경 행위
    4. 어초(魚礁)[50]의 설치 행위

제102조(벌칙) 다음 각 호의 어느 하나에 해당하는 자는 2년 이하의 징역 또는 2천만 원 이하의 벌금에 처한다.
1. 제14조를 위반하여 정당한 사유 없이 전기공급을 거부한 자
2. 제20조 제1항을 위반하여 전기설비를 차별하여 이용하게 한 자
3. 제20조 제2항에 따른 대여를 받지 아니하고 전기사업용전기설비에 전기통신설비를 설치한 자

---

44) ★ 물밑선로보호구역 : 물밑에 설치된 선로(線路)를 보호하기 위하여 산업통상자원부장관이 지정하여 고시한 구역을 달한다.

45) ★ 안강망어업(鮟鱇網漁業) : 조류(潮流)가 빠른 해역의 입구에 전기장치를 부착한 자루모양의 그물을 닻으로 일시 고정시켜 놓고 조류에 밀려 그물 안으로 들어온 대상물을 잡는 어업

46) ★ 저인망어업(底引網漁業) : 바다의 밑바닥을 끌고 다니면서 깊은 곳에 사는 물고기를 잡도록 만든 그물을 사용하는 어업

47) ★ 트롤어업 : 저인망을 사용하여 깊은 바닷속의 물고기를 잡는 어업

48) ★ 연해(沿海)·근해(近海) : 모두 육지에 가까운 바다를 말함

49) ★ 준설작업(浚渫作業) : 바다에 퇴적된 흙·모래 따위를 파내는 작업

50) ★ 어초 : 물고기가 잘 모이는 수면 아래의 도도록한 암석지대

제103조(벌칙) 다음 각 호의 어느 하나에 해당하는 자는 1년 이하의 징역 또는 1천만 원 이하의 벌금에 처한다.

1. 제15조 제1항에 따른 인가 또는 변경인가를 받지 아니하고 전기설비를 이용하게 한 자
2. 제16조 제1항에 따른 인가 또는 변경인가를 받지 아니하고 전기를 공급한 자
3. 제41조에 따른 정보를 공개하지 아니한 자
   ㄴ 한국전력거래소는 대통령령으로 정하는 바에 따라 전력거래량, 전력거래가격 및 전력수요전망 등 전력시장에 관한 정보를 공개하여야 한다.

3의2. 제61조 제1항 또는 제62조 제1항을 위반하여 전기공사의 설치공사 또는 변경공사를 한 자
   ㄴ 제61조 ① 전기사업자는 전기사업용전기설비의 설치공사 또는 변경공사로서 산업통상자원부령으로 정하는 공사를 하려는 경우에는 그 공사계획에 관하여 산업통상자원부장관의 인가를 받아야 한다. 인가받은 사항을 변경하려는 경우에도 또한 같다.
      ㄴ "인가사항"은 시행규칙 제28조 제1항 별표5에서 규정하였다.
   ㄴ 제62조 ① 자가용전기설비의 설치공사 또는 변경공사로서 산업통상자원부령으로 정하는 공사를 하려는 자는 그 공사계획에 대하여 산업통상자원부장관의 인가를 받아야 한다. 인가받은 사항을 변경하려는 경우에도 또한 같다.
      ㄴ "인가사항"은 시행규칙 제28조 제3항 별표7에서 규정하였다.

4. 제73조 제3항 각 호의 어느 하나에 해당하지 아니하는 자로서 전기설비의 안전관리업무를 대행한 자
   ㄴ 제73조(전기안전관리자의 선임 등) ③ 제1항에도 불구하고 산업통상자원부령으로 정하는 규모 이하의 전기설비(자가용전기설비와 「신에너지 및 재생에너지 개발·이용·보급 촉진법」 제2조에 따른 태양에너지 및 연료전지를 이용하여 전기를 생산하는 발전설비만 해당한다)의 소유자 또는 점유자는 다음 각 호의 어느 하나에 해당하는 자에게 산업통상자원부령으로 정하는 바에 따라 안전관리업무를 대행하게 할 수 있다. 이 경우 안전관리업무를 대행하는 자는 전기안전관리자로 선임된 것으로 본다.

Ⅲ. 개별 법률 분석

1. 안전공사
2. 자본금, 보유하여야 할 기술인력 등 대통령령으로 정하는 요건을 갖춘 전기안전관리대행사업자
   ┗ "대통령령이 정하는 요건"은 시행령 제45조 제3항에서 규정하였다.
3. 전기분야의 기술자격을 취득한 사람으로서 대통령령으로 정하는 장비를 보유하고 있는 자
   ┗ "대통령령으로 정하는 장비의 보유 요건"은 시행령 제45조 제5항에서 규정하였다.
┗ "안전관리업무를 대행하게 할 수 있는 전기설비의 규모"는 시행규칙 제41조에서 규정하였다.

4의2. 제73조의5 제1항 제1호 또는 제2호에 따른 등록을 하지 아니하거나 같은 조 제2항에 따른 변경등록을 하지 아니하고 전기안전관리업무를 수행한 자

5. 속임수나 그 밖의 부정한 방법으로 제73조의5 제1항 제1호 · 제2호에 따른 등록을 하거나 같은 조 제2항에 따른 변경등록을 한 자

┗ 제73조의5(전기안전관리업무를 전문으로 하는 자 등의 등록 또는 신고) ① 제73조 제2항 및 제3항에 따라 전기안전관리업무를 위탁받거나 대행하려는 자는 다음 각 호의 구분에 따라 산업통상자원부장관 또는 시 · 도지사에게 등록 또는 신고를 하여야 한다.
   1. 제73조 제2항 제1호에 따른 전기안전관리업무를 전문으로 하는 자로서 전기안전관리업무를 위탁받으려는 자 : 산업통상자원부장관에게 등록
   2. 제73조 제3항 제2호에 따른 전기안전관리대행사업자로서 안전관리업무를 대행하려는 자 : 시 · 도지사에게 등록
   3. 제73조 제3항 제3호에 따른 전기분야의 기술자격을 취득한 사람으로서 안전관리업무를 대행하려는 자 : 시 · 도지사에게 신고
   ② 제1항에 따라 등록 또는 신고한 사항 중 산업통상자원부령으로 정하는 사항이 변경된 경우에는 변경사유가 발생한 날부터 30일 이내에 변경등록 또는 변경신고를 하여야 한다.
   ┗ "산업통상자원부령으로 정하는 사항"에 관하여 시행규칙은 규정하지 않았다.

제104조(벌칙) 제73조 제1항부터 제4항까지의 규정을 위반하여 전기안전관리자를 선임하지 아니한 자는 500만 원 이하의 벌금에 처한다.

제105조(벌칙) 다음 각 호의 어느 하나에 해당하는 자는 300만 원 이하의 벌금에 처한다.

1. 제16조 제5항을 위반하여 전기를 공급한 자
   ㄴ. 판매사업자는 공급약관에 따라 전기를 공급하여야 한다.

2. 제18조 제3항 또는 제29조 제1항에 따른 명령을 위반한 자
   ㄴ. 제18조(전기품질의 유지) ③ 산업통상자원부장관은 전기사업자가 공급하는 전기의 품질이 제1항에 적합하게 유지되지 아니하여 전기사용자의 이익을 해친다고 인정하는 경우에는 전기심의위원회의 심의를 거쳐 그 전기사업자에게 전기설비의 수리 또는 개조, 전기설비의 운용방법의 개선, 그 밖에 필요한 조치를 할 것을 명할 수 있다.
   ㄴ. 제29조(전기의 수급조절 등) ① 산업통상자원부장관은 천재지변, 전시·사변, 경제사정의 급격한 변동, 그 밖에 이에 준하는 사태가 발생하여 공공의 이익을 위하여 특히 필요하다고 인정하는 경우에는 전기사업자 또는 자가용전기설비를 설치한 자에게 다음 각 호의 어느 하나에 해당하는 사항을 명할 수 있다.
      1. 특정한 전기판매사업자 또는 구역전기사업자에 대한 전기 공급
      2. 특정한 전기사용자에 대한 전기 공급
      3. 특정한 전기판매사업자·구역전기사업자 또는 전기사용자에 대한 송전용 또는 배전용 전기설비의 이용 제공

3. 제63조에 따른 검사에 합격하지 아니하고 전기설비를 사용한 자. 다만, 제64조에 따른 임시사용의 통지를 받은 경우는 제외한다.
   ㄴ. 제63조(사용전검사) 제61조 및 제62조에 따라 전기설비의 설치공사 또는 변경공사를 하는 자는 산업통상자원부령으로 정하는 바에 따라 산업통상자원부장관 또는 시·도지사가 실시하는 검사에 합격한 후에 이를 사용하여야 한다.
   ㄴ. 제64조(전기설비의 임시사용) ① 산업통상자원부장관 또는 시·도지사는 제63조에 따른 검사에 불합격한 경우에도 안전상 지장이 없고 전기설비의 임시사용이 필요하다고 인정되는 경우에는 사용기간 및 방법을 정하여 그 설비를 임시로 사용하게 할 수 있다. 이 경우 산업통상부장관 또는 시·도지사는 그 사용기간 및 방법을 정하여 통지를 하여야 한다.
   ② 비상용 예비발전기가 완공되지 아니한 경우 등 제1항에 따른 전기설비 임시사용의 허용기준, 1년의 범위에서의 사용기간, 전기설비의 임시사용 방법, 그 밖에 필요한 사항은 산업

III. 개별 법률 분석

통상자원부령으로 정한다.

4. 제71조(전기사업용전기설비 및 자가용전기설비의 소유자 및 점유자만 해당한다)에 따른 명령을 위반한 자

   ㄴ. 제71조(기술기준에의 적합명령) 산업통상자원부장관 또는 시·도지사는 제63조 또는 제65조에 따른 검사의 결과 전기설비 또는 제20조 제4항에 따라 설치한 전기통신설비선로가 기술기준에 적합하지 아니하다고 인정되는 경우에는 해당 전기사업자, 자가용전기설비·일반용전기설비의 소유자나 점유자(전기통신선로설비를 설치한 자를 포함한다)에게 그 전기설비 또는 전기통신선로설비의 수리·개조·이전 또는 사용정지나 사용제한을 명할 수 있다.

5. 삭제
6. 제93조 제2항을 위반하여 회계를 처리한 자

   ㄴ. 전기사업자가 전기사업 외의 사업을 하는 경우에는 전기사업에 관한 회계와 전기사업 외의 사업에 관한 회계를 구분하여 처리하여야 한다.

제107조(양벌규정) 제101조부터 제106조까지 해당

제108조(과태료) ① 다음 각 호의 어느 하나에 해당하는 자에게는 300만 원 이하의 과태료를 부과한다.

1. 제22조 제2항에 따른 자료나 물건의 제출명령 또는 장부·서류나 그 밖의 자료 또는 물건의 조사를 거부·방해 또는 기피한 자
2. 제27조의2 제4항에 따른 자료제출 요구에 따르지 아니하거나 거짓으로 제출한 자
3. 제66조 제5항에 따른 시장·군수 또는 구청장, 전기안전공사의 개선명령을 위반한 자
4. 제71조에 따라 일반용전기설비의 소유자 또는 점유자에게 내린 명령을 위반한 자

5. 제73조의8 제1항에 따른 자료의 제출명령을 거부하거나 장부·서류나 그 밖의 자료 또는 물건의 조사를 거부·방해 또는 기피한 자
6. 제81조를 위반하여 한국전기안전공사 또는 이와 유사한 명칭을 사용한 자
7. 제94조에 따른 명령을 위반한 자

ㄴ. 제94조(상각 등) 산업통상자원부장관은 전기사업의 적절한 수행을 도모하기 위하여 특히 필요하다고 인정되는 경우에는 「법인세법」 또는 「조세특례제한법」에서 허용하는 범위에서 전기사업자에게 전기사업용 고정자산을 상각(償却)하거나 그 종류·방법 또는 금액을 정하여 적립금 또는 충당금을 설정할 것을 명할 수 있다.

제24조(금지행위에 대한 과징금의 부과·징수) ① 산업통상자원부장관은 전기사업자가 제21조 제1항에 따른 금지행위를 한 경우에는 전기위원회의 심의를 거쳐 대통령령으로 정하는 바에 따라 그 전기사업자의 매출액의 100분의5의 범위에서 과징금을 부과할 수 있다. 다만, 매출액이 없거나 매출액을 산정하기 곤란한 경우로서 대통령령으로 정하는 경우에는 10억 원 이하의 과징금을 부과·징수할 수 있다.

Ⅲ. 개별 법률 분석

제135장 전기용품안전 관리법

제1절 법률의 이해

이 법은 전기용품을 생산·조립·가공하거나 판매·대여 또는 사용할 때의 안전관리에 관한 사항을 규정하여 화재·감전 등의 위해로부터 국민의 생명, 신체 및 재산을 보호함을 목적으로 한다. 이 법의 주관부처는 산업통상자원부(국가기술표준원 전기통신제품안전과)이다.

제2절 법령의 규정

제25조(벌칙) 다음 각 호의 어느 하나에 해당하는 자는 3년 이하의 징역 또는 3천만 원 이하의 벌금에 처한다.
 1. 거짓이나 그 밖의 부정한 방법으로 제3조 제1항에 따른 안전인증을 받은 자, 제5조 제1항에 따른 안전검사를 받은 자, 제11조 제1항에 따른 안전확인신고 등을 한 자, 제12조 제1항에 따른 안전검사를 받은 자 또는 공급자적합성확인을 한 자
  ㄴ. 제3조(안전인증) ① 안전인증대상전기용품[51]의 제조를 업으로 하거나 외국에서 제조하여 대한민국으로 수출하려는 재(이하 "제조업자"라 한다)는 안전인증기관으로부터 안전인증대상전기용품의 모델(산업통상자원부령으로 정하는 고유한 명칭을 붙인 제품의 형식을 말한

---

51) ★ 안전인증대상전기용품 : 구조와 사용방법 등으로 인하여 화재·감전 등의 위해가 발생할 우려가 크다고 인정되는 전기용품 중 안전인증을 통하여 그 위해를 방지할 수 있다고 인정되는 전기용품으로서 1천 볼트 이하의 교류전원 또는 직류전원을 사용하는 것으로서 시행규칙 제3조 제1항 별표2에서 규정하는 것을 말한다.

다. 이하 같다)별로 산업통상자원부령으로 정하는 바에 따라 안전인증을 받아야 한다. 다만, 다음 각 호의 어느 하나에 해당하는 경우에는 대통령령으로 정하는 바에 따라 안전인증을 면제받거나 제품시험 또는 공장심사의 전부 또는 일부(제3호에 해당하는 경우에는 제품시험의 전부 또는 일부만 해당한다)를 면제할 수 있다.

1. 연구·개발, 전시 등을 목적으로 제조하거나 수입하는 안전인증대상전기용품으로서 대통령령으로 정하는 것에 대하여 산업통상자원부령으로 정하는 바에 따라 산업통상자원부장관의 확인을 받은 경우
    ㄴ "대통령령으로 정하는 것"은 시행령 제2조 제1항에서 규정하였다.
1의2. 수출을 목적으로 수입하는 안전인증대상전기용품으로서 대통령령으로 정하는 것에 대하여 해당 특별시·광역시·특별자치시 또는 특별자치도(이하 "시·도"라 한다)의 확인을 받은 경우
    ㄴ "대통령령으로 정하는 것"은 시행령 제2조 제2항에서 규정하였다.
1의3. 수출을 목적으로 안전인증대상전기용품을 제조하는 경우
2. 국가간 상호인정협정에 따라 산업통상자원부장관이 정하는 외국의 안전인증기관에서 안전인증을 받은 경우
    ㄴ "외국의 안전인증기관"에 관하여 시행규칙은 아무런 규정도 두지 않았다.
3. 산업통상자원부령으로 정하는 일정 수준 이상의 시험능력을 갖춘 제조업자가 산업통상자원부령으로 정하는 바에 따라 제품시험을 실시하여 안전인증기관이 적합한 것임을 확인한 경우
    ㄴ "산업통상자원부령으로 정하는 일정 수준 이상의 시험능력을 갖춘 제조업자"의 범위는 시행규칙 제7조의2 제1항에서 규정한다.
4. 제4조 제4항에 따라 안전인증기관이 인정계약을 체결한 국내외의 기관에서 제품시험 또는 공장심사를 받아 적합한 것임을 확인받은 경우
5. 그 밖에 다른 법령에 따라 안전성이 인정되는 경우로서 산업통상자원부령으로 정하는 경우
    ㄴ 여기에 해당하는 경우의 범위는 시행규칙 제8조 제1항에서 규정한다.
ㄴ 제5조(안전검사) ① 안전인증대상전기용품에 해당하는 중고 전기용품을 외국에서 수입하여 판매 또는 대여하려는 자는 수입한 전기용품에 대하여 산업통상자원부령으로 정하는 바에 따라 안전검사를 받아야 한다. 다만, 제3조 제1항에 따른 안전인증을 받거나 안전인증의 면제를 받은 경우에는 그러하지 아니하다.
ㄴ 제11조(안전확인대상전기용품의 신고 등) ① 안전확인대상전기용품[52]의 제조업자 또는 수

52) ★ 안전확인대상전기용품 : 구조·사용방법 등으로 인하여 화재·감전 등의 위

Ⅲ. 개별 법률 분석

입업자는 산업통상자원부령으로 정하는 바에 따라 안전확인대상전기용품 모델별로 안전인증기관이나 제11조의2 제1항에 따라 지정된 안전확인시험기관으로부터 안전확인시험을 받아 해당 전기용품이 제3항에 따른 안전기준에 적합한 것임을 스스로 확인(이하 "안전확인"이라 한다)한 후 이를 산업통상자원부장관에게 신고하여야 한다. 다만, 다음 각 호의 어느 하나에 해당하는 경우에는 대통령령으로 정하는 바에 따라 안전확인과 그 신고(이하 "안전확인신고등"이라 한다)를 면제하거나 안전확인시험의 전부 또는 일부(제3호에 해당하는 경우에는 안전확인시험의 전부 또는 일부만 해당한다)를 면제할 수 있다.

1. 연구·개발, 전시 등을 목적으로 제조하거나 수입하는 안전확인대상전기용품으로서 대통령령으로 정하는 것에 대하여 산업통상자원부령으로 정하는 바에 따라 산업통상자원부장관의 확인을 받은 경우
   ㄴ. "대통령령으로 정하는 것"은 시행령 제4조 제1항에서 규정하였다.

1의2. 수출을 목적으로 수입하는 안전확인대상전기용품으로서 대통령령으로 정하는 것에 대하여 해당 시·도의 조례로 정하는 바에 따라 시·도지사의 확인을 받은 경우
   ㄴ. "대통령령으로 정하는 것"은 다음 각 호의 어느 하나에 해당하는 것을 말한다(시행령 제4조 제2항).
      1. 국내에서 판매·대여하지 아니하는 수출전용의 것
      2. 수출한 제품으로서 수리 또는 보수를 위하여 반출을 조건으로 국내에 반입되는 것

1의3. 수출을 목적으로 안전확인대상전기용품을 제조하는 경우

2. 제4조 제4항에 따라 안전인증기관이 인정계약을 체결한 국내외의 기관에서 제품시험을 받아 적합한 것임을 확인받은 경우

3. 산업통상자원부령으로 정하는 일정 수준 이상의 시험능력을 갖춘 제조업자 또는 수입업자가 산업통상자원부령으로 정하는 바에 따라 안전확인시험을 실시하여 안전인증기관이 적합한 것임을 확인한 경우
   ㄴ. "일정수준 이상의 시험능력을 갖춘 제조업자 또는 수입업자"의 범위는 시행규칙 제20조의2 제1항에서 규정하였다.

4. 그 밖에 다른 법령에 따라 안전성이 인정되는 경우로서 산업통상자원부령으로 정하는 경우

해가 발생할 우려가 있는 전기용품 중 안전인증기관 또는 법 제11조의2 제1항에 따라 지정된 안전확인기관이 실시하는 제품시험을 통한 안전성확인으로 그 위해를 방지할 수 있다고 인정되는 전기용품으로서 1천 볼트 이하의 교류전원 또는 직류전원을 사용하는 것으로서 시행규칙 제3조 제2항 별표3에서 규정하는 것을 말한다.

공익신고 포상금(보상금) 3

┗ "산업통상자원부령으로 정하는 경우"는 시행규칙 제21조 제1항에서 규정하였다.

┗ 제11조 제1항 각 호 외의 부분 단서에 따라 안전확인신고를 면제하거나 안전확인대상전기용품에 대한 제품시험(이하 "안전확인시험"이라 한다)을 면제하는 범위는 시행령 제4조 제3항에서 규정하였다.

┗ 제12조(안전검사) ① 안전확인대상전기용품에 해당하는 중고 전기용품을 외국에서 수입하여 판매 또는 대여하려는 자는 수입한 전기용품에 대하여 산업통상자원부령으로 정하는 바에 따라 안전검사를 받아야 한다. 다만, 제11조 제1항에 따른 안전확인신고등의 면제를 받은 전기용품의 경우에는 그러하지 아니하다.

2. 제3조 제1항을 위반하여 안전인증을 받지 아니하고 안전인증대상전기용품을 제조한 자, 제5조 제1항을 위반하여 안전검사를 받지 아니하고 중고 안전인증대상전기용품을 수입한 자, 제11조 제1항을 위반하여 안전확인신고등을 하지 아니하고 안전확인대상전기용품을 제조하거나 수입한 자, 제12조 제1항을 위반하여 안전검사를 받지 아니하고 중고 안전확인대상전기용품을 수입한 자 또는 제14조의3 제1항을 위반하여 공급자적합성확인을 하지 아니하고 공급자적합성확인대상전기용품을 제조하거나 수입한 자

┗ 제14조의3(공급자적합성확인) ① <u>공급자적합성확인대상전기용품[53]</u>의 제조업자 또는 수입업자는 산업통상자원부령으로 정하는 바에 따라 공급자적합성확인대상전기용품 모델별로 제품검사를 실시하거나 제3자에게 시험을 의뢰하여 해당 전기용품이 제2항에 따른 안전기준에 적합한 것임을 <u>스스로</u> 확인(이하 "공급자적합성확인"이라 한다)하여야 한다. 다만, 다음 각 호의 어느 하나에 해당하는 경우에는 공급자적합성확인을 하지 아니할 수 있다.

---

53) ★ 공급자적합성확인대상전기용품 : 구조·사용방법 등으로 인하여 화재·감전 등의 위해가 발생할 우려가 있는 전기용품 등 제조업자 또는 수입업자가 직접 또는 제3자에게 의뢰하여 실시하는 제품시험을 통한 안전성확인으로 그 위해를 방지할 수 있다고 인정되는 전기용품으로서 산업통상자원부령으로 정하는 것을 말한다(제2조 제5호). 시행규칙에서 규정하는 공급자적합성확인대상전기용품은 1천 볼트 이하의 교류전원 또는 직류전원을 사용하는 것으로서 동 규칙 별표3의 2에서 규정하는 것을 말한다(시행규칙 제3조 제3항).

Ⅲ. 개별 법률 분석

  1. 연구·개발, 수출 또는 전시 등을 목적으로 제조하거나 수입하는 공급자적합성확인대상 전기용품
  2. 제15조 제1항에 따라 안전인증을 받은 경우
  3. 그 밖에 다른 법령에 따라 안전성이 인정되는 경우로서 산업통상자원부령으로 정하는 경우

3. 제3조 제3항을 위반하여 안전인증을 한 자, 제5조 제2항에 따른 안전기준을 위반하여 안전검사를 한 자, 제11조 제3항에 따른 안전기준을 위반하여 안전확인시험을 한 자 또는 제12조 제2항을 위반하여 안전검사를 한 자

 ㄴ. 제12조 제2항의 안전검사는 산업통상자원부장관이 정하여 고시하는 안전확인대상전기용품에 대한 안전기준을 적용하는 안전시험을 말한다(제12조 제2항 및 제11조 제3항).

4. 제6조 제2항을 위반하여 안전인증의 표시등을 하거나 이와 비슷한 표시를 한 자, 제13조 제2항을 위반하여 안전확인신고등의 표시등을 하거나 이와 비슷한 표시를 한 자 또는 제14조의4 제2항을 위반하여 공급자적합성확인의 표시등을 하거나 이와 비슷한 표시를 한 자

 ㄴ. 인증이나 검사 등을 받지 아니한 자를 달한다.

5. 제7조 제1항을 위반하여 안전인증의 표시등이 없는 안전인증대상전기용품을 판매·대여하거나 판매·대여할 목적으로 수입·진열 또는 보관한 자, 제14조 제1항을 위반하여 안전확인신고등의 표시등이 없는 안전확인대상전기용품을 판매·대여하거나 판매·대여할 목적으로 수입·진열 또는 보관한 자 또는 제14조의5 제1항을 위반하여 공급자적합성확인의 표시등이 없는 공급자적합성확인대상전기용품을 판매·대여하거나 판매·대여할 목적으로 수입·진열 또는 보관한 자

5의2. 제7조 제3항을 위반하여 안전인증등의 표시가 없는 안전인증대상전

기용품의 판매를 중개하거나 구매 또는 수입을 대행한 자, 제14조 제3항을 위반하여 안전확인신고등의 표시등이 없는 안전확인대상전기용품의 판매를 중개하거나 구매 또는 수입을 대행한 자 또는 제14조의5 제3항을 위반하여 공급자적합성확인의 표시등이 없는 공급자적합성확인대상전기용품의 판매를 중개하거나 구매 또는 수입을 대행한 자

6. 거짓이나 그 밖의 부정한 방법으로 제9조 제1항 및 제11조의2 제1항에 따라 안전인증기관이나 안전확인시험기관으로 지정을 받고 안전인증이나 안전검사 또는 안전확인시험을 한 자

7. 제9조 제1항 및 제11조의2 제1항에 따라 안전인증기관이나 안전확인시험기관으로 지정을 받지 아니하고 안전인증이나 안전검사 또는 안전확인시험을 한 자(제3조 제1항 제3호에 따라 제품시험을 실시한 제조업자와 제11조 제1항 제3호에 따라 안전확인시험을 실시한 제조업자 또는 수입업자는 제외한다)

8. 제10조 제1항 및 제11조의2 제3항에 따라 안전인증기관이나 안전확인시험기관의 지정이 취소된 후 또는 업무정지기간 중에 안전인증이나 안전검사 또는 안전확인시험을 한 자

제25조의2(벌칙) 다음 각 호의 어느 하나에 해당하는 자는 2년 이하의 징역 또는 2천만 원 이하의 벌금에 처한다.

1. 제6조 제3항을 위반하여 안전인증의 표시등을 임의로 변경하거나 제거한 자, 제13조 제3항을 위반하여 안전확인신고등의 표시등을 임의로 변경하거나 제거한 자 또는 제14조의4 제3항을 위반하여 공급자적합성확인의 표시등을 임의로 변경하거나 제거한 자
2. 제15조 제4항을 위반하여 안전인증대상전기용품등 외의 전기용품과 그

III. 개별 법률 분석

포장에 안전인증등의 표시등을 하거나 이와 비슷한 표시를 한 자

제26조(벌칙) 다음 각 호의 어느 하나에 해당하는 자는 1천만 원 이하의 벌금에 처한다.

1. 제4조 제2항에 따른 자체검사를 실시하지 아니한 자
   ㄴ. 제4조(정기검사와 자체검사 등) ② 안전인증을 받은 안전인증대상전기용품의 제조업자는 안전인증을 받은 후 제조되는 안전인증대상전기용품에 대하여 산업통상자원부령으로 정하는 바에 따라 자체검사를 실시하고 그 기록을 작성·보관하여야 한다.
   ㄴ. 그 보존기간은 3년이다(시행규칙 제12조).

2. 삭제

3. 제7조 제2항을 위반하여 안전인증표시등이 없는 안전인증대상전기용품을 사용한 자, 제14조 제2항을 위반하여 안전확인신고등의 표시등이 없는 안전확인대상전기용품을 사용한 자 또는 제14조의5 제2항을 위반하여 공급자적합성확인의 표시등이 없는 공급자적합성확인대상전기용품을 사용한 자

4. 제8조 제2항을 위반하여 안전인증을 한 자
   ㄴ. 안전인증기관은 안전인증이 취소된 자에 대하여 그 취소된 날부터 1년 이내에는 같은 모델의 안전인증대상전기용품에 안전인증을 하여서는 아니 된다.

5. 제15조 제2항을 위반하여 안전인증을 한 자
   ㄴ. 제15조(그 밖의 전기용품의 안전인증) ② 안전인증기관은 제1항에 따라 안전인증을 받으려는 전기용품이 다음 각 호에 해당하면 안전인증을 하여야 한다.
   1. 안전인증기관이 산업통상자원부장관의 인증을 받아 정한 안전기준(승인을 받은 안전기준이 없으면 해당 전기용품의 안전에 관한 국제규격에 적합한 경우)
   2. 해당 전기용품의 제조업자가 그 전기용품의 안전을 계속적으로 보증할 수 있는 제조설비·검사설비와 기술능력 등을 갖춘 경우

6. 삭제

7. 제19조 제1항·제2항·제3항 또는 제6항에 따른 명령을 이행하지 아니한 자

   ㄴ. 안전인증대상전기용품등의 개선·기피·수거명령 등을 말한다.

제27조(양벌규정) 제25조 및 제26조 해당

제28조(과태료) ① 다음 각 호의 어느 하나에 해당하는 자에게는 500만 원 이하의 과태료를 부과한다.

1. 제4조 제1항에 따른 정기검사를 거부·방해 또는 기피한 자
2. 제4조 제2항에 따른 자체검사의 기록을 거짓으로 작성·보관한 자
3. 제11조 제4항 또는 제14조의3 제3항을 위반하여 안전기준에 적합하다는 사실을 증명하는 서류를 비치하지 아니하거나 거짓으로 비치한 자
4. 제20조 제1항에 따른 보고를 하지 아니하거나 거짓으로 보고한 자
5. 제20조 제1항에 따른 검사나 질문을 거부·방해 또는 기피한 자

III. 개별 법률 분석

제136장 전기·전자제품 및 자동차의 자원순환에 관한 법률

제1절 법률의 이해

이 법은 전기·전자제품 및 자동차의 재활용을 촉진하기 위하여 유해물질의 사용을 억제하고 재활용이 쉽도록 제조하며, 그 폐기물을 적정하게 재활용하도록 하여 자원을 효율적으로 이용하는 자원순환체계를 구축하는 것 등을 목적으로 한다. 이 법의 주관부처는 환경부(자원재활용과)이다.

제2절 법령의 규정

제43조(벌칙) 제37조를 위반하여 거짓의 보고나 자료를 제출한 자나 출입·검사를 거부·방해 또는 기피한 자는 1년 이하의 징역이나 1천만 원 이하의 벌금에 처한다.
ㄴ. 전기·전자제품 및 자동차의 제조·수입업자를 말한다.

제43조(양벌규정) 제43조 해당

제45조(과태료) ① 제9조 제1항을 위반하여 유해물질의 함유기준을 초과한 제품을 유통시킨 자에게는 3천만 원 이하의 과태료를 부과한다.
ㄴ. 제9조(유해물질의 사용제한·함유기준 등) ① 전기·전자제품과 자동차의 재활용을 쉽도록 하고 환경에 미치는 유해성을 최소화하기 위하여 일상생활에서 사용·유통되는 양이 많은 제품

중 대통령령으로 정하는 전기·전자제품을 제조하거나 수입하는 자(이하 "전기·전자제품 제조·수입업자"라 한다)와 대통령령으로 정하는 자동차를 제조하거나 수입하는 자(이하 "자동차 제조·수입업자"라 한다)는 제조단계에서 환경에 미치는 유해성이 높은 중금속·난연제(難燃劑) 등 대통령령으로 정하는 유해물질(이하 "유해물질"이라 한다)의 함유기준을 지켜야 한다. 다만, 제품의 특성상 유해물질의 제거가 불가능하거나 대체물질이 없다고 인정되어 대통령령으로 정하는 경우와 연구개발이나 수출을 목적으로 하는 경우에는 그러하지 아니하다.

┗ "대통령령으로 정하는 전기·전자제품"은 시행령 제8조 제1항 별표1에서 규정하였다.
┗ "대통령령으로 정하는 자동차"의 범위는 시행령 제8조 제2항에서 규정하였다.
┗ "대통령령으로 정하는 유해물질의 함유기준"은 시행령 제9조 제1항 별표1의2에서 규정하였다.
┗ 단서에서 규정하는 "대통령령으로 정하는 경우"란 시행령 제9조 제2항 별표2에서 규정하였다.

② 다음 각 호의 어느 하나에 해당하는 자에게는 2천만 원 이하의 과태료를 부과한다.

1. 제10조 제2항을 위반하여 재활용가능률을 지키지 아니하고 제품을 유통시킨 자

┗ 자동차·제조수입업자는 재활용이 쉬운 재질의 사용, 재질의 단순화, 재질정보의 표시, 분리·해체의 용이성 등의 재질·구조 개선활동을 통하여 대통령령으로 정하는 연차별 재활용가능률을 달성하여야 한다.

 ┗ "대통령령으로 정하는 연차별 재활용가능률"은 다음 각 호와 같다(시행령 제10조).
  1. 2009년 12월 31일 이전 : 대당 중량기준으로 재활용 및 에너지회수의 합이 100분의 85 이상. 다만, 에너지회수는 100분의5 이하만 인정한다.
  2. 2010년 1월 1일 이후 : 대당 중량기준으로 재활용 및 에너지회수의 합이 100분의95 이상. 다만, 에너지회수는 100분의10 이하만 인정한다.

2. 제25조 제3항을 위반하여 무상회수를 하지 아니한 자

┗ 제25조(폐자동차 재활용비율의 준수 등) ③ 자동차제조·수입업자는 기후·생태계변화 유발 물질의 처리 등「자동차관리법」제65조 제2항에 따른 폐자동차의 처리에 드는 비용과 폐자동차의 파쇄잔재물(수입되는 폐자동차에서 발생되는 파쇄잔재물은 제외한다)이 폐차하려는 자동차의 가격(이하 "폐자동차의 폐차처리·재활용비용"이라 한다)이 폐차하려는 자동차의 가격(이하 "폐자동차의 가격"이라 한다)을 초과하는 때에는 자동차폐차업자·파쇄재활용업자 및 파쇄잔재물재활용업자와의 계약 등을 통하여 자동차의 폐차를 요청한 자로부터 대통령

Ⅲ. 개별 법률 분석

령으로 정하는 바에 따라 무상으로 회수하여 재활용하여야 한다. 다만, 자동차폐차업자가 「자동차관리법」 제65조 제2항 단서에 따라 폐자동차 소유자에게 초과비용을 징수하여 폐자동차를 처리하거나 재활용하는 경우에는 그러하지 아니하다.

④ 자동차제조·수입업자가 제3항 본문에 다라 폐차하려는 자로부터 무상으로 회수한 자동차를 폐차하는 경우에는 무상으로 회수한 자동차에 대하여 재활용비율을 지켜야 한다.

3. 제25조 제4항을 위반하여 재활용비율을 지키지 아니한 자
   ㄴ 위 제2호 참조

4. 제26조를 위반하여 재활용방법과 기준에 따라 재활용하지 아니한 자
   ㄴ 제26조(폐자동차의 재활용방법 등) 제25조 제1항 각 호의 어느 하나에 해당되는 자는 대통령령으로 정하는 폐자동차의 재활용방법과 기준에 따라 재활용하거나 재활용이 쉽도록 하여야 한다.
      ㄴ "대통령령으로 정하는 폐자동차의 재활용방법과 기준"은 시행령 제26조 별표7에서 규정하였다.

5. 제32조 제1항을 위반하여 등록을 하지 아니하고 폐자동차재활용업을 한 자

5의2. 제32조의2를 위반하여 등록을 하지 아니하고 폐가스류처리업을 한 자

6. 제34조 제1항에 따른 영업정지기간 중 영업을 한 자
   ㄴ 폐자동차재활용업자 및 폐가스류처리업자를 말한다.

③ 다음 각 호의 어느 하나에 해당하는 자에게는 1천만 원 이하의 과태료를 부과한다.

1. 제11조를 위반하여 유해물질 사용제한을 확인하지 아니하거나 재활용가능률을 평가하지 아니하고 제품을 유통시킨 자(제1항이나 제2항 제1호에 해당하는 자를 제외한다)
   ㄴ 제11조(유해물질 사용제한 등의 준수 공포) 전기·전자제품 제조·수입업자와 자동차제조·수입업자는 제9조 제1항에 따른 유해물질의 함유기준이나 제10조 제2항에 따른 연차별 재

활용가능률의 준수 여부를 스스로 확인하거나 평가하여 대통령령으로 정하는 바에 따라 공표하여야 한다.

2. 제12조 제1항을 위반하여 재활용정보를 제공하지 아니한 자

└ 제12조(재활용정보의 제공과 재질·구조 등의 개선 제안 등) ① 전기·전자제품제조·수입업자와 자동차제조·수입업자는 「폐기물관리법」 제25조 제5항 제5호부터 제7호까지의 규정에 따른 폐기물재활용업의 허가를 받은 자, 같은 법 제46조에 따른 폐기물처리신고자 또는 재활용사업을 효율적으로 수행할 수 있다고 인정되는 자로서 대통령령으로 정하는 자(이하 "재활용사업자"라 한다), 제25조 제1항 제2호에 따른 자동차폐차업자, 제32조 제2항 각 호의 폐자동차재활용업을 하는 자와 제32조의2 제1항에 따른 폐가스류처리업을 등록한 자가 폐전기·폐전자제품이나 폐자동차의 재활용을 촉진하기 위하여 그 구성·재질이나 재활용방법 등에 관한 정보(이하 "재활용정보"라 한다)를 요구하는 경우 핵심기술정보의 유출 등 영업보호를 해치지 아니하는 범위 안에서 대통령령으로 정하는 바에 따라 그 재활용정보를 제공하여야 한다. 다만, 환경부장관이 산업통상자원부장관과 협의하여 지정·고시하는 재활용정보제공통신망에 가입하여 재활용정보를 제공하는 경우에는 재활용사업자에게 그 재활용정보를 제공한 것으로 본다.

  └ "대통령령으로 정하는 자"란 다음 각 호의 어느 하나에 해당하는 자를 말한다(시행령 제12조).

   1. 「자원의 절약과 재활용 촉진에 관한 법률」 제2조 제9호에 따른 재활용제품을 제조하는 사업자
   2. 「자원의 절약과 재활용 촉진에 관한 법률 시행령」 제32조 제3호의 업종에 종사하는 재활용지정사업자
   3. 「폐기물관리법」 제25조 제5항 제5호부터 제7호까지의 규정에 따른 폐기물 재활용업의 허가를 받은 자
   4. 「폐기물관리법 시행령」 제8조 제5호에 해당하는 자
   5. 그 밖에 재활용사업을 하는 자로서 환경부장관이 고시하는 자

2의2. 제16조의3을 위반하여 기후·생태계변화 유발물질을 분리·보관하지 아니한 자

└ 제16조의3(전기·전자제품 재활용의무생산자의 기후·생태계변화 유발물질 회수 등) 전기·전자제품 재활용의무생산자[54]는 폐전기·폐전자제품에서 발생하는 제27조 제3항에 따른

Ⅲ. 개별 법률 분석

기후·생태계변화 유발물질을 환경부령으로 정하는 기준에 따라 회수하여 분리·보관 및 처리하여야 한다.

└ "기후·생태계변화 유발물질의 종류"는 다음 각 호와 같다(시행령 제27조).

    1. 염화불화탄소(CFC)
    2. 수소화염화불화탄소(HCFC)
    3. 수소불화탄소((HFC)
    4. 육불화황(SF6)
    5. 과불화탄소(PFC)
    6. 그 밖에 지구온난화지수 등을 고려하여 환경부장관이 지정하여 고시하는 물질

└ [제45조 제3항 제2호의2를 다시 정리하면, "전기·전자제품 의무재활용생산자가 폐전기·폐전자제품에서 발생하는 기후·생태계변화 유발물질을 환경부령으로 정하는 기준에 따라 회수하여 분리·보관 및 처리하지 아니하면 1천만 원 이하의 과태료를 부과한다."는 것입니다.

법 제16조의3에서 "환경부령으로 정하는 기준에 따라"라고 규정한 부분은 "회수"라는 단어만을 수식하는 것은 아니고, "분리·보관 및 처리"까지를 수식하는 것으로 이해됩니다. 즉 회수의 기준만을 의미한다고는 해석하면 그러한 물질(유해물질)에 대한 보관방법은 전혀 규제하지 아니하였다고 해석하게 되어 – 회수의 기준은 규제하면서 보관 및 처리의 기준은 규제하지 않는 이상한 결과가 되므로 – 입법취지에 맞지 않기 때문입니다. 그렇다면 환경부령인 시행규칙은 법 제16조의3의 위임을 받았으므로, 이에 관하여 그 기준을 마련하여야 함에도 불구하고 침묵하고 있습니다. 만약 위 제16조의3에서는 회수의 기준만을 환경부령에 위임하였다고 해석한다면 시행규칙은 적어도 회수의 기준에 관하여 법률의 위임취지에 불응한 것이 됩니다.

결과적으로 위 제2호의2는 현재로서는 존재하지 아니하는 규정에 불과하다고 해야 합니다. 이는 환경부장관의 중요한 실책이라고 보아야 합니다. 따라서 편저자가 환경부장관에게 시행규칙의 보완을 촉구하는 제안을 하였습니다.]

3. 제27조 제1항을 위반하여 기후·생태계변화 유발물질을 분리·보관하

---

54) ★ 전기·전자제품 재활용의무생산자 : 전기·전자제품의 사용 후 폐기물의 양이 많은 제품 중 대통령령이 정하는 전기·전자제품을 제조하거나 수입하는 자로서 대통령령으로 정하는 규모의 사업장을 운영하는 자를 말한다(제15조). 앞부분에 해당하는 "대통령령이 정하는 전기·전자제품을 제조하거나 수입하는 자"의 범위는 시행령 제14조 별표3에서, 뒷부분의 "대통령령이 정하는 규모의 사업장"은 시행령 제14조의2에서 각각 규정하였다.

지 아니한 자

ㄴ. 제27조(기후·생태계변화 유발물질 등의 분리·보관 등) ① 자동차폐차업자는 기후·생태계 변화 유발물질을 분리·보관하여야 한다.
③ 제1항에 따른 기후·생태계변화 유발물질의 종류는 대통령령으로 정한다.
  ㄴ. "기후·생태계변화 유발물질의 종류"는 시행령 제27조에서 규정한다. 위 제2의2호 참조

4. 제27조 제2항을 위반하여 파쇄잔재물을 분리·배출하지 아니한 자

ㄴ. 파쇄재활용업자는 폐자동차를 부수어 금속류를 회수한 후 발생하는 파쇄잔재물을 분리·배출하여야 한다.

④ 다음 각 호의 어느 하나에 해당하는 자에게는 300만 원 이하의 과태료를 부과한다.

1. 제16조의4 제3항에 따른 전기·전자제품의 판매업자의 인계의무를 이행하지 아니한 자

ㄴ. 제16조의4(전기·전자제품의 판매업자의 회수 및 인계의무 등) ③ 전기·전자제품 판매업자는 회수한 폐전기·전자제품을 전기전자제품 재활용의무생산자나 공제조합[55])이 지역별로 설치한 수집소까지 운반하여 인계하여야 한다. 다만, 전기·전자제품의 판매업자가 제1항에 따라 회수한 폐전기·전자제품을 환경부령으로 정하는 바에 따라 국내에서 재사용하려는 경우에는 그러하지 아니하다.
④ 전기·전자제품 재활용의무생산자나 공제조합은 제3항에 따른 수집소를 지정하고 이를 전기·전자제품 판매업자에게 알려 주어야 한다.

2. 제16조의4 제5항에 따른 전기·전자제품 재활용의무생산자 및 전기·전자제품 판매업자의 회수의무를 이행하지 아니한 자

ㄴ. 전기·전자제품 재활용의무생산자 및 전기·전자제품 판매업자는 구매자가 신제품을 구입하면서 환경부령으로 정하는 바에 따라 폐기물로 배출한 같은 종류의 제품(다른 전기·전자제품 재활용의무생산자가 공급한 같은 종류의 제품을 포함한다)과 신제품의 포장재를 무상으로 회수하여야 한다.

---

55) ★ 공제조합 : 전기·전자제품 재활용사업공제조합을 말한다.

Ⅲ. 개별 법률 분석

3. 제35조 제4항을 위반하여 승계신고를 하지 아니한 자
   ㄴ. 폐자동차재활용업자 또는 폐가스류처리업자의 지위를 승계한 자는 1개월 이내에 환경부령으로 정하는 바에 따라 환경부장관에게 신고하여야 한다.

공익신고 포상금(보상금) 3

제137장 전력기술관리법

제1절 법률의 이해

「전력기술관리법」은 전력기술의 연구·개발을 촉진하고, 이를 효율적으로 이용·관리함으로써 전력기술의 수준을 향상시키고, 전력시설물의 설치를 적절하게 하여 공공의 안전 확보 등에 이바지함을 목적으로 한다. 이 법의 주관부처는 산업통상자원부(전력산업과)이다.

이 법에서 말하는 "전력기술"이란 「전기사업법」 제2조 제16호에 따른 전기설비(이하 "전력시설물"이라 한다)의 계획·조사·설계·시공 및 감리와 완공된 전력시설물의 유지·보수·운용·관리·안전진단 및 검사에 관한 기술을 말한다. 다만, 「건설산업기본법」에 따른 건설공사로 조성되는 시설물과 「원자력안전법」에 따른 원자로 및 그 관계시설은 제외한다.

제2절 법령의 규정

제27조의2(벌칙) ① 제10조 제1항 및 제2항을 위반하는 설계 또는 공사감리를 하여 「전기공사업법」 제15조의2에 따른 하자담보책임기간 이내에 송전설비·변전소 등 대통령령으로 정하는 전력시설물의 주요 부분에 중대한 파손을 발생시켜 일반인을 위험하게 한 자는 7년 이하의 징역에 처한다.

└「전기공사업법」 제15조의2(전기공사 수급인의 하자담보책임) ① 수급인은 발주자에 대하여 전기공사의 완공일부터 10년 이내의 범위에서 전기공사의 종류별로 대통령령으로 정하는 기간에

Ⅲ. 개별 법률 분석

해당 전기공사에서 발생하는 하자에 대하여 담보책임이 있다.
  ㄴ. "대통령령으로 정하는 기간"은 「전기공사업법 시행령」 제11조의2 별표3의2에서 규정하였다.
  ② 제1항에도 불구하고 수급인은 다음 각 호의 어느 하나의 사유로 발생하는 하자에 대하여는 담보책임이 없다.
    1. 발주자가 제공한 재료의 품질이나 규격 등의 기준미달로 인한 경우
    2. 발주자의 지시에 따라 시공한 경우
ㄴ. "송전설비·변전소 등 대통령령으로 정하는 전력시설물의 주요 부분"이란 다음 각 호의 부분을 말한다(시행령 제29조의2).
    1. 전압 345킬로볼트 이상의 가공(架空) 송전설비 중 철탑기초 부분, 철탑조립 부분 및 가선(架線) 연결 부분
    2. 전압 345킬로볼트 이상의 변전소의 개폐기 및 차단기의 연결 부분

② 제1항의 죄를 범하여 사람에게 상해를 입힌 경우에는 1년 이상의 유기징역에 처하며, 사망에 이르게 한 경우에는 3년 이상의 유기징역에 처한다.

제27조의3(벌칙) ① 업무상 과실로 제27조의2 제1항의 죄를 범한 자는 3년 이하의 금고 또는 3천만 원 이하의 벌금에 처한다.
② 업무상 과실로 제27조의2 제1항의 죄를 범하여 사람에게 상해를 입힌 경우에는 5년 이하의 금고 또는 5천만 원 이하의 벌금에 처하며, 사망에 이르게 한 경우에는 7년 이하의 금고 또는 7천만 원 이하의 벌금에 처한다.

제28조(벌칙) 다음 각 호의 어느 하나에 해당하는 자는 2년 이하의 징역 또는 2천만 원 이하의 벌금에 처한다.
  1. 제11조 제5항을 위반하여 설계용역을 발주한 자
    ㄴ. 전력시설물의 설계용역은 설계업자에게 발주하여야 한다.

공익신고 포상금(보상금) 3

2. 제12조 제1항을 위반하여 공사감리를 발주한 자
   ㄴ 제12조(공사감리 등) ① 전력시설물의 설치·보수공사 발주자는 전력시설물의 설치·보수공사의 품질 확보 및 향상을 위하여 제14조 제1항에 따라 공사감리업의 등록을 한 자에게 공사감리를 발주하여야 한다.

3. 제13조 제1항에 따른 감리원의 재시공 또는 공사중지명령이나 그 밖에 필요한 조치를 이행하지 아니한 자
4. 거짓이나 그 밖의 부정한 방법으로 설계업 또는 감리업의 등록을 한 자
5. 제14조 제1항에 따른 등록을 하지 아니하고 설계 또는 공사감리를 업으로 한 자
6. 설계업자 또는 감리업자가 제16조에 따른 영업정지명령을 받고 그 영업정지기간에 영업을 한 자
7. 제24조를 위반하여 업무상 알게 된 비밀을 누설한 자
   ㄴ 설계 또는 감리를 하는 자를 말한다.

제29조(벌칙) 다음 각 호의 어느 하나에 해당하는 자는 1년 이하의 징역 또는 1천만 원 이하의 벌금에 처한다.

1. 제8조를 위반한 전력기술인 및 그 상대방
   ㄴ 전력기술인은 다음 사람에게 자기의 성명을 사용하여 전력기술 용역업무를 수행하게 하거나 산업통상자원부장관이 발급하는 전력기술인에 관한 증명서를 빌려 주어서는 아니 된다.

2. 제10조 제1항에 따른 설계를 할 때 기술기준을 준수하지 아니한 자
3. 제10조 제2항에 따른 공사감리를 할 때 설계도서 또는 기술기준을 준수하지 아니한 자
4. 제11조 제1항 또는 제2항을 위반하여 전력시설물을 설계한 자
   ㄴ 제11조(전력시설물의 설계도서의 작성 등) ① 전력시설물의 설계도서는 「국가기술자격법」에 따른 전기분야 기술사가 작성하여야 한다. 다만, 산업통상자원부령으로 정하는 표준설계도

Ⅲ. 개별 법률 분석

서와 신공법·특수공법을 적용한 설계도서는 그러하지 아니하다.
② 「전기사업법」 제2조 제18호의 일반용전기설비의 전력시설물의 설계도서와 같은 법 제2조 제19호에 따른 자가용전기설비 중 용량증설이 수반되지 아니하는 보수공사에 필요한 전력시설물의 설계도서에 대하여는 제1항에도 불구하고 「국가기술자격법」에 따른 전기분야 기술자격 취득자로서 대통령령으로 정하는 바에 따라 설계사면허를 받은 사람이 작성할 수 있다.

5. 제11조 제4항에 따른 설계감리를 받지 아니한 자
   ㄴ 설계도서는 대통령령으로 정하는 바에 따라 설계감리를 받아야 한다.
      ㄴ "설계감리를 받아야 하는 전력시설물의 설계도서"의 범위는 시행령 제18조 제1항에서 규정한다.

6. 제11조 제6항을 위반한 설계사 및 그 상대방
   ㄴ 설계사면허를 받은 사람은 다른 사람에게 자기의 성명을 사용하여 전력시설물의 설계도서를 작성하게 하거나 산업통상자원부장관이 발급하는 설계사면허에 관한 증명서를 빌려 주어서는 아니 된다.

7. 제12조 제6항을 위반한 감리원 및 그 상대방
   ㄴ 감리원자격을 확인받은 사람은 다른 사람에게 전력시설물의 공사감리를 하게 하거나 산업통상자원부장관이 발급하는 감리원의 자격에 관한 증명서를 빌려 주어서는 아니 된다.

8. 제14조 제3항을 위반한 설계업자 또는 감리업자 및 각 상대방
   ㄴ 등록을 한 설계업자 또는 감리업자는 다른 사람에게 자기의 성명 또는 상호를 사용하여 전력시설물의 설계업 또는 감리업을 하게 하거나 등록증을 빌려 주어서는 아니 된다.

9. 제16조의2 제1항을 위반하여 신고를 하지 아니하거나 부정한 방법으로 신고를 한 설계업자 또는 감리업자

제29조의2(양벌규정) ① 법인의 대표자나 법인 또는 개인의 대리인, 사용인, 그 밖의 종업원이 그 법인 또는 개인의 업무에 관하여 제27조

의2의 위반행위를 하면 그 행위자를 벌하는 외에 그 법인 또는 개인에게도 2억 원 이하의 벌금을 과한다. 다만, 법인 또는 개인이 그 위반행위를 방지하기 위하여 해당 업무에 관하여 상당한 주의와 감독을 게을리하지 아니한 경우에는 그러하지 아니 하다.

② 법인의 대표자나 법인 또는 개인의 대리인, 사용인, 그 밖의 종업원이 그 법인 또는 개인의 업무에 관하여 제27조의3 또는 제29조의 어느 하나에 해당하는 위반행위를 하면 그 행위자를 벌하는 외에 그 법인 또는 개인에게도 해당 조문의 벌금형을 과한다. 다만, 법인 또는 개인이 그 위반행위를 방지하기 위하여 해당 업무에 관하여 상당한 주의와 감독을 게을리하지 아니한 경우에는 그러하지 아니하다.

제138장 전자상거래 등에서의 소비자보호에 관한 법률

제1절 법률의 이해

이 법은 전자상거래 및 통신판매 등에 의한 재화 또는 용역의 공정한 거래에 관한 사항을 규정함으로써 소비자의 권익을 보호하는 것 등을 목적으로 한다. 이 법의 주관부서는 공정거래위원회(전자거래팀)이다.

이 법과 다른 법률이 경합하는(중복되는) 경우로서 다른 법률을 적용하는 것이 소비자에게 유리한 때에는 다른 법률을 우선적으로 적용한다(제4조).

"전자거래"란 전자거래(「전자문서 및 전자거래 기본법」제2조 제5호에 따른 전자거래를 말한다)의 방법으로 상행위(商行爲)를 하는 것을 말한다.

"통신판매"란 우편·전기통신, 그 밖에 총리령으로 정하는 방법으로 재화 또는 용역(일정한 시설을 이용하거나 용역을 제공받을 수 있는 권리를 포함한다)의 판매에 관한 정보를 제공하고 소비자의 청약을 받아 재화 또는 용역(이하 "재화등"이라 한다)을 판매하는 것을 말한다. 다만, 「방문판매 등에 관한 법률」제2조 제3호에 따른 전화권유판매는 통신판매의 범위에서 제외한다.

ㄴ "총리령으로 정하는 방법"이란 다음 각 호의 방법을 말한다(시행규칙 제2조).
  1. 광고물·광고시설물·전단지·방송·신문 및 잡지 등을 이용하는 방법
  2. 판매자와 직접 대면하지 아니하고 우편환·우편대체·지로 및 계좌이체 등을 이용하는 방법

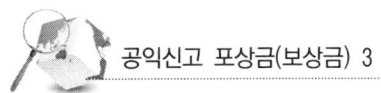

제2절 이 법의 적용 배제

제3조(적용 제외) ① 이 법의 규정은 사업자(「방문판매 등에 관한 법률」 제2조 제6호의 다단계판매원은 제외한다)가 상행위를 목적으로 구입하는 거래에는 적용하지 아니한다. 다만, 사업자라 하더라도 사실상 소비자와 같은 지위에서 다른 소비자와 같은 거래조건으로 거래하는 경우에는 그러하지 아니하다.

② 제13조 제2항에 따른 계약내용에 관한 서면(전자문서를 포함한다. 이하 같다)의 교부의무에 관한 규정은 다음 각 호의 거래에는 적용하지 아니한다. 다만, 제1호의 경우에는 총리령으로 정하는 바에 따라 계약내용에 관한 서면의 내용이나 교부의 방법을 다르게 할 수 있다.

1. 소비자가 이미 잘 알고 있는 약관 또는 정형화 된 거래방법에 따라 수시로 거래하는 경우로서 총리령으로 정하는 거래

   ㄴ. "총리령으로 정하는 거래"란 유·무선전화기 등으로 전화정보서비스를 이용하는 경우 등과 같이 법 제13조 제2항에 따른 계약내용에 관한 서면(「전자문서 및 전자거래 기본법」 제2조 제1호에 따른 전자문서를 포함한다. 이하 같다) 교부가 곤란한 거래를 말한다(시행규칙 제4조 제1항).

2. 다른 법률(「민법」 및 「방문판매 등에 관한 법률」은 제외한다)에 이 법의 규정과 다른 방법으로 하는 계약서 교부의무 등이 규정되어 있는 거래

③ 통신판매업자가 아닌 자 사이의 통신판매중개를 하는 통신판매업자에 대하여는 제13조부터 제15조까지, 제17조부터 제19조까지의 규정을 적용하지 아니한다.

④ 「자본시장과 금융투자업에 관한 법률」의 투자매매업자·투자중개업자가 하는 증권거래, 대통령령으로 정하는 금융회사 등이 하는 금융상품거래 및 일상 생활용품, 음식물 등을 인접지역에 판매하기 위한

Ⅲ. 개별 법률 분석

거래에 대하여는 제12조부터 제15조까지, 제17조부터 제20조까지 및 제20조의2를 적용하지 아니한다.

└ "대통령령으로 정하는 금융회사 등이 하는 금융상품거래"란 다음 각 호의 금융회사 등이 직접 취급하는 금융상품거래를 말한다(시행령 제3조).
  1. 「금융위원회의 설치 등에 관한 법률」 제38조 제1호부터 제8호까지의 기관
  2. 「대부업 등의 등록 및 금융이용자 보호에 관한 법률」 제3조에 따라 등록한 대부업자 또는 대부중개업자
  3. 다른 법령에 따라 설립된 금융회사 또는 중앙행정기관의 인가·허가 등을 받아 설립된 금융회사

제3절 법령의 규정

제40조(벌칙) 제32조 제1항에 따른 영업정지명령을 위반하여 영업을 한 자는 2년 이하의 징역 또는 5천만 원 이하의 벌금에 처한다.

└ 공정거래위원회의 영업정지명령을 따르지 아니한 사업자를 말한다.

제41조(벌칙) 제32조 제4항에 따른 영업정지명령을 위반하여 영업을 한 자는 2년 이하의 징역 또는 5천만 원 이하의 벌금에 처한다.

제42조(벌칙) 다음 각 호의 어느 하나에 해당하는 자는 3천만 원 이하의 벌금에 처한다.
  1. 제12조 제1항에 따른 신고를 하지 아니하거나 거짓으로 신고를 한 자
     └ 제12조(통신판매업자의 신고 등) ① 통신판매업자는 대통령령으로 정하는 바에 따라 다음 각 호의 사항을 공정거래위원회 또는 특별자치도지사·시장·군수·구청장에게 신고하여야 한다. 다만, 통신판매의 거래횟수, 거래규모 등이 공정거래위원회가 고시로 정하는 기준 이하인 경우에는 그러하지 아니하다.
        1. 상호(법인인 경우에는 대표자의 성명 및 주민등록번호를 포함한다)
        2. 전자우편주소, 인터넷도메인 이름, 호스트서버의 소재지

공익신고 포상금(보상금) 3

3. 그 밖에 사업자의 신원 확인을 위하여 필요한 사항으로서 대통령령으로 정하는 사항
   ↳ "대통령령으로 정하는 사항"이란 사업자의 성명 및 주민등록번호(개인인 경우만 해당한다)를 말한다(시행령 제15조).

2. 제24조 제8항 및 제9항을 위반하여 소비자피해보상보험계약등을 체결하는 사실 또는 결제대금예치를 이용하도록 하는 사실을 나타내는 표지를 사용하거나 이와 유사한 표지를 제작하거나 사용한 자

↳ 제24조(소비자피해보상보험계약등) ① 공정거래위원회는 전자상거래 또는 통신판매에서 소비자를 보호하기 위하여 관련 사업자에게 다음 각 호의 어느 하나에 해당하는 계약(이하 "소비자피해보상보험계약등"이라 한다)을 체결하도록 권장할 수 있다. 다만, 제8조 제4항에 따른 결제수단의 발행자는 소비자피해보상보험계약등을 체결하여야 한다.
  1. 「보험업법」에 따른 보험계약
  2. 소비자피해보상금의 지급을 확보하기 위한 「금융위원회의 설치 등에 관한 법률」 제38조에 따른 기관과의 채무지급보증계약
  3. 제10항에 따라 설립된 공제조합과의 공제계약
② 통신판매업자는 제1항에도 불구하고 선지급식 통신판매를 할 때 소비자가 제13조 제2항 제10호에 따른 결제대금예치의 이용 또는 통신판매업자의 소비자피해보상보험계약등의 체결을 선택한 경우에는 소비자가 결제대금예치를 이용하도록 하거나 소비자피해보상보험계약등을 체결하여야 한다.
⑧ 소비자피해보상보험계약등을 체결한 사업자는 그 사실을 나타내는 표지를 사용할 수 있으나, 소비자피해보상보험계약등을 체결하지 아니한 사업자는 그 표지를 사용하거나 이와 유사한 표지를 제작 또는 사용하여서는 아니 된다.
⑨ 제2항에 따른 결제대금예치의 이용에 관하여는 제8항을 준용한다.

제43조(벌칙) 다음 각 호의 어느 하나에 해당하는 자는 1천만 원 이하의 벌금에 처한다.

1. 제13조 제1항에 따른 사업자의 신원정보에 관하여 거짓 정보를 제공한 자
   ↳ 제13조(신원 및 거래조건에 대한 정보의 제공) ① 통신판매업자가 재화등의 거래에 관한 청약을 받을 목적으로 표시·광고를 할 때에는 그 표시·광고에 다음 각 호의 사항을 포함하여야 한다.

Ⅲ. 개별 법률 분석

   1. 상호 및 대표자 성명
   2. 주소 · 전화번호 · 전자우편주소
   3. 제12조에 따라 공정거래위원회 또는 특별자치도지사 · 시장 · 군수 · 구청장에게 한 신고번호와 그 신고를 받은 기관의 이름 등 신고를 확인할 수 있는 사항

2. **제13조 제2항에 따른 거래조건에 관하여 거짓 정보를 제공한 자**

ㄴ. 제13조 ② 통신판매업자는 소비자가 계약체결 전에 재화등에 대한 거래조건을 정확하게 이해하고 실수나 착오 없이 거래할 수 있도록 다음 각 호의 사항을 적절한 방법으로 표시 · 광고하여야 하며, 계약이 체결되면 계약자에게 다음 각 호의 사항이 기재된 계약내용에 관한 서면을 재화등을 공급할 때까지 교부하여야 한다. 다만, 계약자의 권리를 침해하지 아니하는 범위에서 대통령령으로 정하는 사유가 있는 경우에는 계약자를 갈음하여 재화등을 공급받은 자에게 계약내용에 관한 서면을 교부할 수 있다.

   1. 재화등의 공급자 및 판매자의 상호, 대표자의 성명 · 주소 및 전화번호 등
   2. 재화등의 명칭 · 종류 및 내용
   2의2. 재화등의 정보에 관한 사항. 이 경우 제품에 표시된 기재로 계약내용에 관한 서면에의 기재를 갈음할 수 있다.
   3. 재화등의 가격(가격이 결정되어 있지 아니한 경우에는 가격을 결정하는 구체적인 방법)과 그 지급방법 및 지급시기
   4. 재화등의 공급방법 및 공급시기
   5. 청약의 철회 및 계약의 해제(이하 "청약철회등"이라 한다)의 기한 · 행사방법 및 효과에 관한 사항(청약철회등의 권리를 행사하는 데에 필요한 서식을 포함한다)
   6. 재화등의 교환 · 반품 · 보증과 그 대금 환불 및 환불의 지연에 따른 배상금 지급의 조건 · 절차
   7. 전자매체로 공급할 수 있는 재화등의 전송 · 설치 등을 할 때 필요한 기술적 사항
   8. 소비자피해보상의 처리, 재화등에 대한 불만 처리 및 소비자와 사업자 사이의 분쟁 처리에 관한 사항
   9. 거래에 관한 약관(그 약관의 내용을 확인할 수 있는 방법을 포함한다)
   10. 소비자가 구매의 안전을 위하여 원하는 경우에는 재화등을 공급받을 때까지 대통령령으로 정하는 제3자에게 그 재화등의 결제대금을 예치하는 것(이하 "결제대금예치"라 한다)의 이용등을 선택할 수 있다는 사항 또는 통신판매업자의 제24조 제1항에 따른 소비자피해보상보험계약등의 체결을 선택할 수 있다는 사항(제15조 제1항에 따른 선지급식 통신판매의 경우만 해당하며 제24조 제3항 각 호의 어느 하나에 해당하는 거래

를 하는 경우에는 제외한다)
11. 그 밖에 소비자의 구매 여부 판단에 영향을 주는 거래조건 또는 소비자피해의 구제에 필요한 사항으로서 대통령령으로 정하는 사항
   ㄴ. "대통령령으로 정하는 사항"이란 다음 각 호의 사항을 말한다(시행령 제20조).
      1. 재화등의 가격 외에 교환·반품 비용 등 소비자가 추가로 부담하여야 할 사항이 있는 경우 그 내용 및 금액
      2. 판매일시, 판매지역, 판매수량, 인도지역(引渡地域) 등 판매조건과 관련하여 제한이 있는 경우 그 내용
   ㄴ. 각 호 외의 부분 단서에서 "대통령령으로 정하는 사유가 있는 경우"란 다음 각 호의 어느 하나에 해당하는 경우를 말한다(시행령 제19조의2).
      1. 계약자가 재화등을 공급받는 자에게 계약내용에 관한 서면(전자문서를 포함한다)을 교부하도록 동의한 경우
      2. 통신판매업자가 고의 또는 과실 없이 계약자의 주소(전자우편주소를 포함한다)를 알 수 없어 계약자에게 계약내용에 관한 서면(전자문서를 포함한다)을 교부할 수 없는 경우

제44조(양벌규정) 제40조부터 제43조까지 해당

제45조(과태료) ① 다음 각 호의 어느 하나에 해당하는 자에게는 1천만 원 이하의 과태료를 부과한다.
1. 제21조 제1항 제1호부터 제5호까지의 금지행위 중 어느 하나에 해당하는 행위를 한 자
   ㄴ. 제21조(금지행위) 전자상거래를 하는 사업자 또는 통신판매업자는 다음 각 호의 어느 하나에 해당하는 행위를 하여서는 아니 된다.
      1. 거짓 또는 과장된 사실을 알리거나 기만적 방법을 사용하여 소비자를 유인 또는 소비자와 거래하거나 청약철회등 또는 계약의 해지를 방해하는 행위
      2. 청약철회등을 방해할 목적으로 주소, 전화번호, 인터넷도메인 이름 등을 변경하거나 폐지하는 행위
      3. 분쟁이나 불만처리에 필요한 인력 또는 설비의 부족을 상당기간 방치하여 소비자에게 피해를 주는 행위

Ⅲ. 개별 법률 분석

4. 소비자의 청약이 없음에도 불구하고 일방적으로 재화등을 공급하고 그 대금을 청구하거나 재화등의 공급 없이 대금을 청구하는 행위
5. 소비자가 재화를 구매하거나 용역을 제공받을 의사가 없음을 밝혔음에도 불구하고 전화, 팩스, 컴퓨터통신 또는 전자우편 등을 통하여 재화를 구매하거나 용역을 제공받도록 강요하는 행위
6. 본인의 허락을 받지 아니하거나 허락받은 범위를 넘어 소비자에 관한 정보를 이용하는 행위. 다만, 다음 각 목의 어느 하나에 해당하는 행위는 제외한다.
   가. 재화등의 배송 등 소비자와의 계약을 이행하기 위하여 불가피한 경우로서 대통령령으로 정하는 경우
      ㄴ "대통령령으로 정하는 경우"란 다음 각 호의 경우를 말한다(시행령 제26조).
         1. 재화등의 배송 또는 전송을 업으로 하는 자로서 해당 배송 또는 전송을 위탁받은 자에게 제공하는 경우
         2. 재화등의 설치, 사후 서비스, 그 밖에 약정한 서비스의 제공을 업으로 하는 자로서 해당 서비스의 제공을 위탁받은 자에게 제공하는 행위
   나. 재화등의 거래에 따른 대금정산을 위하여 필요한 경우
   다. 도용방지를 위하여 본인확인에 필요한 경우로서 대통령령으로 정하는 경우
      ㄴ "대통령령으로 정하는 경우"란 다음 각 호의 경우를 말한다(시행령 제27조).
         1. 소비자의 신원 실명 여부나 본인의 진의 여부를 확인하기 위하여 다음 각 목의 어느 하나에 해당하는 자에게 제공하는 경우
            가.「전기통신사업법」제5조 제3항 제1호에 따른 기간통신사업자
            나.「신용정보의 이용 및 보호에 관한 법률」제2조 제5호 및 제6호에 따른 신용정보회사 및 신용정보집중기관
            다. 해당 거래에 따른 대금결제와 직접 관련된 전자결제업자 등
            라. 법령 또는 법령의 규정에 따른 인·허가에 의하여 도용방지를 위한 실명확인을 업으로 하는 자
         2. 미성년자와의 거래에서 법정대리인의 동의 여부를 확인하기 위하여 이용하는 경우
   라. 법률의 규정 또는 법률에 따라 필요한 불가피한 사유가 있는 경우
7. 소비자의 동의를 받지 아니하거나 총리령으로 정하는 방법에 따라 쉽고 명확하게 소비자에게 설명·고지하지 아니하고 컨퓨터프로그램 등이 설치되게 하는 행위

2. 제8조 제4항에 따른 결제수단의 발행자로서 제24조 제4항 각 호 외의

부분 단서를 위반하여 소비자피해보상보험계약등을 체결하지 아니한 자
3. 제15조 제1항에 따른 선지급식 통신판매업자로서 제24조 제2항을 위반한 자

  ㄴ 통신판매업자는 제1항에도 불구하고 선지급식 통신판매를 할 때 소비자가 제13조 제2항 제10호에 따른 결제대금예치의 이용 또는 통신판매업자의 소비자피해보상보험계약등의 체결을 선택한 경우에는 소비자가 결제대금예치를 이용하도록 하거나 소비자피해보상보험계약등을 체결하여야 한다.

4. 제8조 제4항에 따른 결제수단의 발행자로서 제24조 제7항을 위반하여 거짓 자료를 제출하고 소비자피해보상보험계약등을 체결한 자
5. 제15조 제1항에 따른 선지급식 통신판매업자로서 제24조 제7항을 위반하여 거짓 자료를 제출하고 소비자피해보상보험계약등을 체결한 자
6. 제39조 제2항에 따라 준용되는 「독점규제 및 공정거래에 관한 법률」 제50조 제1항 제1호에 따른 출석처분을 받은 당사자 중 정당한 사유 없이 두 번 이상 출석하지 아니한 자로서 이 법을 위반한 자

  ㄴ 「독점규제 및 공정거래에 관한 법률」 제50조(위반행위의 조사 등) ① 공정거래위원회는 이 법의 시행을 위하여 필요하다고 인정할 때에는 대통령령이 정하는 바에 의하여 다음 각 호의 처분을 할 수 있다.
   1. 당사자, 이해관계인 또는 참고인의 출석 및 의견의 청취
   2. 감정인의 지정 및 감정의 위촉
   3. 사업자, 사업자단체 또는 이들의 임직원에 대하여 원가 및 경영사항에 관한 보고, 기타 필요한 자료나 물건의 제출을 명하거나 제출된 자료나 물건의 영치
  ② 공정거래위원회는 이 법의 시행을 위하여 필요하다고 인정할 때에는 그 소속 공무원(제65조(권한의 위임·위탁)의 규정에 의한 위임을 받은 기관의 소속 공무원을 포함한다)으로 하여금 사업자 또는 사업자단체의 사무소 또는 사업장에 출입하여 업무 및 경영상황, 장부·서류, 전산자료·음성녹음자료·화상자료 그 밖에 대통령령이 정하는 자료나 물건을 조사하게 할 수 있으며, 대통령령이 정하는 바에 의하여 지정된 장소에서 당사자, 이해관계인 또는 참고인의 진술을 듣게 할 수 있다.
  ③ 제2항의 규정에 의하여 조사를 하는 공무원은 대통령령이 정하는 바에 따라 사업자, 사

Ⅲ. 개별 법률 분석

업자단체 또는 이들의 임직원에 대하여 조사에 필요한 자료나 물건의 제출을 명하거나 제출된 자료나 물건의 영치를 명할 수 있다.

7. 제39조 제2항에 따라 준용되는 「독점규제 및 공정거래에 관한 법률」 제50조 제1항 제3호 또는 제3항에 따른 보고를 하지 아니하거나 필요한 자료나 물건을 제출하지 아니하거나 거짓으로 보고하거나 거짓으로 자료나 물건을 제출한 자
   ┕ 위 제6호 참조

8. 제30조 제2항에 따라 준용되는 「독점규제 및 공정거래에 관한 법률」 제50조 제2항에 따른 조사를 거부·방해 또는 기피한 자
   ┕ 위 제6호 참조

② 다음 각 호의 어느 하나에 해당하는 자에게는 500만 원 이하의 과태료를 부과한다.

1. 제6조를 위반하여 거래기록을 보존하지 아니하거나 소비자에게 거래기록을 열람·보존할 수 있는 방법을 제공하지 아니한 자
   ┕ 제6조(거래기록의 보존 등) ① 사업자는 전자상거래 및 통신판매에서의 표시·광고, 계약내용 및 그 이행 등 거래에 관한 기록을 상당한 기간 보존하여야 한다. 이 경우 소비자가 쉽게 거래기록을 열람·보존할 수 있는 방법을 제공하여야 한다.
   ③ 제1항에 따라 사업자가 보존하는 거러기록의 대상·범위·기간 및 소비자에게 제공하는 열람·보존의 방법 등에 관하여 필요한 사항은 대통령령으로 정한다.
      ┕ "사업자가 보존하여야 할 거래기록의 대상·범위 및 기간은 다음 각 호와 같다. 다만, 통신판매중개자는 자신의 정보처리시스템을 통하여 처리한 기록의 범위에서 다음 각 호의 거래기록을 보존하여야 한다(시행령 제6조 제1항).
         1. 표시·광고에 관한 기록 : 6개월
         2. 계약 또는 청약철회 등에 관한 기록 : 5년
         3. 대금결제 및 재화등의 공급에 관한 기록 : 5년
         4. 소비자의 불만 또는 분쟁처리에 관한 기록 : 3년

2. 제10조 제1항 또는 제13조 제1항에 따른 사업자의 신원정보를 표시하지 아니한 자
3. 제12조 제2항 및 제3항에 따른 신고를 하지 아니한 자

   ↳ 제12조(통신판매업자의 신고 등) ① 통신판매업자는 대통령령으로 정하는 바에 따라 다음 각 호의 사항을 공정거래위원회 또는 특별자치도지사·시장·군수·구청장에게 신고하여야 한다. 다만, 통신판매의 거래횟수, 거래규모 등이 공정거래위원회가 고시로 정하는 기준 이하인 경우에는 그러하지 아니하다.
      1. 상호(법인인 경우에는 대표자의 성명 및 주민등록번호를 포함한다)
      2. 전자우편주소, 인터넷도메인 이름, 호스트서버의 소재지
      3. 그 밖에 사업자의 신원 확인을 위하여 필요한 사항으로서 대통령령으로 정하는 사항
         ↳ "대통령령으로 정하는 사항"이란 사업자의 성명 및 주민등록번호(개인인 경우만 해당한다)를 말한다(시행령 제15조).
   ② 통신판매업자가 제1항에 따라 신고한 사항을 변경하려면 대통령령으로 정하는 바에 따라 신고하여야 한다.
   ③ 제1항에 따라 신고한 통신판매업자는 그 영업을 휴업 또는 폐업하거나 휴업한 후 영업을 다시 시작할 때에는 대통령령으로 정하는 바에 따라 신고하여야 한다.

4. 제13조 제2항을 위반하여 표시·광고하거나 고지를 하지 아니하거나 계약내용에 관한 서면을 계약자에게 교부하지 아니한 자

   ↳ 제13조 ② 통신판매업자는 소비자가 계약체결 전에 재화등에 대한 거래조건을 정확하게 이해하고 실수나 착오 없이 거래할 수 있도록 다음 각 호의 사항을 적절한 방법으로 표시·광고하거나 고지하여야 하며, 계약이 체결되면 계약자에게 다음 각 호의 사항이 기재된 계약내용에 관한 서면을 재화등을 공급할 때까지 교부하여야 한다. 다만, 계약자의 권리를 침해하지 아니하는 범위에서 대통령령으로 정하는 사유가 있는 경우에는 계약자를 갈음하여 재화등을 공급받는 자에게 계약내용에 관한 서면을 교부할 수 있다. (각 호는 위 제43조 제2호 참조)

5. 제13조 제3항을 위반하여 재화등의 거래에 관한 계약을 취소할 수 있다는 내용을 거래상대방인 미성년자에게 고지하지 아니한 자

제34조(과징금) ① 공정거래위원회는 제32조 제4항에 따른 영업정지가 소비자 등에게 심한 불편을 줄 우려가 있다고 인정하는 경우에는 그 영업의 전부 또는 일부의 정지를 갈음하여 해당 사업자에게 대통령령으로 정하는 위반행위 관련 매출액을 초과하지 아니하는 범위에서 과징금을 부과할 수 있다. 이 경우 관련 매출액이 없거나 그 매출액을 산정할 수 없는 경우 등에는 5천만 원을 초과하지 아니하는 범위에서 과징금을 부과할 수 있다.

제139장 전통주 등의 산업진흥에 관한 법률

제1절 법률의 이해

이 법은 전통주 등의 품질향상과 산업진흥에 필요한 사항을 정하여 경쟁력을 강화하고, 농업의 부가가치를 높이는 것 등을 목적으로 한다. 이 법의 주관부처는 농림축산식품부(식품산업진흥과)이다.

"전통주"란 다음 각 목에 해당하는 술을 말한다(제2조 제2호).

가. 「문화재보호법」에 따라 지정된 주류부문의 중요무형문화재와 시·도지정문화재 보유자가 「주세법」 제6조에 따라 면허를 받아 제조한 술
나. 「식품산업진흥법」에 따라 지정된 주류부문의 식품명인이 「주세법」 제6조에 따라 면허를 받아 제조한 술
다. 「농어업·농어촌 및 식품산업기본법」 제3조에 따른 농어업경영체 및 생산자단체가 직접 생산하거나 제조장 소재지 관할 특별자치시·특별자치도·시·군·구(자치구를 말한다. 이하 같다)의 제조면허 추천을 받아 「주세법」 제6조에 따라 면허를 받아 제조한 술(이하 "지역특산주"라 한다)

제2절 법령의 규정

제36조(벌칙) ① 다음 각 호의 어느 하나에 해당하는 자는 3년 이하의 징역 또는 3천만 원 이하의 벌금에 처한다.

III. 개별 법률 분석

1. 제25조 제1호를 위반하여 거짓이나 그 밖의 부정한 방법으로 품질인증을 받은 자
   ↳ 농림축산식품부장관의 품질인증을 말한다.

2. 제25조 제2호를 위반하여 품질인증을 받지 아니한 술을 품질인증을 받은 술로 표시 또는 이와 유사한 표시를 한 자
3. 제25조 제3호를 위반하여 품질인증을 받은 술에 인증을 받은 내용과 다르게 표시를 한 자
4. 제25조 제4호를 위반하여 품질인증을 받은 술을 품질인증을 받지 아니한 술과 혼합하여 판매한 자

② 다음 각 호의 어느 하나에 해당하는 자는 1년 이하의 징역 또는 1천만 원 이하의 벌금에 처한다.
1. 제25조 제5호를 위반하여 품질인증을 받지 아니한 술을 품질인증을 받은 술로 광고한 자
2. 제25조 제6호를 위반하여 품질인증을 받은 술을 인증을 받은 내용과 다르게 광고한 자

제37조(양벌규정) 제36조 해당

제38조(과태료) ① 제28조 제1항에 따른 표시의 변경·사용정지 처분에 따르지 아니한 자에게는 2천만 원 이하의 과태료를 부과한다.
↳ 농림축산식품부장관은 제26조에 따른 조사 또는 시험의뢰를 한 결과 품질인증을 받은 술이 품질인증기준 또는 표시방법에 위반되거나 그 술의 생산이나 술산업의 영위가 곤란하다고 인정하는 때에는 표시의 변경·사용정지를 명할 수 있다.

공익신고 포상금(보상금) 3

② 다음 각 호의 어느 하나에 해당하는 자에게는 500만 원 이하의 과태료를 부과한다.

1. 제26조 제2항을 위반하여 관련 문서를 비치·보존하지 아니한 자
   ↳ 품질인증을 받은 자는 농림축산식품부령으로 정하는 바에 따라 인증심사자료, 가공시설의 관리, 첨가물의 사용 및 품질인증을 받은 술의 거래에 관한 자료 등 관련 문서를 비치·보존하여야 한다.
   ↳ 보존기간은 3년이다(시행규칙 제16조).

2. 제26조 제3항을 위반하여 조사·열람·수거를 정당한 사유 없이 거부·방해 또는 기피한 자

3. 제30조 제2항을 위반하여 품질인증을 받은 자의 지위를 승계하고 신고하지 아니한 자
   ↳ 품질인증을 받은 자의 지위를 승계한 자는 승계한 날부터 30일 이내에 국립농산물품질관리원장에게 신고하여야 한다(시행규칙 제19조 제1항).

III. 개별 법률 분석

제140장 정보통신기반 보호법

제1절 법률의 이해

 이 법은 전자적 침해행위에 대비하여 주요정보통신기반시설의 보호에 관한 대책을 수립·시행함으로써 동 시설을 안정적으로 운용하는 것 등을 목적으로 한다. "전자적 침해행위"란 정보통신기반시설을 대상으로 해킹, 컴퓨터바이러스, 논리·메일폭탄, 서비스 거부 또는 고출력 전자기파 등에 의하여 정보통신기반시설을 공격하는 행위를 말한다. "정보통신기반시설"이라 함은 국가안전보장·행정·국방·치안·금융·통신·운송·에너지 등의 업무와 관련된 전자적 제어·관리시스템 및 「정보통신망 이용촉진 및 정보보호 등에 관한 법률」제2조 제1항 제1호의 규정에 의한 정보통신망을 말한다. 이 법의 주관부처는 미래창조과학부(정보보호정책과)이다.

제2절 법령의 규정

 제28조(벌칙) ① 제12조의 규정을 위반하여 주요정보통신기반시설을 교란·마비 또는 파괴한 자는 10년 이하의 징역 또는 1억 원 이하의 벌금에 처한다.
  ㄴ. 제12조(주요정보통신기반시설 침해행위 등의 금지) 누구든지 다음 각 호의 1에 해당하는 행위를 하여서는 아니 된다.
   1. 접근권한을 가지지 아니하는 자가 주요정보통신기반시설에 접근하거나 접근권한을 가진 자가 그 권한을 초과하여 저장된 데이터를 조작·파괴·은닉 또는 유출하는 행위

공익신고 포상금(보상금) 3

　　2. 주요정보통신기반시설에 대하여 데이터를 파괴하거나 주요정보통신기반시설의 운영을 방해할 목적으로 컴퓨터바이러스·논리폭탄 등의 프로그램을 투입하는 행위
　　3. 주요정보통신기반시설의 운영을 방해할 목적으로 일시에 대량의 신호를 보내거나 부정한 명령을 처리하도록 하는 등의 방법으로 정보처리에 오류를 발생하게 하는 행위

　② 제1항의 미수범은 처벌한다.

제29조(벌칙) 제27조의 규정을 위반하여 비밀을 누설한 자는 5년 이하의 징역, 10년 이하의 자격정지 또는 5천만 원 이하의 벌금에 처한다.
┗ 제27조(비밀유지의무) 다음 각 호의 어느 하나에 해당하는 기관에 종사하는 자 또는 종사하였던 자는 그 직무상 알게 된 비밀을 누설하여서는 아니 된다. 다만, 다른 법률에 특별한 규정이 있는 경우에는 그러하지 아니하다.
　　1. 제3조에 따른 정보통신기반보호위원회 및 실무위원회
　　2. 제9조 제3항의 규정에 의하여 주요정보통신기반시설에 대한 취약점 분석·평가 업무를 하는 기관
　　3. 제13조의 규정에 의하여 침해사고의 통지 접수 및 복구조치와 관련한 업무를 하는 관계기관 등
　　4. 제16조 제1항 각 호의 업무를 수행하는 정보공유·분석센터

제30조(과태료) ① 다음 각 호의 어느 하나에 해당하는 자는 1천만 원 이하의 과태료에 처한다.
　1. 제11조에 따른 보호조치명령을 위반한 자
　┗ 관계중앙행정기관의 장은 해당 관리기관의 장에게 주요정보통신기반시설의 보호에 필요한 조치를 명령 또는 권고할 수 있다.

　2. 제16조 제2항의 규정에 의한 통지를 하지 아니한 자
　┗ 정보공유·분석센터의 장은 업무종사자의 인적사항 등 대통령령이 정하는 사항을 관계 중앙행정기관의 장에게 통지하여야 한다. 통지한 사항을 변경한 경우에도 또한 같다.

Ⅲ. 개별 법률 분석

제141장 제주특별자치도 설치 및 국제자유도시 조성을 위한 특별법

제1절 법률의 이해

이 법은 종전 제주도의 지역적·역사적·인문적 특성을 살리고 자율과 책임, 창의성과 다양성을 바탕으로 고도의 자치권이 보장되는 제주특별자치도를 설치하여 실질적인 지방분권을 보장하고, 행정규제의 폭넓은 완화 및 국제적 기준의 적용 등을 통하여 국제자유도시를 조성하는 것을 주된 목적으로 한다. 이 법의 주관부처는 행정자치부(자치제도과) 및 국토교통부(기업복합도시과)이다.

이 법은 제주도 지역에 한하여는 뭍에서 적용하는 많은 법률에 관한 특례를 규정하고 있다. 특례라 함은 주로 법률의 규정에도 불구하고 자치도의 조례에 의하여 법률의 규정을 수정하는 것을 말한다. 따라서 제주도에서 발생하는 공익신고의 대상행위를 신고하려 할 때에는 해당 법률에 관하여 이 법에 특별한 규정이 있는지 여부를 검토하여야 할 것이다. 특별한 규정을 두고 있는 법률 중 중요한 것들을 소개하면 다음과 같다.

「가축분뇨의 관리 및 이용에 관한 법률」, 「건설기계관리법」, 「건설산업기본법」, 「골재채취법」, 「공유수면관리 및 매립에 관한 법률」, 「농어촌정비법」, 「농지법」, 「대기환경보전법」, 「도시가스사업법」, 「문화재보호법」, 「산림자원의 조성 및 관리에 관한 법률」, 「산지관리법」, 「소비자기본법」, 「수도법」, 「수산업법」, 「수질 및 수생태계 보전에 관한 법률」, 「습지보전법」, 「야생생물보호 및 관리에 관한 법률」, 「약사법」, 「액화석유가스의 안전관리 및 사업법」, 「어촌·어항법」, 「영유아보육법」, 「의료법」, 「응급의료에 관한 법률」, 「전기사업법」, 「지하수법」, 「측량·수로조사 및 지적에 관한 법률」, 「폐기물관리법」, 「하천법」, 「하수도법」, 「항만법」 등이다.

제2절 법령의 규정

제355조(출입국관리분야에 관한 벌칙) ① 다음 각 호의 어느 하나에 해당하는 자로서 영리를 목적으로 해당 행위를 한 자는 7년 이하의 징역이나 금고 또는 5천만 원 이하의 벌금에 처한다.

1. 제158조 제1항의 규정을 위반하여 외국인을 집단으로 대한민국 안의 다른 지역으로 이동시키거나 이를 알선한 자

   ㄴ 제158조(선박등의 제공금지) ① 누구든지 제157조 제1항의 규정에 의한 체류지역 확대허가를 받지 아니한 자를 대한민국 안의 다른 지역으로 이동시키거나 이를 알선하여서는 아니 된다.

   ㄴ 제157조(체류지역 확대허가 등) ① 법무부장관은 제156조의 규정에 의하여 입국한 자 중 법무부장관이 정하여 고시하는 국가의 국민이 대한민국 안의 다른 지역으로 이동하고자 하는 경우에는 그 외국인의 신청에 의하여 체류지역 확대를 허가할 수 있다.

2. 제158조 제2항의 규정을 위반하여 외국인을 집단으로 대한민국 안의 다른 지역으로 이동시키기 위하여 선박등이나 여권을 제공한 자

3. 제158조 제3항의 규정을 위반하여 대한민국 안의 다른 지역으로 이동하였거나 이동하는 외국인을 집단으로 은닉 또는 도피하게 하거나 그러한 목적으로 선박등을 제공한 자

② 제1항 각 호의 어느 하나에 해당하는 자로서 영리목적이 아닌 자

III. 개별 법률 분석

는 5년 이하의 징역이나 금고 또는 2천만 원 이하의 벌금에 처한다.

③ 다음 각 호의 어느 하나에 해당하는 자는 3년 이하의 징역이나 금고 또는 2천만 원 이하의 벌금에 처한다.
1. 제157조 제1항의 규정에 의한 체류지역 확대허가를 받지 아니하고 대한민국 안의 다른 지역으로 이동한 자
2. 제158조의 규정을 위반한 자로서 제1항 또는 제2항에 해당되지 아니한 자

④ 제159조의 규정을 위반한 자는 500만 원 이하의 벌금에 처한다.
↳ 제159조(운수업자 등의 의무) ① 제주자치도와 대한민국 안의 다른 지역 사이를 운항하는 선박등의 장 또는 운수업자는 제157조 제1항의 규정에 의하여 허가 받은 외국인이 대한민국 안의 다른 지역으로 이동하기 위하여 선박등에 탑승하려 하는 경우 그 외국인에 대한 체류지역 확대허가 여부를 확인하고 그 외국인이 허가를 받지 아니한 경우에는 탑승을 거부하여야 한다.
② 선박등의 장 또는 운수업자는 제157조 제1항의 규정에 의한 허가를 받지 아니한 자가 탑승한 사실을 알게 된 때에는 그 사실을 즉시 지방출입국·외국인관서에 통보하여야 한다.

제356조(관광분야에 관한 벌칙) 제174조 제1항의 규정에 의한 등록을 받지 아니하고 휴양펜션업을 한 자는 2년 이하의 징역 또는 2천만 원 이하의 벌금에 처한다.

제357조(의료분야에 관한 벌칙) ① 제193조 제2항 또는 제195조의 규정을 위반한 의료기관 또는 외국인전용약국에 종사하는 외국의 외국의료인 또는 약사는 5년 이하의 징역 또는 5천만 원 이하의 벌금에 처한다.
↳ 제193조(외국인전용약국 개설 등에 관한 특례) ② 외국인전용약국에 종사하는 약사는 내국인을 대상으로 의약품의 조제 또는 판매를 할 수 없다. 다만, 외국의료기관에서 처방전을 발급받은 내국인에게는 의약품을 조제하거나 판매할 수 있다.

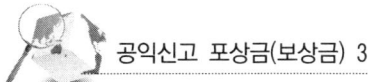

공익신고 포상금(보상금) 3

┗ 제195조(외국면허 소지자의 종사자인정에 관한 특례) ① 「의료법」 제27조 제1항, 「약사법」 제3조 및 「의료기사 등에 관한 법률」 제4조에도 불구하고 의사·치과의사·간호사·의료기사 또는 약사면허 소지자(이하 "외국면허 소지자"라 한다)는 보건복지부장관이 정하여 고시하는 기준을 충족하는 경우 외국의료기관 및 제193조에 따른 외국인전용약국에 종사할 수 있다.
② 외국면허 소지자는 「의료법」 제2조 및 「의료기사 등에 관한 법률」 제3조에 따라 허용된 종별업무범위를 벗어날 수 없다.

② 제196조의 규정을 위반하여 외국인전용약국의 표시를 하지 아니한 자는 1년 이하의 징역 또는 1천만 원 이하의 벌금에 처한다.

제358조(환경분야에 관한 벌칙) ① 제296조 제5항에 따른 허가를 받지 아니하고 보존자원을 매매하거나 제주자치도 밖으로 반출한 자는 5년 이하의 징역 또는 5천만 원 이하의 벌금에 처한다.

┗ 도지사는 제주자치도의 자원보호를 위하여 필요하다고 인정하는 경우에는 제주자치도에서 서식하는 희귀 동·식물과 부존하는 자원 등 중에서 「도조례」가 정하는 자원을 보존하여야 할 자원으로 지정할 수 있다.

② 다음 각 호의 어느 하나에 해당하는 자는 2년 이하의 징역 또는 2천만 원 이하의 벌금에 처한다.
1. 절대보전지역에서 제292조 제3항의 규정을 위반한 행위를 한 자
  ┗ 도지사는 도의회의 동의를 얻어 자연환경의 고유한 특성을 보호하기 위한 지역을 절대보전지역으로 지정할 수 있다(제292조 제1항).
  ┗ 제1항의 규정에 의한 절대보전지역 안에서는 그 지역 지정의 목적에 위배되는 건축물의 건축, 공작물 그 밖의 시설의 설치, 토지의 형질변경, 토지의 분할, 공유수면의 매립, 수목의 벌채, 토석의 채취, 도로의 신설 등과 이와 유사한 행위를 할 수 없다. 다만, 제1호 내지 제5호에 해당하는 행위로서 도지사의 허가를 받은 경우에는 그러하지 아니하다(제292조 제3항).
    1. 국가 또는 재주자치도가 시행하는 등산로, 산책로, 임도(林道), 도로, 공중화장실, 정자, 기상관측시설과 「자연공원법」에 의한 공원시설의 설치
    2. 「산림자원의 조성 및 관리에 관한 법률」 제13조에 따른 산림경영계획으로 시행하는 사

III. 개별 법률 분석

  업으로서 모두 베거나 토지의 형질변경을 수반하지 아니하는 산림사업
  3. 학술적 조사·연구를 목적으로 하는 행위
  4. 절대보전지역 지정 전에 건축된 기존 종교시설의 경내에서의 건축물의 증·개축행위
  5. 그 밖에 자연자원의 원형을 훼손하거나 변경시키지 아니하는 범위 안에서의 「도조례」로 정하는 행위

2. **상대보전지역에서 제293조 제2항의 규정을 위반한 행위를 한 자**

   ㄴ. 도지사는 도의회의 동의를 얻어 자연환경의 보전과 적정한 개발을 유도하기 위한 지역을 상대보전지역으로 지정할 수 있다(제293조 제1항).

   ㄴ. 상대보전지역 안에서는 그 지역 지정목적에 위배되는 건축물의 건축, 공작물 그 밖의 시설의 설치 및 토지의 형질변경 등과 이와 유사한 행위를 할 수 없다. 다만, 다음 각 호의 어느 하나에 해당하는 행위로서 도지사의 허가를 받은 경우에는 그러하지 아니하다(제293조 제2항).

   1. 제292조 제3항 제1호에 해당하는 시설의 설치
   2. 제292조 제3항 제2호 내지 제5호의 어느 하나에 해당하는 행위
   3. 「박물관 및 미술관 진흥법」 제2조의 규정에 의한 박물관 및 미술관의 건축
   4. 농업·임업·축산업·수산업을 영위하거나 숙박, 판매 등 소득에 연관되는 2층 이하의 건축물(부대건축물 및 부설주차장시설을 포함한다)
   5. 「국토의 계획 및 이용에 관한 법률」 제37조 제1항 제8호의 규정에 의한 취락지구, 동법 제51조 제3항의 규정에 의한 지구단위계획구역 또는 「측량·수로조사 및 지적에 관한 법률」 제67조에 따른 지목이 대지인 토지에서의 2층 이하의 건축물의 건축
   6. 도로, 하천유량 및 지하수 관측시설, 배수로의 설치 또는 이와 유사한 농업·임업·축산업·수산업에 부수되는 공작물 또는 시설의 설치
   7. 수목의 벌채 또는 토석의 채취
   8. 이동이 용이하지 아니한 물건의 설치 또는 퇴적
   9. 그 밖에 「도조례」로 정하는 종류와 규모의 건축물의 건축, 공작물·시설물의 설치 또는 토지의 형질변경

3. **관리보전지역에서 제295조 제1항의 행위제한 규정을 위반한 자**

   ㄴ. 도지사는 한라산국립공원, 「국토의 계획 및 이용에 관한 법률」 제6조 제1호의 규정에 의한 도시지역 및 제주자치도의 부속도서를 제외한 지역 중 지하수자원·생태계 및 경관을 보전하기 위하여 필요한 지역을 관리보전지역으로 지정할 수 있다(제294조 제1항).

ㄴ. 관리보전지역 안에서는 다음 각 호의 어느 하나에 해당하는 행위를 하여서는 아니 된다. 이 경우 보전지구별·등급별 행위제한의 구체적인 내용은 다음 각 호의 어느 하나에 해당하는 범위 안에서「도조례」로 정한다(제295조 제1항).
  1. 지하수보전지구 안에서의 다음 각 목의 행위
     가. 폐수배출시설의 설치행위
     나. 폐기물처리시설의 설치행위
     다. 생활하수발생시설의 설치행위
     라. 가축분뇨배출시설의 설치행위
     마. 토지의 형질변경행위
  2. 생태계보전지구 안에서의 산림훼손 및 토지의 형질변경행위
  3. 경관보전지구 안에서의 건축물의 건축, 공작물 그 밖의 시설의 설치 및 토지의 형질변경행위

4. 제312조 제1항 또는 제2항에 따른 허가 또는 변경허가(연장허가를 포함한다. 이하 이 조에서 같다)를 받지 아니하거나 부정한 방법으로 허가 또는 변경허가를 받아 지하수를 개발·이용한 자

ㄴ. 제312조(지하수개발·이용허가 등에 관한 특례) ① 지하수를 개발·이용하고자 하는 자는「지하수법」제7조·제7조의2·제7조의3·제8조 및「먹는물관리법」제9조·제10조·제12조에도 불구하고 도지사의 허가를 받아야 한다. 다만,「지하수법」제8조 제1항 제3호의 경우에는 도지사에게 신고하여야 한다.
② 제1항의 규정에 의하여 허가를 받은 자 중 지하수 및 샘물개발·이용기간을 연장하거나 허가받은 사항을 변경하는 경우에도「도조례」가 정하는 바에 따라 도지사의 허가를 받아야 한다.

5. 제313조 제1항을 위반하여 오·폐수 등 지하수를 오염시킬 수 있는 물질을 지하로 주입·배수·처리한 자

ㄴ. 누구든지 이 법 또는 다른 법률에서 정하는 기준 이하로 처리하지 아니한 오·폐수 등 지하수를 오염시킬 수 있는 물질을 지하로 주입·배수·처리하여서는 아니 된다.

제359조(그 밖의 벌칙) ① 제274조의 규정에 의한 제주국제자유도시개

Ⅲ. 개별 법률 분석

발센터의 임원 또는 직원이나 그 직에 있었던 자가 그 직무상 알게 된 비밀을 누설하거나 도용한 자는 2년 이하의 징역 또는 2천만 원 이하의 벌금에 처한다.

② 제206조 제2항에 따른 가축 반입금지조치를 위반한 자는 2년 이하의 징역 또는 2천만 원 이하의 벌금에 처한다.

┗ 도지사는 제주자치도의 청정지역 유지를 위하여 필요하다고 인정하는 경우에는 제주자치도 내외로 반출 또는 반입되는 가축·수산물 및 식물에 대하여 검사, 주사, 격리, 억류, 반출·반입 금지 등 필요한 조치를 할 수 있다.
③ 제2항의 규정에 의한 반출·반입 금지대상, 방역을 받아야 할 대상·방법·절차·필요한 조치 등에 관하여 필요한 사항은 농림축산식품부장관 또는 해양수산부장관의 승인을 얻어 「도조례」로 정한다.

③ 제325조 제1항을 위반하여 거짓이나 그 밖의 부정한 방법으로 차고지증명서를 제출한 자 또는 제출하게 하여 준 자는 300만 원 이하의 벌금에 처한다.

┗ 제325조(자동차관리에 관한 특례) ① 「자동차관리법」 제8조, 제11조 및 제12조의 규정에 의하여 자동차를 신규·변경 또는 이전 등록하고자 하는 자는 그 등록을 신청하는 때에 그 자동차의 차고지(주차장·주차시설 및 공지 등 자동차의 보관에 적합한 장소를 말한다. 이하 같다)을 확보하고 있음을 증명할 수 있는 서류(이하 "차고지증명서"라 한다)를 도지사에게 제출하여야 한다.

제360조(미수범) ① 제355조 제1항 내지 제3항, 제358조 제1항의 죄를 범할 목적으로 예비 또는 음모한 자와 미수범은 각각 본 죄에 준하여 처벌한다.

② 제1항의 규정에 의한 행위를 교사하거나 방조한 자는 정범에 준하여 처벌한다.

제361조(양벌규정) 제354조부터 제358조까지, 제358조의2, 제358조의3,

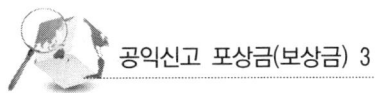 공익신고 포상금(보상금) 3

제359조 및 제360조 해당

제362조(과태료) ① 다음 각 호의 어느 하나에 해당하는 자는 2천만 원 이하의 과태료에 처한다.

1. 삭제
2. 제164조의 규정을 위반하여 외국방송의 재송신채널의 수를 구성·운용한 자
   ┗ 제164(외국방송의 재송신) 제주자치도를 방송구역으로 하는 종합유선방송사업자는 「방송법」 제70조 제1항의 규정에 불구하고 대통령령이 정하는 범위 안에서 외국방송을 재송신하는 채널의 수를 구성·운영할 수 있다.
     ┗ "대통령령이 정하는 범위"란 텔레비전방송채널, 라디오방송채널 및 데이터방송채널별로 각각의 운용채널 수의 100분의30을 말한다(시행령 제21조).

3. 제312조 제5항 내지 제7항·제11항 및 제314조 제4항의 규정에 의한 취수량(取水量)의 제한 또는 일시적 이용중지조치를 준수하지 아니한 자
4. 제316조의 규정에 의한 빗물이용시설 등을 설치하지 아니한 자
   ┗ 제316조(빗물이용시설등의 설치·관리 등) ① 「도조례」로 정하는 일정 규모 이상의 종합경기장, 실내체육관, 공공청사, 골프장, 관광단지 또는 토지의 형질변경이 수반되는 시설물 등을 설치하고자 하는 자는 빗물의 효율적 활용과 지하수 함양량의 증대를 위하여 빗물이용시설 또는 지하수인공함양시설(이하 "빗물이용시설등"이라 한다)을 설치·운영하여야 한다.

② 다음 각 호의 어느 하나에 해당하는 자는 1천만 원 이하의 과태료에 처한다.

1. 제206조 제2항의 규정에 의하여 반출·반입되는 가축·수산물 및 식물에 대한 필요한 조치를 이행하지 아니한 자
   ┗ 도지사는 제주자치도의 청정지역 유지를 위하여 필요하다고 인정하는 경우에는 제주자치도 내외로 반출 또는 반입되는 가축·축산물 및 식물에 대하여 검사, 주사, 격리, 억류, 반출·반입금지 등 필요한 조치를 할 수 있다.

Ⅲ. 개별 법률 분석

2. 제296조 제3항의 규정에 의한 보존자원의 보호를 위한 도지사의 처분 명령 또는 조치를 위반한 자
3. 제313조 제2항의 규정에 의한 지하수 개발·이용공사의 감리에 관하여 정한 「도조례」의 규정을 위반한 자
4. 제313조 제3항의 규정에 의하여 고시된 농약을 공급 또는 사용한 자
   ㄴ 도지사는 농약에 의한 지하수 오염을 방지하기 위하여 현저하게 지하수를 오염시킬 우려가 있는 농약의 공급 및 사용을 제한할 수 있다. 이 경우 「도조례」가 정하는 바에 따라 그 내용을 고시하여야 한다.

5. 제348조 제1항의 규정에 의한 도지사의 처분 또는 명령을 준수하지 아니한 자
   ㄴ 이 법에 의한 사업시행자 또는 사업자를 말한다.

③ 다음 각 호의 어느 하나에 해당하는 자에게는 500만 원 이하의 과태료를 부과한다.
   1. 제189조의13에 따른 설치등기에 관한 의무를 이행하지 아니한 자
      ㄴ 제189조의13(국제학교의 설치 등) ① 국제학교법인은 설립승인을 받은 국제학교에 대하여 「도조례」로 정하는 바에 따라 설립승인일부터 3주 내에 「민법」 제50조에 따른 법인의 분사무소 설치와 동일한 등기를 하여야 한다.

   2. 제202조 제1항에 따른 생산조정·출하조정·품질검사 등에 관하여 필요한 조치를 위반한 자

④ 다음 각 호의 어느 하나에 해당하는 자에게는 300만 원 이하의 과태료를 부과한다.
   1. 「형사소송법」 제211조에 규정된 현행범인 또는 준현행범인으로서 제30조에 따라 준용되는 「주민소환에 관한 법률」에서 준용되는 「공직선거

공익신고 포상금(보상금) 3

법」 제272조의2 제4항에 따른 동행요구에 응하지 아니한 자
2. 삭제
3. 제256조의2 제3항을 위반하여 액화석유가스자동차를 제주자치도 외의 지역으로 반출한 자
4. 제326조 제2항에 따른 「도조례」가 정하는 금연구역의 지정·운영에 관한 사항을 준수하지 아니한 자

ㄴ. 도지사는 「국민건강증진법」 제9조 제4항에 따른 금연구역 외에 「도조례」로 정하는 바에 따라 별도의 금연구역을 지정·운영할 수 있다.

제142장 제품안전기본법

제1절 법률의 이해

「제품안전기본법」은 제품의 안전을 확보하기 위한 기본적인 사항을 규정함으로써 국민의 생명을 보호하고, 건강과 재산에 대한 피해를 예방하는 것을 목적으로 한다. "제품"이란 소비자가 최종적으로 사용하는 물품 또는 그 부분품이나 부속품을 말한다. 이 법의 주관부처는 산업통상자원부(국가기술표준원 제품안전정책과)이다.

제2절 법령의 규정

제26조(벌칙) ① 다음 각 호의 어느 하나에 해당하는 자는 3년 이하의 징역 또는 3천만 원 이하의 벌금에 처한다.

1. 제11조 제1항에 따른 수거등의 명령을 따르지 아니한 자

   ┗ 제11조(제품의 수거등의 명령) ① 중앙행정기관의 장은 다음 각 호의 어느 하나에 해당하는 경우에는 해당 제품의 사업자에 대하여 대통령령으로 정하는 절차에 따라 수거등을 명령하고, 그 사실을 공표할 수 있다.

2. 제13조 제1항을 위반하여 해당 제품의 수거등을 하지 아니한 자

   ┗ 제13조(사업자의 제품수거등의 의무) ① 사업자는 시중에 유통되는 제품의 중대한 결함으로 인하여 소비자의 생명·신체 또는 재산에 위해를 끼치거나 끼칠 우려가 있다는 사실을 알게 된 때에는 그 결함의 내용을 소관 중앙행정기관의 장에게 즉시 보고하고 대통령령으로 정하는 바에 따라 해당 제품의 수거등을 하여야 한다.

   ┗ 수거의 시기 및 방법 등에 관하여는 시행령 제14조에서 규정하였다.

공익신고 포상금(보상금) 3

　　3. 제23조 제2항을 위반하여 조사, 보고, 신고 또는 제출한 자료 등으로 알게 된 내용을 이 법의 시행을 위한 목적이 아닌 용도로 사용한 자
　　┗ 제23조 제2항은 해당 공무원에 관한 규정이다.

　② 제23조 제1항을 위반하여 직무상 알게 된 비밀을 타인에게 누설하거나 직무상 목적 외에 사용한 자는 2년 이하의 징역 또는 2천만 원 이하의 벌금에 처한다.

　③ 제14조 제2항에 따른 불리한 처우를 한 사업자가 제14조 제4항에 따른 조치요구를 이행하지 아니한 때에는 1년 이하의 징역 또는 1천만 원 이하의 벌금에 처한다.
　┗ 사업자가 제품의 중대한 결함으로 인하여 소비자의 생명·신체 또는 재산에 위해를 끼칠 우려가 있다는 사실을 알고 있음에도 그 결함의 내용을 숨기고 있는 경우, 해당 사업자의 고용인(피용자를 말함)이 그 사실을 중앙행정기관의 장에게 신고하였다는 이유로 피용자에게 불리한 처우를 함으로써 중앙행정기관의 장으로부터 조치명령을 받았음에도 이에 따르지 아니한 경우를 말한다.

　제27조(과태료) ① 제15조 제1항에 따른 자료의 제출을 요청받았음에도 특별한 사유 없이 자료를 제출하지 아니한 자에게는 3천만 원 이하의 과태료를 부과한다.
　┗ 중앙행정기관의 장은 시중에 유통되는 제품의 제조·설계 또는 제품상 표시 등의 결함으로 인하여 소비자의 생명·신체 또는 재산에 위해를 끼치거나 끼칠 우려가 있는 사고가 발생한 때에는 사고의 경위와 원인을 파악하고 필요한 안전조치를 하기 위하여 사업자에게 사고와 관련된 자료의 제출을 요청할 수 있다. 이 경우 자료제출을 요청받은 사업자는 특별한 사유가 없는 한 이에 응하여야 한다.

　② 다음 각 호의 어느 하나에 해당하는 자에게는 500만 원 이하의 과태료를 부과한다.

Ⅲ. 개별 법률 분석

1. 제10조 제3항 또는 제11조 제2항에 따른 조치의 결과 등의 사항을 보고하지 아니한 자
   ∟ 제품의 수거·파기·수리·교환·환급·개선 조치 또는 제조·유통의 금지 등의 조치명령을 말한다.

2. 제13조 제1항을 위반하여 중대한 결함의 내용을 보고하지 아니한 자
3. 제13조 제2항에 따른 수거등의 실적 등의 사항을 보고하지 아니한 자
4. 제13조 제3항을 위반하여 보고를 하지 아니한 자
   ∟ 사업자는 시중에 유통시킨 제품과 동일한 제품에 대하여 외국에서 위해성을 이유로 조치를 한 경우 또는 외국에서 다른 사업자가 해당 조치를 한 사유를 알게 된 때에는 해당 중앙행정기관의 장에게 즉시 보고하여야 한다.

5. 제21조 제5항을 위반하여 한국제품안전협회 또는 이와 유사한 명칭을 사용한 자

제143장 종자산업법

제1절 법률의 이해

「종자산업법」은 종자의 생산·보증 및 유통, 종자산업의 육성 및 지원에 관한 사항을 규정함으로써 종자산업의 발전을 도모하고 농업·임업 및 수산업 생산의 안정을 도모하고자 한다. 이 법의 주관부처는 농림축산식품부(종자생명산업과) 및 해양수산부(양식산업과)이다. "종자"란 증식용·재배용 또는 양식용으로 쓰이는 씨앗, 버섯 종균(種菌), 묘목(苗木), 포자(胞子) 또는 영양체인 잎·줄기·뿌리 등을 말한다.

제2절 법령의 규정

제54조(벌칙) 다음 각 호의 어느 하나에 해당하는 자는 1년 이하의 징역 또는 1천만 원 이하의 벌금에 처한다.

1. 「식물신품종 보호법」에 따른 <u>보호품종</u>[56) 외의 품종에 대하여 제16조 제2항에 따라 등재되거나 제38조 제3항에 따라 신고된 품종명칭을 도용하여 종자를 판매·보급·수출하거나 수입한 자
   - ㄴ, 제16조(품종목록의 등재신청) ② 품종목록에 등재신청하는 품종은 1개의 고유한 품종명칭을 가져야 한다.
   - ㄴ, 제38조(품종의 생산·수입·판매 신고) ③ 종자를 생산하거나 수입하여 판매하기 위하여 신고하는 품종은 1개의 고유한 품종명칭을 가져야 한다.

---

56) ★ 보호품종 : 「식물신품종보호법」에 따른 품종보호 요건을 갖추어 같은 법에 의하여 품종보호를 받을 수 있는 자에게 주어지는 보호권이 주어진 품종을 말한다.

III. 개별 법률 분석

2. 제27조 제2항에 따른 등록을 하지 아니하고 종자관리사 업무를 수행한 자
3. 제32조에 따른 보증서를 거짓으로 발급한 종자관리사
   ∟ 농림축산식품부장관, 해양수산부장관 또는 종자관리사는 제31조 제1항에 따라 보증표시를 한 보증종자에 대하여 검사를 받은 자가 보증서 발급을 요구하면 공동부령으로 정하는 보증서를 작성하여야 한다.

4. 제36조 제1항을 위반하여 보증을 받지 아니하고 종자를 판매하거나 보급한 자
   ∟ 제36조(보증종자의 판매 등) ① 품종목록 등재대상작물[57]의 종자 또는 제22조 각 호 외의 부분 전단에 따라 농림축산식품부장관 또는 해양수산부장관이 고시한 품종의 종자를 판매하거나 보급하려는 자는 제24조에 따라 종자의 보증을 받아야 한다. 다만, 종자가 다음 각 호의 어느 하나에 해당하는 경우에는 그러하지 아니하다.
   1. 1대 잡종의 친(親) 또는 합성품종의 친으로만 쓰이는 경우
   2. 증식 목적으로 판매하여 생산된 종자를 판매한 자가 다시 전량 매입하는 경우
   3. 시험이나 연구 목적으로 쓰이는 경우
   4. 생산된 종자를 전량 수출하는 경우
   5. 직무상 육성한 품종의 종자를 증식용으로 사용하도록 하기 위하여 육성자가 직접 분양하거나 양도하는 경우
   6. 그 밖에 종자용 외의 목적으로 사용하는 경우

5. 제37조 제1항을 위반하여 등록하지 아니하고 종자업을 한 자
6. 제38조 제1항을 위반하여 신고하지 아니하고 품종의 종자를 생산하거나 수입하여 판매한 자 또는 거짓으로 신고한 자
7. 제39조 제1항을 위반하여 등록이 취소된 종자업을 계속 하거나 영업정지를 받고도 종자업을 계속한 자
8. 제40조를 위반하여 종자를 수출 또는 수입하거나 수입된 종자를 유통시킨 자

---

[57] ★ 품종목록 등재대상작물 : 벼, 보리, 콩, 옥수수, 감자를 말한다.

└ 제40조(종자의 수출·수입 및 유통제한) 농림축산식품부장관 또는 해양수산부장관은 국내 생태계 보호 및 자원 보존에 심각한 지장을 줄 우려가 있다고 인정하는 경우에는 대통령령으로 정하는 바에 따라 종자의 수출·수입을 제한하거나 수입된 종자의 국내 유통을 제한할 수 있다.
└ 각 제한사유는 시행령 제16조에서 규정하였다.

9. 제41조 제1항을 위반하여 수입적응성시험을 받지 아니하고 종자를 수입한 자
10. 제45조 제2항을 위반하여 생산 또는 판매중지를 명한 종자를 생산하거나 판매한 자
11. 제47조 제4항 후단을 위반하여 시료채취를 거부·방해 또는 기피한 자

제55조(양벌규정) 제54조 해당

제56조(과태료) ① 다음 각 호의 어느 하나에 해당하는 자에게는 1천만 원 이하의 과태료를 부과한다.
1. 제16조 제2항 또는 제38조 제3항을 위반하여 등재되거나 신고되지 아니한 품종명칭을 사용하여 종자를 판매하거나 보급한 자
2. 제31조 제2항을 위반하여 종자의 보증과 관련된 검사서류를 보관하지 아니한 자
   └ 보증종자를 판매하거나 보급하려는 자는 종자의 보증과 관련된 검사서류를 작성일부터 3년(묘목에 관련된 서류는 5년) 동안 보관하여야 한다.
3. 제43조를 위반하여 유통종자의 품질표시를 하지 아니하거나 거짓으로 표시하여 종자를 판매하거나 보급한 자
   └ 제43조(유통종자의 품질표시) 국가보증대상이 아닌 종자나 자체보증을 받지 아니한 종자를 판매하거나 보급하려는 자는 다음 각 호의 사항을 모두 종자의 용기나 포장에 표시(이하

III. 개별 법률 분석

"품질표시"라 한다)하여야 한다.
1. 종자의 생산연도 또는 포장 연월
2. 종자의 발아(發芽) 보증시한
3. 제37조 제1항 및 제38조에 따른 등록 및 신고에 관한 사항 등 그 밖에 공동부령으로 정하는 사항

└ 제25조(국가보증의 대상) ① 다음 각 호의 어느 하나에 해당하는 경우에는 국가보증의 대상으로 한다.
  1. 농림축산식품부장관 또는 해양수산부장관이 종자를 생산하거나 제22조에 따라 그 업무를 대행하게 한 경우
  2. 시·도지사, 시장·군수·구청장, 농업단체등 또는 종자업자가 품종목록 등재대상작물의 종자를 생산하거나 수출하기 위하여 국가보증을 받으려는 경우

└ 제26조(자체보증의 대상) 다음 각 호의 어느 하나에 해당하는 경우에는 자체보증의 대상으로 한다.
  1. 시·도지사, 시장·군수·구청장, 농업단체등 또는 종자업자가 품종목록 등재대상작물의 종자를 생산하는 경우
  2. 시·도지사, 시장·군수·구청장, 농업단체등 또는 종자업자가 품종목록 등재대상작물 외의 작물의 종자를 생산·판매하기 위하여 자체보증을 받으려는 경우

4. 제45조 제1항에 따른 출입, 조사·검사 또는 수거를 거부·방해 또는 기피한 자

공익신고 포상금(보상금) 3

제144장 지진재해대책법

제1절 법률의 이해

「지진재해대책법」은 지진과 지진해일로 인한 재해로부터 국민의 생명과 재산 및 주요 기간시설을 보호하기 위하여 지진과 지진해일의 관측·예방·대비 및 대응, 내진대책(耐震對策)과 지진재해를 줄이기 위한 연구 및 기술개발 등에 필요한 사항을 규정한다. 이 법의 주관부서는 소방방재청(지진방재과)이다.

제2절 법령의 규정

제28조(벌칙) 정당한 사유 없이 제24조에 따른 토지에의 출입, 일시사용 또는 장애물의 변경이나 제거를 거부하거나 방해한 자는 200만 원 이하의 벌금에 처한다.

└ 중앙재해대책본부장·지역재해대책본부장 또는 이들로부터 명령이나 위임·위탁을 받은 자는 해양침수예상도 및 침수흔적도 제작·활용, 지진위험지도 제작·활용, 지질·지반조사 자료 축적·관리, 지진재해 원인 조사·분석, 피해시설물 등 위험도 평가, 활성단층 조사·연구 및 활성단층 지도작성을 위하여 필요하면 타인의 토지에 출입하거나 타인의 토지를 일시 사용할 수 있으며, 특히 필요한 경우에는 나무·흙·돌 또는 그 밖의 장애물을 변경하거나 제거할 수 있다.

제29조(과태료) ① 다음 각 호의 어느 하나에 해당하는 자에게는 300만 원 이하의 과태료를 부과한다.

1. 제6조 제1항을 위반하여 주요 시설물에 대하여 지진가속도계측을 실시하지 아니한 자

III. 개별 법률 분석

ㄴ. 제6조(주요 시설물의 지진가속도계측 등) ① 지진으로 인한 피해가 우려되는 주요 시설물을 설치하거나 관리하는 자는 그 시설물의 <u>지진가속도계측58)</u>을 하여야 한다.
② 제1항에 따라 지진가속도계측을 할 대상 시설과 규모 등에 대한 기준은 제14조에 따라 내진설계기준이 정하여진 시설 중 대통령령으로 정한다.
  ㄴ. "지진가속도계측을 실시할 시설"은 다음 각 호와 같다(시행령 제5조 제1항).
    1. 다음 각 목에 해당하는 건축물
      가. 중앙행정기관 및 지방자치단체의 청사
      나. 국립대학교
      다. 높이 200미터 또는 50층 이상 공공건축물
    2. 「항공법」 제2조 제8호에 따른 항공시설
    3. 「건설기술진흥법」 제44조의 기준에 따른 내진 특등급의 댐 및 저수지
    4. 「건설기술진흥법」 제44조의 기준에 따른 <u>현수교(懸垂橋) 및 사장교(斜張橋)59)</u>
    5. 「도시가스사업법」 제2조 제5호에 따른 가스공급시설 중 같은 법 제12조의 기준에 따른 내진 특등급 및 1등급의 정압기지와 「고압가스안전관리법」 제4조 제4항의 기준에 따른 저장시설
    6. 「철도건설법」 제2조 제2호에 따른 고속철도
    7. 제10조 제17호의 시설 중 미래창조과학부장관이 고시하는 시설
    8. 「전기사업법」 제2조 제14호에 따른 전기설비 중 지진으로 인하여 전력계통 운영에 피해가 우려되는 345킬로볼트(kb) 이상 급의 변전소
    9. 「전기사업법」 제2조 제4호에 따른 발전사업자의 시설 중 발전용 수력설비 및 화력설비
    10. 제3호에 해당하지 아니하는 댐 및 저수지로서 내진 1등급의 댐 및 저수지와 그 밖에 노후화 등으로 붕괴가 우려되는 댐 및 저수지 등 소방방재청장이 지진가속도계측이 필요하다고 인정하여 고시하는 댐 및 저수지

---

58) ★ 지진가속도계측 : 지진가속도계를 이용하여 각종 구조물과 기기 등을 설치하거나 관리하는 자가 시설물이 지진으로 인한 외부적인 힘에 반응하여 움직이는 특성(이하 "지진거동특성(地震擧動特性)"이라 한다)을 감지하는 행위를 말한다.

59) ★ 현수교·사장교 : 현수교는 강의 양쪽이나 높은 기둥에 쇠밧줄이나 쇠사슬 등을 건너 매고 그에 의지하여 매달아 놓은 다리를 말하고, 사장교는 교각이 없이 양쪽에 높이 세운 버팀기둥 위에서 비스듬히 늘어뜨린 케이블로 다리 위의 도로를 지탱하는 구조의 다리를 말한다.

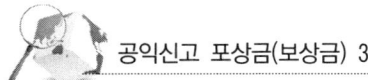

2. 제10조 제3항에 따른 침수흔적 등의 조사를 방해하거나 무단으로 침수흔적표지를 훼손한 자
3. 제13조 제2항에 따른 지질·지반조사 자료의 제출을 거부하거나 거짓된 자료를 제출한 자

III. 개별 법률 분석

제145장 지하수법

제1절 법률의 이해

「지하수법」은 지하수의 적절한 개발·이용과 효율적인 보전·관리에 관한 사항을 정함으로써 적정한 지하수개발·이용을 도모하고 지하수 오염을 예방하는 것 등을 목적으로 한다. 이 법의 주관부처는 국토교통부(수자원정책과)이다.

제2절 법령의 규정

제37조(벌칙) 다음 각 호의 어느 하나에 해당하는 자는 3년 이하의 징역 또는 2천만 원 이하의 벌금에 처한다.

1. 제7조 제1항에 따른 허가를 받지 아니하거나 부정한 방법으로 허가를 받아 지하수를 개발·이용하는 자

  ㄴ. 제7조(지하수개발·이용의 허가) ① 지하수를 개발·이용하려는 자는 대통령령으로 정하는 바에 따라 미리 시장(특별자치시장을 포함한다. 이하 같다)·군수·구청장의 허가를 받아야 한다. 다만, 다음 각 호의 어느 하나에 해당하는 경우에는 그러하지 아니하다.
    1. 자연히 흘러나오는 지하수 또는 다른 법률에 따라 허가·인가 등을 받거나 신고를 하고 시행하는 사업 등으로 인하여 부수적으로 발생하는 지하수를 이용하는 경우
    2. 동력장치를 사용하지 아니하고 가정용 우물 또는 공동우물을 개발·이용하는 경우
    3. 제13조 제1항 제1호에 따른 허가를 받은 경우

2. 제13조 제1항에 따른 허가를 받지 아니하거나 부정한 방법으로 허가를 받아 같은 항 각 호의 어느 하나에 해당하는 행위를 한 자

ㄴ. 제13조(지하수보전구역에서의 행위제한) ① 지하수보전구역[60]에서 다음 각 호의 어느 하나에 해당하는 행위를 하려는 자는 시장·군수·구청장의 허가를 받아야 한다. 다만, 관계 법률에 따라 승인을 받거나 허가를 받아 제2호의 시설을 설치한 경우에는 허가를 받은 것으로 본다.
  1. 제8조 제1항 제5호에 따라 신고하도록 되어 있는 규모의 범위에서 대통령령으로 정하는 규모 이상의 지하수를 개발·이용하는 행위
     ㄴ. "대통령령으로 정하는 규모 이상"이란 1일 양수능력이 30톤 이상인 경우를 말한다. 이 경우 안쪽 지름이 32밀리미터 이상인 토출관[61]을 사용하는 경우에는 1일 양수능력을 30톤 이상으로 한다(시행령 제21조 제1항).
  2. 다음 각 목의 어느 하나에 해당하는 물질을 배출·제조 또는 저장하는 시설로서 대통령령으로 정하는 시설의 설치
     가. 「수질 및 수생태계보전에 관한 법률」 제2조 제8호에 따른 특정수질유해물질
     나. 「폐기물관리법」 제2조 제1호에 따른 폐기물
     다. 「하수도법」 제2조 제1호·제2호에 따른 오수·분뇨 및 「가축분뇨의 관리 및 이용에 관한 법률」 제2조 제2호에 따른 가축분뇨
     라. 「유해화학물질관리법」 제2조 제8호에 따른 유해화학물질
     마. 「토양환경보전법」 제2조 제2호에 따른 토양오염물질
     ㄴ. "대통령령으로 정하는 시설"이란 「수질 및 수생태계보전에 관한 법률」, 「폐기물관리법」, 「유해화학물질관리법」, 「토양환경보전법」, 「하수도법」 또는 「가축분뇨의 관리 및 이용에 관한 법률」에 따른 허가·승인·신고 등의 대상이 되는 시설을 말한다(시행령 제21조 제3항).
  3. 지하수의 수위저하·수질오염 또는 지반침하 등 명백한 위험을 가져오는 행위로서 대통령령으로 정하는 행위
     ㄴ. "대통령령으로 정하는 행위"란 다음 각 호의 어느 하나에 해당하는 행위를 말한다(시행령 제21조 제4항).
        1. 터널공사 등 지하수의 유동로(流動路) 및 유동속도를 변경시킬 우려가 있는 지하굴착공사
        2. 지하유류저장고 등 지하수를 오염시킬 수 있는 구조물의 설치
        3. 폐기물매립장, 특정폐기물 보관시설 및 집단묘지 등의 설치

---

60) ★ 지하수보전구역 : 제8조 제1항 각 호의 어느 하나에 해당하는 지역으로서 지하수보전을 위하여 시·도지사가 지정한 구역을 말한다.

61) ★ 토출관(吐出管) : 양수기 따위에서 물을 내뿜는 관

Ⅲ. 개별 법률 분석

    4. 지하수의 수량 및 수질에 현저한 영향을 줄 수 있는 행위로서 국토교통부령으로 정하는 규모 이상의 채광(採鑛), 토석채취(土石採取) 및 가축 등의 사육
        ↳ 국토교통부령이 정한 것은 없다.

3. 제16조 제2항에 따른 지하수오염방지명령을 위반한 자
    ↳ 제16조(지하수 오염방지명령 등) ② 환경부장관 또는 시장·군수·구청장은 지하수 오염방지를 위하여 특히 필요하다고 인정할 때에는 대통령령으로 정하는 바에 따라 지하수를 오염시키거나 현저하게 오염시킬 우려가 있는 시설의 설치자 또는 관리자에게 지하수 오염방지를 위한 조치를 하도록 명할 수 있다.

4. 제16조의3 제1항 또는 제2항에 따른 지하수오염물질의 정화, 지하수오염유발시설의 운영 및 사용의 중지, 지하수오염유발시설의 폐쇄·철거 또는 이전의 명령을 이행하지 아니한 자

5. 제22조 제1항·제27조 제1항 또는 제29조의2 제1항에 따른 등록을 하지 아니하거나 부정한 방법으로 등록을 하고 지하수개발·이용시공업, 지하수영향조사업무 또는 지하수정화업을 한 자

6. 제22조 제3항을 위반하여 허가·인가 등을 받지 아니하고 지하수개발·이용시설의 공사를 한 지하수개발·이용시공업자

제37조의2(벌칙) 다음 각 호의 어느 하나에 해당하는 자는 2년 이하의 징역 또는 1천만 원 이하의 벌금에 처한다.

1. 제7조 제2항에 따른 지하수영향조사서를 거짓으로 작성한 지하수영향조사기관
    ↳ 지하수개발·이용허가를 받으려는 자에 대한 지하수영향조사서를 말한다.

2. 제16조 제1항에 따른 지하수오염방지조치를 하지 아니한 자
    ↳ 제16조(지하수오염방지명령 등) ① 이 법 또는 다른 법률에 따라 허가·인가 등을 받거나

공익신고 포상금(보상금) 3

신고를 하고 지하수를 개발·이용하는 자(제13조에 따른 허가를 받고 같은 조 제1항 각 호의 어느 하나에 해당하는 행위를 하는 자를 포함한다)는 대통령령으로 정하는 바에 따라 지하수오염방지를 위한 시설의 설치 등 필요한 조치를 하여야 한다.
┗ "지하수오염방지를 위한 필요한 조치"에 관하여는 시행령 제25조에서 규정하였다.

3. 제16조의2 제1항에 따른 오염방지조치 또는 관측정의 설치를 하지 아니하거나 수질측정을 하지 아니한 자
┗ 제16조의2(지하수오염유발시설의 오염방지 등) ① 지하수를 오염시키거나 현저하게 오염시킬 우려가 있는 시설로서 다음 각 호의 어느 하나에 해당하는 시설(이하 "지하수오염유발시설"이라 한다)의 설치자 또는 관리자(이하 "지하수오염유발시설관리자"라 한다)는 대통령령으로 정하는 바에 따라 지하수오염방지를 위한 조치를 하고, 지하수오염 관측정(觀測井)을 설치하여 수질측정을 하여야 하며, 그 측정결과를 시장·군수·구청장에게 보고하여야 한다.
  1. 지하수보전구역에 설치된 환경부령으로 정하는 시설
  2. 지하수의 오염방지를 위하여 오염 여부에 대한 지속적인 관측이 필요하다고 인정되는 시설로서 환경부령으로 정하는 시설
┗ 법 제16조의2 제1항 본문의 "지하수오염유발시설의 종류"는 「지하수의 수질보전 등에 관한 규칙」 제4조 별표2에서 규정한다.

4. 제16조의2 제2항에 따른 오염발생신고를 하지 아니하거나 오염방지조치를 하지 아니한 자
┗ 제16조의2 ② 지하수오염유발시설관리자는 해당 시설을 운영하는 과정에서 대통령령으로 정하는 지하수오염이 우려되거나 지하수오염이 발생하였을 때에는 지체 없이 적절한 조치를 하고 이를 시장·군수·구청장에게 신고하여야 한다. 이 경우 시장·군수·구청장은 신고내용을 조사·확인하여 오염방지 등 적절한 대책을 마련하여야 한다.

제37조의3(벌칙) 다음 각 호의 어느 하나에 해당하는 자는 1년 이하의 징역 또는 500만 원 이하의 벌금에 처한다.
  1. 제7조 제3항에 따른 취수량(取水量)의 제한을 준수하지 아니한 자
    ┗ 제7조(지하수개발·이용의 허가) ③ 시장·군수·구청장은 다음 각 호의 어느 하나에 해당

Ⅲ. 개별 법률 분석

하는 경우에는 제1항에 따른 허가를 하지 아니하거나 취수량을 제한할 수 있다.
1. 지하수 채취로 인하여 인근 지역의 수원(水源)의 고갈 또는 지반의 침하를 가져올 우려가 있거나 주변 시설물의 안전을 해칠 우려가 있는 경우
2. 지하수를 오염시키거나 자연생태계를 해칠 우려가 있는 경우
3. 지하수의 적정 관리 또는 「국토의 계획 및 이용에 관한 법률」에 따른 도시·군관리계획, 그 밖에 공공사업에 지장을 줄 우려가 있는 경우
4. 그 밖에 지하수를 보전하기 위하여 필요하다고 인정되는 경우로서 대통령령으로 정하는 경우
   ㄴ. "대통령령으로 정하는 경우"란 「하천법」에 따른 하천의 수량에 영향을 미치는 등의 사유로 관계 행정기관으로부터 지하수개발·이용제한을 요청받은 경우를 말한다(시행령 제9조의2).

2. 제7조 제6항(제13조 제3항에 따라 준용되는 경우를 포함한다)에 따른 변경허가를 받지 아니하거나 부정한 방법으로 변경허가를 받아 지하수를 개발·이용하는 자

ㄴ. 지하수개발·이용허가를 받은 자가 허가받은 사항을 변경하는 경우를 말한다.

3. 제8조 제3항에 따른 취수량 및 취수기간의 제한을 준수하지 아니하거나 시정명령·이행중지명령·공동이용명령 또는 폐쇄명령을 이행하지 아니한 자

4. 제9조 제2항(제13조 제3항에 따라 준용하는 경우를 포함한다)에 따른 폐쇄명령을 이행하지 아니한 자

5. 제9조의2 제1항 또는 제2항에 따른 유출지하수 저감대책 또는 이용계획을 수립·시행하지 아니하거나 같은 조 제3항에 따른 개선명령을 이행하지 아니한 자

ㄴ. 제9조의2(유출지하수의 이용 등) ① 지하철·터널 등의 지하시설물을 설치하려는 자 또는 국토교통부령으로 정하는 규모 이상의 건축물이나 그 밖의 시설물을 설치하려는 자는 이로 인하여 국토교통부령으로 정하는 기준 이상으로 지하수가 유출되는 경우 이를 감소시킬 수 있는 대책을 수립하여 국토교통부령으로 정하는 바에 따라 시장·군수·구청장에게 신고하

고, 그 대책을 시행하여야 한다.
ㄴ "국토교통부령으로 정하는 규모 이상의 건축물"이란 특별시 또는 광역시에 건설하는 건축물로서 그 층수가 21층 이상이거나 연면적이 10만 제곱미터 이상인 건축물을 말한다(시행규칙 제9조의2 제1항).
ㄴ "국토교통부령으로 정하는 기준"이란 다음 각 호의 구분에 따른 지하수 유출량의 규모를 말한다(시행규칙 제9조의2 제2항).
 1. 지하철 역사(驛舍) 1개소 : 1일 300톤
 2. 터널, 전력구(電力溝) 및 통신구(通信溝) 각 1개소 : 1일 300톤
 3. 제1항에 따른 건축물 1동 : 1일 30톤
② 제1항에 따른 대책에도 불구하고 해당 시설 또는 건축물 등의 준공 후 국토교통부령으로 정하는 바에 따라 이를 대통령령으로 정하는 용도로 이용할 수 있도록 이용계획을 수립하여 시장·군수·구청장에게 신고하여야 한다.
ㄴ "대통령령으로 정하는 용도"란 다음 각 호의 용도를 말한다(시행령 제14조의2).
 1. 생활용수 중 소방용·청소용·조경용 또는 공사용
 2. 그 밖에 시장·군수·구청장이 필요하다고 인정하는 용도
③ 시장·군수·구청장은 제1항에 따른 지하수의 유출감소대책을 시행하지 아니하는 자 또는 제2항에 따른 유출지하수의 이용계획을 시행하지 아니하거나 이용률이 현저히 낮다고 인정되는 자에게 국토교통부령으로 정하는 바에 따라 기간을 정하여 그 개선을 명하여야 한다.

6. 제9조의4 제3항에 따른 시설개선명령 또는 필요한 조치를 이행하지 아니한 자

ㄴ 제9조의4(지하수에 영향을 미치는 굴착행위의 신고 등) ① 다음 각 호의 어느 하나에 해당하는 행위를 하기 위하여 토지를 굴착하려는 자는 국토교통부령으로 정하는 바에 따라 그 내용을 미리 시장·군수·구청장에게 신고하여야 한다. 신고한 사항 중 대통령령으로 정하는 중요한 사항을 변경하려 하거나 해당 행위를 종료한 경우에도 또한 같다.
 1. 제5조에 따른 지하수의 조사
 2. 제7조 제2항에 따른 지하수영향조사
 3. 제16조의2 제1항에 따른 수질측정
 4. 그 밖에 지하수의 수량 또는 수질에 영향을 미치는 행위로서 대통령령으로 정하는 행위
  ㄴ "대통령령으로 정하는 행위"란 다음 각 호의 행위를 말한다(시행령 제14조의3 제2항).
   1. 「광업법」 제3조 제2호에 따른 탐사

III. 개별 법률 분석

    2. 굴착 지름이 75밀리미터 이상인 지질·지하수 조사(국방·군사용의 경우는 제외한다)

    3. 지열(地熱)을 냉난방에너지원으로 이용하기 위한 지열냉난방시설의 공사로서 지하수를 뽑아 쓰지 아니하는 공사

③ 시장·군수·구청장은 제1항에 따른 굴착행위로 인하여 대통령령으로 정하는 정도로 지하수의 수량 또는 수질에 영향을 미치거나 미칠 우려가 있는 경우에는 시설의 개선을 명하거나 필요한 조치를 할 수 있다.

7. 제16조의4 제1항에 따른 정화계획의 승인 또는 변경승인을 받지 아니하고 정화를 실시한 자
8. 제22조 제1항·제27조 제1항 또는 제29조의2 제1항에 따른 변경등록을 하지 아니하거나 부정한 방법으로 변경등록을 하고 지하수개발·이용시공업, 지하수영향조사업무 또는 지하수정화업을 한 자
9. 제26조(제29조의2 제3항에 따라 준용하는 경우를 포함한다) 또는 제30조를 위반한 지하수개발·이용시공업자, 지하수영향조사기관 또는 지하수정화업자와 명의대여 또는 등록증대여의 상대방

제38조(양벌규정) 제37조부터 제37조의3까지 해당

제39조(과태료) 다음 각 호의 어느 하나에 해당하는 자에게는 500만원 이하의 과태료를 부과한다.

1. 제8조 제1항에 따른 신고를 하지 아니하거나 거짓으로 신고한 자
   ↳ 지하수개발·이용신고를 말한다.

1의2. 제9조의2 제1항에 따른 지하수 유출감소대책의 신고를 하지 아니한 자
   ↳ 제37조의3 제5호 참조

2. 제9조의2 제2항에 따른 이용계획의 신고를 하지 아니한 자
   ㄴ 제37조의3 제5호 참조

3. 제9조의3에 따른 지하수개발·이용의 종료신고(제15조 제1항 제3호부터 제5호까지의 사유로 인한 경우를 말한다)를 하지 아니한 자
   ㄴ 이 법 또는 다른 법률에 따른 허가·인가 등을 받거나 신고를 하고 지하수를 개발·이용하는 자는 제15조 제1항 제3호부터 제5호까지의 어느 하나에 해당되는 경우에는 국토교통부령으로 정하는 바에 따라 이에 관한 사항을 시장·군수·구청장에게 신고하여야 한다.

4. 제9조의4 제1항에 따른 굴착신고를 하지 아니하고 토지를 굴착한 자
   ㄴ 제37조의3 제6호 참조

5. 제9조의4 제1항에 따른 종료신고를 하지 아니한 자
   ㄴ 제37조의3 제6호 참조

6. 제9조의5 제2항에 따른 사후관리 이행종료신고를 거짓으로 하거나 같은 조 제3항에 따른 시장·군수·구청장의 시정명령 또는 이용중지 등 필요한 조치를 이행하지 아니한 자
   ㄴ 제9조의5(지하수개발·이용시설의 사후관리 등) ① 이 법 또는 다른 법률에 따른 허가·인가 등을 받거나 신고를 하고 지하수를 개발·이용하는 자(이하 "지하수개발·이용자"라 한다)는 지하수 수질보전 등을 위하여 지하수개발·이용시설의 정비 등 사후관리를 하여야 한다.
   ② 지하수개발·이용자가 제1항에 따른 사후관리를 이행하려는 때에는 국토교통부령으로 정하는 바에 따라 시장·군수·구청장에게 신고하여야 한다. 해당 행위를 종료한 때에도 또한 같다.
   ③ 시장·군수·구청장은 사후관리를 이행하지 아니하거나 거짓으로 신고한 자에게는 대통령령으로 정하는 바에 따라 시정명령 또는 이용중지 등 필요한 조치를 할 수 있다.

7. 제14조에 따른 이행보증금을 예치하지 아니한 자

Ⅲ. 개별 법률 분석

└ 제14조(이행보증금의 예치) ① 이 법 또는 다른 법률에 따른 허가·인가 등을 받거나 신고를 하고 지하수를 개발·이용하는 자 또는 제19조의4에 따라 굴착행위신고를 하고 토지를 굴착하는 자는 원상복구의 이행을 담보하기 위하여 이행보증금을 예치하여야 한다. 다만, 다음 각 호의 어느 하나에 해당하는 경우에는 그러하지 아니하다.
  1. 국가·지방자치단체 또는 「공공기관의 운영에 관한 법률」에 따른 공공기관이 지하수를 개발·이용하는 경우 또는 제19조의4에 따라 굴착행위신고를 하고 토지를 굴착하는 경우
  2. 그 밖에 원상복구가 확실시되는 경우로서 대통령령으로 정하는 경우
    └ "대통령령으로 정하는 경우"란 제14조의3 제2항 제3호에 해당하는 경우를 말한다(시행령 제22조의2). 시행령 제14조의3 제2항 제3호는 "지열을 냉난방에너지원으로 이용하기 위한 지열냉난방시설공사로서 지하수를 뽑아 쓰지 아니하는 공사"를 규정하였다.
  ② 제1항에 따른 이행보증금의 금액, 예치의 시기·방법·절차 및 이행보증금의 반환 등에 관하여 필요한 사항은 대통령령으로 정한다.
    └ 이행보증금의 금액 등에 관한 사항은 시행령 제22조에서 규정한다.

8. 제15조에 따른 원상복구를 하지 아니하거나 원상복구명령을 이행하지 아니한 자
9. 제16조의2 제1항에 따른 수질측정 결과보고를 하지 아니하거나 거짓으로 보고한 자
10. 제20조 제1항에 따른 수질검사를 받지 아니한 자
  └ 제20조(수질검사 등) ① 제7조 또는 제13조에 따라 허가를 받거나 제8조에 따라 신고하고 지하수를 개발·이용하는 자로서 대통령령으로 정하는 자는 정기적으로 지하수 관련 전문검사기관의 수질검사를 받아야 한다.
    └ "대통령령으로 정하는 자"란 다음 각 호의 어느 하나에 해당되는 지하수를 개발·이용하는 자를 말한다. 다만, 공공급수용으로 지하수를 개발·이용하는 자로서 「수도법」 제19조에 따라 수질검사를 받은 자는 제외한다(시행령 제29조 제1항).
      1. 음료수
      2. 환경부령으로 정하는 규모, 세부용도 등에 해당되는 생활용수, 공업용수 및 농·어업용수
    제1항에 해당하는 자는 환경부령으로 정하는 기간마다 지하수 관련 전문기관으로부터 지하수의 수질검사를 받아야 한다. 이 경우 해당 지하수를 음용수로 개발·이용할 때에는 시행령 제30조 제1항 제2호에 따른 검사기관에서 수질검사를 받아야 한다(시행령

공익신고 포상금(보상금) 3

제29조 제2항).

11. 제20조 제2항에 따른 지하수의 이용중지 및 수질개선 등의 조치명령을 이행하지 아니한 자
12. 제21조 제2항 또는 제34조 제2항에 따른 조사를 거부·방해 또는 기피한 자
13. 제22조 제3항을 위반하여 신고하지 아니하고 지하수개발·이용시설의 공사를 한 지하수개발·이용시공업자
14. 제31조 제1항에 따른 출입 등을 거부·방해 또는 기피한 자

제40조(과태료) 다음 각 호의 어느 하나에 해당하는 자에게는 300만원 이하의 과태료를 부과한다.

1. 삭제
2. 제8조 제2항에 따른 변경신고를 하지 아니하거나 거짓으로 변경신고한 자
   ㄴ. 지하수개발·이용신고자를 말한다.

3. 제9조 제1항(제13조 제3항에 따라 준용하는 경우를 포함한다)에 따른 준공신고를 하지 아니한 자

3의2. 제11조 제3항에 따른 승계사실을 신고하지 아니하거나 거짓으로 신고한 자
   ㄴ. 지하수개발·이용시설의 양도·양수에 관한 신고를 말한다. 신고기간은 1개월 이내이다.

4. 제20조 제4항에 따른 수질검사결과서를 갖추어 두지 아니한 자
   ㄴ. 제20조(수질검사 등) ① 제7조 또는 제13조에 따라 허가를 받거나 제8조에 따라 신고하고 지하수를 개발·이용하는 자로서 대통령령으로 정하는 자는 정기적으로 지하수 관련 검사 전문기관의 수질검사를 받아야 한다.
   ④ 제1항에 따라 수질검사를 받은 자는 검사결과서를 갖추어 두어야 한다.

III. 개별 법률 분석

┗ 〔제20조 제4항의 규정은 같은 조 제1항의 규정에 의한 대통령령으로 정하는 자에게 "수질검사결과서"를 갖추어 두어야 한다고 명령하였고, 이를 위반하는 경우에는 제40조 제4호의 규정에 의하여 300만 원 이하의 과태료를 부과한다는 것입니다. 그런데 제20조 제4항에서는 수질검사결과서를 "언제까지" 갖추어 두어야 하는지에 관하여는 아무런 언급도 하지 않았습니다. 대통령령이 정하는 자로서는 이를 한정 없이 갖추어 두고 있을 수는 없는 노릇이므로, 이 규정은 과태료를 부과할 수 있는 명령으로서는 적합한 규정이라고 할 수 없습니다. 이러한 명령은 행정목적을 달성함에 필요한 최단기간만 갖추어 두라고 해야 합니다. 따라서 이 규정의 개정의견을 국토교통부장관에게 제출하였습니다.〕

5. 제21조 제1항 또는 제34조 제1항에 따른 보고 또는 자료제출을 하지 아니하거나 거짓으로 보고하거나 거짓으로 자료를 제출한 자

┗ 제21조(출입조사 등) ① 시장·군수·구청장은 제7조 또는 제13조에 따라 허가를 받거나 제8조에 따라 신고하고 지하수를 개발·이용하는 자와 지하수오염유발시설관리자로 하여금 1개월 이내의 기간을 정하여 제20조에 따른 수질검사 이행 여부, 수질검사결과서, 지하수개발·이용상황 또는 제16조의2에 따른 지하수 오염방지 조치상황 등에 대한 자료를 제출하게 하거나 보고하게 할 수 있다.

┗ 제34조(보고·조사 등) ① 시장·군수·구청장은 등록요건 및 법령 위반 여부의 확인이 필요하거나 민원 등이 발생한 경우에는 지하수개발·이용시공업자, 지하수영향조사기관 또는 지하수정화업자로 하여금 1개월 이내의 기간을 정하여 필요한 자료를 제출하게 하거나 보고하게 할 수 있다.

6. 제24조 제1항 또는 제3항(제29조의2 제3항에 따라 준용하는 경우를 포함한다)에 따른 지하수개발·이용시공업 또는 지하수정화업의 양도·양수 등의 신고를 하지 아니하거나 거짓으로 신고한 자

┗ 제24조(지하수개발·이용시공업의 양도·양수) ① 지하수개발·이용시공업자가 지하수개발·이용시공업을 양도·양수하거나 합병[62]한 경우에는 양도일·양수일 또는 합병일부터 1개월 이내에 대통령령으로 정하는 바에 따라 시장·군수·구청장에게 신고하여야 한다.

③ 지하수개발·이용시공업자가 사망하여 그 상속인이 지하수개발·이용시공업자의 지위를

---

62) ★ 합병 : 법률의 규정은 단순히 "합병"이라고만 표현하였으나, 이는 "회사합병"을 말한다.

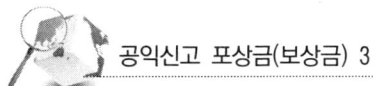
공익신고 포상금(보상금) 3

승계한 경우에는 승계일부터 3개월 이내에 대통령령으로 정하는 바에 따라 시장·군수·구청장에게 신고하여야 한다.

7. 제31조 제2항 또는 제3항에 따른 허가를 받지 아니하거나 동의를 받지 아니하거나 알리지 아니하고 같은 조 제1항에 따른 행위를 한 자

ㄴ 제31조(타인 토지에의 출입 등) ② 지하수조사전문기관, 지하수영향조사기관 또는 지하수정화업자는 제1항에 따라 타인의 토지에 출입하려면 시장·군수·구청장의 허가를 받아 출입하려는 날의 3일 전까지 해당 토지의 소유자·점유자 또는 관리인에게 그 일시와 장소를 알려야 한다.

③ 관계 행정기관의 장, 지하수조사전문기관, 지하수영향조사기관 또는 지하수정화사업자가 제1항에 따라 타인의 토지를 일시 사용하려는 경우나 죽목(竹木)·토석(土石) 또는 그 밖의 장애물을 변경하거나 제거하려는 경우에는 토지의 소유자 또는 점유자나 관리인의 동의를 받아야 한다. 다만, 토지 또는 장애물의 소유자 또는 점유자나 관리인이 현장에 없거나 주소 또는 거소가 분명하지 아니하여 동의를 받을 수 없을 때에는 시장·군수·구청장의 허가를 받아 타인의 토지를 일시 사용할 수 있으며 장애물을 변경하거나 제거할 수 있다.

ㄴ 〔제31조 제3항의 규정 중 "현장에 없거나 주소 또는 거소가 분명하지 아니하여"라고 표현한 부분은 "현장에 없고 주소 및 거소도 분명하지 아니하여"라고 표현함이 옳을 것입니다. 이 부분에 관하여도 건설교통부장관에게 재검토를 요구하였습니다.〕

III. 개별 법률 분석

제146장 직업안정법

제1절 법률의 이해

「직업안정법」은 모든 근로자가 각자의 능력을 계발·발휘할 수 있는 직업에 취업할 기회를 제공하고, 정부와 민간부문이 협력하여 각 산업에서 필요한 노동력이 원활하게 수급되도록 지원하는 것 등을 목적으로 한다. 이 법의 주관부처는 고용노동부(고용서비스정책과)이다.

제2절 법령의 규정

제46조(벌칙) ① 다음 각 호의 어느 하나에 해당하는 자는 7년 이하의 징역 또는 7천만 원 이하의 벌금에 처한다.

1. 폭행·협박 또는 감금이나 그 밖에 정신·신체의 자유를 부당하게 구속하는 것을 수단으로 직업소개, 근로자모집 또는 근로자공급을 한 자

    ㄴ. "직업소개"는 구인 또는 구직의 신청을 받아 구직자 또는 구인자를 탐색하거나 구직자를 모집하여 구인자와 구직자 사이에 고용계약이 성립되도록 알선하는 것을 말하며, "근로자모집"이라고 함은 근로자를 고용하려는 자가 취업하려는 사람에게 피고용인이 되도록 권유하거나 다른 사람으로 하여금 권유하는 것을 말하고, "근로자공급"은 공급계약에 따라 근로자를 타인에게 사용하게 하는 것을 말한다.

2. 「성매매알선 등 행위의 처벌에 관한 법률」 제2조 제1항 제1호에 따른 성매매 행위나 그 밖의 음란한 행위가 이루어지는 업무에 취업하게 할 목적으로 직업소개, 근로자모집 또는 근로자공급을 한 자

② 제1항의 미수범은 처벌한다.

제47조(벌칙) 다음 각 호의 어느 하나에 해당하는 자는 5년 이하의 징역 또는 5천만 원 이하의 벌금에 처한다.
1. 제19조 제1항에 따른 등록을 하지 아니하거나 제33조 제1항에 따른 허가를 받지 아니하고 유료직업소개사업 또는 근로자공급사업을 한 자
2. 거짓이나 그 밖의 부정한 방법으로 제19조 제1항에 따른 등록을 하거나 제33조 제1항에 따른 허가를 받은 자
    ↳ 제19조는 유료직업소개사업에 관하여, 제33조는 근로자공급사업에 관한 사항을 각각 규정하였다.

3. 제21조를 위반하여 성명 등을 대여한 자와 그 상대방
    ↳ 유료직업소개사업의 등록자를 말한다.

4. 제21조의3 제2항 및 제3항을 위반한 자
    ↳ 제21조의3(연소자에 대한 직업소개의 제한) ② 직업소개사업자등은 18세 미만의 구직자를 「근로기준법」 제65조에 따라 18세 미만의 사용이 금지되는 직종의 업종에 소개하여서는 아니 된다.
        ↳ 「근로기준법」 제65조(사용금지) ① 사용자는 임신 중이거나 산후 1년이 지나지 아니한 여성과 18세 미만자를 도덕상 또는 보건상 유해 또는 위험한 사업에 사용하지 못한다.
        ③ 제1항 및 제2항에 따른 금지직종은 대통령령으로 정한다.
            ↳ "대통령령으로 정하는 사용금지직종"은 시행령 제40조 별표1에서 규정하였다.
        ③ 직업소개사업자등은 「청소년보호법」 제2조 제1호에 따른 청소년인 구직자를 같은 조 제5호에 따른 청소년유해업소에 소개하여서는 아니 된다.
        ↳ 「청소년보호법」 제2조 제1호에 따른 "청소년"은 19세 미만인 사람을 말한다. 같은 조 제5호는 인용을 생략한다.

5. 제32조를 위반하여 금품이나 그 밖의 이익을 취한 자
    ↳ 제32조(금품등의 수령 금지) 근로자를 모집하려는 자와 그 모집업무에 종사하는 자는 어떠

III. 개별 법률 분석

한 명목으로든 응모자로부터 그 모집과 관련하여 금품을 받거나 그 밖의 이익을 취하여서는 아니 된다. 다만, 제19조에 따라 유료직업소개사업을 하는 자가 구인자의 의뢰를 받아 구인자가 제시한 조건에 맞는 자를 모집하여 직업소개 한 경우에는 그러하지 아니하다.
ㄴ 제32조 후단의 규정에 의하여 유료직업소개사업자가 금품이나 그 밖의 이익을 받을 수 있는 경우에도 구인자로부터 받는 것에 한한다. 따라서 구직자로부터는 금품등을 받을 수 없다.

6. 제34조를 위반하여 거짓 구인광고를 하거나 거짓 구인조건을 제시한 자
ㄴ 제34조(거짓 구인광고 등 금지) ① 제18조·제19조·제28조·제30조 또는 제33조에 따른 직업소개사업, 근로자모집 또는 근로자공급사업을 하는 자나 이에 종사하는 사람은 거짓 구인광고를 하거나 거짓 구인조건을 제시하여서는 아니 된다.
② 제1항에 따른 거짓 구인광고의 범위에 관한 사항은 대통령령으로 정한다.
ㄴ 거짓 구인광고 또는 거짓 구인조건 제시의 범위는 신문·잡지, 그 밖의 간행물, 유선·무선방송, 컴퓨터통신, 간판, 벽보 또는 그 밖의 방법에 의하여 광고를 하는 행위 중 다음 각 호의 어느 하나의 행위로 한다(시행령 제34조).
  1. 구인을 가장하여 물품판매·수강생모집·직업소개·부업알선·자금모금 등을 행하는 광고
  2. 거짓 구인을 목적으로 구인자의 신원(업체명 또는 성명)을 표시하지 아니하는 광고
  3. 구인자가 제시한 직종·고용형태·근로조건 등이 응모할 때의 그것과 현저히 다른 광고
  4. 기타 광고의 중요내용이 사실과 다른 광고

제48조(벌칙) 다음 각 호의 어느 하나에 해당하는 자는 1년 이하의 징역 또는 1천만 원 이하의 벌금에 처한다.
  1. 제18조 제1항 또는 제23조 제1항에 따른 신고를 하지 아니하고 무료직업소개사업 또는 직업정보제공사업을 한 자
  2. 거짓이나 그 밖의 부정한 방법으로 제18조 제1항 또는 제23조 제1항에 따른 신고를 한 자
  3. 제36조에 따른 정지기간에 사업을 한 자
  4. 제42조를 위반하여 비밀을 누설한 자

┗ 직업소개사업, 직업정보제공사업, 근로자모집 또는 근로자공급사업에 관여하였거나 관여하고 있는 자는 업무상 알고 있는 근로자 또는 사용자에 관한 비밀을 누설하여서는 아니 된다.

제49조(양벌규정) 제46조부터 제48조까지 해당

제50조(과태료) ① 다음 각 호의 어느 하나에 해당하는 자에게는 1천만 원 이하의 과태료를 부과한다.

1. 제19조 제3항을 위반하여 고용노동부장관이 고시한 요금 외의 금품을 받은 자
2. 제21조의2를 위반하여 선급금을 받은 자
   ┗ 등록을 하고 유료직업소개사업을 하는 자 및 그 종사자는 구직자에게 제공하기 위하여 구인자로부터 선급금을 받아서는 아니 된다.

3. 제21조의3 제1항을 위반하여 18세 미만의 구직자를 소개하는 경우에 친권자나 후견인의 취업동의서를 받지 아니한 자
4. 제22조 제3항을 위반하여 직업소개에 관한 사무를 담당한 자
   ┗ 제22조(유료직업소개사업의 종사자 등) ② 제19조 제1항에 따른 등록을 하고 유료직업소개사업을 하는 자는 사업소별로 고용노동부령으로 정하는 자격을 갖춘 직업상담원을 1명 이상 고용하여야 한다. 다만, 유료직업소개사업을 하는 사람과 동거하는 가족이 본문에 따른 직업상담원의 자격을 갖추고 특정 사업소에서 상시 근무하는 경우에 해당 사업소에 직업상담원을 고용한 것으로 보며, 유료직업소개사업을 하는 자가 직업상담원 자격을 갖추고 특정 사업소에서 상시 근무하는 경우에 해당사업소에는 직업상담원을 고용하지 아니할 수 있다.
   ③ 유료직업소개사업의 종사자 중 제2항에 따른 직업상담원이 아닌 사람은 직업소개에 관한 사무를 담당하여서는 아니 된다.

제45조의3(포상금) ① 고용노동부장관 또는 특별자치도지사·시장·군수·구청장은 제34조를 위반한 자 또는 제46조 제1항 제1호 및 제2호에 해당하는 자를 신고하거나 수사기관에 고발한 사람에게 예산의 범

III. 개별 법률 분석

위에서 포상금을 지급할 수 있다.

② 제1항에 따른 포상금의 지급에 필요한 사항은 고용노동부령으로 정한다.

ㄴ 포상금에 관한 구체적인 내용은 편저자의 졸고 제1권 〈신고포상금〉에서 소개하였다.

제147장 집단에너지사업법

제1절 법률의 이해

「집단에너지사업법」은 집단에너지 공급을 확대하고, 집단에너지사업을 합리적으로 운영하며, 집단에너지시설의 설치·운용 및 안전에 관한 사항을 규정한다. "집단에너지"란 많은 수의 사용자를 대상으로 공급되는 열 또는 열과 전기를 말한다. 대규모 아파트단지에 대한 집단공급이 여기에 해당한다. 이 법의 주관부처는 산업통상자원부(에너지관리과)이다.

제2절 법령의 규정

제54조(벌칙) ① 공급시설을 손괴 또는 제거하거나 그 밖의 방법으로 공급시설의 기능에 장애를 일으켜 집단에너지의 원활한 공급을 방해한 자는 1년 이상 10년 이하의 징역에 처한다.

② 사업자의 승낙 없이 공급시설을 조작함으로써 집단에너지의 원활한 공급을 방해한 자는 5년 이하의 징역 또는 5천만 원 이하의 벌금에 처하거나 이를 병과할 수 있다.

③ 사업에 종사하는 자로서 공급시설의 안전관리업무를 수용하지 아니함으로써 집단에너지의 공급에 장애를 일으킨 자는 제2항에 따라 처벌한다.

④ 제1항부터 제3항까지의 규정에 따른 행위로 사람을 죽거나 다치

III. 개별 법률 분석

게 한 자는 5년 이하의 유기징역에 처한다.

⑤ 제1항 및 제2항의 미수범은 처벌한다.

제55조(벌칙) 다음 각 호의 어느 하나에 해당하는 자는 3년 이하의 징역 또는 3천만 원 이하의 벌금에 처한다.

1. 제9조 제1항에 따른 허가 또는 변경허가를 받지 아니하고 사업을 영위한 자

   ┗ 제9조(사업의 허가) ① 사업을 하려는 자는 공급구역별로 산업통상자원부장관의 허가를 받아야 한다. 그 허가받은 사항 중 산업통상자원부령으로 정하는 사항을 변경할 때에도 또한 같다.

   ┗ "변경허가를 받아야 하는 사항"은 다음 각 호와 같다(제9조 제1항).
      1. 열공급구역의 감소(감소되는 구역의 열수요가 허가 또는 변경허가를 받은 구역의 열수요의 100분의20 이상인 경우에만 해당된다)
      2. 열공급구역의 증가(증가되는 구역의 열수요가 허가 또는 변경허가를 받은 구역의 열수요의 100분의20 이상인 경우에만 해당된다)
      3. 열발생설비의 설치장소 또는 종류의 변경
      4. 열발생설비의 용량의 변경(허가 또는 변경허가를 받은 용량의 100분의20 이상인 경우에만 해당된다)
      5. 열수송관의 변경(허가 또는 변경허가를 받은 총길이 및 최대지름의 100분의20 이상인 경우에만 해당된다)

2. 제14조 제1항에 따른 허가를 받지 아니하고 사업의 전부 또는 일부를 휴업하거나 폐업한 자
3. 제15조 제1항에 따른 허가취소 또는 사업정지 처분을 위반한 자
4. 제26조 제2항에 따른 집단에너지시설의 개선·교체·사용정지 또는 사용제한 명령이나 집단에너지의 공급중단 명령을 위반한 자
5. 제32조의2 제3항에 따른 시정명령을 위반한 자

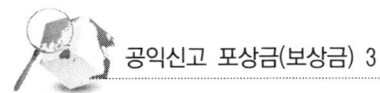

제58조(벌칙) 다음 각 호의 어느 하나에 해당하는 자는 300만 원 이하의 벌금에 처한다.

1. 제20조의2 제3항을 위반하여 회계를 처리한 자
   ㄴ 사업자가 제2조 제2호에 따른 사업 외의 사업을 함께 운영하는 경우에는 회계를 구분하여 처리하여야 한다. 제2조 제2호는 집단에너지를 공급하는 사업을 말한다.

2. 제24조 제1항부터 제3항까지, 제25조 제1항 또는 제50조 제1항에 따른 확인점검 · 점검 또는 검사를 거부 · 방해 또는 기피한 자
3. 제27조 제1항을 위반하여 안전관리규정을 신고하지 아니한 자
   ㄴ 사업자는 공급시설의 안전관리를 위하여 산업통상자원부령으로 정하는 기준에 따라 안전관리규정을 정하여 사업을 개시하기 전에 산업통상자원부장관에게 신고하여야 한다. 이를 변경한 경우에도 또한 같다.

제59조(양벌규정) 제54조 제2항 · 제3항 · 제5항 및 제55조부터 제58조까지 해당

제148장 철도안전법

제1절 법률의 이해

「철도안전법」은 철도안전을 확보하기 위하여 필요한 사항을 규정하고 철도안전 관리체계를 확립함으로써 공공복리의 증진을 목적으로 한다. 이 법의 주관부처는 국토교통부(철도기술안전과)이다.

제2절 법령의 규정

제78조(벌칙) ① 제49조 제2항을 위반하여 폭행·협박으로 철도종사자의 직무집행을 방해한 자는 5년 이하의 징역 또는 5천만 원 이하의 벌금에 처한다.

② 다음 각 호에 해당하는 자는 3년 이하의 징역 또는 3천만 원 이하의 벌금에 처한다.
 1. 제7조 제1항을 위반하여 안전관리체계의 승인을 받지 아니하고 철도운영을 하거나 철도시설을 관리한 자
 2. 제26조의3 제1항을 위반하여 철도차량 제작자승인을 받지 아니하고 철도차량을 제작한 자
 3. 제27조의2 제1항을 위반하여 철도용품 제작자승인을 받지 아니하고 철도용품을 제작한 자
  ↳ 국토교통부장관으로부터 형식승인을 받은 철도용품을 말한다.

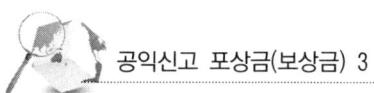
공익신고 포상금(보상금) 3

4. 제43조를 위반하여 탁송 및 운송 금지 위험물을 탁송하거나 운송한 자
   ┗ 누구든지 점화류(點火類) 또는 점폭약류(點爆藥類)를 붙인 폭약, 니트로글리세린, 건조한 기폭약(起爆藥), 뇌홍질화연(雷汞窒化鉛)에 속하는 것 등 대통령령으로 정하는 위험물을 탁송(託送)할 수 없으며, 철도운영자는 이를 철도로 운송할 수 없다.
      ┗ "대통령령으로 정하는 위험물"이란 다음 각 호의 위험물을 말한다(시행령 제44조).
         1. 점화 또는 점폭약류를 붙인 폭약
         2. 니트로글리세린
         3. 건조한 기폭약
         4. 뇌홍질화연에 속하는 것
         5. 그 밖에 사람에게 위해를 주거나 물건에 손상을 줄 수 있는 물질로서 국토교통부장관이 정하여 고시하는 위험물

5. 제44조 제1항을 위반하여 위험물을 운송한 자
   ┗ 대통령령으로 정하는 위험물을 철도로 운송하려는 철도운영자는 국토교통부령으로 정하는 바에 따라 운송 중의 위험방지 및 인명보호를 위하여 안전하게 포장·적재하고 운송하여야 한다.
      ┗ "대통령령으로 정하는 위험물"은 시행령 제45조에서, 위험물의 포장·적재 등에 관한 사항은 「위험물철도운송규칙」에서 규정하였다.

6. 제48조 제1호부터 제4호까지의 규정에 따른 금지행위를 한 자
   ┗ 제48조(철도보호 및 질서유지를 위한 금지행위) 누구든지 정당한 사유 없이 철도보호 및 질서유지를 해치는 다음 각 호의 어느 하나에 해당하는 행위를 하여서는 아니 된다.
      1. 철도시설 또는 철도차량을 파손하여 철도차량 운행에 위험을 발생하게 하는 행위
      2. 철도차량을 향하여 돌이나 그 밖의 위험한 물건을 던져 철도차량 운행에 위험을 발생하게 하는 행위
      3. 궤도의 중심으로부터 양측으로 폭 3미터 이내의 장소에 철도차량의 안전운행에 지장을 주는 물건을 방치하는 행위
      4. 철도차량 등 국토교통부령으로 정하는 시설 또는 구역에 국토교통부령으로 정하는 폭발물 또는 인화성이 높은 물건 등을 쌓아 놓는 행위

③ 다음 각 호의 어느 하나에 해당하는 자는 2년 이하의 징역 또는

Ⅲ. 개별 법률 분석

2천만 원 이하의 벌금에 처한다.
1. 거짓이나 그 밖의 부정한 방법으로 제7조 제1항에 따른 안전관리체계의 승인을 받은 자
2. 제8조 제1항을 위반하여 철도운영이나 철도시설의 관리에 중대하고 명백한 지장을 초래한 자
   ㄴ. 철도운영자등은 철도운영을 하거나 철도시설을 관리하는 경우에는 제7조에 따라 승인받은 안전관리체계를 지속적으로 유지하여야 한다.
3. 거짓이나 그 밖의 부정한 방법으로 제15조 제4항 또는 제16조 제3항에 따른 지정을 받은 자
   ㄴ. 제15조 제4항은 적성검사기관을, 제16조 제3항은 운전 전문 교육훈련기관을 말한다.
4. 제15조의2(제16조 제5항에서 준용하는 경우를 포함한다)에 따른 업무정지 기간 중에 해당 업무를 한 자
5. 거짓이나 그 밖의 부정한 방법으로 제26조 제1항 또는 제27조 제1항에 따른 형식승인을 받은 자
6. 제26조 제5항을 위반하여 형식승인을 받지 아니한 철도차량을 운행한 자
7. 거짓이나 그 밖의 부정한 방법으로 제26조의3 제1항 또는 제27조의2 제1항에 따른 제작자승인을 받은 자
8. 거짓이나 그 밖의 부정한 방법으로 제26조의3 제3항(제27조의2 제4항에서 준용하는 경우를 포함한다)에 따른 제작자승인의 면제를 받은 자
9. 제26조의6 제1항을 위반하여 완성검사를 받지 아니하고 철도차량을 판매한 자
10. 제26조의7 제1항 제5호(제27조의2 제4항에서 준용하는 경우를 포함한다)에 따른 업무정지 기간 중에 철도차량 또는 철도용품을 제작한 자
11. 제27조 제3항을 위반하여 형식승인을 받지 아니한 철도용품을 철도시

설 또는 철도차량 등에 사용한 자

12. 제32조 제1항에 따른 중지명령에 따르지 아니한 자

　└ 제32조(제작 또는 판매중지 등) ① 국토교통부장관은 제26조 또는 제27조에 따라 형식승인을 받은 철도차량 또는 철도용품이 다음 각 호의 어느 하나에 해당하는 경우에는 그 철도차량 또는 철도용품의 제작·수입·판매 또는 사용의 중지를 명할 수 있다. 다만, 제1호에 해당하는 경우에는 제작·수입·판매 또는 사용의 중지를 명하여야 한다. (각 호 생략)

13. 제38조 제1항을 위반하여 종합시험운행을 실시하지 아니하거나 실시한 결과를 국토교통부장관에게 보고하지 아니하고 철도노선을 정상운행한 자

14. 제41조 제1항을 위반하여 술을 마시거나 약물을 사용한 상태에서 업무를 한 사람

15. 제41조 제2항에 따른 확인 또는 검사에 불응한 자

16. 정당한 사유 없이 제42조 제1항을 위반하여 위해물품을 휴대하거나 적재한 사람

　└ 제42조(위해물품의 휴대금지) ① 누구든지 무기, 화약류, 유해화학물질 또는 인화성이 높은 물질 등 공중(公衆)이나 여객에게 위해를 끼치거나 끼칠 우려가 있는 물건 또는 물질(이하 "위해물품"이라 한다)을 열차에서 휴대하거나 적재할 수 없다. 다만, 국토교통부장관 또는 시·도지사의 허가를 받은 경우 또는 국토교통부령으로 정하는 특정한 직무를 수행하기 위한 경우에는 그러하지 아니하다.

17. 제45조 제1항에 따른 신고를 하지 아니하거나 같은 조 제2항에 따른 명령에 따르지 아니한 자

　└ 제45조(철도보호지구에서의 행위제한 등) ① 철도경계선(가장 바깥쪽 궤도의 끝선을 말한다)으로부터 30미터 이내의 지역(이하 "철도보호지구"라 한다)에서 다음 각 호의 어느 하나에 해당하는 행위를 하려는 자는 대통령령으로 정하는 바에 따라 국토교통부장관 또는 시·도지사에게 신고하여야 한다.

　　1. 토지의 형질변경 및 굴착

Ⅲ. 개별 법률 분석

2. 토석, 자갈 및 모래의 채취
3. 건축물의 신축·개축·증축 또는 인공구조물의 설치
4. 나무의 식재(대통령령으로 정하는 경우만 해당한다)
5. 그 밖에 철도시설을 파손하거나 철도차량의 안전운행을 방해할 우려가 있는 행위로서 대통령령으로 정하는 행위
   ↳ "대통령령으로 정하는 행위"란 다음 각 호의 어느 하나에 해당하는 행위를 말한다 (시행령 제48조).
      1. 폭발물이나 인화물질 등 위험물을 제조·저장하거나 전시하는 행위
      2. 철도차량 운전자 등이 선로나 신호기를 확인하는 데 지장을 주거나 줄 우려가 있는 시설이나 설비를 설치하는 행위
      3. 철도신호등으로 오인할 우려가 있는 시설물이나 조명설비를 설치하는 행위
      4. 전차선로에 의하여 감전될 우려가 있는 시설이나 설비를 설치하는 행위
      5. 시설 또는 설비가 선로의 위나 밑으로 횡단하거나 선로와 나란히 되도록 설치하는 행위
      6. 그 밖에 열차의 안전운행과 철도보호를 위하여 필요하다고 인정하여 국토교통부장관이 정하여 고시하는 행위
② 국토교통부장관 또는 시·도지사는 철도차량의 안전운행 및 철도보호를 위하여 필요하다고 인정할 때에는 제1항 각 호의 어느 하나의 행위를 하는 자에게 그 행위의 금지 또는 제한을 명령하거나 대통령령으로 정하는 필요한 조치를 하도록 명령할 수 있다.
   ↳ "대통령령으로 정하는 필요한 조치"는 시행령 제49조에서 규정하였다.

18. 제47조 제2호를 위반하여 운행 중 비상정지 버튼을 누르거나 승강용 출입문을 여는 행위를 한 사람

④ 다음 각 호의 어느 하나에 해당하는 사람은 1년 이하의 징역 또는 1천만 원 이하의 벌금에 처한다.
   1. 운전면허를 받지 아니하고(운전면허의 효력이 정지된 경우를 포함한다) 철도차량을 운전한 사람 및 그로 하여금 철도차량의 운전업무를 하게 한 자
   2. 거짓이나 그 밖의 부정한 방법으로 운전면허를 받은 사람

공익신고 포상금(보상금) 3

3. 제21조를 위반하여 철도차량의 운전업무 수행에 필요한 요건을 갖추지 아니하고 철도차량의 운전업무에 종사한 사람 및 그로 하여금 철도차량의 운전업무에 종사하게 한 자
4. 제22조를 위반하여 관제업무 수행에 필요한 요건을 갖추지 아니하고 관제업무에 종사한 사람 및 그로 하여금 관제업무에 종사하게 한 자
5. 제23조 제1항을 위반하여 신체검사와 적성검사를 받지 아니하거나 같은 조 제3항을 위반하여 신체검사와 적성검사에 합격하지 아니하고 같은 조 제1항에 따른 업무를 한 사람 및 그로 하여금 그 업무에 종사하게 한 자
6. 제26조 제1항 또는 제27조 제1항에 따른 형식승인을 받지 아니한 철도차량 또는 철도용품을 판매한 자
7. 제38조 제1항을 위반하여 종합시험운행 결과를 허위로 보고한 자
8. 제39조의2 제1항에 따른 지시를 따르지 아니한 자
  ㄴ 철도차량을 운행하는 자는 국토교통부장관이 지시하는 이동 · 출발 · 정지 등의 명령과 운행기준 · 방법 · 절차 및 순서 등에 따라야 한다.

⑤ 제47조 제5호를 위반한 자는 500만 원 이하의 벌금에 처한다.
  ㄴ 철도종사자와 여객 등에게 성적(性的) 수치심을 일으키는 행위를 말한다.

제79조(형의 가중) ① 제78조 제1항, 제3항 제16호 또는 제17조의 죄를 범하여 열차운행에 지장을 준 자는 그 죄에 규정된 형의 2분의1까지 가중한다.

② 제78조 제3항 제16호 또는 제17조의 죄를 범하여 사람을 사상(死傷)에 이르게 한 자는 5년 이하의 징역 또는 5천만 원 이하의 벌금에 처한다.

III. 개별 법률 분석

제80조(양벌규정) 제78조 제2항, 같은 조 제3항(제16호는 제외한다) 및 제4항(제2호는 제외한다) 또는 제79조(제78조 제3항 제17호의 가중죄를 범한 경우만 해당한다) 해당

제81조(과태료) ① 다음 각 호의 어느 하나에 해당하는 자에게는 1천만 원 이하의 과태료를 부과한다.

1. 제7조 제3항(제26조의8 및 제27조의2 제4항에서 준용하는 경우를 포함한다)을 위반하여 안전관리체계의 변경승인을 받지 아니하고 안전관리체계를 변경한 자
2. 제8조 제3항(제26조의8 및 제27조의2 제4항에서 준용하는 경우를 포함한다)을 위반하여 정당한 사유 없이 시정조치명령에 따르지 아니한 자
3. 제20조 제3항을 위반하여 운전면허증을 반납하지 아니한 사람
   ㄴ 운전면허증이 취소되거나 효력정지의 통지를 받은 경우를 말한다.

4. 제26조 제2항(제27조 제4항에서 준용하는 경우를 포함한다)을 위반하여 변경승인을 받지 아니한 자
   ㄴ 철도차량의 형식승인에 관한 변경승인을 말한다.

5. 제26조의5 제2항(제27조의2 제4항에서 준용하는 경우를 포함한다)에 따른 신고를 하지 아니한 자
   ㄴ 철도차량 제작자승인의 지위를 승계하는 자는 승계일부터 1개월 이내에 국토교통부장관에게 신고하여야 한다.

6. 제27조의2 제3항을 위반하여 형식승인표시를 하지 아니한 자
7. 제31조 제2항을 위반하여 조사·열람·수거 등을 거부·방해 또는 기피한 자

공익신고 포상금(보상금) 3

8. 제32조 제2항 또는 제4항을 위반하여 시정조치계획을 제출하지 아니하거나 시정조치의 진행상황을 보고하지 아니한 자
9. 제38조 제2항에 따른 개선·시정명령을 따르지 아니한 자
10. 제39조의2 제3항에 따른 안전조치를 따르지 아니한 자
    ┗ 국토교통부장관은 철도차량의 안전한 운행을 위하여 철도시설 내에서 사람, 자동차 및 철도차량의 운행제한 등 필요한 조치를 할 수 있다.

11. 제47조 제1호·제3호·제4호 또는 제6호를 위반하여 여객열차에서의 금지행위를 한 자
    ┗ 제47조(여객열차에서의 금지행위) 여객은 여객열차에서 다음 각 호의 어느 하나에 해당하는 행위를 하여서는 아니 된다.
        1. 정당한 사유 없이 국토교통부령으로 정하는 여객 출입금지장소에 출입하는 행위
        3. 여객열차 밖에 있는 사람을 위험하게 할 우려가 있는 물건을 여객열차 밖으로 던지는 행위
        4. 흡연하는 행위
        6. 그 밖에 공중이나 여객에게 위해를 끼치는 행위로서 국토교통부령으로 정하는 행위
            ┗ "국토교통부령으로 정하는 행위"란 다음 각 호의 어느 하나에 해당하는 행위를 말한다(시행규칙 제80조).
                1. 여객에게 위해를 끼칠 우려가 있는 동·식물을 안전조치 없이 여객열차에 동승하거나 휴대하는 행위
                2. 타인에게 전염의 우려가 있는 법정감염병자가 철도종사자의 허락 없이 여객열차에 타는 행위
                3. 철도종사자의 허락 없이 여객에게 기부를 부탁하거나 물품을 판매·배부하거나 연설·권유 등을 하여 여객에게 불편을 끼치는 행위

12. 제48조 제5호를 위반하여 선로(철도와 교차된 경우는 제외한다) 또는 철도시설에 승낙 없이 출입하거나 통행한 사람
13. 제48조 제7호·제9호 또는 제10호를 위반하여 철도시설에 유해물 또는 오물을 버리거나 열차운행에 지장을 준 사람

III. 개별 법률 분석

14. 제49조를 위반하여 철도종사자의 직무상 지시에 따르지 아니한 사람
15. 제61조 제1항 및 제2항에 따른 보고를 하지 아니하거나 거짓으로 보고한 자
    ㄴ. 철도사고가 발생한 경우 철도운영자 등의 보고의무를 말한다.

16. 제73조 제1항에 따른 보고를 하지 아니하거나 거짓으로 보고한 자
    ㄴ. 국토교통부장관이나 관계 지방자치단체는 필요하다고 인정하면 대통령령으로 정하는 바에 따라 철도관계기관 등에 대하여 필요한 사항을 보고하게 하거나 자료의 제출을 명할 수 있다.

17. 제73조 제1항에 따른 자료제출을 거부·방해 또는 기피한 자
18. 제73조 제2항에 따른 소속 공무원의 출입·검사를 거부·방해 또는 기피한 자

제9조의2(과징금) ① 국토교통부장관은 제9조 제1항에 따라 철도운영자등에 대하여 업무의 제한이나 정지를 명하여야 하는 경우로서 그 업무의 제한이나 정지가 철도이용자 등에게 심한 불편을 주거나 그 밖에 공익을 해할 우려가 있는 경우에는 업무의 제한이나 정지를 갈음하여 30억 원 이하의 과징금을 부과할 수 있다.

제149장 청소년보호법

제1절 법률의 이해

「청소년보호법」은 청소년에게 유해한 매체물과 약물 등이 청소년에게 유통되는 것과 청소년이 유해한 업소에 출입하는 것 등을 규제하고, 청소년을 유해한 환경으로부터 보호하는 것 등을 목적으로 한다. "청소년"이라 함은 만 19세가 되기 직전 해의 12월 31일까지에 해당하는 사람을 말한다. 이 법의 주관부처는 여성가족부(청소년보호과)이다.

제2절 법령의 규정

제55조(벌칙) 제30조 제1호의 위반행위를 한 자는 1년 이상 10년 이하의 징역에 처한다.

└ 제30조(청소년유해행위의 금지) 누구든지 청소년에게 다음 각 호의 어느 하나에 해당하는 행위를 하여서는 아니 된다.
   1. 영리를 목적으로 청소년으로 하여금 신체적으로 접촉 또는 은밀한 부분의 노출 등 성적 접대행위를 하게 하거나 이러한 행위를 알선·매개하는 행위
   2. 영리를 목적으로 청소년으로 하여금 손님과 함께 술을 마시거나 노래 또는 춤 등으로 손님의 유흥을 돋우는 접객행위를 하게 하거나 이러한 행위를 알선·매개하는 행위
   3. 영리나 흥행을 목적으로 청소년에게 음란한 행위를 하게 하는 행위
   4. 영리나 흥행을 목적으로 청소년의 장애나 기형 등의 모습을 일반인들에게 관람시키는 행위
   5. 청소년에게 구걸을 시키거나 청소년을 이용하여 구걸하는 행위
   6. 청소년을 학대하는 행위
   7. 영리를 목적으로 청소년으로 하여금 거래에서 손님을 유인하게 하는 행위
   8. 청소년을 남녀혼숙하게 하는 등 풍기를 문란하게 하는 영업행위를 하거나 이를 목적으로

Ⅲ. 개별 법률 분석

　　　장소를 제공하는 행위

　9. 주로 차 종류를 조리·판매하는 업소에서 청소년으로 하여금 영업장을 벗어나 차 종류를 배달하는 행위를 하게 하거나 이를 조장하거나 묵인하는 행위

제56조(벌칙) 제30조 제2호 또는 제3호의 위반행위를 한 자는 10년 이하의 징역에 처한다.

　↳ 제55조 참조

제57조(벌칙) 제30조 제4호부터 제6호까지의 위반행위를 한 자는 5년 이하의 징역에 처한다.

　↳ 제55조 참조

제58조(벌칙) 다음 각 호의 어느 하나에 해당하는 자는 3년 이하의 징역 또는 2천만 원 이하의 벌금에 처한다.

1. 영리를 목적으로 제16조 제1항을 위반하여 청소년에게 **청소년유해매체물**63)을 판매·대여·배포하거나 시청·관람·이용하도록 제공한 자

　↳ 제16조(판매금지 등) ① 청소년유해매체물로서 대통령령으로 정하는 매체물을 판매·대여·배포하거나 시청·관람·이용하도록 제공하려는 자는 그 상대방의 나이 및 본인 여부를 확인하여야 하고, 청소년에게 판매·대여·배포하거나 시청·관람·이용하도록 제공하여서는 아니 된다.

　　가. 제7조 제1항 본문 및 제11조에 따라 청소년보호위원회가 청소년에게 유해한 것으로 결정하거나 확인하여 여성가족부장관이 고시한 매체물

　　나. 제7조 제1항 단서 및 제11조에 따라 각 심의기관이 청소년에게 유해한 것으로 심의하거나 확인하여 여성가족부장관이 고시한 매체물

2. 영리를 목적으로 제22조를 위반하여 청소년을 대상으로 청소년유해매

---

63) ★ 청소년유해매체물 : "청소년유해매체물"이란 법 제2조 제3호 각 목의 어느 하나에 해당하는 것을 말한다.

공익신고 포상금(보상금) 3

채물을 유통하게 한 자

└ 제22조(외국매체물에 대한 특례) 누구든지 외국에서 제작·발행된 매체물로서 제9조의 심의기준에 해당하는 청소년유해매체물(번역, 번안, 편집, 자막삽입 등을 한 경우를 포함한다)을 영리를 목적으로 청소년을 대상으로 유통하게 하거나 이와 같은 목적으로 소지하여서는 아니 된다.

└ 제9조(청소년유해매체물의 심의기준) ① 청소년보호위원회와 각 심의기관은 제7조에 따른 심의를 할 때 매체물이 다음 각 호의 어느 하나에 해당하는 경우에는 청소년유해매체물로 결정하여야 한다.
  1. 청소년에게 성적인 욕구를 자극하는 선정적인 것이거나 음란한 것
  2. 청소년에게 포학성이나 범죄의 충동을 일으킬 수 있는 것
  3. 성폭력을 포함한 각종 형태의 폭력행위와 약물의 남용을 자극하거나 미화하는 것
  4. 도박과 사행심을 조장하는 등 청소년의 건전한 생활을 현저히 해칠 우려가 있는 것
  5. 청소년의 건전한 인격과 시민의식의 형성을 저해하는 반사회적·비윤리적인 것
  6. 그 밖에 청소년의 정신적·신체적 건강에 명백히 해를 끼칠 우려가 있는 것

3. 제28조 제1항을 위반하여 청소년에게 제2조 제4호 가목 4)·5)의 청소년유해약물 또는 같은 호 나목의 청소년유해물건을 판매·대여·배포(자동기계장치·무인판매장치·통신장치를 판매·대여·배포한 경우를 포함한다)한 자

└ 제28조(청소년유해약물등의 판매·대여 등의 금지) ② 누구든지 청소년의 의뢰를 받아 청소년유해약물등을 구입하여 청소년에게 제공하여서는 아니 된다.

└ 제2조(정의)
  4. "청소년유해약물등"이란 청소년에게 유해한 것으로 인정되는 다음 각 목의 약물(이하 "청소년유해약물"이라 한다)과 청소년에게 유해한 것으로 인정되는 다음 나목의 물건(이하 "청소년유해물건"이라 한다)을 말한다.
    1) 청소년에게 음란한 행위를 조장하는 성기구 등 청소년의 사용을 제한하지 아니하면 청소년의 심신을 심각하게 손상시킬 우려가 있는 성 관련 물건으로서 대통령령으로 정하는 기준에 따라 청소년보호위원회가 결정하고 여성가족부장관이 고시한 것
    2) 청소년에게 음란성·포학성·잔인성·사행성 등을 조장하는 완구류 등 청소년의 사용을 제한하지 아니하면 청소년의 심신을 심각하게 손상시킬 수 있는 우려가 있는 물건으로서 대통령령으로 정하는 기준에 따라 청소년보호위원회가 결정하고 여성가

Ⅲ. 개별 법률 분석

족부장관이 고시한 것

4. 제29조 제1항을 위반하여 청소년을 **청소년유해업소**64)에 고용한 자
   ↳ 제29조(청소년 고용금지 및 출입제한 등) ① 청소년유해업소의 업주는 청소년을 고용하여서는 아니 된다. 청소년유해업소의 업주가 종업원을 고용하려면 미리 나이를 확인하여야 한다.

5. 제30조 제7호부터 제9호까지의 위반행위를 한 자
   ↳ 제55조 참조

6. 제44조 제1항을 위반하여 청소년유해매체물 또는 **청소년유해약물등**65)을 수거하지 아니한 자
   ↳ 제44조(수거·파기) ① 여성가족부장관 또는 시장·군수·구청장은 청소년유해매체물 및 청소년유해약물등이 다음 각 호의 어느 하나에 해당하면 소유자나 유통에 종사하는 자에게 그 청소년유해매체물 또는 청소년유해약물등의 수거를 명할 수 있다.
      1. 제13조 제1항 및 제28조 제6항에 따른 청소년유해표시가 되어 있지 아니하거나 제14조(제28조 제9항에서 준용하는 경우를 포함한다)에 따라 포장되지 아니하고 유통되고 있는 경우
      2. 청소년에게 유해한지에 대하여 각 심의기관의 심의를 받지 아니하고 유통되고 있는 매체물로서 청소년유해매체물로 결정된 경우

제59조(벌칙) 다음 각 호의 어느 하나에 해당하는 자는 2년 이하의 징역 또는 1천만 원 이하의 벌금에 처한다.
   1. 제13조 제1항 및 제28조 제6항을 위반하여 청소년유해매체물 또는 청소년유해약물등에 청소년유해표시를 하지 아니한 자

---

64) ★ 청소년유해업소 : "청소년유해업소"는 청소년출입금지 및 청소년고용금지업소로서 법 제2조 제5호에서 규정하는 업소를 말한다.

65) ★ 청소년유해약물등 : "청소년유해약물등"이란 청소년에게 유해한 주류·담배·마약류·환각물질 등의 청소년유해약물과 청소년유해물건을 말한다. 이는 법 제2조 제4호에서 규정한다.

공익신고 포상금(보상금) 3

ㄴ, 제13조(청소년유해표시의무) ① 다음 각 호의 구분에 따른 자는 청소년유해매체물에 대하여 청소년에게 유해한 것임을 나타내는 표시(이하 "청소년유해표시"라 한다)를 하여야 한다. 다만, 다른 법령에서 청소년유해표시를 하여야 할 자를 따로 정한 경우에는 해당 법령에서 정하는 바에 따른다.

1. 청소년유해매체물이 「영화 및 비디오물의 진흥에 관한 법률」에 따른 영화인 경우 : 「영화 및 비디오물의 진흥에 관한 법률」 제2조 제9호 라목에 따른 영화상영업자
2. 청소년유해매체물이 「영화 및 비디오물의 진흥에 관한 법률」에 따른 비디오물인 경우 : 해당 비디오물을 제작·수입·복제한 자 또는 제공하는 자
3. 청소년유해매체물이 「게임산업진흥에 관한 법률」에 따른 게임물인 경우 : 해당 게임물을 제작·수입·복제한 자 또는 제공하는 자
4. 청소년유해매체물이 「음악산업진흥에 관한 법률」에 따른 음반, 음악파일, 음악영상물 및 음악영상파일인 경우 : 해당 음반, 음악파일, 음악영상물 및 음악영상파일을 제작·수입·복제한 자 또는 제공하는 자
5. 청소년유해매체물이 「공연법」에 따른 공연(국악공연은 제외한다)인 경우 : 「공연법」 제2조 제3호에 따른 공연자 중 공연을 주재하는 자
6. 청소년유해매체물이 「전기통신사업법」에 따른 전기통신을 통한 부호·문언·음향 또는 영상정보인 경우 : 해당 부호·문언·음향 또는 영상정보를 제공하는 자
7. 청소년유해매체물이 「방송법」에 따른 방송프로그램인 경우 : 「방송법」 제2조 제3조에 따른 방송사업자
8. 청소년유해매체물이 「신문 등의 진흥에 관한 법률」에 따른 신문, 인터넷신문인 경우 : 「신문 등의 진흥에 관한 법률」 제2조 제7호에 따른 발행인
9. 청소년유해매체물이 「잡지 등 정기간행물의 진흥에 관한 법률」에 따른 잡지, 정보간행물, 전자간행물, 기타간행물인 경우 : 해당 잡지, 정보간행물, 전자간행물, 기타간행물을 제작·수입·발행한 자 또는 제공하는 자
10. 청소년유해매체물이 「출판문화산업 진흥법」에 따른 간행물, 전자출판물, 외국간행물인 경우 : 해당 간행물, 전자출판물, 외국간행물을 제작·수입·발행한 자 또는 제공하는 자
11. 청소년유해매체물이 광고선전물 중 간행물에 포함된 것인 경우 : 해당 간행물의 표시의무자

ㄴ, 제28조(청소년유해약물등의 판매·대여 등의 금지) ⑥ 다음 각 호의 어느 하나에 해당하는 자는 청소년유해약물등에 대하여 청소년유해표시를 하여야 한다.

1. 청소년유해약물을 제조·수입한 자
2. 청소년유해물건을 제작·수입한 자

III. 개별 법률 분석

2. 제14조(제28조 제9항에서 준용하는 경우를 포함한다)를 위반하여 청소년유해매체물 또는 청소년유해약물등을 포장하지 아니한 자

ㄴ 제14조(포장의무) ① 청소년유해매체물은 포장하여야 한다. 이 경우 매체물의 특성으로 인하여 포장할 수 없는 것은 포장에 준하는 보호조치를 마련하여 시행하여야 한다.
② 제1항에 따라 포장하여야 할 매체물의 종류, 포장에 준하는 보호조치, 포장의무자, 포장방법, 그 밖에 포장에 필요한 사항은 대통령령으로 정한다.

ㄴ "포장하여야 할 청소년유해매체물"은 다음 각 호의 어느 하나에 해당하는 것으로 한다. 다만, 해당 매체물을 대여하여 반환받는 것에 대하여는 그러하지 아니하다(시행령 제14조 제1항).

ㄴ "포장하여야 할 의무자"는 이를 발행하거나 제작·수입한 자로 한다(시행령 제14조 제2항).

ㄴ 청소년유해매체물의 포장은 포장에 이용된 용지 등을 뜯거나 훼손하지 아니하고는 그 내용물을 열람할 수 없는 방법으로 하여야 한다. 이 경우 청소년보호위원회 및 각 심의기관이 청소년매체물의 겉표지가 법 제9조에 따른 심의기준에 따라 청소년에게 유해한 것으로 따로 결정하여 여성가족부장관이 고시하는 매체물에 대해서는 제호[66]를 제외한 겉표지의 내용이 보이지 아니하도록 불투명한 용지를 사용하여 포장하여야 한다(시행령 제14조 제4항).

ㄴ "포장에 준하는 보호조치를 하여야 할 청소년유해매체물"은 법 제2조 제2호 마목에 따른 전자간행물, 같은 호 사목에 따른 인터넷신문·인터넷뉴스서비스, 같은 호 아목에 따른 전자간행물 및 같은 호 자목에 따른 전자출판물 등 전자적 형태로 정보통신망을 통하여 유통되는 것을 말한다(시행령 제15조 제1항).

ㄴ "보호조치를 하여야 하는 자"는 영리를 목적으로 「전기통신사업법」 제2조 제8호에 따른 전기통신사업자가 제공하는 전기통신역무를 이용하여 전자적 형태의 청소년유해매체물을 제공하거나 제공을 매개하는 자로 한다(시행령 제15조 제2항).

ㄴ 포장에 준하는 보호조치는 법 제16조 제1항에 따라 매체물 이용자의 나이 및 본인 여부를 확인하기 전에 제공되는 매체물의 정보를 통하여 청소년에게 유해한 부호·문언·음향 또는 영상정보 등이 제공되지 않도록 하는 것으로 한다(시행령 제15조 제3항).

---

66) ★ 제호 : "제호"는 법 제9조 제1항 제1호부터 제6호까지를 말한다. "제9조 제1항 각 호"라고 규정하였더라면 더 좋았을 것이다.

3. 제18조를 위반하여 청소년유해매체물을 방송한 자
   ㄴ 제18조(방송시간 제한) 청소년유해매체물로서 제2조 제2호 바목에 해당하는 매체물과 같은 호 차목·카목에 해당하는 매체물 중 방송을 이용하는 매체물은 대통령령으로 정하는 기간에는 방송하여서는 아니 된다.

4. 제19조 제1항을 위반하여 청소년유해매체물로서 제2조 제2호 차목에 해당하는 매체물 중 「옥외광고물 등 관리법」에 따른 옥외광고물을 청소년 출입·고용금지업소 외의 업소나 일반인들이 통행하는 장소에 공공연하게 설치·부착 또는 배포한 자 또는 상업적 광고선전물을 청소년의 접근을 제한하는 기능이 없는 컴퓨터통신을 통하여 설치·부착 또는 배포한 자

5. 제26조를 위반하여 심야시간대에 16세 미만의 청소년에게 인터넷게임을 제공한 자
   ㄴ 인터넷게임의 제공자는 16세 미만의 청소년에게 오전 0시부터 오전 6시까지 인터넷게임을 제공하여서는 아니 된다.

6. 제28조 제1항을 위반하여 청소년에게 제2조 제4호 가목 1)·2)의 청소년유해약물을 판매·대여·배포(자동기계장치·무인판매장치·통신장치를 통하여 판매·대여·배포한 경우를 포함한다)하거나 영리를 목적으로 무상제공한 자
   ㄴ 제28조 제2항은 누구든지 청소년에게 청소년의 의뢰를 받아 청소년유해약물등을 구입하여 청소년에게 제공할 수 없다고 규정하였다.
   ㄴ 제2조 제4호 가목 1)과 2)는 주류와 담배를 말한다.

7. 제28조 제2항을 위반하여 청소년의 의뢰를 받아 제2조 제4호 가목 1)·2)의 청소년유해약물을 구입하여 청소년에게 제공한 자

7의2. 제28조 제4항을 위반하여 주류등의 판매·대여·배포를 금지하는

III. 개별 법률 분석

내용을 표시하지 아니한 자

ㄴ. 제28조(청소년유해약물등의 판매·대여 등의 금지) ④ 다음 각 호의 어느 하나에 해당하는 자가 청소년유해약물 중 주류나 담배(이하 "주류등"이라 한다)를 판매·대여·배포하는 경우 그 업소(자동기계장치·무인판매장치를 포함한다)에 청소년을 대상으로 주류등의 판매·대여·배포를 금지하는 내용을 표시하여야 한다. 다만, 청소년 출입·고용금지업소는 제외한다.
   1. 「주세법」에 따른 주류소매업의 영업자
   2. 「담배사업법」에 따른 담배소매업의 영업자
   3. 그 밖에 대통령령으로 정하는 영업자
      ㄴ. 대통령령은 규정한 사항이 없다.

8. 제29조 제2항을 위반하여 청소년을 <u>청소년 출입·고용금지업소[67]</u>에 출입시킨 자
   ㄴ. 청소년 출입·고용금지업소의 업주와 종사자는 출입자의 나이를 확인하여 청소년이 그 업소에 출입하지 못하게 하여야 한다.

9. 제29조 제5항을 위반하여 청소년유해업소에 청소년의 출입과 고용을 제한하는 내용을 표시하지 아니한 자
   ㄴ. 청소년유해업소의 업주와 종사자는 그 업소에 대통령령으로 정하는 바에 따라 청소년의 출입과 고용을 제한하는 내용을 표시하여야 한다.
      ㄴ. 청소년 출입·고용금지업소(청소년실을 갖춘 노래연습장업소를 제외한다)의 업주 및 종사자는 해당 업소의 출입구 중 가장 잘 보이는 곳에 별표8에 따른 방법으로 청소년의 출입·이용과 고용을 제한하는 내용의 표지를 부착하여야 한다(시행령 제28조).

제60조(벌칙) 제15조(제28조 제9항에서 준용하는 경우를 포함한다)를 위반하여 청소년유해매체물이나 청소년유해약물등의 청소년유해표시 또

---

[67] ★ 청소년 출입·고용금지업소 : 이는 법 제2조 제5호에서 규정하는 청소년유해업소 중 청소년고용금지업소를 제외한 업소로서 같은 호 가목에 해당하는 업소를 말한다.

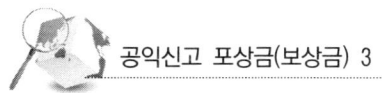
공익신고 포상금(보상금) 3

는 포장을 훼손한 자는 500만 원 이하의 벌금에 처한다.

제61조(벌칙) 제43조에 따른 관계 공무원의 검사 및 조사를 거부·방해 또는 기피한 자는 300만 원 이하의 벌금에 처한다.

제62조(양벌규정) 법인의 대표자나 법인 또는 개인의 대리인, 사용인, 그 밖의 종업원이 그 법인 또는 개인의 업무에 관하여 제55조부터 제57조까지의 어느 하나에 해당하는 위반행위를 하면 그 행위자를 벌하는 외에 그 법인 또는 개인을 5천만 원 이하의 벌금에 처하고, 제58조부터 제61조까지의 어느 하나에 해당하는 위반행위를 하면 그 행위자를 벌하는 외에 그 법인 또는 개인에게도 해당 조문의 벌금형을 과한다. 다만, 법인 또는 개인이 그 위반행위를 방지하기 위하여 해당 업무에 관하여 상당한 주의와 감독을 게을리하지 아니한 경우에는 그러하지 아니하다.

제64조(과태료) ① 제45조 제1항 제1호·제2호·제7호·제7호의2·제8호에 대한 시정명령을 이행하지 아니한 자에게는 500만 원 이하의 과태료를 부과한다.

┗ 제45조(시정명령) ① 여성가족부장관 또는 시장·군수·구청장은 다음 각 호의 어느 하나에 해당하는 자에게 그 시정을 명할 수 있다.
  1. 제13조 제1항 및 제28조 제6항을 위반하여 청소년유해매체물 또는 청소년유해약물등에 청소년유해표시를 하지 아니한 자
  2. 제14조(제28조 제9항에서 준용하는 경우를 포함한다)를 위반하여 청소년유해매체물 또는 청소년유해약물등을 포장하지 아니한 자
  7. 제19조 제1항을 위반하여 청소년유해매체물로서 제2조 제2호 차목에 해당하는 매체물 중 「옥외광고물 등 관리법」에 따른 옥외광고물을 청소년 출입·고용금지업소 외의 업소나 일

III. 개별 법률 분석

반인들이 통행하는 장소에 공공연하게 설치·부착 또는 배포한 자 또는 상업적 광고선전물을 청소년의 접근을 제한하는 기능이 없는 컴퓨터통신을 통하여 설치·부착 또는 배포한 자

7의2. 제28조 제4항을 위반하여 주류등의 판매·대여·배포를 금지하는 내용을 표시하지 아니한 자

8. 제29조 제5항을 위반하여 청소년유해업소어 청소년의 출입과 고용을 제한하는 내용을 표시하지 아니한 자

↳ 법 제64조 제1항에 의하여 과태료를 부과하는 위반행위인 제45조 제1항 각 호의 행위 중 위에서 열거한 행위들은 형사처벌과는 별도의 명령을 말하는 것이며, 형사처벌을 받았는지와 무관하게 명령에 따르지 아니한 행위 자체어 대하여 과태료를 부과하는 규정이다.

제54조(과징금) ① 여성가족부장관은 제2조 제2호 사목·아목에 따른 매체물을 발행하거나 수입한 자가 제9조 제1항 각 호의 심의기준에 저촉되는 매체물을 제13조 및 제14조에 준하는 청소년유해표시 또는 포장을 하지 아니하고 해당 청소년유해매체물의 결정·고시 전에 유통하였거나 유통 중일 때에는 그 매체물을 발행하거나 수입한 자에게 2천만 원 이하의 과징금을 부과·징수할 수 있다.

제49조(신고) ① 다음 각 호의 어느 하나에 해당하는 경우에는 누구든지 그 사실을 시장·군수·구청장에게 신고하여야 한다.

1. 청소년에게 유해하다고 생각되는 매체물과 약물 등이 청소년에게 유통되고 있는 것을 발견하였을 때
2. 청소년에게 유해한 업소에 청소년이 고용되어 있거나 출입하고 있는 것을 발견하였을 때
3. 그 밖에 이 법을 위반하는 사실이 있다고 인정할 때

② 시장·군수·구청장은 제1항에 따른 신고의 활성화를 위하여 필요

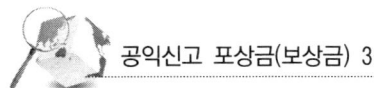 공익신고 포상금(보상금) 3

한 시책을 시행하여야 하며 필요한 경우 신고자 포상 등을 할 수 있다.

ㄴ 포상금에 관한 내용은 졸고 제1권 〈신고포상금〉에서 소개하였다.

제150장 청소년활동진흥법

제1절 법률의 이해

「청소년활동진흥법」은 「청소년기본법」 제47조 제2항에 따라 다양한 청소년활동을 적극적으로 진흥하기 위하여 필요한 사항을 규정한다. 「청소년기본법」 제47조 제2항은 국가 및 지방자치단체가 청소년활동을 지원해야 함에 있어 그 지원에 관한 사항은 따로 법률로 정한다고 규정하였다. 이 법의 주관부처는 여성가족부(청소년활동진흥과)이다.

"청소년활동"이란 청소년의 균형 있는 성장을 위하여 필요한 활동과 이러한 활동을 소재로 하는 수련활동·교류활동·문화활동 등 다양한 형태의 활동을 말한다. "청소년활동시설"이란 청소년수련활동, 청소년교류활동, 청소년문화활동 등 청소년활동에 제공되는 시설로서 제10조에 따른 시설을 말한다. 제10조는 청소년수련시설에 해당하는 것으로는 청소년수련관·청소년수련원·청소년문화의 집·청소년특화시설·청소년야영장·청소년유스호스텔을 규정함과 아울러 청소년수련시설이 아닌 것으로는 청소년이용시설을 규정하였다.

제2절 법령의 규정

제70조(벌칙) ① 다음 각 호의 어느 하나에 해당하는 자는 2년 이하의 징역 또는 2천만 원 이하의 벌금에 처한다.
  1. 제6조의5 제3항을 위반하여 직무상 알게 된 비밀을 누설한 자

└ 한국청소년활동진흥원에서 청소년육성에 필요한 정보 등의 종합적 관리 및 제공업무 관련 사업에 종사하는 임직원 및 임직원이었던 사람을 말한다.

2. 제11조 제3항에 따른 허가를 받지 아니하고 수련시설을 설치·운영하거나 변경한 자
3. 제22조에 따라 허가 또는 등록의 취소를 받은 자로서 계속하여 해당 수련시설을 운영한 자
4. 제48조 제2항에 따른 승인을 받지 아니하고 조성계획을 시행한 자
　└ 제48조(수련지구조성계획) ② 법인 또는 단체는 수련지구를 지정한 특별자치시장·특별자치도지사·시장·군수·구청장의 승인을 받아 대통령령으로 정하는 규모 이하의 수련지구조성계획을 수립·시행할 수 있다.
　　└ 법인 또는 단체가 수립·시행할 수 있는 조성계획은 수련지구의 면적이 300만 제곱미터 이하로 한정한다(시행령 제30조 제1항).

② 다음 각 호의 어느 하나에 해당하는 자는 1년 이하의 징역 또는 1천만 원 이하의 벌금에 처한다.

1. 제9조의6을 위반하여 이 법 또는 다른 법률에 따라 신고·등록·인가·허가를 받지 아니하고 숙박형등 청소년수련활동을 실시한 자
　└ 제9조의6(숙박형등 청소년수련활동의 제한) 이 법 또는 다른 법률에 따라 신고·등록·인가·허가를 받지 아니한 단체 및 개인은 숙박형 청소년수련활동, 비숙박형 청소년수련활동 중 제36조 제2항의 규정에 따라 참가인원이 일정기간 이상이거나 위험도가 높은 청소년수련활동을 하여서는 아니 된다. 다만, 청소년이 부모 등 보호자와 함께 참여하는 경우 및 종교단체가 운영하는 경우에는 그러하지 아니하다.
　└ 제36조(청소년수련활동의 인증절차) ① 국가와 지방자치단체 또는 개인·법인·단체 등은 청소년수련활동에 필요한 프로그램을 개발하여 실시하려는 경우에는 인증위원회에 그 인증을 신청할 수 있다.
　　② 제1항에도 불구하고 위탁·재위탁을 포함하여 여성가족부령으로 정하는 바에 따라 참가인원이 일정규모 이상이거나 위험도가 높은 청소년수련활동을 주최하려는 자는 그 청소년수련활동에 대하여 미리 인증위원회의 인증을 받아야 한다. 다만, 다음 각 호의

Ⅲ. 개별 법률 분석

어느 하나에 해당하는 단체가 회원을 대상으로 수련활동을 실시하는 경우에는 그러하지 아니하다.
  1. 「스카우트활동 육성에 관한 법률」에 따른 스카우트 주관단체
  2. 「스카우트활동 육성에 관한 법률」에 따른 걸스카우트 주관단체
  3. 「한국청소년연맹육성에 관한 법률」에 따라 운영되는 한국청소년연맹
  4. 「한국해양소년단연맹육성에 관한 법률」에 따라 운영되는 한국해양소년단연맹
  5. 「한국4에이치활동 지원법」에 따라 운영되는 4에이치활동 주관단체
  6. 「대한적십자사 조직법」에 따라 운영되는 청소년적십자
  7. 그 밖에 여성가족부령으로 정하는 단체
      ㄴ "여성가족부령으로 정하는 단체"란 「청소년기본법」 제3조 제8호의 청소년단체를 말한다(시행규칙 제13조의3).
  ㄴ 법 제36조 제2항 각 호 외의 부분 본문에 따라 인증을 받아야 하는 청소년수련활동은 다음 각 호와 같다(시행규칙 제15조의2).
      1. 청소년 참가인원이 150명 이상인 청소년수련활동
      2. 별표7의 위험도가 높은 청소년수련활동

2. 제20조의2에 따른 수련시설 운영중지 또는 활동의 중지명령을 위반한 자
3. 제39조를 위반하여 청소년수련활동을 위탁한 자
  ㄴ 제39조(청소년수련활동의 위탁제한) ① 청소년수련활동을 실시하는 자(청소년수련활동의 일부를 위탁받은 자도 포함한다)가 청소년수련활동을 위탁하려는 경우에는 이 법 또는 다른 법률에 따라 신고·등록·인가·허가를 받은 법인·단체 및 개인에게만 위탁하여야 한다.
      ② 제1항에 따라 청소년수련활동을 위탁하는 경우에도 청소년수련활동의 전부 또는 여성가족부령으로 정하는 중요 프로그램을 위탁하여서는 아니 된다.
      ㄴ "여성가족부령으로 정하는 중요 프로그램"이란 다음 각 호의 어느 하나에 해당하는 것을 말한다(시행규칙 제15조의8).
          1. 청소년수련활동의 명칭 및 구성 내용 등으로 볼 때 해당 활동을 대표하거나 활동의 주제가 되는 프로그램
          2. 운영시간이 전체 청소년수련활동 프로그램 운영시간의 2분의1 이상을 차지하는 프로그램(위탁하려는 프로그램이 둘 이상인 경우 각 프로그램 운영시간을 모두 합한 시간이 전체 청소년수련활동 프로그램 운영시간의 2분의1 이상을 차지하는 경우 그 프로그램 모두를 말한다)

공익신고 포상금(보상금) 3

제71조(양벌규정) 제70조 해당

제72조(과태료) ① 다음 각 호의 어느 하나에 해당하는 자에게는 500만 원 이하의 과태료를 부과한다.
1. 제6조의8을 위반하여 한국청소년활동진흥원 또는 이와 유사한 명칭을 사용한 자
2. 제67조 제1항에 따른 보고를 하지 아니하거나 검사를 거부·방해 또는 기피한 자

② 다음 각 호의 어느 하나에 해당하는 자에게는 300만 원 이하의 과태료를 부과한다.
1. 제9조의2 제1항을 위반하여 신고를 하지 아니하거나 거짓 또는 그 밖의 부정한 방법으로 신고한 자
   ㄴ 제9조의2(숙박형 청소년수련활동 계획의 신고) ① 숙박형 청소년수련활동 및 비숙박형 청소년수련활동(이하 "숙박형등 청소년 수련활동"이라 한다)을 주최하려는 자는 여성가족부령으로 정하는 절차와 방법에 따라 특별자치시장·특별자치도지사·시장·군수·구청장(자치구의 구청장을 말한다. 이하 같다)에게 신고하여야 한다. 다만, 다음 각 호의 경우에는 예외로 한다.
      1. 다른 법률에서 지도·감독 등을 받는 비영리법인 또는 비영리단체가 운영하는 경우
      2. 청소년이 부모 등 보호자와 함께 참여하는 경우
      3. 종교단체가 운영하는 경우
      4. 비숙박형 청소년수련활동 중 제36조 제2항에 따라 인증을 받아야 하는 활동이 아닌 경우
   ② 숙박형등 청소년수련활동을 주최하려는 자는 제1항에 따른 신고가 수리(受理)되기 전에는 모집활동을 하여서는 아니 된다.

2. 제9조의2 제2항을 위반하여 청소년수련활동의 모집을 한 자
   ㄴ 위 제1호 참조

III. 개별 법률 분석

3. 제9조의3 제2항을 위반하여 필요한 의료조치를 하지 아니한 자

   ┗ 청소년활동의 신고자는 청소년활동에 참가하는 청소년에게 질병·사고 또는 재해 등으로 인하여 의료조치가 필요하거나 참가자가 요청할 경우 응급의료기관, 의료기관 또는 약국에서 신속하고 적정한 치료를 받게 하여야 한다.

4. 제9조의5를 위반하여 표시 또는 고지를 하지 아니한 자

   ┗ 제9조의5(비숙박형 청소년수련활동 관련 정보의 표시·고지) 제9조의2에 따라 숙박형등 청소년수련활동계획의 신고가 수리된 자는 모집활동 및 계약을 할 경우 여성가족부령으로 정하는 바에 따라 다음 각 호의 사항을 표시하고 고지하여야 한다.
   1. 제36조에 따라 인증을 받은 청소년수련활동인지 여부
   2. 이 법 또는 다른 법률에 따른 안전관리기준의 충족 여부
   3. 제25조에 따른 보험 등 관련 보험의 가입 여부 및 보험의 종류와 약관

5. 제13조 제1항을 위반하여 등록을 하지 아니하고 수련시설을 운영한 자

6. 제14조 제1항을 위반하여 운영대표자를 선임하지 아니한 자(제16조 제3항에 따라 준용되는 경우를 포함한다)

   ┗ 제14조(수련시설의 운영대표자) ① 수련시설 설치·운영자 또는 제16조에 따른 위탁운영단체는 대통령령으로 정하는 자격을 갖춘 사람을 그 수련시설의 운영대표자로 선임하여야 한다. 다만, 대통령령으로 정하는 수련시설에 대해서는 운영대표자를 선임하지 아니할 수 있다.
      ┗ 본문의 "대통령령으로 정하는 자격을 갖춘 사람"의 범위는 시행령 제8조 제1항에서 규정한다.
      ┗ 단서의 "대통령령으로 정하는 시설"에 관하여서는 시행령이 규정하지 않았다.

7. 제18조의2를 위반하여 안전교육을 실시하지 아니한 자

   ┗ 수련시설 설치·운영자 또는 위탁운영단체는 수련시설의 이용자에게 여성가족부령으로 정하는 바에 따라 해당 수련시설의 이용 및 청소년수련활동에 관한 안전교육을 실시하여야 한다.

8. 제20조에 따른 시정명령을 위반한 자

   ┗ 시설기준, 안전기준 및 운영기준에 미달하는 경우의 시정명령을 말한다.

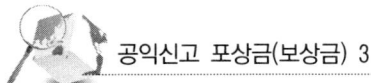

9. 제21조를 위반하여 같은 조 각 호의 행위를 한 자

  ∟ 제21조(금지행위) 수련시설 설치·운영자 또는 위탁운영단체는 다음 각 호의 행위를 하여서는 아니 된다.
    1. 정당한 사유 없이 청소년의 수련시설 이용을 제한하는 행위
    2. 청소년활동이 아닌 용도로 수련시설을 이용하는 행위. 다만, 대통령령으로 정하는 용도로 이용하는 경우는 제외한다.
    3. 청소년단체가 아닌 자에게 수련시설을 위탁하여 운영하게 하는 행위

10. 제25조를 위반하여 보험에 가입하지 아니한 자
11. 제27조 제1항에 따른 신고를 하지 아니하고 수련시설을 휴지(休止), 재개(再開) 또는 폐지한 자
12. 제38조를 위반하여 인증을 받지 아니하고 인증수련활동이나 청소년수련활동의 인증 등 인증을 받았음을 나타내는 표시를 하거나 이와 유사한 표시를 한 자

제151장 초고층 및 지하연계 복합건축물 재난관리에 관한 특별법

제1절 법률의 이해

이 법은 초고층 및 지하연계 복합건축물과 그 주변지역의 재난관리를 위하여 재난의 예방·대비·대응 및 지원 등에 필요한 사항을 정하는 것 등을 목적으로 한다. 이 법의 주관부서는 소방방재청 소방제도과이다.

"초고층건축물"이란 「건축법」 제84조의 규정을 기준으로 층수가 50층 이상이거나 높이가 200미터 이상인 건축물을 말한다(제2조 제1호).

"지하연계 복합건축물"이란 다음 각 목의 요건을 모두 갖춘 것을 말한다(제2조 제2호).

가. 층수가 11층 이상이거나 1일 수용인원이 5천 명 이상인 건축물로서 지하부분이 지하역사 또는 지하도상가와 연결된 건축물

나. 건축물 안에 「건축법」 제2조 제2항 제5호에 따른 문화 및 집회시설, 같은 항 제7호에 따른 판매시설, 같은 항 제8호에 따른 운수시설, 같은 항 제14호에 따른 업무시설, 같은 항 제15호에 따른 숙박시설, 같은 항 제16호에 따른 위탁시설 중 유원시설업의 시설 또는 대통령령으로 정하는 용도의 시설이 하나 이상 있는 건축물

ㄴ. "대통령령으로 정하는 용도의 시설"에 관하여 시행령은 규정하지 않았다.

제2절 법령의 규정

제29조(벌칙) 제18조를 위반하여 피난안전구역을 설치 · 운영하지 아니한 자 또는 폐쇄 · 차단 등의 행위를 한 자는 5년 이하의 징역 또는 3천만 원 이하의 벌금에 처한다.

ㄴ. 제18조(피난안전구역의 설치) ① 초고층건축물 등의 관리주체는 그 건축물 등에 재난발생 시 상시근무자, 거주자 및 이용자가 대피할 수 있는 피난안전구역을 설치 · 운영하여야 한다.
② 제1항에 따른 피난안전구역의 기능과 성능에 지장을 초래하는 폐쇄 · 차단 등의 행위를 하여서는 아니 된다.
③ 피난안전구역의 설치 · 운영 기준 및 규모는 대통령령으로 정한다.
ㄴ. 피난안전구역의 설치 기준 등은 시행령 제14조에서 규정하였다.

제30조(벌칙) 제20조를 위반하여 설계도서를 비치하지 아니한 자는 2년 이하의 징역 또는 2천만 원 이하의 벌금에 처한다.

ㄴ. 제20조(설계도서의 비치 등) 초고층건축물 등의 관리주체는 제16조에 따른 종합방재실에 재난예방 및 대응을 위하여 안전행정부령으로 정하는 설계도서를 비치하여야 하며, 관계 기관이 열람을 요구할 때에는 이에 응하여야 한다.

제31조(벌칙) 다음 각 호의 어느 하나에 해당하는 자는 1천만 원 이하의 벌금에 처한다.
1. 제25조를 위반하여 정당한 사유 없이 관계 공무원의 출입 또는 점검업무를 거부 · 방해 또는 기피한 자
2. 제26조를 위반하여 보고 또는 자료제출을 하지 아니하거나 거짓으로 보고 또는 자료제출을 한 자 또는 정당한 사유 없이 관계 공무원의 출입 또는 조사업무를 거부 · 방해 또는 기피한 자

III. 개별 법률 분석

제32조(벌칙) 제25조 제3항을 위반하여 관계인의 정당한 업무를 방해하거나 점검업무를 수행하면서 알게 된 비밀을 누설한 자는 300만 원 이하의 벌금에 처한다.

제33조(과태료) 다음 각 호의 어느 하나에 해당하는 자에게는 500만 원 이하의 과태료를 부과한다.
1. 제10조 제1항을 위반하여 재난예방 및 피해경감계획을 제출하지 아니한 자
2. 제11조 제1항을 위반하여 재난 및 안전관리협의회를 구성 또는 운영하지 아니한 자
3. 제22조 제1항을 위반하여 초기대응대를 구성 또는 운영하지 아니한 자

제34조(과태료) 다음 각 호의 어느 하나에 해당하는 자에게는 300만 원 이하의 과태료를 부과한다.
1. 제12조 제1항을 위반하여 총괄재난관리자를 지정하지 아니한 자
2. 제14조 제1항을 위반하여 교육 또는 훈련을 실시하지 아니한 자
   ↳ 초고층건축물 등의 관리주체는 관리인, 상시근무자 및 거주자에게 재난 및 테러 등에 대한 교육·훈련(입점자의 피난유도와 이용자의 대피를 위한 훈련을 포함한다)을 실시하여야 한다. 이 경우 관리주체가 상시근무자나 거주자를 대상으로 소화·피난 등의 훈련과 방화관리상 필요한 교육을 실시하는 경우에는 「소방시설설치유지 및 안전관리에 관한 법률」 제22조에 따른 소방훈련 또는 교육을 실시한 것으로 본다.
3. 제19조 제3항을 위반하여 신고하지 아니한 자
   ↳ 유해·위험물질의 관리 등에 관한 소방서장에 대한 신고를 말한다.

제152장 초지법

제1절 법률의 이해

「초지법」은 초지(草地)의 조성·관리·이용 및 보전에 관한 사항을 규정함으로써 축산진흥을 도모하고자 한다. 이 법의 주관부처는 농림축산식품부(방역관리과)이다.

이 법에서 말하는 "초지"란 다년생개량목초의 재배에 이용되는 토지 및 사료작물재배지와 목장도로·진입도로·축사 및 농림축산식품부령으로 정하는 부대시설을 위한 토지를 말한다. "부대시설"의 범위는 시행규칙 제2조에서 규정한다.

제2절 법령의 규정

제30조(벌칙) 제23조 제2항 또는 제3항을 위반하여 허가를 받지 아니하거나 신고를 하지 아니하고 초지를 전용하거나 부정한 방법으로 초지의 전용허가를 받은 자는 1년 이하의 징역 또는 그 사실이 확인된 연도의 초지조성단가에 전용한 부분의 면적(제곱미터)을 곱하여 산출한 금액의 3배 이하의 벌금에 처한다.

제31조(벌칙) 제21조의2 각 호의 어느 하나의 규정을 위반한 자는 500만 원 이하의 벌금에 처한다.

└ **제21조의2(초지에서의 행위제한)** 제5조에 따른 허가를 받아 조성된 초지에서는 시장·군수·구청장의 허가를 받지 아니하고는 다음 각 호의 행위를 하여서는 아니 된다.

1. 토지의 형질변경 및 인공구조물의 설치

III. 개별 법률 분석

2. 분묘(墳墓)의 설치
3. 토석의 채취 및 반출
4. 그 밖에 초지이용에 지장을 주는 행위로서 농림축산식품부령으로 정하는 행위
   ↳ 시행규칙은 별도의 제한행위를 규정하지 않았다.

제32조(양벌규정) 제30조 및 제31조 해당

〔「초지법」은 법률의 입법 목적과 법률 전체의 규정취지 등에 비추어볼 때 완비된 법률이라고 평가하기 어렵습니다. 일반적으로 행정법규들은 국민이 어떤 행위를 함에 있어 허가·신고·등록 등을 하도록 명령하는 경우에, 이러한 명령을 위반하는 행위를 하면 반드시 그 행위에 대하여는 제재를 합니다. 그렇게 해야만 행정목적을 달성할 수 있기 때문입니다. 그러나 「초지법」은 초지를 조성하고자 하는 사람에게 제5조에서 허가를 받도록 명령을 하였음에도 불구하고 이를 위반하여 허가를 받지 아니한 채 초지를 조성한 사람에게는 이 법으로는 어떤 제재도 할 수 없을 뿐만 아니라 행정기관에서 취할 수 있는 조치도 없다는 특징이 있습니다. 따라서 편저가가 다음과 같은 법령 정비의견을 농림축산식품부장관에게 제출하였습니다. 법령뿐만 아니라 제도개선 등의 의견을 제출하실 때 참고하시기 바랍니다.〕

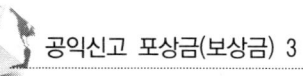
공익신고 포상금(보상금) 3

법령 정비에 관한 제안

1. 제목 : 「초지법」에 벌칙의 신설 등 법률 정비 의견

2. 관계 행정기관의 명칭 : 농림축산식품부

3. 제안자 : 최 종 배

4. 현황 및 문제점

「초지법」(이하 "법"이라고 줄여 씀) 제2조(정의) 제1호의 규정에 의하면 "초지"는 법 제5조의 규정에 의한 초지조성허가를 받지 아니하고 조성하더라도 초지에 해당합니다. 법 제5조 제1항의 규정에 의하면 초지를 조성하려는 자는 대통령령으로 정하는 바에 따라 해당 토지의 소재지를 관할하는 시장·군수·구청장에게 초지조성허가를 신청하여야 합니다.

일반적으로 행정 목적을 달성하기 위한 법률에서 허가·인가·신고·등록 등을 하도록 명할 때에는 그 명령을 따르지 않는 자에게 일정한 제재를 합니다. 그 제재의 유형은 형벌, 과태료, 행정명령 또는 행정대집행 등이 됩니다.

이 법은 제5조 제1항을 위반한 사람에게는 아무런 제재를 가할 수 없습니다. 또한 제27조의 규정에 의한 원상회복 명령 등도 초지 조성허가를 받은 사람만을 그 대상으로 하고 있습니다.

그렇다면 법 제5조에 의한 허가를 신청하지도 아니하고, 법 제20조에 의하여 허가가 의제되지도 하니 하는 - 이른바 불법 내지 무단으로 초지를 조성하는 경우 - 초지 조성 행위자는 아무런 제재를 받지 아니하는 반면 성실하게 법률의 명령에 따라 허가를 받아 초지를 조성한 사람만 행위제한 등의 제재 및 원상회복명령 등을 부과 받는 이상한 결과가 됩니다.

물론 이 법에 의한 허가를 받지 아니하고 초지를 조성하는 경우 그 행위는 「농지법」, 「산지관리법」 등 다른 법률의 규정을 위반하여 처벌 등을 받을 가능성이 있기는 하지만, 다른 법률에도 저촉되지 않는다면 이 법에 의한 초지조성허가를 받는 것을 꺼릴 가능성이 있다고 보아야 할 것입니다.

만약 이 법이 허가를 받아 조성한 초지만을 관리의 대상으로 삼으려고 한 취지라면 "초지"의 정의를 규정한 법 제2조 제1호에서 그 취지와 관련한 내용을 포함하여야 옳다고 생각합니다.

이 법은 1969년부터 시행된 이래 40회에 걸쳐 개정이 되었는데, 그동안 제안자가 제기하는 문제점이 발견되지 않았는지 의문을 갖지 아니할 수 없습니다.

5. 개선방안 및 기대효과

「초지법」의 전체 규정 등에 비추어보면 이 법은 국민에게 어떠한 혜택만을 주기 위한 목적으로 제정된 이른바 "수혜적(受惠的) 법률"이라기보다는 행정목적의 달성을 위한 규제적인 내용임을 알 수 있습니다.

그런데 법률이 법률에서 규정하는 명령에 따르지 아니하는 사람에게 제재를 가할 수 없다면 그 법률의 입법목적은 실효성을 거두는 것이 쉽지 않다고 보아야 합니다. 따라서 이 법은 제안자가 지적한 문제점을 보완하여 국민의 법감정을 제고할 필요가 있다고 생각됩니다. 이른바 탈법행위(脫法行爲)의 여지를 차단하여야만 법의 존엄성이 유지될 수 있을 것입니다. 바쁘신 공무수행 중에도 재검토를 하시면 좋을 것으로 생각하여 제안을 합니다. 감사합니다.

농림축산식품부장관 귀하

III. 개별 법률 분석

제153장 축산물위생관리법

제1절 법률의 이해

「축산물위생관리법」은 축산물의 위생적인 관리와 그 품질 향상을 도모하기 위하여 가축의 사육·도살·처리와 축산물의 가공·유통 및 검사에 필요한 사항을 정하는 것 등을 목적으로 한다. 이 법의 주관부서는 식품의약품안전처(농축수산물정책과)이다.

이 법의 적용을 받는 "가축"이란 소·말·양·염소·돼지(사육하는 멧돼지를 포함한다)·닭·오리·사슴·토끼·칠면조·거위·메추리·꿩 및 당나귀를 말한다. 여기에 "개"는 포함되지 않는다. 그리고 "축산물"이란 식육·포장육·원유(原乳)·식용란(食用卵)·식육가공품·유가공품 및 알가공품을 말한다. 축산물에 관하여 이 법에 규정이 없는 것은 「식품위생법」을 적용한다.

제2절 법령의 규정

제45조(벌칙) ① 다음 각 호의 어느 하나에 해당하는 자는 10년 이하의 징역 또는 1억 원 이하의 벌금에 처한다.
1. 제7조 제1항을 위반하여 허가받은 작업장이 아닌 곳에서 가축을 도살·처리한 자
2. 제7조 제5항을 위반하여 가축을 도살·처리하여 식용으로 사용하거나 판매한 자

└ 제7조(가축의 도살 등) ① 가축의 도살·처리, 집유(集乳), 축산물의 가공·포장 및 보관은 제22조 제1항에 따라 허가받은 작업장에서 하여야 한다. 다만, 다음 각 호의 어느 하나에 해당하는 경우에는 그러하지 아니하다. (각 호 생략)
⑤ 제1항 각 호 외의 부분 본문에도 불구하고 부상 등 대통령령으로 정하는 경우를 제외한 기립불능(起立不能) 가축은 도살·처리하여 식용으로 사용하거나 판매하여서는 아니 된다.
　└ "대통령령으로 정하는 경우"란 다음 각 호의 어느 하나의 원인으로 기립불능이 된 가축의 경우를 말한다(시행령 제12조의2 제1항).
　　1. 부상(負傷)
　　2. 난산(難産)
　　3. 산욕마비(産褥痲痺)
　　4. 급성고창증

3. 제10조를 위반하여 가축 또는 식육에 대하여 부정행위를 한 자
└ 누구든지 가축에 강제로 물을 먹이거나 식육에 물을 주입하는 등 부정한 방법으로 중량 또는 용량을 늘리는 행위를 하여서는 아니 된다.

4. 제11조 제1항을 위반하여 가축에 대한 검사관의 검사를 받지 아니한 자
└ 제11조(가축의 검사) ① 제21조 제1항에 따른 도축업의 영업자는 작업장에서 도살·처리하는 가축에 대하여 제13조 제1항에 따라 임명·위촉된 검사관의 검사를 받아야 한다.

5. 제15조의2 제1항에 따른 금지조치를 위반하여 축산물을 수입·판매하거나 판매할 목적으로 가공·포장·보관·운반 또는 진열한 자

6. 제22조 제1항을 위반하여 영업허가를 받지 아니하거나 제22조 제2항을 위반하여 변경허가를 받지 아니하고 영업을 한 자

6의2. 제32조 제1항 제1호를 위반한 자
└ 제32조(허위표시 등의 금지) ① 누구든지 축산물의 명칭, 제조방법, 성분, 영양가, 원재료, 용도 및 품질과 포장에 있어서 다음 각 호의 어느 하나에 해당하는 허위·과대·비방의 표시·광고 또는 과대포장을 하여서는 아니 된다.
　1. 질병의 예방 및 치료에 효능·효과가 있거나 의약품 또는 건강기능식품으로 오인·혼동할 우려가 있는 내용의 표시·광고

III. 개별 법률 분석

   2. 사실과 다르거나 과장된 표시·광고
   3. 소비자를 기만하거나 오인·혼동시킬 우려가 있는 표시·광고
   4. 다른 업체 또는 그 제품을 비방하는 광고
② 제1항에 따른 허위표시, 과대광고, 비방광고 또는 과대포장의 범위와 그 밖에 필요한 사항은 총리령으로 정한다.

↳ 시행규칙 제52조(허위표시 등의 범위와 적용) ① 법 제32조에 따른 허위표시 및 과대광고의 범위는 용기·포장 및 라디오·텔레비전·신문·잡지·음악·영상·인쇄물·간판·인터넷, 그 밖의 방법으로 축산물의 명칭·제조방법·품질·영양가·원재료·성분 또는 사용에 대한 정보를 나타내거나 알리는 행위 중 다음 각 호의 어느 하나에 해당하는 것으로 한다.

  1. 법 제15조에 따라 수입신고한 사항 또는 법 제22조, 제24조 및 제25조에 따라 허가받은 사항이나 신고 또는 보고한 사항과 다른 내용의 표시·광고
  2. 질병의 치료에 효능이 있다는 내용의 표시·광고
  3. 의약품으로 오인할 우려가 있는 내용의 표시·광고
  4. 축산물의 명칭, 제조방법, 품질·영양표시, 원재료 또는 성분, 그 밖의 해당 제품의 사실과 다른 표시·광고
  5. 가축이 먹는 사료·물에 첨가한 성분의 효능·효과나 축산물을 가공할 때 사용한 원재료 또는 성분의 효능·효과를 해당 축산물의 효능·효과로 오인 또는 혼동하게 할 우려가 있는 표시·광고
  6. 제조연월일, 유통기한, 산란일, 그 밖에 제조나 유통에 관한 날짜를 표시함에 있어서 사실과 다른 내용의 표시·광고
  7. 제조방법에 관하여 연구 또는 발견한 사실로서 축산가공학·영양학·수의공중보건학 등의 분야에서 공인된 사항 외의 표시·광고. 다만, 제조방법에 관하여 연구 또는 개발한 사실로서 축산가공학·영양학·수의공중보건학 등에 관한 문헌을 인용하여 문헌의 내용을 정확히 표시하고 연구자의 성명·문헌명·발표연월일을 명시하는 표시·광고는 제외한다.
  8. 각종 감사장·상장 또는 체험기 등을 이용하거나 "인증"·"보증" 또는 "추천"을 받았다는 내용을 사용하거나 이와 유사한 내용을 표현하는 표시·광고. 다만, 다음 각 목의 어느 하나에 해당하는 사실을 이용하는 표시·광고는 제외한다.
    가. 「정부표창규정」에 따라 제품과 직접 관련하여 상장을 받은 사실
    나. 「정부조직법」 제2조부터 제4조까지의 규정에 따른 중앙행정기관·특별지방행정기관 및 그 부속기관, 「지방자치법」 제2조에 따른 지방자치단체 또는 「공공기관

의 운영에 관한 법률」 제4조에 따른 공공기관으로부터 인증·보증을 받은 사실 다. 「식품산업진흥법」 제22조에 따른 전통식품 품질인증 등 다른 법에 따라 인증·보증을 받은 사실

9. 외국어의 사용 등으로 외국제품으로 혼동할 우려가 있는 표시·광고 또는 외국과 기술제휴한 것으로 혼동할 우려가 있는 내용의 표시·광고. 다만, 법령에 따라 위국상표를 사용하였거나 기술제휴한 것은 제외한다.
10. 다른 업소의 제품을 비방하거나 비방하는 것으로 의심되는 표시·광고이거나 제품의 제조방법·품질·영양가·원재료·성분 또는 효과와 직접 관련이 적은 내용 또는 사용하지 않은 내용을 강조함으로써 다른 업소의 제품을 간접적으로 다르게 인식되게 하는 표시·광고
11. "한방"·"특수제법"·"주문쇄도" 등의 모호한 표현으로 소비자를 현혹시키거나 현혹시킬 우려가 있는 표시·광고
12. <u>미풍양속[68]</u>을 해치거나 해칠 우려가 있는 도안·사진·음향 등을 사용하는 표시·광고
13. 법 제9조 제2항에 따라 작성·운용하고 있는 자체안전관리인증기준과 다른 내용의 표시·광고 또는 자체안전관리인증기준을 작성·운용하고 있지 아니하면서 이를 작성·운용하고 있다는 내용의 표시·광고
14. 법 제9조 제3항에 따른 안전관리인증작업장등 또는 같은 조 제4항에 따른 통합인증업체의 인증을 받지 아니하였음에도 인증을 받은 것으로 오인할 우려가 있는 내용의 표시·광고

---

68) ★ 미풍양속(美風良俗) : 국어사전적으로는 예로부터 전해오는 아름답고 좋은 풍속을 뜻한다. 제12호는 "미풍양속을 해치거나 해칠 우려가 있는 도안·사진·음향"이라고 규정하였는데, 여기에서 사용한 "미풍양속"이라는 표현만으로는 도안, 사진 또는 음향이 어떤 것일 때 미풍양속을 해치거나 해칠 우려가 있는지가 명확하지 않다. 따라서 이는 수사기관은 물론 법관으로 하여금 자의적인 해석을 가능케 하는 규정이라고 보아야 할 것이다. 국무총리는 제11호에서는 "모호한 표현으로 소비자를 현혹시키거나 현혹시킬 우려가 있는 표시나 광고"를 하면 처벌한다고 규정하였으면서도 제12호에서는 자신이 "모호한" 표현을 하는 어리석음을 저질렀다. 현재로서는 위 제12호를 위반하였다는 이유로는 그 위반행위자를 처벌할 수 없다고 본다. 따라서 편저자가 식품의약품안전처장에게 이 표현을 보완하거나 삭제하여야 한다는 의견을 제출하였다. 그 내용은 이 장의 끝에 소개한다. 이와 관련한 벌칙은 법 제45조 제3항에서 규정하였다.

Ⅲ. 개별 법률 분석

15. 판매 사례품 또는 경품 제공판매 등 사행심을 조장하는 내용의 광고. 다만, 「독점규제 및 공정거래에 관한 법률」에 따라 허용되는 경우는 제외한다.

② 제1항에 따른 허위표시·과대광고로 보지 아니하는 표시 및 광고의 범위는 별표14와 같다.

└. 별표14 〈허위표시·과대광고로 보지 아니하는 표시 및 광고의 범위〉

1. 표시(축산물의 용기·포장에 기재하는 문자·숫자 또는 도형을 말한다. 이하 같다) 및 광고(라디오, 텔레비전, 신문, 잡지, 영상, 인터넷, 제품판매와 관련한 제품설명서, 특정 회원용 제품설명서 등 인쇄물을 통한 제품선전 및 소개를 말한다. 이하 같다)

   가. 유용성

   (1) 신체조직과 기능의 일반적인 증진을 주목적으로 하는 다음의 표현 또는 이와 유사한 표현. 다만, 질병의 예방과 치료에 관한 사항을 표현할 수 없다.

   (가) 인체의 건전한 성장 및 발달과 건강한 활동을 유지하는 데 도움을 준다는 표현

   (나) 건강유지·건강증진·체력유지·체질개선·식이요법·영양보급 등의 표현

   (다) 특정 질병을 지칭하지 아니하는 단순한 권장 내용의 표현. 다만, 당뇨병·변비·암 등 특정 질병을 지칭하거나 질병(군)의 치료에 효능·효과가 있다는 내용이나 질병의 특징적인 징후 또는 증상에 대하여 효과가 있다는 등의 표현을 하여서는 아니 된다.

   (2) 영양학적으로 공인된 사실의 표현(예시 : 임신수유기 영양보급, 병 후 회복 시 영양보급, 노약자 영양보급, 환자에 대한 영양보조 등)

   (3) 제품에 함유된 주요 영양성분의 영양학적 기능·작용에 관한 표현(예시 : 비타민·칼슘·철·아미노산 등의 기능 및 작용)

   나. 용도

   (1) 제품의 제조목적이나 주용도에 따른 표시·표현(예시 : 유아식·환자식 등)

   (2) 사람의 영양보급을 목적으로 개발된 제품이라는 표현(예시 : 발육기·성장기·임신수유기·갱년기·노화기에 좋다 등)

   다. 용법·용량

   제품의 성질상 섭취방법과 섭취량을 표현하여야 할 경우 해당 제품의 영양학적 기준으로 볼 때 가장 적합하다고 생각되는 섭취방법 및 섭취량

③ 법 제32조에 따른 과대포장의 범위는 「자원의 절약과 재활용촉진에 관한 법률」 제9조에 따른 「제품의 포장·재질·포장방법에 관한 기준 등에 관한 규칙」에서 정하는 바에 따른다.

7. 제33조 제1항을 위반하여 축산물을 판매하거나 판매할 목적으로 처리·가공·포장·사용·수입·보관·운반 또는 진열한 자

ㄴ. 제33조(판매 등의 금지) ① 다음 각 호의 어느 하나에 해당하는 축산물은 판매하거나 판매할 목적으로 처리·가공·포장·사용·수입·보관·운반 또는 진열하지 못한다. 다만, 식품의약품안전처장이 정하는 기준에 적합한 경우에는 그러하지 아니하다.
  1. 썩었거나 상한 것으로서 인체의 건강을 해칠 우려가 있는 것
  2. 유독·유해물질이 들어있거나 묻어있는 것 또는 그 우려가 있는 것
  3. 병원성미생물에 의하여 오염되었거나 그 우려가 있는 것
  4. 불결하거나 다른 물질이 혼입 또는 첨가되었거나 그 밖의 사유로 인체의 건강을 해칠 우려가 있는 것
  5. 수입이 금지된 것을 수입하거나 제15조 제1항에 따라 수입신고를 하여야 하는 경우에 신고하지 아니하고 수입한 것
  6. 제16조에 따른 합격표시가 되어있지 아니한 것
  7. 제22조 제1항 및 제2항에 따라 허가를 받아야 하는 경우 또는 제24조 제1항에 따라 신고를 하여야 하는 경우에 허가를 받지 아니하거나 신고하지 아니한 자가 처리·가공 또는 제조한 것
  8. 해당 축산물에 표시된 유통기한이 지난 축산물
  9. 제33조의2 제2항에 따라 판매 등이 금지된 것

② 제1항 제6호의2, 제7호의 죄로 금고 이상의 형을 선고받고 그 형이 확정된 후 5년 이내에 다시 제1항 제6호의2, 제7호의 죄를 범한 자는 1년 이상 10년 이하의 징역에 처한다. 이 경우 그 해당 축산물을 판매한 때에는 그 소매가격의 4배 이상 10배 이하에 해당하는 벌금을 병과한다.

Ⅲ. 개별 법률 분석

③ 제32조 제1항(제1호는 제외한다)을 위반하여 허위표시, 과대광고, 비방광고 또는 과대포장을 한 자는 5년 이하의 징역 또는 5천만 원 이하의 벌금에 처한다.
┗ 제45조 제1항 제6호의2 참조

④ 다음 각 호의 어느 하나에 해당하는 자는 3년 이하의 징역 또는 5천만 원 이하의 벌금에 처한다.

1. 제4조 제5항을 위반하여 가축의 도살·처리, 집유, 축산물의 가공·포장·보존 또는 유통을 한 자
    ┗ 제4조(축산물의 기준 및 규격) ① 가축의 도살·처리 및 집유의 기준은 대통령령으로 정한다.
    ② 식품의약품안전처장은 공중위생상 필요한 경우 다음 각 호의 사항을 정하여 고시할 수 있다.
    1. 축산물의 가공·포장·보존 및 유통의 방법에 관한 기준(이하 "가공기준"이라 한다)
    2. 축산물의 성분에 관한 규격(이하 "성분규격"이라 한다)
    3. 축산물의 위생등급에 관한 기준
    ⑤ 가축의 도살·처리, 집유와 축산물의 가공·포장·보존·유통은 제1항부터 제3항까지의 규정에 따른 기준, 가공기준 및 성분규격에 따라야 한다. 판매를 목적으로 수입하는 축산물의 경우에도 같다.
    ⑥ 제1항부터 제3항까지의 규정에 따른 기준, 가공기준 및 성분규격에 맞지 아니하는 축산물은 판매하거나 판매할 목적으로 보관·운반 또는 진열하여서는 아니 된다.

2. 제4조 제6항을 위반하여 축산물을 판매하거나 판매할 목적으로 보관·운반 또는 진열한 자
    ┗ 위 제1호 참조

3. 제5조 제2항을 위반하여 그 규격 등에 적합하지 아니한 용기등을 사용한 자
    ┗ 제5조(용기등의 규격 등) ① 식품의약품안전처장은 축산물의 위생적 처리를 위하여 필요하

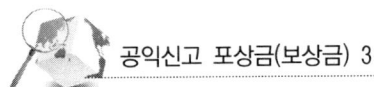
공익신고 포상금(보상금) 3

다고 인정하면 축산물에 사용하는 용기, 기구, 포장 또는 검인용·인쇄용 색소(이하 "용기등"이라 한다)에 관한 규격 등 필요한 사항을 정하여 고시할 수 있다.
② 제1항에 따라 규격 등이 정하여진 경우에는 그 규격 등에 적합한 용기등을 사용하여야 한다.

4. 제7조 제1항을 위반하여 허가받은 작업장이 아닌 곳에서 집유하거나 축산물을 가공, 포장 또는 보관한 자
5. 제12조 제1항 또는 제2항을 위반하여 식육에 대한 검사관의 검사를 받지 아니하거나 집유하는 원유에 대하여 검사관 또는 책임수의사의 검사를 받지 아니한 자
6. 제15조 제1항을 위반하여 축산물의 수입신고를 하지 아니한 자
6의2. 제15조 제3항 각 호에 해당하는 위반행위를 한 자

┗ 제15조(수입축산물의 신고 등) ③ 제1항에 따라 수입신고를 하려는 자 또는 수입신고를 한 자는 다음 각 호에 해당하는 행위를 하여서는 아니 된다.
  1. 거짓이나 그 밖에 부정한 방법으로 수입신고하는 행위
  2. 제1항에 따른 신고내용과 다른 용도로 수입축산물을 사용하거나 판매하는 행위. 다만, 제22에 따른 축산물가공업 및 식육포장처리업 영업허가를 받은 자 또는 「식품위생법」 제36조에 따른 식품제조·가공업 영업신고를 한 자가 축산물을 자사제품의 제조용 원료로 수입신고 후 총리령이 정하는 바에 따라 용도변경 승인을 받은 경우는 제외한다.
  3. 제2항에 따른 검사결과 부적합처분을 받아 수출국으로 반송되거나 다른 나라로 반출된 축산물을 재수입하는 행위
  4. 제2항 후단에 따른 수입신고 조건을 위반하는 행위
  5. 제4조 제2항에 따라 고시한 성분규격 중 총리령으로 정하는 안전성 기준에 위반되는 축산물이라는 것을 알았거나 알 수 있었음에도 불구하고 이를 수입신고하는 행위

7. 제17조를 위반하여 미검사품을 작업장 밖으로 반출한 자
8. 제18조를 위반하여 검사에 불합격한 가축 또는 축산물을 처리한 자
9. 삭제
10. 제27조 제1항부터 제3항까지의 규정에 따른 명령에 위반한 자
  ┗ 제27조는 영업허가의 취소나 영업소 폐쇄명령을 규정하였다.

III. 개별 법률 분석

11. 제31조 제2항 제1호부터 제4호까지 또는 제6호를 위반하여 영업자 및 그 종업원이 준수하여야 할 사항을 준수하지 아니한 자. 다만, 총리령으로 정하는 경미한 사항을 준수하지 아니한 자는 제외한다.
    ↳ 제31조(영업자등의 준수사항) ② 영업자 및 종업원은 영업을 할 때 위생적 관리와 거래질서 유지를 위하여 다음 각 호에 관하여 총리령으로 정하는 사항을 준수하여야 한다.
    1. 가축의 도살·처리 및 집유(集乳)에 관한 사항
    2. 가축과 축산물의 검사 및 위생관리에 관한 사항
    3. 작업장의 시설 및 위생관리에 관한 사항
    4. 축산물의 위생적인 가공·포장·보관·운반·유통·진열·판매 등에 관한 사항
    5. 축산물에 대한 거래명세서의 발급과 거래내역서의 작성·보관에 관한 사항
    6. 그 밖에 영업자 및 그 종업원이 가축 및 축산물의 위생적 관리와 거래질서 유지를 위하여 준수하여야 할 사항
    ↳ 시행규칙 제51조(영업자등의 준수사항 등) ① 법 제31조 제2항에 따라 도축업·집유업·축산물가공업 및 식육포장처리업의 영업자와 종업원이 지켜야 할 준수사항은 별표 12와 같다. (별표 생략)
    ② 법 제31조 제2항에 따라 축산물보관업·축산물운반업·축산물판매업·식품즉석판매가공업의 영업자와 종업원이 지켜야 할 준수사항은 별표13과 같다. (별표 생략)

12. 제31조 제2항 제5호를 위반하여 거래명세서를 발급하지 아니하거나 거짓으로 발급한 자
    ↳ 위 제11호 참조

13. 제31조 제2항 제5호를 위반하여 거래명세서를 작성·보관하지 아니하거나 거짓으로 작성한 자
    ↳ 위 제11호 참조

14. 삭제

15. 제36조 제1항·제2항 또는 제37조 제1항에 따른 명령을 위반한 자

└ 제36조(압류·폐기 또는 취소) ① 식품의약품안전처장, 시·도지사 또는 시장·군수·구청장은 다음 각 호의 어느 하나에 해당하는 경우에는 검사관 또는 제20조의2에 따라 임명한 축산물위생감시원에게 이를 압류 또는 폐기하게 하거나 그 축산물의 소유자 또는 관리자에게 공중위생상 위해가 발생하지 아니하도록 용도, 처리방법 등을 정하여 필요한 조치를 할 것을 명할 수 있다. (각 호 생략)
② 식품의약품안전처장, 시·도지사 또는 시장·군수·구청장은 공중위생상 위해가 발생하였거나 발생할 우려가 있다고 인정하는 경우에는 영업자에게 유통 중인 해당 축산물을 회수 또는 폐기하게 하거나 해당 축산물의 원료, 제조방법, 성분 또는 그 배합비율을 변경할 것을 명할 수 있다.

└ 제37조(공표) ① 식품의약품안전처장, 시·도지사 또는 시장·군수·구청장은 다음 각 호의 어느 하나에 해당하는 경우에 해당 영업자 등에게 그 사실의 공표를 명할 수 있다.
  1. 제31조의2 제2항에 따라 회수계획을 보고받은 경우
  2. 제36조 제2항에 따라 회수를 명령한 경우

16. 제40조의2 제4항을 위반하여 검사에 불합격한 동물 등을 처리한 자

⑤ 다음 각 호의 어느 하나에 해당하는 자는 2년 이하의 징역 또는 3천만 원 이하의 벌금에 처한다.
1. 제13조 제3항을 위반하여 책임수의사를 지정하지 아니한 자
   └ 제12조 제2항의 경우 해당 영업자는 이 법에 따른 검사 등을 하게 하기 위하여 총리령으로 정하는 바에 따라 시·도지사의 승인을 받아 소속 수의사 중에서 책임수의사를 지정하여야 한다.
      └ 제21조 제1항에 따른 집유업의 영업자는 원유에 대하여 검사관 또는 제13조 제3항에 따라 지정된 책임수의사의 검사를 받아야 한다.
2. 제13조 제4항을 위반하여 책임수의사의 업무를 방해하거나 정당한 사유 없이 책임수의사의 요청을 거부한 자
3. 제16조를 위반하여 축산물의 합격표시를 하지 아니하거나 거짓으로 합격표시를 한 자

Ⅲ. 개별 법률 분석

┗ 검사관·책임수의사 또는 영업자는 제12조에 따라 검사한 결과 검사에 합격한 축산물(원유는 제외한다)에 대하여는 총리령으로 정하는 바에 따라 합격표시를 하여야 한다.
┗ 제12조는 도축업의 영업자, 집유업의 영업자 및 축산물가공업의 영업자에게 검사의무를 부과하였다.

4. 제38조 제2항에 따른 게시문 또는 봉인을 제거하거나 손상한 자

⑥ 다음 각 호의 어느 하나에 해당하는 자는 1년 이하의 징역 또는 2천만 원 이하의 벌금에 처한다.
1. 제6조 제2항을 위반하여 그 기준에 적합한 표시를 하지 아니하거나 거짓으로 표시를 한 자. 다만, 총리령으로 정하는 경미한 사항을 적합하게 표시하지 아니한 자는 제외한다.
┗ 제6조(축산물의 표시기준) ① 식품의약품안전처장은 판매를 목적으로 하는 축산물의 표시에 관한 기준을 정하여 고시할 수 있다. 이 경우 「축산법」 제2조 제1호의2에 따른 토종가축에 대한 표시를 구분하여 정할 수 있다.
② 제1항에 따라 표시에 관한 기준이 정하여진 축산물은 그 기준에 적합한 표시를 하여야 한다. 판매를 목적으로 수입하는 축산물의 경우에도 같다.

2. 제6조 제3항을 위반하여 표시가 없는 축산물을 판매하거나 판매할 목적으로 가공·포장·보관·운반 또는 진열한 자
3. 제11조 제3항을 위반하여 검사를 거부·방해하거나 기피한 자
4. 제12조 제3항을 위반하여 검사를 하지 아니하거나 거짓으로 검사를 한 자
┗ 축산물가공업자의 검사의무를 말한다.
5. 제15조 제2항, 제19조 제1항·제2항 또는 제36조 제1항에 따른 검사·출입·수거·압류·폐기 조치를 거부·방해하거나 기피한 자
6. 제19조 제1항을 위반하여 보고를 하지 아니하거나 거짓으로 보고를 한 자
┗ 제19조(출입검사·수거) ① 식품의약품안전처장, 시·도지사 또는 시장·군수·구청장은 필

요한 경우 영업자에게 축산물의 검사결과 및 수출입 실적 등 필요한 보고를 하게 하거나 검사관 또는 관계 공무원이 영업장에 출입하여 축산물, 시설, 서류 또는 작업 상황 등을 검사하게 할 수 있으며, 검사에 필요한 최소량의 축산물을 무상으로 수거하게 할 수 있다.

7. 제21조 제1항에 따른 기준 또는 제22조 제4항에 따른 조건을 위반한 자
  ㄴ 제21조(영업의 종류 및 시설기준) ① 다음 각 호의 어느 하나에 해당하는 영업을 하려는 자는 총리령으로 정하는 기준에 적합한 시설을 갖추어야 한다.
    1. 도축업
    2. 집유업
    3. 축산물가공업
    4. 식육포장처리업
    5. 축산물보관업
    6. 축산물운반업
    7. 축산물판매업
    8. 그 밖에 대통령령으로 정하는 영업
      ㄴ 영업의 세부 종류와 범위는 시행령 제21조에서 규정하였다.
    ㄴ "영업의 종류별 시설기준"은 시행규칙 제29조 별표10에서 규정한다.
  ㄴ 제22조(영업의 허가) ① 제21조 제1항 제1호부터 제3호까지의 규정에 따른 도축업·집유업 또는 축산물가공업의 영업을 하려는 자는 총리령으로 정하는 바에 따라 작업장별로 시·도지사의 허가를 받아야 하고, 같은 항 제4호에 따른 식육포장처리업 또는 같은 항 제5호에 따른 축산물보관업의 영업을 하려는 자는 총리령으로 정하는 바에 따라 작업장별로 특별자치도지사·시장·군수·구청장의 허가를 받아야 한다.
    ④ 제1항에 따라 시·도지사 또는 시장·군수·구청장이 허가를 할 때에는 축산물의 위생적인 관리와 그 품질의 향상을 도모하기 위하여 필요한 조건을 붙일 수 있다.
    ⑤ 제1항에 따라 허가를 받은 자가 그 영업을 휴업, 재개업 또는 폐업하거나 허가받은 사항 중 제2항 각 호에서 정한 사항 외의 경미한 사항을 변경하려는 경우에는 총리령으로 정하는 바에 따라 시·도지사 또는 시장·군수·구청장에게 신고하여야 한다.
    ㄴ "신고사항"은 다음 각 호와 같다(시행규칙 제31조 제1항).
      1. 영업자의 성명(영업자가 법인인 경우에는 그 대표자의 성명)
      2. 영업장의 명칭 또는 상호
      3. 영 제22조에 따른 시설을 제외한 시설

III. 개별 법률 분석

8. 제22조 제5항을 위반하여 신고를 하지 아니한 자
   ㄴ. 위 제7호 참조

9. 제24조 제1항을 위반하여 신고를 하지 아니한 자
   ㄴ. 제24조(영업의 신고) ① 제21조 제1항 제6호부터 제8호까지의 규정에 따른 영업을 하려는 자는 총리령으로 정하는 바에 따라 제21조 제1항에 따른 시설을 갖추고 특별자치도지사·시장·군수·구청장에게 신고하여야 한다. 다만, 제21조 제1항 제7호의 축산물판매업 중 축산물을 수입하여 판매하는 영업을 하려는 자는 제21조 제1항에 따른 시설을 갖추고 식품의약품안전처장에게 신고하여야 한다.

10. 제26조 제3항을 위반하여 신고를 하지 아니한 자
    ㄴ. 영업자의 지위를 승계한 자는 총리령이 정하는 바에 따라 승계한 날부터 30일 이내에 그 사실을 식품의약품안전처장, 시·도지사 또는 시장·군수·구청장에게 신고하여야 한다.

11. 제38조 제1항에 따른 영업소의 폐쇄조치를 거부·방해 또는 기피한 자
12. 제38조의2 제1항에 따른 출입·조사·검사를 거부·방해하거나 기피한 자

⑦ 제1항부터 제5항까지의 경우 징역과 벌금을 병과할 수 있다.

제46조(양벌규정) 제45조 해당

제47조(과태료) ① 다음 각 호의 어느 하나에 해당하는 자에게는 1천만 원 이하의 과태료를 부과한다.

1. 제6조 제2항에 따라 표시하여야 할 사항 중 총리령으로 정하는 경미한 사항을 적합하게 표시하지 아니한 자
   ㄴ. "총리령으로 정하는 경미한 사항을 적합하게 표시하지 아니한 자"란 법 제6조 제1항에 따른

공익신고 포상금(보상금) 3

축산물의 표시에 관한 기준 중 축산물의 영양성분에 관한 표시기준에 적합하게 영양성분을 축산물에 표시하지 아니한 자로서 다음 각 호의 어느 하나에 해당하는 자를 말한다(시행규칙 제61조 제2항).
1. 기준에 따른 영양성분 표시를 전혀 하지 아니한 자
2. 영양성분 표시 시 지방, 포화지방, 트랜스지방, 콜레스테롤, 나트륨 중 1개 이상을 표시하지 아니한 자
3. 영양성분 표시 시 열량, 탄수화물, 당류, 단백질 중 1개 이상을 표시하지 아니한 자
4. 영양성분의 실제 측정값이 영양 표시량 대비 100분의50 이상을 초과하거나 미달한 자
5. 영양성분의 실제 측정값이 영양 표시량 대비 100분의20 이상 100분의50 미만의 범위에서 초과하거나 미달한 자

ㄴ. (시행규칙 제61조 제2항 제4호에서는 "영양성분의 실제 측정값이 표시량 대비 100분의50 이상을 초과하거나 미달한 자"라고 규정하였으므로, 표시량을 100으로 보면 실제 측정값이 150% 이상이거나 50%에 미달하는 경우를 말하는 점에는 의문이 없습니다. 다만, "이상을 초과하거나"라고 한 부분은 어휘선택에서 실수한 것으로 보입니다. 그러나 같은 항 제5호는 "영양성분의 실제 측정값이 영양 표시량 대비 100분의20 이상 100분의50 미만의 범위에서"라고 그 범위를 한정하였으므로 기준이 되는 표준값의 허용범위는 표시량의 20%에서 149%가 됩니다. 위 제4호 및 제5호의 규정을 종합하여 보면 모두 표시량의 150% 이상이 되는 실제 측정값이 나오면 부적합한 것이 됩니다. 위 제4호 및 제5호는 여러 가지의 문제점을 지적할 수 있는 문제의 규정으로 보입니다.

시행규칙이 어떤 이유로 같은 항에서 수치만을 달리하는 같은 내용의 규정을 제4호 및 제5호에 나누어 규정하였는지는 알 수 없으나, 위 제5호는 그 규정 자체에 논리적(論理的)인 모순도 있다는 점을 알 수 있습니다. 따라서 식품의약품안전처장에게 재검토를 촉구하였습니다. 더 자세한 내용은 이 장의 끝에 참고자료로 소개합니다.)

2. 제7조 제2항을 위반하여 신고를 하지 아니한 자

ㄴ. 도축장 외에서 가축을 도살·처리한 자는 총리령으로 정하는 바에 따라 시·도지사에게 신고하여야 한다.

3. 제7조 제4항을 위반하여 도살·처리한 자

ㄴ. 소·말·돼지 및 양을 제외한 가축을 작업장 외에서 도살·처리하는 자는 식품의약품안전처장이 정하여 고시하는 바에 따라 위생적으로 도살·처리하여야 한다.

III. 개별 법률 분석

4. 제8조 제2항을 위반하여 자체위생관리기준을 작성 또는 운용하지 아니한 자
   ㄴ 도축업자, 축산물가공영업자, 식육포장처리업자 및 총리령으로 정하는 영업자를 말한다(제8조 제2항). "총리령으로 정하는 영업자"는 집유업·축산물보관업·축산물운반업·축산물판매업 및 식육즉석판매가공업의 영업자를 말한다(시행규칙 제6조 제2항).

5. 제9조 제2항을 위반하여 자체안전관리인증기준을 작성 또는 운용하지 아니한 자
   ㄴ 제9조(안전관리인증기준) ② 제21조 제1항 제1호에 따른 도축업의 영업자, 같은 항 제2호에 따른 집유업의 영업자 및 같은 항 제3호에 따른 축산물가공업의 영업자 중 총리령으로 정하는 영업자는 안전관리인증기준에 따라 해당 작업장에 적용할 자체안전관리인증기준을 작성·운용하여야 한다.
     ㄴ "총리령으로 정하는 영업자"는「축산물위생관리법 시행령」제21조 제3호 나목에 따른 유가공(乳加工)의 영업자를 말한다(시행규칙 제7조 제2항).

② 다음 각 호의 어느 하나에 해당하는 자에게는 500만 원 이하의 과태료를 부과한다.

1. 제10조의2를 위반하여 포장을 하지 아니하고 보관·운반·진열 또는 판매를 한 자
2. 삭제
3. 제24조 제2항을 위반하여 신고를 하지 아니한 자
   ㄴ 신고한 영업자가 그 영업을 휴업, 재개업 또는 폐업하거나 신고한 내용을 변경하려는 경우에는 총리령으로 정하는 바에 따라 식품의약품안전처장 또는 특별자치도지사·시장·군수·구청장에게 신고하여야 한다.

4. 제25조 또는 제34조를 위반하여 보고를 하지 아니하거나 거짓으로 보고를 한 자
   ㄴ 제25조(품목 제조의 보고) 제22조 제1항에 따라 축산물가공업의 허가를 받은 자가 축산물을

공익신고 포상금(보상금) 3

가공하거나 식육포장처리업의 허가를 받은 자가 식육을 포장하는 경우에는 그 품목의 제조방법설명서 등 총리령으로 정하는 사항을 시·도지사 또는 시장·군수·구청장에게 신고하여야 한다. 보고한 사항 중 총리령으로 정하는 중요한 사항을 변경하는 경우에도 같다.
  ㄴ 품목제조보고를 한 자가 다음 각 호의 어느 하나에 해당하는 사항을 변경하였을 때에는 그 날부터 7일 이내에 별지 제29호 서식의 변경보고서에 유통기한 변경 근거서류(유통기한을 연장하는 경우만 해당한다)을 첨부하여 허가관청에 제출하여야 한다. 다만, 수출용 가공품을 수출하기 위하여 제1호 또는 제2호의 사항을 변경하려는 경우에는 그러하지 아니하다(시행규칙 제37조 제2항).
    1. 해당 품목의 제품명
    2. 원재료명 또는 성분명 및 배합비율
    3. 유통기한
  ㄴ 제34조(생산실적 등의 보고) 제22조 제1항에 따라 도축업, 집유업, 축산물가공업 또는 식육포장처리업의 영업허가를 받은 자는 총리령으로 정하는 바에 따라 도축실적, 집유실적, 축산물가공품 또는 포장육의 생산실적을 시·도지사 또는 시장·군수·구청장에게 보고하여야 하고, 시·도지사 또는 시장·군수·구청장은 이를 식품의약품안전처장에게 보고하여야 한다. 이 경우 시장·군수·구청장은 시·도지사를 거쳐야 한다.

5. 제29조 제1항 및 제2항을 위반하여 건강진단을 받지 아니하거나 건강진단 결과 다른 사람에게 위해를 끼칠 우려가 있는 질병이 있는 종업원을 영업에 종사하게 한 자
  ㄴ 제29조(건강진단) ① 총리령으로 정하는 영업자는 건강진단을 받아야 한다. 다만, 다른 법령에 따라 같은 내용의 건강진단을 받은 경우에는 이 법에 따른 건강진단을 받은 것으로 본다.
    ㄴ "건강진단을 받아야 하는 사람"은 가축의 도살·처리, 원유의 수집·여과·냉각·저장 또는 축산물의 채취·가공·포장·보관·운반·판매에 직접 종사하는 사람으로 한다. 다만, 영업자 또는 종업원 중에서 완전 포장된 축산물을 보관·운반 또는 판매하는 사람은 제외한다(시행규칙 제44조 제1항).
    ㄴ 제1항에 따른 건강진단을 받아야 하는 영업자 및 종업원은 영업시작 전 또는 영업에 종사하기 전에 미리 건강진단을 받아야 하며, 건강진단을 받은 날을 기준으로 매년 건강진단을 받아야 한다(시행규칙 제44조 제2항).
  ② 제1항에 따라 건강진단을 받아야 하는 영업자로서 건강진단을 받지 아니하였거나 건강진단 결과 다른 사람에게 위해를 끼칠 우려가 있는 질병이 있는 사람은 그 영업을 하여서

Ⅲ. 개별 법률 분석

는 아니 된다.
ㄴ. 법 제29조 제2항 또는 제3항에 따라 영업을 할 수 없거나 영업에 종사할 수 없는 사람은 다음 각 호의 질병이 있는 사람으로 한다(시행규칙 제45조).
   1. 「감염병의 예방 및 관리에 관한 법률」 제2조 제2호에 따른 제1군감염병
   2. 「감염병의 예방 및 관리에 관한 법률」 제2조 제4호 나목에 따른 결핵(비감염성인 경우는 제외한다)
   3. 피부병이나 그 밖의 화농성(化膿性) 질환[69]

③ 영업자는 제1항에 따라 건강진단을 받아야 하는 종업원으로서 건강진단을 받지 아니하였거나 건강진단 결과 다른 사람에게 위해를 끼칠 우려가 있는 질병이 있는 사람을 그 영업에 종사하게 하여서는 아니 된다.

6. 제29조 제1항 및 제3항을 위반하여 건강진단을 받지 아니하였거나 건강진단 결과 다른 사람에게 위해를 끼칠 우려가 있는 질병이 있는 종업원을 영업에 종사하게 한 자
   ㄴ. 위 제5호 참조

7. 제30조 제1항·제3항 및 제6항을 위반하여 교육을 받지 아니한 책임수의사 또는 종업원을 그 검사업무 또는 영업에 종사하게 한 자

8. 제20조 제2항·제3항 및 제5항을 위반하여 위생교육을 받지 아니한 영업자로서 그 영업을 한 자

9. 제31조 제1항을 위반하여 가축의 도살·처리 또는 집유의 요구를 거부한 자
   ㄴ. 도축업 또는 집유업의 영업자는 정당한 사유 없이 가축의 도살·처리 또는 집유의 요구를 거부하여서는 아니 된다.

10. 제31조의2 제2항을 위반하여 보고를 하지 아니하거나 거짓으로 보고를 한 자

---

69) ★ 화농성 질환 : 상처나 종기 따위가 곪아서 고름이 생기는 성질의 질환

공익신고 포상금(보상금) 3

ㄴ 제31조의2(위해축산물의 회수 등) ① 영업자 또는 영업에 사용할 목적으로 축산물을 수입하는 자는 해당 축산물이 제4조·제5조 또는 제33조에 위반된 사실(축산물의 위해와 관련이 없는 위반사항은 제외한다)을 알게 된 경우에는 지체 없이 유통 중인 해당 축산물을 회수하거나 회수에 필요한 조치를 하여야 한다.
② 제1항에 따라 축산물을 회수하거나 회수에 필요한 조치를 하여야 하는 자는 회수계획을 식품의약품안전처장, 시·도지사 또는 시장·군수·구청장에게 미리 보고하여야 하며, 그 회수계획에 따른 회수결과를 보고받은 시·도지사 또는 시장·군수·구청장은 이를 지체 없이 식품의약품안전처장에게 보고하여야 한다.

③ 다음 각 호의 어느 하나에 해당하는 자에게는 300만 원 이하의 과태료를 부과한다.

1. 제12조의2 제2항에 따른 시정명령을 이행하지 아니한 자

ㄴ 제12조의2(가축 등의 출하 전 준수사항) ② 식품의약품안전처장, 시·도지사 또는 시장·군수·구청장은 제11조 또는 제12조에 따른 검사 결과 다음 각 호의 어느 하나의 경우에는 해당자에게 가축의 사육방법 및 위생적인 출하 등 개선에 필요한 지도를 하거나 시정을 명할 수 있다. (각 호 생략)

2. 제31조 제2항 제1호부터 제4호까지 또는 제6호에 따라 영업자 및 그 종업원이 준수해야 할 사항 중 총리령으로 정하는 경미한 사항을 준수하지 아니한 자

ㄴ 제31조(영업자 등의 준수사항) ② 영업자 및 그 종업원은 영업을 할 때 위생적 관리와 거래질서 유지를 위하여 다음 각 호에 관하여 총리령으로 정하는 사항을 준수하여야 한다.
  1. 가축의 도살·처리 및 집유에 관한 사항
  2. 가축과 축산물의 검사 및 위생관리에 관한 사항
  3. 작업장의 시설 및 위생관리에 관한 사항
  4. 축산물의 위생적인 가공·포장·보관·운반·유통·진열·판매 등에 관한 사항
  6. 그 밖에 영업자 및 그 종업원이 가축 및 축산물의 위생적 관리와 거래질서 유지를 위하여 준수하여야 할 사항

ㄴ "영업자와 그 종업원이 지켜야 할 준수사항"은 시행규칙 제51조 별표12와 별표13에서 규정한다.

Ⅲ. 개별 법률 분석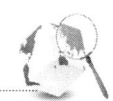

3. 제41조를 위반하여 수수료를 받은 자
  ㄴ 제41조는 수수료의 납부의무자를 규정하였을 뿐 받는 자에 관하여는 규정하지 않았으며, 시행규칙 제59조에서 수수료의 징수권자를 규정하였다.

제39조(포상금) 식품의약품안전처장은 제4조 제5항·제6항, 제7조 제1항·제5항, 제10조, 제22조 제1항, 제24조 제1항 또는 제33조 제1항을 위반하거나 제12조 제1항에 따른 검사를 받지 아니한 식육을 가공, 포장, 사용, 보관, 운반, 진열 또는 판매한 자를 관계 행정기관 또는 수사기관에 신고 또는 고발하거나 검거한 사람 및 검거에 협조한 사람에게 대통령령으로 정하는 바에 따라 포상금을 지급할 수 있다.
ㄴ 포상금에 관한 내용은 졸고 제1권 〈신고포상금〉에서 자세히 소개하였다.

법령 정비 제안

1. 제목 : 「축산물 위생관리법 시행규칙」 제32조 제2항 제12호의 정비 요구

2. 관계 행정기관의 명칭 : 식품의약품안전처

3. 제안자 : 최종배

4. 「축산물 위생관리법」의 관련 규정

제45조(벌칙) ③ 제32조 제1항(제1호는 제외한다)을 위반하여 허위표

시, 과대광고, 비방광고 또는 과대포장을 한 자는 5년 이하의 징역 또는 5천만 원 이하의 벌금에 처한다.

제32조(허위표시 등의 금지) ① 누구든지 축산물의 명칭, 제조방법, 성분, 영양가, 원재료, 용도 및 품질과 포장에 있어서 다음 각 호의 어느 하나에 해당하는 허위 · 과대 · 비방의 표시 · 광고 또는 과대포장을 하여서는 아니 된다.

  1. 질병의 예방 및 치료에 효능 · 효과가 있거나 의약품 또는 건강기능식품으로 오인 · 혼동할 우려가 있는 내용의 표시 · 광고
  2. 사실과 다르거나 과장된 표시 · 광고
  3. 소비자를 기만하거나 오인 · 혼동시킬 우려가 있는 표시 · 광고
  4. 다른 업체 또는 그 제품을 비방하는 광고

② 제1항에 따른 허위표시, 과대광고, 비방광고 또는 과대포장의 범위와 그 밖에 필요한 사항은 총리령으로 정한다.

5. 「축산물 위생관리법 시행규칙」의 관련 규정

제52조(허위표시 등의 범위와 적용) ① 법 제32조에 따른 허위표시 및 과대광고의 범위는 용기 · 포장 및 라디오 · 텔레비전 · 신문 · 잡지 · 음악 · 영상 · 인쇄물 · 간판 · 인터넷, 그 밖의 방법으로 축산물의 명칭 · 제조방법 · 품질 · 영양가 · 원재료 · 성분 또는 사용에 대한 정보를 나타내거나 알리는 행위 중 다음 각 호의 어느 하나에 해당하는 것으로 한다.

  12. 미풍양속을 해치거나 해칠 우려가 있는 도안 · 사진 · 음향 등을

사용하는 표시·광고

6. 문제점 및 개선 의견

법 제45조 제3항 및 제32조, 법 시행규칙 제52조 제1항 제12호를 종합하면 그 내용은 "용기·포장 및 라디오·텔레비전·신문·잡지·음악·영상·인쇄물·간판·인터넷, 그 밖의 방법으로 축산물의 명칭, 제조방법, 성분, 영양가, 원재료·성분 또는 사용에 대한 정보를 나타내거나 알리는 행위 중 미풍양속을 해치거나 해칠 우려가 있는 도안·사진·음향 등을 사용하는 표시·광고를 한 자는 5년 이하의 징역 또는 5천만 원 이하의 벌금에 처한다."는 내용이 됩니다.

여기에서 제안자가 문제로 삼는 부분은 법 시행규칙 제52조 제1항 제12호의 규정 중 <u>미풍양속을 해하거나 해할 우려가 있는</u>이라고 표현한 부분입니다.

"미풍양속(美風良俗)"의 국어사전적 의미는 "예로부터 전해오는 아름답고 좋은 풍속"을 뜻합니다. 위 제12호는 "미풍양속을 해치거나 해칠 우려가 있는 도안·사진·음향"이라고 규정하였는데, 여기에서 사용한 "미풍약속"이라는 표현만으로는 도안, 사진 또는 음향이 어떤 것일 때 미풍양속을 해치거나 해칠 우려가 있는지가 명확하지 않습니다.

위 제12조는 형벌과 직접 관련이 있는 규정이므로, 이로 인하여 수사기관은 물론 법관으로 하여금 자의적인 해석을 가능케 할 여지가 농후하다고 보아야 할 것입니다. 현재로서는 위 제12호를 위반하였다는 이유로는 그 위반행위자를 처벌할 수 없다고 보아야 할 것입니다. 따라서 위 제12조는 삭제하거나 그 범위를 구체적으로 명시함으로써 모든 국민이 쉽게 이해할 수 있도록 정비를 하여야 할 것으로 생각합니다.

7. 참고자료

헌법재판소의 위헌결정에 따라 이미 삭제된 바 있는 「구 전기통신사업법(시행 2003. 1. 1. 법률 제6656호, 2002. 12. 26. 법률 제6822호로 개정되기 전의 것)」제53조 제1항은 "미풍양속을 해하는 것으로 인정되는 통신의 대상 등을 대통령령으로 정한다."고 규정한 것 그 자체, 즉 "미풍양속을 해하는 것으로 인정되는 통신"이 무엇인지를 법률이 규정하지 아니하고 그에 관한 규정을 대통령령에 위임한 것 자체만으로도 죄형법정주의(罪刑法定主義) 원칙(명확성의 원칙)을 위반하는 것으로서 위헌이라는 결정을 하였습니다. 「구 전기통신사업법(법률 제6656호)」의 관련규정을 인용하오니 참고하시면 좋을 듯합니다. 적절히 처리한 다음 그 결과를 알려주시면 좋겠습니다. 감사합니다.

제53조(불온통신의 단속) ① 전기통신을 이용하는 자는 공공의 안녕질서 또는 미풍양속을 해하는 내용의 통신을 하여서는 아니 된다.
② 제1항의 규정에 의한 공공의 안녕질서 또는 미풍양속을 해하는 것으로 인정되는 통신의 대상 등은 대통령령으로 정한다.
③ 정보통신부장관은 제2항의 규정에 의한 통신에 대하여는 전기

통신사업자로 하여금 그 취급을 거부·정지 또는 제한하도록 명할 수 있다.

식품의약품안전처장 귀하

법령 정비 제안

1. 제목 : 「축산물 위생관리법 시행규칙」의 개정 의견

2. 관계 행정기관의 명칭 : 식품의약품안전처

3. 관련 법령의 규정

　가. 「축산물 위생관리법」의 관련 규정

제47조(과태료) ① 다음 각 호의 어느 하나에 해당하는 자에게는 1천만 원 이하의 과태료를 부과한다.
　1. 제6조 제2항에 따라 표시하여야 할 사항 중 총리령으로 정하는 경미한 사항을 적합하게 표시하지 아니한 자

제6조(축산물의 표시기준) ① 식품의약품안전처장은 판매를 목적으로 하는 축산물의 표시에 관한 기준을 정하여 고시할 수 있다. 이

경우 「축산법」 제2조 제1호의2에 따른 토종가축에 대한 표시를 구분하여 정할 수 있다.

② 제1항에 따라 표시에 관한 기준이 정하여진 축산물은 그 기준에 적합한 표시를 하여야 한다. 판매를 목적으로 수입하는 축산물의 경우에도 같다.

나. 「축산물 위생관리법 시행규칙」의 관련 규정

제61조(벌칙에서 제외되는 자) ② 법 제45조 제4항 제1호 단서 및 제47조 제1항 제1호에서 "총리령으로 정하는 경미한 사항을 적합하게 표시하지 아니한 자"란 법 제6조 제1항에 따른 축산물의 표시에 관한 기준(이하 이 항에서 "기준"이라 한다) 중 축산물의 영양성분에 관한 표시기준에 적합하게 영양성분을 축산물에 표시하지 아니한 자로서 다음 각 호의 어느 하나에 해당하는 자를 말한다.

    4. 영양성분의 실제 측정값이 영양 표시량 대비 100분의 50 이상을 초과하거나 미달한 자

    5. 영양성분의 실제 측정값이 영양 표시량 대비 100분의 20 이상 100분의 50 미만의 범위에서 초과하거나 미달한 자

4. 현황 및 문제점

가. 「법 시행규칙」 제61조 제2항 제4호의 규정 중 표시방법

「법 시행규칙」 제61조 제2항 제4호의 규정 중에는 "100분의 50 이상을 초과하거나"라고 표현한 부분이 있습니다. 이 부분은 "100분

III. 개별 법률 분석

의 50 이상이거나" 또는 "100분의 50을 초과하거나"가 옳은 표현이라고 생각됩니다. "이상"과 "초과"는 약간 다른 뜻을 갖는 단어이므로, 일반적으로는 구분하여 사용하는 것들이긴 하지만 이 문장에서는 그릇된 어휘선택으로 보입니다.

　나.「법 시행규칙」제61조 제2항 제4호 및 제5호의 중복과 모순

「법 시행규칙」제61조 제2항 제4호(이하 "4호"라고 줄여 씀) 및 같은 항 제5호(이하 "5호"라고 줄여 씀)의 각 규정을 비교·분석하면 다음과 같은 문제점을 발견할 수 있습니다.

　4호와 5호의 규정 중 "영양성분의 실제 축정값이 영양 표시량 대비"까지는 둘이 동일합니다. 즉 동일한 내용을 규정하고 있는 규정이면서 이 둘은 표시와 실제 측정값의 허용오차를 정하였고, 그 오차의 범위를 벗어나는 실제 영양값이 적발되면 과태료를 부과한다는 취지입니다.

　4호의 허용오차는 표시량 대비 상하 50%라는 의미로 이해됩니다. 다시 말하면 표시량에 비하여 50%를 초과하는 경우와 표시량 대비 50%에도 이르지 못하는 경우에는 적법한 표시가 될 수 없다는 뜻이 됩니다. 이에 비하여 5호의 허용오차는 아래로는 20%를, 위로는 50%를 각각 규정하였습니다. 이렇게 해석하는 것이 옳다면 4호는 5호의 허용오차 범위 안에 있음을 알 수 있으므로, 불필요한 규정이 됩니다. 여기에서도 한 가지 의문이 되는 부분은 5호의 경우 그 허용오차를 규정함에 있어 위로는 50%까지로 하면서도 아래로는 20%까지로 정함으로써 균형을 잃은 듯한 느낌을 갖게 합니

다. 그러나 제안자는 영양학에는 문외한이기 때문에 이 부분에 관하여는 이 정도만을 지적하겠습니다.

　　다. 「법 시행규칙」 제61조 제2항 각 호 외의 부분

「법 시행규칙」 제61조 제2항의 규정 중 "법 제45조 제4항 제1호 단서"라고 표현한 부분은 무엇을 말하는 것인지가 분명하지 않습니다. 법 제45조 제4항 제1호에서는 "제4조 제5항을 위반하여 가축의 도살·처리, 집유, 축산물의 가공·포장·보존 또는 유통을 한 자"라고 규정하였으므로, 단서는 존재하지 않습니다. 게다가 이 규정은 총리령으로 정하는 영양성분과는 아무런 관련이 없습니다.

5. 개선의견

제안자가 생각하기로는 위 4호 및 5호의 각 규정은 하나의 규정으로 통합하고, 논리적(論理的)·문리적(文理的) 해석에 의문이 없도록 정비를 하는 것이 옳은 것 같습니다. 앞뒤 없이 적은 글을 읽어주셔서 고맙습니다. 적절히 처리하신 뒤에 그 결과를 알려주시면 좋겠습니다.

식품의약품안전처장 귀하

III. 개별 법률 분석

제154장 측량·수로조사 및 지적에 관한 법률

제1절 법률의 이해

이 법은 측량 및 수로조사의 기준 및 절차와 지적공부(地籍公簿)·부동산종합공부의 작성 및 관리 등에 관한 사항을 규정함으로써 국토의 효율적 관리와 해상교통의 안전 및 국민의 소유권 보호에 기여함을 목적으로 한다. 2009년 이 법이 제정되면서 과거의 「측량법」, 「지적법」 및 「수로업무법」은 폐지되었다. 이 법의 주관부처는 국토교통부(국토정보정책과) 및 해양수산부(해양영토과)이다.

제2절 법령의 규정

제107조(벌칙) 측량업자나 수로업자로서 속임수, 위력(威力)[70], 그 밖의 방법으로 측량업 또는 수로사업과 관련한 입찰의 공정성을 해친 자는 3년 이하의 징역 또는 3천만 원 이하의 벌금에 처한다.

제108조(벌칙) 다음 각 호의 어느 하나에 해당하는 자는 2년 이하의 징역 또는 2천만 원 이하의 벌금에 처한다.

---

70) ★ 위력 : 위력은 상대방을 힘으로 제압하는 것을 말한다. 이 법은 입찰에 참가한 자들이 공모하여 발주자를 속이는 행위인 입찰담합(入札談合)에 관한 벌칙을 규정하지 않았다. 따라서 이 법에서 규정하는 측량이나 수로사업과 관련한 입찰담합행위는 「독점규제 및 공정거래에 관한 법률」 또는 「형법」상의 입찰담합죄를 적용하게 된다. 「독점규제 및 공정거래에 관한 법률」은 졸고 제2권에서 소개하였다.

1. 제9조 제1항을 위반하여 측량기준점표지를 이전 또는 파손하거나 그 효용을 해치는 행위를 한 자
2. 고의로 측량성과 또는 수로조사성과를 사실과 다르게 한 자
3. 제16조 또는 제21조를 위반하여 측량성과를 국외로 반출한 자
   ┗ 제16조(기본측량성과의 국외반출 금지) ① 누구든지 국토교통부장관의 허가 없이 기본측량성과 중 지도등 또는 측량용 사진을 국외로 반출하여서는 아니 된다. 다만, 외국정부와 기본측량성과를 서로 교환하는 등 대통령령으로 정하는 경우에는 그러하지 아니하다.
   ② 누구든지 제14조 제3항 각 호의 어느 하나에 해당하는 경우에는 기본측량성과를 국외로 반출하여서는 아니 된다.
   ┗ 제14조(기본측량성과의 보관 및 열람 등) ② 기본측량성과나 기본측량기록을 복제하거나 그 사본을 발급받으려는 자는 국토교통부령으로 정하는 바에 따라 국토교통부장관에게 그 복제 또는 발급을 신청하여야 한다.
   ③ 국토교통부장관은 제2항에 따른 신청내용이 다음 각 호의 어느 하나에 해당하는 경우에는 기본측량성과나 기본측량기록을 복제하게 하거나 그 사본을 발급할 수 없다.
   1. 국가안보나 그 밖에 국가의 중대한 이익을 해칠 우려가 있다고 인정되는 경우
   2. 다른 법령에 따라 비밀로 유지되거나 열람이 제한되는 등 비공개사항으로 규정된 경우
   ┗ 제21조(공공측량성과의 국외반출 금지) ① 누구든지 국토교통부장관의 허가 없이 공공측량성과 중 지도등 또는 측량용 사진을 국외로 반출하여서는 아니 된다. 다만, 외국정부와 공공측량성과를 서로 교환하는 등 대통령령으로 정하는 경우에는 그러하지 아니하다.
   ② 누구든지 제14조 제3항 각 호의 어느 하나에 해당하는 경우에는 공공측략성과를 국외로 반출하여서는 아니 된다.

4. 제44조를 위반하여 측량업의 등록을 하지 아니하거나 거짓이나 그 밖의 부정한 방법으로 측량업의 등록을 하고 측량업을 한 자
5. 제54조를 위반하여 수로사업의 등록을 하지 아니하거나 거짓이나 그 밖의 부정한 방법으로 수로사업의 등록을 하고 수로사업을 한 자
6. 제92조 제1항에 따른 성능검사를 부정하게 한 성능검사대행자
   ┗ 제92조(측량기기의 검사) ① 측량업자는 트랜싯, 레벨, 그 밖에 대통령령으로 정하는 측량기

III. 개별 법률 분석

기에 대하여 5년의 범위에서 대통령령으로 정하는 기간마다 국토교통부장관이 실시하는 성능검사를 받아야 한다. 다만, 「국가표준기본법」 제14조에 따라 국가교정업무 전담기관의 교정검사를 받은 측량기기로서 국토교통부장관이 제4항에 따른 성능검사기준에 적합하다고 인정한 경우에는 성능검사를 받은 것으로 본다.

└ 성능검사를 받아야 하는 측량기기와 검사주기는 다음 각 호와 같다(시행령 제97조 제1항).

　1. 트랜싯(데오드라이트) : 3년
　2. 레벨 : 3년
　3. 거리측정기 : 3년
　4. 토털스테이션 : 3년
　5. 지피에스(GPS) 수신기 : 3년
　6. 금속관로 탐지기 : 3년

7. 제93조 제1항을 위반하여 성능검사대행자의 등록을 하지 아니하거나 거짓이나 그 밖의 부정한 방법으로 성능검사대행자의 등록을 하고 성능검사업무를 한 자

제109조(벌칙) 다음 각 호의 어느 하나에 해당하는 자는 1년 이하의 징역 또는 1천만 원 이하의 벌금에 처한다.

1. 제14조 제2항 또는 제19조 제2항을 위반하여 무단으로 측량성과 또는 측량기록을 복제한 자
2. 제15조 제3항에 따른 심사를 받지 아니하고 지도등을 간행하여 판매하거나 배포한 자
3. 제36조를 위반하여 해양수산부장관의 승인을 받지 아니하고 수로도서지를 복제하거나 이를 변경하여 수로도서지와 비슷한 제작물을 발행한 자
4. 제39조 제1항을 위반하여 측량기술자가 아님에도 불구하고 측량을 한 자
5. 제41조 제2항(제43조 제3항에 따라 준용되는 경우를 포함한다)을 위반하여 업무상 알게 된 비밀을 누설한 측량기술자 또는 수로기술자

공익신고 포상금(보상금) 3

6. 제41조 제3항(제43조 제3항에 따라 준용되는 경우를 포함한다)을 위반하여 둘 이상의 측량업자에게 소속된 측량기술자 또는 수로기술자

7. 제49조 제1항을 위반하여 다른 사람에게 측량업등록증 또는 측량업등록수첩을 빌려주거나 자기의 성명 또는 상호를 사용하여 측량업무를 하게 한 자

8. 제49조 제2항을 위반하여 다른 사람의 측량업등록증 또는 측량업등록수첩을 빌려서 사용하거나 다른 사람의 성명 또는 상호를 사용하여 측량업무를 한 자

9. 제50조 제3항을 위반하여 제106조 제2항에 따른 지적측량수수료 외의 대가를 받은 지적측량기술자

10. 거짓으로 다음 각 목의 신청을 한 자

   가. 제77조에 따른 신규등록신청

   ┗ 제77조(신규등록신청) 토지소유자는 신규등록할 토지가 있으면 대통령령으로 정하는 바에 따라 그 사유가 발생한 날부터 60일 이내에 지적소관청에 신규등록을 신청하여야 한다.

   나. 제78조에 따른 등록전환신청

   ┗ 제78조(등록전환신청) 토지소유자는 <u>등록전환[71]</u>할 토지가 있으면 대통령령으로 정하는 바에 따라 그 사유가 발생한 날부터 60일 이내에 지적소관청에 등록전환을 신청하여야 한다.

   다. 제79조에 따른 분할신청

   라. 제80조에 따른 합병신청

   마. 제81조에 따른 지목변경신청

---

71) ★ 등록전환 : 임야대장 및 임야도에 등록된 토지를 토지대장 및 지적도에 옮겨 등록하는 것을 말한다.

Ⅲ. 개별 법률 분석

　　바. 제82조에 따른 바다로 된 토지의 등록말소신청
　　사. 제83조에 따른 축척변경신청
　　아. 제84조에 따른 등록사항의 정정신청
　　자. 제86조에 따른 도시개발사업 등 시행지역의 토지이용신청
11. 제95조 제1항을 위반하여 다른 사람에게 자기의 성능검사대행자등록증을 빌려주거나 자기의 성명 또는 상호를 사용하여 성능검사대행업무를 수행하게 한 자
12. 제95조 제2항을 위반하여 다른 사람의 성능검사대행자등록증을 빌려서 사용하거나 다른 사람의 성명 또는 상호를 사용하여 성능검사대행업무를 수행한 자

제110조(양벌규정) 제107조부터 제109조까지 해당

제111조(과태료) ① 다음 각 호의 어느 하나에 해당하는 자에게는 300만 원 이하의 과태료를 부과한다.
1. 정당한 사유 없이 측량을 방해한 자
2. 제13조 제4항을 위반하여 고시된 측량성과에 어긋나는 측량성과를 사용한 자
　ㄴ. 제13조(기본측량성과의 고시) ① 국토교통부장관은 기본측량을 끝냈으면 대통령령으로 정하는 바에 따라 기본측량성과를 고시하여야 한다.
　　④ 제1항에 따라 고시된 측량성과에 어긋나는 측량성과를 사용하여서는 아니 된다.

3. 제31조 제2항을 위반하여 수로조사를 하지 아니한 자
　ㄴ. 제31조(수로조사의 실시 등) ② 해양수산부장관이 발행한 수로도서지72)의 내용을 변경하게

---
72) ★ 수로도서지 : 해양에 관한 각종 정보와 그 밖에 이와 관련된 사항을 수록한

공익신고 포상금(보상금) 3

하는 행위로서 다음 각 호의 어느 하나에 해당하는 행위(이하 이 조에서 "공사등"이라 한다)를 하는 자(공사등을 도급받아 수행하는 자를 포함한다)는 그 공사등을 끝내면 수로조사를 하여야 한다. 다만, 대통령령으로 정하는 규모 이하의 공사등의 경우에는 그러하지 아니하다.

1. 항만공사(어항공사를 포함한다) 또는 항로준설(航路浚渫)
2. 해저에서 흙, 모래, 광물 등의 채취
3. 바다에 흙, 모래, 준설토 등을 버리는 행위
4. 매립, 방파제·인공안벽(人工岸壁)의 설치나 철거 등으로 기존 해안선이 변경되는 공사
5. 해양에서 인공어초(人工魚礁) 등 구조물의 설치 또는 투입
6. 항로상의 교량 및 공중 전선 등의 설치 또는 변경

ㄴ. "대통령령으로 정하는 공사등"이란 다음 각 호의 어느 하나에 해당하는 것을 말한다(시행령 제27조 제1항).

1. 해양수산부령으로 정하는 수심 30미터 미만의 해역에서 흙, 모래, 광물 등을 채취하거나 준설토 등을 버리거나 인공어초 등 구조물을 설치 또는 투입하는 행위(그 결과 수심변화가 10분의1 이하인 경우로 한정한다)
2. 해양수산부령으로 정하는 수심 30미터 이상의 해역에서 흙, 모래, 광물 등을 채취하거나 준설토 등을 버리거나 인공어초 등 구조물을 설치 또는 투입하는 행위(그 결과 수심 변화가 100분의3 이하인 경우로 한정한다)
3. 일반선박의 항행에 이용되지 아니하는 해역에서 인공어초 등 구조물을 설치하거나 투입하는 행위(그 결과 수심 변화가 100분의20 이하인 경우로 한정한다)
4. 「수산업법」 제8조 제1항 제6호에 따른 마을어업의 면허를 받은 어장이 위치한 해역에서 인공어초를 설치하는 행위
5. 「해양환경관리법」 제23조 제1항에 따른 폐기물 배출
6. 「항만법」 제2조 제4호에 따른 항만구역, 「신항만건설촉진법」 제2조 제1호에 따른 신항만 또는 「어촌·어항법」 제2조 제3호 가목 및 나목에 따른 국가어항 및 지방어항(이하 "항만구역등"이라 한다)에서 하는 항만공사 또는 해안선의 변경을 수반하는 공사(그 공사 결과 해안선의 길이가 50미터 미만으로 변경되는 것으로 한정하되, 그 공사 결과 선박의 항해에 장애가 되는 돌출물 또는 장애물이 나타나는 경우는 제외한다)
7. 항만구역등 외의 해역에서 하는 항만공사 또는 해안선의 변경을 수반하는 공사(그

인쇄물과 수치제작물(해양에 관한 여러 정보를 수치화한 후 정보처리시스템에서 활용할 수 있도록 제작한 것을 말한다)로서 수로도지(水路圖誌)와 수로서지(水路書誌)를 말한다.

Ⅲ. 개별 법률 분석

　　　공사 결과 해안선의 길이가 100미터 미만으로 변경되는 경우로 한정하되, 그 공사 결과 선박의 항해에 장애가 되는 돌출물 또는 장애물이 나타나는 경우는 제외한다)
　8. 항만구역등에서 하는 매립면적 2천 500제곱미터 미만의 공유수면 매립
　9. 항만구역등 외의 해역에서 하는 매립면적 1만 제곱미터 미만의 공유수면 매립
　10. 해면 또는 수중에서 시설물 또는 해양조사장비를 임시적으로 설치하는 행위(항해에 위해가 되지 않도록 필요한 조치를 한 경우로 한정한다)

4. 정당한 사유 없이 해양수산부장관이 제32조에 따라 공고한 수로조사를 방해한 자
5. 정당한 사유 없이 제33조 제1항을 위반하여 수로조사성과를 제출하지 아니한 자
   ㄴ 제31조 제3항 각 호의 수로조사를 한 자는 그 수로조사성과를 지체 없이 해양수산부장관에게 제출하여야 한다.

6. 제35조 제5항을 위반하여 판매가격을 준수하지 아니하고 수로도서지를 판매하거나 최신 항행통보에 따라 수정되지 아니한 수로도서지를 보급한 자
   ㄴ 판매대행업자를 말한다.

7. 제40조 제1항(제43조 제3항에 따라 준용되는 경우를 포함한다)을 위반하여 거짓으로 측량기술자 또는 수로기술자의 신고를 한 자
8. 제44조 제4항을 위반하여 측량업등록사항의 변경신고를 하지 아니한 자
9. 제46조 제2항(제54조 제6항에 따라 준용되는 경우를 포함한다)을 위반하여 측량업자 또는 수로업자의 지위승계신고를 하지 아니한 자
   ㄴ 측량업자의 사업양도, 사망, 법인인 측량업자의 합병 등으로 그 지위를 승계한 자는 그 사유가 발생한 날부터 30일 이내에 대통령령으로 정하는 바에 따라 국토교통부장관, 해양수산부장관 또는 시·도지사에게 신고하여야 한다.

10. 제48조(제64조 제6항에 따라 준용되는 경우를 포함한다)를 위반하여 측량업 또는 수로사업의 휴업·폐업 등의 신고를 하지 아니하거나 거짓으로 신고한 자
11. 제50조 제2항을 위반하여 본인, 배우자 또는 직계존·비속이 소유한 토지에 대한 지적측량을 한 자
12. 제54조 제4항을 위반하여 수로사업등록사항의 변경신고를 하지 아니한 자
13. 제92조 제2항을 위반하여 측량기기에 대한 성능검사를 받지 아니하거나 부정한 방법으로 성능검사를 받은 자
14. 제93조 제1항을 위반하여 성능검사대행자의 등록사항 변경을 신고하지 아니한 자
15. 제93조 제3항을 위반하여 성능검사대행업무의 폐업신고를 하지 아니한 자
16. 정당한 사유 없이 제99조 제1항에 따른 보고를 하지 아니하거나 거짓으로 보고를 한 자

   ┗ 제99조(보고 및 조사) ① 국토교통부장관, 해양수산부장관, 시·도지사 또는 지적소관청은 다음 각 호의 어느 하나에 해당하는 경우에는 그 사유를 명시하여 해당 각 호의 자에게 필요한 보고를 하게 하거나 소속 공무원으로 하여금 조사를 하게 할 수 있다. (각 호 생략)

17. 정당한 사유 없이 99조 제1항에 따른 조사를 거부·방해 또는 기피한 자
18. 정당한 사유 없이 제101조 제7항을 위반하여 토지등에의 출입 등을 방해하거나 거부한 자

제155장 친환경농업육성 및 유기식품 등의 관리·지원에 관한 법률

제1절 법률의 이해

이 법은 농어업의 환경보전기능을 증대시키고 농어업으로 인한 환경오염을 줄이며, 친환경농어업을 실천하는 농어업인을 육성하여 지속가능한 친환경농어업을 추구함으로써 관련된 친환경농수산물과 유기식품 등을 관리하여 생산자와 소비자를 함께 보호하는 것을 목적으로 한다. 이 법의 주관부처는 농림축산식품부(친환경농업과) 및 해양수산부(양식산업과)이다.

"친환경농어업"이란 합성농약, 화학비료 및 항생제·항균제 등 화학재료를 사용하지 아니하거나 그 사용을 최소화하고 농업·수산업·축산업·임업(이하 "농어업"이라 한다) 부산물의 재활용 등을 통하여 생태계와 환경을 유지·보전하면서 안전한 농산물·수산물·축산물(이하 "농수산물"이라 한다)을 생산하는 산업을 말한다.

"친환경농수산물"이란 친환경농어업을 통하여 얻는 것으로 다음 각 목의 어느 하나에 해당하는 것을 말한다.

가. 유기농수산물
나. 무농약농산물, 무항생제축산물, 무항생생제수산물 및 활성처리제 비사용 수산물(이하 "무농약농수산물등"이라 한다)

〔얼마 전 어느 지상파 방송에서 기획 취재하여 보도하는 내용을 유심히 시청한 일이 있습니다. 보도 내용의 골자는 "친환경" 또는 "유기농"

> 등의 광고문구를 믿을 수 없다는 것이었습니다. 조금 더 구체적으로 말하면 유기질과 무기질 비료를 구별하거나 유해한 농약과 그렇지 아니한 농약을 구별할 능력과 생각도 없는 농민이 생산한 농산물에도 위와 같은 표시가 되고, 그 농산물이 유통되는 것은 드문 일이 아니라는 것입니다. 농산물을 생산한 많은 촌로(村老)들은 자신이 생산한 농산물에 그러한 표시가 된 사실이나 원인에 관하여도 알지 못하고 있었습니다. 이러한 노인인 농어민을 범죄자라고 말할 수는 없을 것입니다. 이장(里長)과 공무원에게 책임을 물어야 할 내용이었습니다.
>
> 뒤에서 보게 되는 바와 같이 모순투성이의 법령을 만들어놓고도 이를 보완하지 않고 있는 중앙부처의 태도에서부터 그 부실운영의 원인을 짐작케 합니다. 공익신고에 관심 있는 분들에게는 연구과제가 많은 법령이라고 해야 하겠습니다. 이 장의 끝에 소개하는 제안내용은 그 일부에 불과하다는 점을 밝혀둡니다.〕

제2절 법령의 규정

제60조(벌칙) ① 다음 각 호의 어느 하나에 해당하는 자는 3년 이하의 징역 또는 3천만 원 이하의 벌금에 처한다.

1. 제26조 제1항 또는 제35조 제1항에 따라 인증기관의 지정을 받지 아니하고 인증업무를 하거나 제44조 제1항에 따라 공시등기관의 지정을 받지 아니하고 공시등업무를 한 자

   ┗ 제26조(인증기관의 지정 등) ① 농림축산식품부장관 또는 해양수산부장관은 유기식품[73]등의 인증과 관련하여 제26조의2에 따른 인증심사원[74] 등 필요한 인력과 시설을 갖춘 기관 또는

---

73) ★ 유기식품 : 「농어업·농어촌 및 식품산업 진흥법」 제3조 제7호의 식품 중에서 유기적인 방법으로 생산된 유기농수산물과 유기가공품(유기농수산물을 원료 또는 재료로 하여 제조·가공·유통되는 식품을 말한다. 이하 같다)을 말한다.

74) ★ 인증심사원 : 농림축산식품부장관 또는 해양수산부장관은 농림축산식품부령 또는 해양수산부령으로 정하는 기준에 적합한 자에게 인증심사업무를 수행하는

Ⅲ. 개별 법률 분석

단체를 인증기관으로 지정하여 유기식품등의 인증을 하게 할 수 있다.
  ㄴ 제35조(무농약농수산물등의 인증기관 지정 등) ① 농림축산식품부장관 또는 해양수산부장관은 무농약농수산물등의 인증과 관련하여 인증심사원 등 필요한 인력과 시설을 갖춘 자를 인증기관으로 지정하여 무농약농수산물등의 인증을 하게 할 수 있다.
  ㄴ 제44조(공시등기관의 지정 등) ① 농림축산식품부장관 또는 해양수산부장관은 공시등에 필요한 인력과 시설을 갖춘 자를 공시등기관으로 지정하여 유기농어업자재[75]의 공시를 하게 할 수 있다.

2. 제26조 제3항(제35조 제2항에서 준용하는 경우를 포함한다)에 따라 인증기관 지정의 유효기간이 지났음에도 인증업무를 하였거나 제44조 제3항에 따라 <U>공시등기관</U>[76] 지정의 유효기간이 지났음에도 공시등업무를 한 자
3. 제29조 제1항(제35조 제2항에서 준용하는 경우를 포함한다)에 따라 인증기관의 지정취소처분을 받았음에도 인증업무를 하거나 제47조 제1항에 따라 공시등기관의 지정취소 처분을 받았음에도 공시등업무를 한 자
4. 제30조 제1호(제34조 제5항에서 준용하는 경우를 포함한다) 또는 제48조 제1호를 위반하여 거짓이나 그 밖의 부정한 방법으로 인증을 받거

심사원의 자격을 부여할 수 있다(제26조의2 제1항).
75) ★ 유기농어업자재 : 유기농수산물을 생산, 제조·가공 또는 취급하는 과정에서 사용할 수 있는 허용물질을 원료 또는 재료로 하는 제품을 말한다.
76) ★ 공시등기관 : 농림축산식품부장관 또는 해양수산부장관은 유기농어업자재가 허용물질을 사용하여 생산된 자재인지를 확인하여 그 자재의 명칭, 주성분명, 함량 및 사용방법 등에 관한 정보를 고시할 수 있다(제37조 제1항). 유기농어업자재를 생산하거나 수입하여 판매하려는 자가 공시등을 받으려는 경우에는 제44조 제1항에 따라 지정된 공시 및 품질인증기관(이하 "공시등기관"이라 한다)에 제41조 제1항에 따라 시험연구기관으로 지정된 기관이 발급한 시험성적서 등 농림축산식품부령 또는 해양수산부령으로 정하는 서류를 갖추어 신청하여야 한다(제38조 제1항).

　　나 인증기관으로 지정받은 자 또는 유기농어업자재의 공시등을 받거나 공시등기관으로 지정받은 자

4의2. 제30조 제1호의2(제34조 제5항에서 준용하는 경우를 포함한다)를 위반하여 거짓이나 그 밖의 부정한 방법으로 제20조에 따른 인증심사 또는 인증을 하거나 인증을 받을 수 있도록 도와준 자

4의3. 제30조 제1호의3(제34조 제5항에서 준용하는 경우를 포함한다)을 위반하여 거짓이나 그 밖의 부정한 방법으로 인증심사원의 자격을 부여받은 자

5. 제30조 제2호(제34조 제5항에서 준용하는 경우를 포함한다)를 위반하여 인증을 받지 아니한 제품에 인증표시 또는 이와 유사한 표시 등을 하거나 인증품으로 잘못 인식할 우려가 있는 표시 및 이와 관련된 외국어 또는 외래어표시 등을 한 자

6. 제48조 제2호를 위반하여 공시등을 받지 아니한 자재에 공시등의 표시 또는 이와 유사한 표시를 하거나 공시등을 받은 유기농어업자재로 잘못 인식할 우려가 있는 표시 및 이와 관련된 외국어 또는 외래어표시 등을 한 자

7. 제30조 제3호(제34조 제5항에서 준용하는 경우를 포함한다) 또는 제49조 제3호를 위반하여 인증품 또는 공시등을 받은 유기농어업자재에 인증 또는 공시등을 받은 내용과 다르게 표시를 한 자

8. 제30조 제4호(제34조 제5항에서 준용하는 경우를 포함한다) 또는 제48조 제4호를 위반하여 인증 또는 공시등을 받는 데 필요한 서류를 거짓으로 발급한 자

9. 제30조 제5호(제34조 제5항에서 준용하는 경우를 포함한다)를 위반하여 인증품에 인증을 받지 아니한 제품등을 섞어서 판매하거나 섞어서 판

III. 개별 법률 분석

   매할 목적으로 보관, 운반 또는 진열한 자
10. 제30조 제6호(제34조 제5항에서 준용하는 경우를 포함한다)를 위반하여 인증을 받지 아니한 제품에 인증표시나 이와 유사한 표시를 한 것임을 알거나 인증품에 인증을 받은 내용과 다르게 표시한 것임을 알고도 인증품으로 판매하거나 판매할 목적으로 보관, 운반 또는 진열한 자
11. 제48조 제5호를 위반하여 공시등을 받지 아니한 자재에 공시등의 표시나 이와 유사한 표시를 한 것임을 알거나 공시등을 받은 유기농어업자재에 공시등을 받은 내용과 다르게 표시한 것임을 알고도 공시등을 받은 유기농어업자재로 판매하거나 판매할 목적으로 보관, 운반 또는 진열한 자
12. 제30조 제7호(제34조 제5항에서 준용하는 경우를 포함한다) 또는 제48조 제6호를 위반하여 인증이 취소된 제품 또는 공시등이 취소된 자재임을 알고도 인증품 또는 공시등을 받은 유기농어업자재로 판매한 자
13. 제30조 제8호(제34조 제5항에서 준용하는 경우를 포함한다)를 위반하여 인증을 받지 아니한 제품을 인증품으로 광고하거나 인증품으로 잘못 인식할 수 있도록 광고하거나 인증을 받은 내용과 다르게 광고한 자
14. 제48조 제7호를 위반하여 공시등을 받지 아니한 자재를 공시등을 받은 유기농어업자재로 광고하거나 공시등을 받은 유기농어업자재로 잘못 인식할 수 있도록 광고하거나 공시등을 받은 내용과 다르게 광고한 자
15. 제48조 제8호를 위반하여 허용물질이 아닌 물질이나 제37조 제4항에 따른 공시등 기준에서 허용하지 아니하는 물질등을 유기농어업자재에 섞어 넣은 자

② 다음 각 호의 어느 하나에 해당하는 자는 1년 이하의 징역 또는 1천만 원 이하의 벌금에 처한다.

1. 제23조의2 제1항을 위반하여 수입한 제품(제23조에 따라 유기표시가 된 인증품 또는 제25조에 따라 동등성이 인정된 인증을 받은 유기가공식품을 말한다)을 신고하지 아니하고 판매하거나 영업에 사용한 자

   ㄴ. 제23조의2(수입 유기식품 등의 신고) ① 제23조에 따라 유기표시가 된 인증품 또는 제25조에 따라 동등성이 인정된 인증을 받은 유기가공식품을 판매나 영업에 사용할 목적으로 수입하려는 자는 해당 제품의 통관절차가 끝나기 전에 농림축산식품부령 또는 해양수산부령으로 정하는 바에 따라 수입품목, 수량 등을 농림축산식품부장관 또는 해양수산부장관에게 신고하여야 한다.

2. 제29조(제35조 제2항에서 준용하는 경우를 포함한다) 또는 제47조에 따른 인증 또는 공시등 업무의 정지기간 중에 인증 또는 공시등 업무를 한 자

3. 제31조 제4항(제34조 제5항에서 준용하는 경우를 포함한다) 또는 제49조 제4항에 따른 인증품 또는 공시등을 받은 유기농어업자재의 표시 제거·정지·변경 또는 판매금지, 세부 표시사항의 변경 등의 명령에 따르지 아니한 자

제61조(양벌규정) 제30조(제34조 제5항에서 준용하는 경우를 포함한다) 및 제48조 해당

제62조(과태료) ① 다음 각 호의 어느 하나에 해당하는 자에게는 500만 원 이하의 과태료를 부과한다.

1. 제20조 제5항(제34조 제4항에서 준용하는 경우를 포함한다) 또는 제38조 제4항을 위반하여 해당 인증기관 또는 공시등기관의 장으로부터 인

III. 개별 법률 분석

증을 받지 아니하고 인증받은 내용 또는 공시등을 받은 내용을 변경한 자

2. 제22조 제1항(제34조 제4항에서 준용하는 경우를 포함한다) 또는 제40조 제1항을 위반하여 인증품 또는 공시등을 받은 유기농어업자재의 생산, 가공 또는 취급실적을 농림축산식품부장관 또는 해양수산부장관, 해당 인증기관 또는 공시등기관의 장에게 알리지 아니한 자

  ↳ 제22조(인증사업자의 준수사항) ① 인증사업자는 인증품의 생산, 제조·가공 또는 취급실적을 농림축산식품부령 또는 해양수산부령으로 정하는 바에 따라 정기적으로 농림축산식품부장관·해양수산부장관 또는 해당 인증기관의 장에게 알려야 한다.

    ↳ 인증사업자는 매년 1월 20일까지 별지 제12호 서식에 따라 전년도 인증품의 생산, 제조·가공 또는 취급실적을 국립농산물품질관리원장 또는 해당 인증기관의 장에게 제출하거나 법 제53조에 따른 인증관리정보시스템에 등록하여야 한다(「농림축산식품부 소관 친환경농어업 육성 및 유기식품 등의 관리·지원에 관한 법률 시행규칙」 제17조 제1항).

    ↳ 인증사업자는 매년 1월 20일까지 별지 제10호 서식에 따라 전년도 인증품의 생산, 제조·가공 또는 취급실적을 국립수산물품질관리원장 또는 해당 인증기관의 장에게 제출하거나 법 제53조에 따른 인증관리정보시스템에 등록하여야 한다(「해양수산부 소관 친환경농어업 육성 및 유기식품 등의 관리·지원에 관한 법률 시행규칙」 제17조 제1항).

  ↳ 제40조(공시등사업자의 준수사항) ① 공시등사업자는 공시등을 받은 제품을 생산하거나 수입하여 판매한 실적을 농림축산식품부령 또는 해양수산부령으로 정하는 바에 따라 정기적으로 그 공시등 심사를 한 공시등기관의 장에게 알려야 한다.

    ↳ 공시등사업자는 공시등을 받은 유기농업자재의 종류별로 매 반기가 끝나는 달의 다음달 10일까지 별지 제27호 서식의 유기농업자재 생산·수입 및 판매실적을 작성하여 그 공시등 심사를 한 공시등기관의 장에게 알려야 한다(「농림축산식품부 소관 친환경농어업 육성 및 유기식품 등의 관리·지원에 곤한 법률 시행규칙」 제52조 제1항).

    ↳ 〔해양수산부령인 「해양수산부 소관 친환경농어업 육성 및 유기식품 등의 관리·지원에 관한 법률 시행규칙」에서는 이와 관련한 규정을 두지 않았다. 따라서 편저자가 해양수산부장관에게 이와 관련한 규정을 마련하지 아니한 이유를 재검토하도록 제안하였다. 이 장 끝 부분 참조〕

3. 제22조 제2항(제34조 제4항에서 준용하는 경우를 포함한다), 제27조 제

3호 또는 제5호(제35조 제2항에서 준용하는 경우를 포함한다), 제40조 제2항, 제45조 제3호 또는 제5호를 위반하여 관련 서류·자료 등을 기록·관리하지 아니하거나 보관하지 아니한 자

└ 제22조(인증사업자의 준수사항) ② 인증사업자는 농림축산식품부령 또는 해양수산부령으로 정하는 바에 따라 인증심사와 관련된 서류 등을 보관하여야 한다.

   └ 인증사업자는 법 제22조 제2항에 따라 자재·원료의 사용에 관한 자료 또는 문서, 인증품의 생산, 제조·가공 또는 취급실적에 관한 자료 또는 문서를 그 생산연도 다음 해부터 2년간 보관하여야 한다(「농림축산식품부 소관 친환경농어업 육성 및 유기식품 등의 관리·지원에 관한 법률 시행규칙」 제17조 제2항).

   └ 인증사업자는 법 제22조 제2항에 따라 자재·원료의 사용에 관한 자료 또는 문서, 인증품의 생산, 제조·가공 또는 취급실적에 관한 자료 또는 문서를 그 생산연도 다음 해부터 2년간 보관하여야 한다(「해양수산부 소관 친환경농어업 육성 및 유기식품 등의 관리·지원에 관한 법률 시행규칙」 제17조 제2항).

└ 제27조(인증기관 등의 준수사항) 농림축산식품부장관·해양수산부장관 또는 인증기관은 다음 각 호의 사항을 준수하여야 한다.

  3. 인증신청, 인증심사 및 인증사업자에 관한 자료를 농림축산식품부령 또는 해양수산부령으로 정하는 바에 따라 보관할 것

     └ 국립농산물품질관리원장 또는 인증기관의 장은 법 제27조 제3호에 따라 인증신청서와 첨부서류, 인증심사보고서와 심사자료, 인증사업자에 대한 사후관리 자료를 법 제21조 제1항에 따른 인증의 유효기간이 끝난 후 2년 동안 보관하여야 한다(「농림축산식품부 소관 친환경농어업 육성 및 유기식품 등의 관리·지원에 관한 법률 시행규칙」 제33조 제1항).

     └ 국립수산물품질관리원장 또는 인증기관의 장은 법 제27조 제3호에 따라 인증신청서와 첨부서류, 인증심사보고서와 심사자료, 인증사업자에 대한 사후관리 자료를 법 제21조 제1항에 따른 인증의 유효기간이 끝난 후 2년 동안 보관하여야 한다(「해양수산부 소관 친환경농어업 육성 및 유기식품 등의 관리·지원에 관한 법률 시행규칙」 제32조 제1항).

  5. 인증사업자가 인증기준을 준수하도록 관리하기 위하여 농림축산식품부령 또는 해양수산부령으로 정하는 바에 따라 인증사업자에 대하여 불시(不時) 심사를 하고 그 결과를 기록·관리할 것

     └ 국립농산물품질관리원장 또는 인증기관의 장은 법 제27조 제5호에 따라 다음 각 호

III. 개별 법률 분석

의 어느 하나에 해당하는 인증사업자에 대하여 제11조 제2항에서 정한 인증심사의 절차와 방법을 준수하여 불시(不時) 심사를 하고 그 결과를 기록·관리하여야 한다(「농림축산식품부 소관 친환경농어업 육성 및 유기식품 등의 관리·지원에 관한 법률 시행규칙」 제33조 제4항).

1. 인증기준 위반을 이유로 신고·진정·제보된 인증사업자
2. 최근 6개월 이내에 법 제24조 제1항 또는 제31조 제4항 전단에 따라 행정처분을 받은 적이 있는 인증사업자

└ 국립수산물품질관리원장 또는 인증기관의 장은 법 제27조 제5호에 따라 다음 각 호의 어느 하나에 해당하는 인증사업자에 대하여 제11조 제2항에서 정한 인증심사의 절차와 방법을 준용하여 불시(不時) 심사를 하고 그 결과를 기록·관리하여야 한다(「해양수산부 소관 친환경농어업 육성 및 유기식품 등의 관리·지원에 관한 법률 시행규칙」 제32조 제4항).

1. 인증기준 위반을 이유로 신고·진정·제보된 인증사업자
2. 최근 6개월 이내에 법 제24조 제1항 또는 제31조 제4항 전단에 따라 행정처분을 받은 적이 있는 인증사업자

└ [법 제62조 제1항에서는 같은 조 제3호에 해당하는 자에게는 500만 원 이하의 과태료를 부과한다고 규정하였습니다. 같은 항 제3호는 "제22조 제2항(제34조 제4항에서 준용하는 경우를 포함한다), 제27조 제3호 또는 제5호(제32조 제2항에서 준용하는 경우를 포함한다), 제40조 제2항, 제45조 제3호 또는 제5호를 위반하여 관련 서류·자료 등을 기록·관리하지 아니하거나 보관하지 아니한 자"를 규정하였습니다. 법 제27조 각 호 외의 부분에서는 농림축산식품부장관·해양수산부장관 또는 인증기관의 준수사항을 규정하였고, 같은 조 제3호 및 제5호에서는 농림축산식품부령 및 해양수산부령으로 정하는 바에 따라 기록·관리, 보관하여야 하는 의무의 주체에 국립농산물품질관리원장과 국립수산물품질관리원장을 포함시키고 있습니다.

국립농산물품질관리원장과 국립수산물품질관리원장은 국가공무원이며, 공무원에게 과태료를 부과한다는 규정은 다른 법령에서는 찾아볼 수가 없습니다. 공무원이 법령을 위반한 경우에는 과태료가 아닌 징계로 다스리는 것을 원칙으로 하기 때문입니다. 이 점에 관하여 농림축산식품부장관 및 해양수산부장관에게 법령의 재검토를 촉구하는 제안을 하였습니다. 그 내용은 이 장의 끝에 소개합니다.]

└ 제40조(공시등사업자의 준수사항) ② 공시등사업자는 농림축산식품부령 또는 해양수산부령으로 정하는 바에 따라 공시등 심사와 관련된 서류 등을 보관하여야 한다.

└ 공시등사업자는 다음 각 호의 자료 및 서류를 그 생산연도 다음 해부터 3년간 보관하여

야 한다(「농림축산식품부 소관 친환경농어업 육성 및 유기식품 등의 관리·지원에 관한 법률 시행규칙」제52조 제2항).
  1. 유기농업자재 공시등의 신청 및 심사 관련 자료 또는 서류
  2. 공시등의 갱신을 위하여 신청한 자료 또는 서류
  3. 유기농업자재 공시등 표시에 관한 자료 또는 서류
  4. 별지 제28호 서식의 유기농업자재 공시(품질인증) 원료 수급대장과 원료 종류별 구입서류 등 원료 사용에 관한 자료 또는 서류
  5. 유기농업자재의 생산·수입·판매에 관한 자료 또는 서류
  6. 유기농업자재의 품질관리에 관한 자료 또는 서류
└ 해양수산부령은 법 제40조 제2항에서 위임한 사항에 관하여 규정하지 않았다.
└ 제45조(공시등기관의 준수사항) 공시등기관은 다음 각 호의 사항을 준수하여야 한다.
  3. 공시등의 신청·심사 및 유기농어업자재의 거래에 관한 자료를 농림축산식품부령 또는 해양수산부령으로 정하는 바에 따라 보관할 것
    └ 공시기관의 장은 법 제45조 제3호에 따라 유기농업자재 공시등을 받으려는 자 또는 공시등사업자가 제출한 다음 각 호의 자료 및 서류를 법 제39조 제1항에서 정한 공시등의 유효기간이 끝난 후 3년간 보관하여야 한다. 이 경우 공시등이 갱신되었을 때에는 종전의 유효기간 동안 보관하던 서류도 함께 보관하여야 한다(「농림축산식품부 소관 친환경농어업 육성 및 유기식품 등의 관리·지원에 관한 법률 시행규칙」제63조 제1항).
      1. 유기농업자재 공시등의 신청, 재심사신청 또는 변경승인신청 등을 위하여 공시등기관의 장에게 제출된 자료 또는 서류와 이와 관련된 심사자료 또는 서류
      2. 공시등의 갱신신청을 위하여 공시등기관의 장에게 제출된 자료 또는 서류와 이와 관련된 심사자료 또는 서류
      3. 공시등사업자가 갱신하거나 수입하여 판매한 실적에 대하여 제출한 자료 또는 서류
    └ 공시기관의 장은 공시등의 취소, 품질관리 지도 등과 관련된 다음 각 호의 자료 및 서류를 법 제39조 제1항에서 정한 공시등의 유효기간이 끝난 날부터 3년 동안 보관하여야 한다. 다만, 공시등이 취소된 경우에는 취소된 날부터 3년 동안 보관하여야 한다(「농림축산식품부 소관 친환경농어업 육성 및 유기식품 등의 관리·지원에 관한 법률 시행규칙」제63조 제2항).
      1. 공시등사업자의 유기농업자재 공시등의 취소 또는 판매금지 처분과 관련된 자료 또는 서류

Ⅲ. 개별 법률 분석

    2. 공시등을 한 제품에 대하여 품질관리를 지도한 서류 또는 자료
    3. 공시등의 결과 및 불시 심사에 관한 자료 또는 서류
    └ 해양수산부령은 법 제45조 제3호의 위임사항을 규정하지 않았다.

5. 공시등사업자가 공시등 기준을 준수하도록 관리하기 위하여 농림축산식품부령 또는 해양수산부령으로 정하는 바에 따라 공시등사업자에 대하여 불시 심사를 하고 그 결과를 기록·관리할 것

    └ 공시기관의 장은 직접 공시등을 한 공시등사업자에 대하여 법 제45조 제5호에 따라 다음 각 호의 사항에 관한 불시 심사를 하여야 한다. 이 경우 불시 심사 결과를 농촌진흥청장에게 보고하여야 한다(「농림축산식품부 소관 친환경농어업 육성 및 유기식품 등의 관리·지원에 관한 법률 시행규칙」 제64조 제2항).
      1. 법 제40조 제2항에 따른 서류 보관
      2. 유기농업자재의 공시 및 품질인증 기준 적합성
    └ 해양수산부령은 법 제45조 제5호에서 위임한 사항에 관하여 규정하지 않았다.

4. **인증을 받지 아니한 사업자가 인증품의 포장을 해체하여 재포장한 후 제23조 제1항 또는 제36조 제1항에 따른 표시를 한 자**

  └ 제23조 제1항은 유기식품등의 표시에 관한 사항을, 제36조 제1항은 무농약농수산물등의 표시기준 등을 각각 규정하였다.

5. **제23조, 제36조 또는 제42조에 따른 표시기준을 위반한 자**

  └ 제23조(유기식품등의 표시 등) ① 인증사업자는 생산, 제조·가공 또는 취급하는 인증품에 직접 또는 인증품의 포장, 용기, 납품서, 거래명세서, 보증서 등(이하 "포장등"이라 한다)에 유기 또는 이와 같은 의미의 도형이나 글자의 표시(이하 "유기표시"라 한다)을 할 수 있다. 이 경우 포장을 하지 아니한 상태로 판매하거나 낱개로 판매하는 때에는 표시판 또는 푯말에 유기표시를 할 수 있다.

  └ 제36조(무농약농수산물등의 표시기준 등) ① 제34조 제3항에 따라 인증을 받은 자는 생산하거나 취급하는 무농약농수산물등에 직접 또는 그 포장등에 무농약, 무항생제(축산물 또는 수산물만 해당한다), 활성처리제 비사용(해조류만 해당한다) 또는 이와 같은 의미의 도형이나 글자를 표시(이하 "무농약농수산물표시"라 한다)할 수 있다. 이 경우 포장을 하지 아니하고 판매하거나 낱개로 판매하는 때에는 표시판 또는 푯말에 표시할 수 있다.

  └ 제42조(공시등의 표시 등) 공시등사업자는 공시등을 받은 유기농어업자재의 포장등에 농림

축산식품부령 또는 해양수산부령으로 정하는 바에 따라 유기농어업자재 공시등을 나타내는 도형 또는 글자를 표시할 수 있다. 이 경우 공시등의 번호, 유기농어업자재의 명칭 및 사용방법 등의 관련 정보를 함께 표시하여야 한다.
  ↳ 유기농어업자재의 표시기준은 「농림축산식품부 소관 친환경농어업 육성 및 유기식품 등의 관리·지원에 관한 법률 시행규칙」 제56조 별표17에서 규정하였다.
  ↳ 해양수산부령은 유기농어업자재의 표시기준에 관하여 규정하지 않았다.

6. 제26조 제5항(제35조 제2항에서 준용하는 경우를 포함한다) 또는 제44조 제4항을 위반하여 변경사항을 신고하지 아니하거나 중요사항을 승인받지 아니하고 변경한 자

↳ 제26조(인정기관의 지정 등) ⑤ 인증기관은 지정받은 내용이 변경된 경우에는 농림축산식품부장관 또는 해양수산부장관에게 변경신고를 하여야 한다. 다만, 농림축산식품부령 또는 해양수산부령으로 정하는 중요사항을 변경할 때에는 농림축산식품부장관 또는 해양수산부장관으로부터 승인을 받아야 한다.
  ↳ 인증기관의 장은 지정받은 내용 중 다음 각 호의 어느 하나에 해당하는 사항이 변경된 경우에는 법 제26조 제5항 본문에 따라 변경된 날부터 1개월 이내에 별지 제15호 서식의 인증기관 지정내용 변경신고서에 지정내용이 변경되었음을 증명할 수 있는 서류를 첨부하여 국립농산물품질관리원장에게 제출하여야 한다(「농림축산식품부 소관 친환경농어업 육성 및 유기식품 등의 관리·지원에 관한 법률 시행규칙」 제32조 제1항).
    1. 인증기관 명칭, 인력 및 대표자
    2. 주된 사무소 및 지방사무소의 소재지
  ↳ 인증기관의 장은 지정받은 내용 중 다음 각 호의 어느 하나에 해당하는 사항이 변경된 경우에는 법 제26조 제5항 본문에 따라 변경된 날부터 1개월 이내에 별지 제13호 서식의 인증기관 지정내용 변경신고서에 지정내용이 변경되었음을 증명할 수 있는 서류를 첨부하여 국립수산물품질관리원장에게 제출하여야 한다(「해양수산부 소관 친환경농어업 육성 및 유기식품 등의 관리·지원에 관한 법률 시행규칙」 제31조 제1항).
    1. 인증기관 명칭, 인력 및 대표자
    2. 주된 사무소 및 지방사무소의 소재지
  ↳ 인증기관의 장은 지정받은 내용 중 다음 각 호의 어느 하나에 해당하는 사항을 변경하려는 경우에는 법 제26조 제5항 단서에 따라 별지 제13호 서식의 인정기관 지정내용 변경승인신청서에 변경하려는 사항이 인증기관의 지정기준에 적합함을 증명할 수 있는 서

Ⅲ. 개별 법률 분석

　　　　류를 첨부하여 국립수산물관리원장에게 제출하여야 한다(「해양수산부 소관 친환경농어업 육성 및 유기식품 등의 관리·지원에 관한 법률 시행규칙」제31조 제2항). (각 호 생략)
ㄴ 제44조(공시등기관의 지정 등) ④ 공시등기관은 지정받은 내용이 변경된 경우에는 농림축산식품부장관 또는 해양수산부장관에게 변경소고를 하여야 한다. 다만, 농림축산식품부령 또는 해양수산부령으로 정하는 중요사항을 변경할 때에는 농림축산식품부장관 또는 해양수산부장관으로부터 승인을 받아야 한다.
　　ㄴ 공시등기관의 장은 지정받은 내용이 변경된 경우에는 법 제44조 제4항 본문에 따라 별지 제34호 서식의 유기농업자재 공시 및 품질인증기관 지정사항 변경신고서에 다음 각 호의 서류를 첨부하여 농촌진흥청장에게 제출하여야 한다(「농림축산식품부 소관 친환경농어업 육성 및 유기식품 등의 관리·지원에 관한 법률 시행규칙」제62조 제1항). (각 호 생략)
　　　　ㄴ 시행규칙의 이 규정은 변경신고서의 제출기한을 정하지 아니하였으므로 불완전한 규정으로 평가할 수 있다. 이러한 규정에 터 잡아서는 과태료를 부과할 수 없을 것이다.
　　　　ㄴ 제1항에도 불구하고 공시등관리기관의 장이 다음 각 호의 어느 하나에 해당하는 사항을 변경하려는 경우에는 법 제44조 제4항 단서에 따라 별지 제34호 서식의 유기농업자재 공시 및 품질인증기관 지정사항 변경승인신청서에 제1항 각 호의 서류와 다음 각 호의 서류를 첨부하여 농촌진흥청장에게 제출하여야 한다(「농림축산식품부 소관 친환경농어업 육성 및 유기식품 등의 관리·지원에 관한 법률 시행규칙」제62조 제2항). (각 호 생략)
　　ㄴ 해양수산부 소관 시행규칙에서는 이와 관련한 사항을 규정하지 않았다.

7. 제27조 제4호(제35조 제2항에서 준용하는 경우를 포함한다) 또는 제45조 제4호를 위반하여 인증결과 또는 공시등 결과 및 사후관리 결과 등 보고를 하지 아니하거나 거짓으로 보고를 한 자

ㄴ 제27조(인증기관 등의 준수사항) 농림축산식품부장관·해양수산부장관 또는 인증기관은 다음 각 호의 사항을 준수하여야 한다.
　　4. 인증기관은 농림축산식품부령 또는 해양수산부령으로 정하는 바에 따라 인증 결과 및 사후관리 결과 등을 농림축산식품부장관 또는 해양수산부장관에게 보고할 것
　　　　ㄴ 인증기관의 장은 법 제27조 제4호에 따라 인증결과 및 사후관리 결과 등을 보고할 때에는 인증관리정보시스템에 등록하는 방법으로 하여야 한다(「농림축산식품부 소관 친환경농어업 육성 및 유기식품 등의 관리·지원에 관한 법률 시행규칙」제33조 제3항).

┗ 이는 보고기한을 정하지 아니한 불완전한 규정이다.
┗ 인증기관의 장은 법 제27조 제4호에 따라 인증결과 및 사후관리 결과 등을 보고할 때에는 인증관리정보시스템에 등록하는 방법으로 하여야 한다(「해양수산부 소관 친환경농어업 육성 및 유기식품 등의 관리·지원 등에 관한 법률 시행규칙」 제32조 제3항).
┗ 해양수산부령도 마찬가지로 보고기한을 규정하지 아니하였으므로, 이 규정에 터 잡아서는 과태료를 부과할 수 없다.

┗ 제45조(공시등기관의 준수사항) 공시등기관은 다음 각 호의 사항을 준수하여야 한다.
4. 농림축산식품부령 또는 해양수산부령으로 정하는 바에 따라 공시등 결과 및 사후관리 결과 등을 농림축산식품부장관 또는 해양수산부장관에게 보고할 것
  ┗ 공시기관의 장이 법 제45조 제4호에 따라 농촌진흥청장에게 보고하여야 하는 사항 및 보고방법은 다음 각 호와 같다(「농림축산식품부 소관 친환경농어업 육성 및 유기식품 등의 관리·지원에 관한 법률 시행규칙」 제64조 제1항).
    1. 법 제40조 제1항에 따라 공시등사업자가 통보한 사항은 매 반기가 끝나는 달의 다음 달 말일까지 보고
    2. 공시등의 신청, 심사, 공시등 현황 등은 매 분기가 끝나는 달의 다음 달 10일까지 보고
    3. 법 제43조 제3항에 따른 공시등을 한 제품에 대한 품질관리, 법 위반에 따른 조치결과 등의 사후관리에 관한 사항은 조치 후 1개월 이내에 보고
    4. 법 제38조 및 제39조에 따라 공시등의 신청, 재심사신청, 변경승인신청 또는 공시등의 갱신신청 등을 한 신청인이 법 제37조 제4항의 기준에 부적합할 경우에는 해당 신청내용과 부적합 사유를 즉시 보고
  ┗ 해양수산부령에는 관련 규정이 없다.

8. 제28조(제35조 제2항에서 준용하는 경우를 포함한다) 또는 제46조를 위반하여 신고하지 아니하고 인증업무 또는 공시등업무의 전부 또는 일부를 휴업하거나 폐업한 자

9. 정당한 사유 없이 제31조 제1항(제34조 제5항에서 준용하는 경우를 포함한다), 제32조 제1항(제34조 제5항에서 준용하는 경우를 포함한다), 제49조 제1항 또는 제50조 제1항에 따른 조사를 거부·방해하거나 기

Ⅲ. 개별 법률 분석

피한 자

10. 제33조(제34조 제5항에서 준용하는 경우를 포함한다) 또는 제51조를 위반하여 인증기관 또는 공시등기관이나 인증사업자 또는 공시등사업자의 지위를 승계하고도 그 사실을 신고하지 아니한 자

   ∟ 제33조 ② 인증사업자의 지위를 승계한 자는 인증심사를 한 농림축산식품부장관·해양수산부장관 또는 인증기관의 장(그 인증기관의 지정이 취소된 때에는 농림축산부장관 또는 해양수산부장관을 말한다)에게 그 사실을 신고하여야 하고, 인증기관의 지위를 승계한 자는 농림축산식품부장관 또는 해양수산부장관에게 그 사실을 신고하여야 한다.
   ④ 제2항에 따른 신고에 필요한 사항은 농림축산식품부령 또는 해양수산부령으로 정한다.
      ∟ 인증사업자의 지위를 승계한 자는 국립농산물품질관리원장 또는 인증기관의 장에게, 인증기관의 지위를 승계한 자는 국립농산물품질관리원장에게 승계한 날부터 1개월 이내에 각각 신고하여야 한다(「농림축산식품부 소관 친환경농어업 육성 및 유기식품 등의 관리·지원에 관한 법률 시행규칙」 제38조).
      ∟ 인증사업자의 지위를 승계한 자는 국립수산물품질관리원장 또는 인증기관의 장에게, 인증기관의 지위를 승계한 자는 국립수산물품질관리원장에게 그 지위를 승계한 날부터 1개월 이내에 각각 신고하여야 한다(「해양수산부 소관 친환경농어업 육성 및 유기식품 관리·지원에 관한 법률 시행규칙」 제37조).
   ∟ 제51조(공시등기관 등의 승계) ② 제1항에 따라 공시등사업자의 지위를 승계한 자는 공시등 심사를 한 공시등기관의 장(그 공시등기관의 지정이 취소된 경우에는 농림축산식품부장관 또는 해양수산부장관을 말한다)에게 그 사실을 신고하여야 하고, 공시등기관의 지위를 승계한 자는 농림축산식품부장관 또는 해양수산부장관에게 그 사실을 신고하여야 한다.
   ④ 제2항에 따른 신고에 필요한 사항은 농림축산식품부령 또는 해양수산부령으로 정한다.
      ∟ 공시등사업자의 지위를 승계한 자는 공시등기관의 장에게, 공시등기관의 지위를 승계한 자는 농촌진흥청장에게 그 지위를 승계한 날부터 1개월 이내에 각각 신고하여야 한다(「농림축산식품부 소관 친환경농어업 육성 및 유기식품 등의 관리·지원에 관한 법률 시행규칙」 제69조).
      ∟ 해양수산부 소관 시행규칙에서는 이에 관한 규정을 두지 않았다.

법령 정비에 관한 제안

1. 제목 : 「친환경농업 육성 및 유기식품 등의 관리·지원에 관한 법률 시행규칙」의 정비에 관한 제안

2. 관계 행정기관의 명칭 : 농림축산식품부 및 해양수산부

3. <u>농림축산식품부 및 해양수산부에 대한 공통 제안</u>

「친환경농업 육성 및 유기식품 등의 관리·지원에 관한 법률」(이하 "법"이라고 줄여 씀)은 농림축산식품부와 해양수산부에서 함께 주관하며, 이 제안서는 양 부처에 함께 제안하는 내용을 포함하고 있으므로, 하나의 제안서로 작성합니다. 다만, 이 제안서의 제출은 각 부마다 따로 하겠습니다.

   가. 시행규칙의 형식에 관한 제안

   1) 현황 및 문제점

이 법의 시행규칙으로는 「농림축산식품부 소관 친환경농어업 육성 및 유기식품 등의 관리·지원에 관한 법률 시행규칙」 및 「해양수산부 소관 친환경농어업 육성 및 유기식품 등의 관리·지원에 관한 법률 시행규칙」이 있습니다. 같은 법에 대한 시행규칙이 두 개 존재

하다보니 이 법의 규제를 받는 국민의 입장에서는 다소 불편한 것이 현실입니다.

2) 개선 방안

이러한 경우 다른 법률 시행규칙은 보통 공동부령(共同部令)을 제정함으로써 국민의 불편을 줄여주는 것으로 알고 있습니다. 위 두 개의 시행규칙을 검토해보았더니 공동부령을 제함함에 아무런 장애도 발견되지 않습니다. 물론 시행규칙의 제정·개정의 과정에서 다소 불편함은 있겠지만, 그것이 국민에게는 이용상 편의를 제공한다면 재검토를 할 수도 있다고 생각합니다. 법이 공동부령에 위임하지 아니하였다고 하여 공동부령을 제정할 수 없는 것은 아닐 것이라는 생각을 하며, 만약 불가능하다면 법을 개정할 수도 있다고 생각합니다. 참고로, 국민들은 시행규칙의 명칭은 법률명의 뒤에 단순히 "시행규칙"이라는 단어만을 덧붙인 것에 익숙합니다.

나. 시행규칙의 규정 내용과 관련한 제안

1) 현행 법령의 규정

우선 법령의 규정을 인용합니다.

○ 법의 규정

제62조(과태료) ① 다음 각 호의 어느 하나에 해당하는 자에게는 500만 원 이하의 과태료를 부과한다.

3. 제22조 제2항(제34조 제4항에서 준용하는 경우를 포함한다), <u>제27조 제3호 또는 제5호</u>(제32조 제2항에서 준용하는 경우를 포함한다), 제40조 제2항, 제45조 제3호 또는 제5호를 위반하여 관련 서류·자료 등을 기록·관리하지 아니하거나 보관하지 아니한 자

제27조(인증기관 등의 준수사항) 농림축산식품부장관·해양수산부장관 또는 인증기관은 다음 각 호의 사항을 준수하여야 한다.

3. 인증신청, 인증심사 및 인증사업자에 대한 자료를 농림축산식품부령 또는 해양수산부령으로 정하는 바에 따라 보관할 것
5. 인증사업자가 인증기준을 준수하도록 관리하기 위하여 농림축산식품부령 또는 해양수산부령으로 정하는 바에 따라 인증사업자에 대하여 불시(不時) 심사를 하고 그 결과를 기록·관리할 것

○ 「농림축산식품부 소관 친환경농어업 육성 및 유기식품 등의 관리·지원에 관한 법률 시행규칙」의 규정(이하 "농림축산식품부 시행규칙"이라 줄여 씀)

제33조(인증기관 등의 준수사항) ① 국립농산물품질관리원장 또는 인증기관의 장은 법 제27조 제3호에 따라 인증신청서와 첨부서류, 인증심사보고서와 심사자료, 인증사업자에 대한 사후관리 자료를 법 제21조 제1항에 따른 인증의 유효기간이 끝난 후 2년 동안 보

관하여야 한다.

④ 국립농산물품질관리원장 또는 인증기관의 장은 법 제27조 제5호에 따라 다음 각 호의 어느 하나에 해당하는 인증사업자에 대하여 제11조 제2항에서 정한 인증심사의 절차와 방법을 준용하여 불시(不時) 심사를 하고 그 결과를 기록·관리하여야 한다. (각 호는 생략)

○ 「해양수산부 소관 친환경농어업 육성 및 유기식품 등의 관리·지원에 관한 법률 시행규칙」의 규정(이하 "해양수산부 시행규칙"이라 줄여 씀)

제32조(인증기관 등의 준수사항) ① 국립수산물품질관리원장 또는 인증기관의 장은 법 제37조 제3호에 따라 인증신청서와 첨부서류, 인증심사보고서와 심사자료, 인증사업자에 대한 사후관리 자료를 법 제21조 제1항에 따른 인증의 유효기간이 끝난 후 2년 동안 보관하여야 한다.

④ 국립축산물품질관리원장 또는 인증기관의 장은 법 제27조 제5호에 따라 다음 각 호의 어느 하나에 해당하는 인증사업자에 대하여 제11조 제2항에서 정한 인증심사의 절차와 방법을 준용하여 불시(不時) 심사를 하고 그 결과를 기록·관리하여야 한다. (각 호는 생략)

2) 문제점 및 개선 방안

「농림축산식품부 시행규칙」 제33조 및 「해양수산부 시행규칙」 제

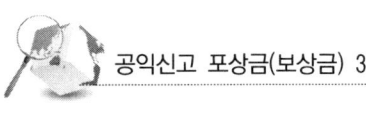

32조의 규정에서 발견되는 공통적인 문제점은 국립농산물품질관리원장과 국립수산물품질관리원장을 각각 의무를 이행하는 주체에 포함시킨 점입니다. 시행규칙의 위 규정들을 위반하는 행위는 법 제62조 제1항 제3호의 규정에 의하여 과태료를 부과해야 하는 행위들입니다. 그런데 국립농산물품질관리원장과 국립수산물품질관리원장은 과태료를 부과할 대상이 아니라 징계처분으로 다스려야 할 대상입니다. 공무원에게 과태료를 부과한다는 법령은 본 적이 없습니다. 따라서 위 시행규칙들의 규정은 재검토가 필요합니다.

「농림축산식품부 시행규칙」 제33조 제4항 및 「해양수산부 시행규칙」 제32조 제4항의 공통적인 문제점은 불시 심사의 결과를 "언제까지" 기록·관리하여야 하는지를 규정하지 아니한 점입니다. 이 기록을 무한정 관리하라고 할 수는 없는 것이며, 행정목적을 달성함에 필요한 최소한의 기간을 정하여 의무를 부과했을 경우에만 그 위반행위에 대하여 과태료를 부과할 수 있을 것입니다.

4. 해양수산부에 대한 제안

가. 형황 및 문제점

법 제2조 제6호는 정의를 규정함에 있어 "유기농어업자재"란 유기농수산물을 생산, 제조·가공 또는 취급하는 과정에서 사용할 수 있는 허용물질을 원료 또는 재료로 하여 만든 제품을 말한다고 규정하였습니다.

III. 개별 법률 분석

  법 제37조 제1항에서는 유기농어업자재에 관한 정보의 "공시"에 관하여 규정하였고, 같은 조 제2항에서는 유기농어업자재의 "품질인증"에 관하여 규정하였으며, 같은 조 제3항은 위 둘을 합하여 "공시등"이라고 부르기로 정하였습니다.

  같은 조 제4항에서는 "공시등의 대상 및 공시등에 필요한 기준 등"은 농림축산식품부령 또는 해양수산부령으로 정한다고 규정함으로써 각 시행규칙에 위임하였습니다. 그러나 「해양수산부 시행규칙」에서는 법 제37조 제4항에서 위임한 사항을 규정하지 아니한 것으로 보입니다. 혹시 제안자가 미처 있는 규정을 찾지 못하였다면 안내를 부탁드립니다.

  나. 개선 방안

  제안자가 궁금한 점은 해양수산부 소관사항 중에는 법 제2조 제6호에서 말하는 유기어업자재가 존재하지 않는지 또는 그러한 것이 있긴 하지만 규제의 필요성이 없는지에 관한 것입니다. 확신이 없어 문제점으로 지적하지는 않겠습니다. 혹시 누락한 것인지를 검토해주시면 좋겠습니다. 짧지 않은 글을 끝까지 읽어주신 점에 감사를 드리며 회신을 기다리겠습니다. 고맙습니다.

국민권익위원회 위원장 귀하

  참고 : 현재 위 제안은 법제처, 농림축산식품부 및 해양수산부에서 수개월 전부터 검토를 하고 있습니다.

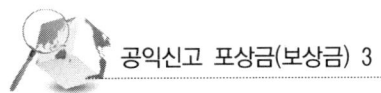

제156장 토양환경보전법

제1절 법률의 이해

「토양환경보전법」은 토양오염으로 인한 국민건강 및 환경상의 위해를 예방하고, 오염된 토양을 정화하는 등 토양을 적정하게 관리·보전함으로써 토양생태계를 보전하고, 자원으로서의 토양가치를 높이는 것 등을 목적으로 한다. 이 법의 주관부처는 환경부(토양지하수과)이다.

이 법은 방사성물질에 의한 토양오염 및 그 방지에 관하여는 적용하지 않으며, 오염된 농지를 「농지법」 제21조에 따른 토양의 개량사업으로 정화하는 경우에는 이 법 제15조의3 및 제15조의6을 적용하지 않는다(제3조). 이 법에서 말하는 "토양정화"란 생물학적 또는 물리적·화학적 처리 등의 방법으로 토양 중의 오염물질을 감소·제거하거나 토양 중의 오염물질에 의한 위해를 완화하는 것을 말한다.

"토양오염물질"이란 다음 각 호에 해당하는 것을 말한다(시행규칙 별표1).
1. 카드뮴 및 그 화합물
2. 구리 및 그 화합물
3. 비소 및 그 화합물
4. 수은 및 그 화합물
5. 납 및 그 화합물
6. 6가크롬화합물
7. 아연 및 그 화합물
8. 니켈 및 그 화합물

9. 불소화합물
10. 유기인화합물
11. 폴리클로리네이티드비페닐
12. 시안화합물
13. 페놀류
14. 벤젠
15. 톨루엔
16. 에틸벤젠
17. 크실렌
18. 석유계총탄화수소
19. 트리클로로에틸렌
20. 테트라클로로에틸렌
21. 벤조(a)피렌
22. 기타 위 물질과 유사한 토양오염물질로서 토양오염의 방지를 위하여 특별히 관리할 필요가 있다고 인정되어 환경부장관이 고시하는 물질

제2절 법령의 규정

제28조(벌칙) 제19조 제1항에 따른 실시명령을 이행하지 아니한 자나 실시명령을 받고 같은 조 제2항에 따른 승인을 받지 아니하고 오염토양 개선사업을 한 자는 5년 이하의 징역 또는 5천만 원 이하의 벌금에 처한다.

ㄴ. 제19조(오염토양 개선사업) ① 특별자치도지사·시장·군수·구청장은 제18조 제2항 제1호에 따른 오염토양 개선사업의 전부 또는 일부의 실시를 그 오염원인자에게 명할 수 있다. 이 경우 특별자치도지사·시장·군수·구청장은 토양보전을 위하여 필요하다고 인정하면 환경부령으로

공익신고 포상금(보상금) 3

정하는 토양관련전문기관으로 하여금 오염토양 개선사업을 지도·감독하게 할 수 있다.
② 제1항에 따라 오염원인자가 오염토양 개선사업을 하려는 경우에는 환경부령으로 정하는 바에 따라 오염토양 개선사업계획을 작성하여 특별자치도지사·시장·군수·구청장의 승인을 받아야 한다. 승인받은 사항 중 환경부령으로 정하는 중요사항을 변경하려는 경우에도 또한 같다.

제29조(벌칙) 다음 각 호의 어느 하나에 해당하는 자는 2년 이하의 징역 또는 2천만 원 이하의 벌금에 처한다.

1. 제11조 제3항 또는 제14조 제1항에 따른 정화 조치명령을 이행하지 아니한 자

   ㄴ 제11조(토양오염의 신고 등) ① 토양오염물질을 생산·운반·저장·취급·가공 또는 처리하는 자가 그 과정에서 토양오염물질을 누출·유출한 때, 토양오염관리대상시설을 소유·점유 또는 운영하는 자가 그 소유·점유 또는 운영 중인 토양오염관리대상시설에서 토양이 오염된 사실을 발견한 때에는 지체 없이 관할 특별자치도지사·시장·군수·구청장에게 신고하여야 한다.
   ② 특별자치도지사·시장·군수·구청장은 제1항에 따른 신고를 받거나 토양오염물질이 누출·유출된 사실을 발견한 때, 그 밖에 토양오염이 발생한 사실을 알게 된 때에는 소속 공무원으로 하여금 해당 토지에 출입하여 오염원인과 오염도에 관한 조사를 하게 할 수 있다.
   ③ 제2항의 조사를 한 결과 오염도가 우려기준[77])을 넘는 토양(이하 "오염토양"이라 한다)에 대하여는 대통령령으로 정하는 바에 따라 기간을 정하여 오염원인자에게 토양관련전문기관에 의한 토양정밀조사의 실시, 오염토양 정화 조치를 할 것을 명할 수 있다.

   ㄴ 제14조(특정토양오염관리대상시설의 설치자에 대한 명령) ① 특별자치도지사·시장·군수·구청장은 특정토양오염관리대상시설[78])의 설치자가 다음 각 호의 어느 하나에 해당하면 대통령령으로 정하는 바에 따라 기간을 정하여 토양오염방지시설의 설치 또는 그 개선이나 그 시설의 부지 및 주변지역에 대하여 토양관련전문기관에 의한 토양정밀조사 또는 오염토양의 정화 조치를 할 것을 명할 수 있다.

---

77) ★ 우려기준 : 사람의 건강·재산이나 동물·식물의 생육에 지장을 줄 우려가 있는 토양오염의 기준(이하 "우려기준"이라 한다)은 환경부령으로 정한다(제4조의2). 우려기준은 시행규칙 제1조의5 별표3에서 규정하였다.

78) ★ 특정토양오염관리대상시설 : 토양을 현저하게 오염시킬 우려가 있는 토양오염관리대상시설로서 환경부령으로 정하는 것을 말한다(제2조 제4호). 특정토양오염관리대상시설은 시행규칙 제1조의3 별표2에서 규정하였다.

Ⅲ. 개별 법률 분석

2. 제14조 제3항에 따른 특정토양오염관리대상시설의 사용중지명령을 이행하지 아니한 자
3. 제15조 제3항에 따른 명령을 이행하지 아니한 자
   ┗ 제15조(토양오염방지 조치명령 등) ③ 시·도지사 또는 시장·군수·구청장은 상시측정, 토양오염실태조사의 결과 우려기준을 넘는 경우에는 대통령령으로 정하는 바에 따라 기간을 정하여 다음 각 호의 어느 하나에 해당하는 조치를 하도록 오염원인자에게 명할 수 있다. 다만, 오염원인자를 알 수 없거나 오염원인자에 의한 토양정화가 곤란하다고 인정하는 경우에는 시·도지사 또는 시장·군수·구청장이 오염토양의 정화를 실시할 수 있다.
      1. 토양오염관리대상시설[79]의 개선 또는 이전
      2. 해당 토양오염물질의 사용제한 또는 사용중지
      3. 오염토양의 정화

4. 제15조의3 제2항을 위반하여 오염토양의 정화를 위탁한 자
   ┗ 제15조의3(토양오염의 정화) ② 오염토양은 토양정화업자(제3항 단서에 따라 오염토양을 반출하여 정화하는 경우에는 제23조의7 제1항에 따라 반입하여 정화하는 시설을 등록한 토양정화업자를 말한다)에게 위탁하여 정화하여야 한다. 다만, 유기용제류(有機溶劑類)에 의한 오염토양 등 대통령령으로 정하는 종류와 규모에 해당하는 오염토양은 오염원인자가 직접 정화할 수 있다.
      ┗ 오염원인자가 직접 정화할 수 있는 오염토양은 다음 각 호의 어느 하나에 해당하는 경우를 말한다(시행령 제11조).
         1. 「국방·군사시설사업에 의한 법률」에 의한 군부대시설 안의 오염토양 또는 군사활동으로 인한 오염토양으로서 그 양이 50세제곱미터 미만인 것
         2. 유기용제 또는 유류에 의한 오염토양으로서 그 양이 5세제곱미터 미만인 것

5. 제15조의4 제1호를 위반하여 오염토양을 버리거나 매립한 자
   ┗ 제15조의4(오염토양의 투기금지 등) 누구든지 다음 각 호의 어느 하나에 해당하는 행위를 하여서는 아니 된다.

---

79) ★ 토양오염관리대상시설 : 토양오염물질을 생산·운반·저장·취급·가공 또는 처리하는 과정에서 토양을 오염시킬 우려가 있는 시설·장치·건물·구축물 및 그 부지와 토양오염이 발생한 장소를 말한다.

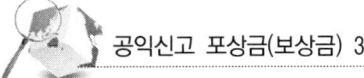

1. 오염토양을 버리거나 매립하는 행위
2. 보관, 운반 및 정화 등의 과정에서 오염토양을 누출·유출하는 행위
3. 정화가 완료된 토양을 그 토양에 적용된 것보다 엄격한 우려기준이 적용되는 지역의 토양에 사용하는 행위

6. 제21조 제3항에 따른 토양오염물질의 제거 또는 시설의 철거 등의 명령을 이행하지 아니한 자
7. 제23조의2 제2항에 따른 지정을 받지 아니하고 토양관련전문기관의 업무를 한 자
8. 제23조의7 제1항에 따른 등록을 하지 아니하고 토양정화업을 한 자

제30조(벌칙) 다음 각 호의 어느 하나에 해당하는 자는 1년 이하의 징역 또는 1천만 원 이하의 벌금에 처한다.

1. 고의 또는 중대한 과실로 제10조의2 제3항에 따른 항목·방법 및 절차를 위반하여 토양환경평가를 사실과 다르게 한 자
1의2. 제11조 제1항을 위반하여 생산·운반·저장·취급·가공 또는 처리하는 과정에서 토양오염물질을 누출·유출한 사실을 신고하지 아니한 자
1의3. 고의 또는 중대한 과실로 제11조 제3항, 제14조 제1항 또는 제15조 제1항에 따른 토양정밀조사를 부당하게 하여 제15조의6 제1항 단서에 따른 정화과정에 정한 검증대상의 규모 미만으로 오염규모가 축소되도록 한 자
2. 제12조 제1항 전단에 따른 신고를 하지 아니하고 특정토양오염관리대상시설을 설치하거나 거짓으로 신고한 자
   ㄴ. 제12조(특정토양오염관리대상시설의 신고 등) ① 특정토양오염관리대상시설을 설치하려는 자는 대통령령으로 정하는 바에 따라 그 시설의 내용과 제3항에 따른 토양오염방지시설의 설치계획을 관할 특별자치도지사·시장·군수·구청장에게 신고하여야 한다. 신고한 사항

III. 개별 법률 분석

중 환경부령으로 정하는 내용을 변경(특정토양오염관리대상시설의 폐쇄를 포함한다)할 때에도 또한 같다.

③ 특정토양오염관리대상시설의 설치자(그 시설을 운영하는 자를 포함한다. 이하 같다)는 대통령령으로 정하는 바에 따라 토양오염을 방지하기 위한 시설(이하 "토양오염방지시설"이라 한다)을 설치하고 적정하게 유지·관리하여야 한다.

3. 제12조 제3항을 위반하여 토양오염방지시설을 설치하지 아니한 자
   ㄴ 위 제2호 참조

4. 제14조 제1항에 따른 토양오염방지시설의 설치 또는 개선에 관한 명령을 이행하지 아니한 자

5. 제15조의3 제1항을 위반하여 오염토양을 정화한 자
   ㄴ 제15조의3(오염토양의 정화) ① 오염토양은 대통령령으로 정하는 정화기준 및 정화방법에 따라 정화하여야 한다.
      ㄴ "오염토양의 정화기준"은 법 제4조의2의 규정에 의한 토양오염우려기준으로 한다(시행령 제10조 제1항).
         ㄴ "토양오염우려기준"은 법 제4조의2의 위임에 의하여 시행규칙 제1조의5 별표3에서 규정하였다.
      ㄴ "오염토양의 정화방법"은 다음 각 호와 같다(시행령 제10조 제2항).
         1. 미생물이나 식물을 이용한 오염물질의 분배·흡수 등 생물학적 처리
         2. 오염물질의 차단·분리추출·세척처리 등 물리·화학적 처리
         3. 오염물질의 소각·분해 등 열적 처리

6. 제15조의3 제3항을 위반하여 오염이 발생한 해당 부지가 아닌 곳이나 토양정화업자가 보유한 시설이 있는 장소가 아닌 장소로 오염토양을 반출하여 정화한 자

7. 제15조의3 제7항 제1호를 위반하여 오염토양에 다른 토양을 섞어서 오염농도를 낮춘 자

8. 제15조의4 제2호를 위반하여 오염토양을 누출 또는 유출시킨 자

8의2. 제15조의4 제3호를 위반하여 정화가 완료된 토양을 그 토양에 적용된 것보다 엄격한 우려기준이 적용되는 지역의 토양에 사용한 자

9. 제15조의6 제1항을 위반하여 토양관련전문기관에 의한 검증을 하게 하지 아니한 자

 ㄴ. 제15조의6(토양정화의 검증) ① 오염원인자는 오염토양을 정화하기 위하여 토양정화업자에게 토양정화를 위탁하는 경우에는 제23조의2 제2항 제2호에 따라 지정을 받은 토양오염조사기관으로 하여금 정화과정 및 정화완료에 대한 검증을 하게 하여야 한다. 다만, 토양정밀조사를 한 결과 오염토양의 규모가 작거나 오염의 농도가 낮은 경우 등 오염토양이 대통령령으로 정하는 규모 및 종류에 해당하는 경우에는 정화과정에 대한 검증을 생략할 수 있다.

  ㄴ. 오염토양의 양이 1,000세제곱미터 미만(중금속에 의한 오염토양 중 토양오염도가 법 제16조의 규정에 의한 토양오염대책기준(이하 "대책기준"이라 한다)을 초과하는 것으로서 500세제곱미터 이상인 것을 제외한다)인 경우에는 정화과정에 대한 검증을 생략할 수 있다(시행령 제11조의3).

10. 고의 또는 중대한 과실로 제15조의6 제4항에 따른 검증의 절차·내용 및 방법을 지키지 아니하여 오염토양을 제15조의3 제1항에 따른 정화기준 이내로 처리되지 아니하게 한 자

 ㄴ. "오염토양의 정화기준 및 정화방법"은 위 제5호 참조

11. 제15조의6 제5항을 위반하여 토양관련전문기관에 의한 검증이 완료되지 아니한 상태에서 오염토양을 반출한 자

12. 제21조 제2항을 위반하여 대책지역에 시설을 설치한 자

 ㄴ. 제21조(행위제한) ② 누구든지 대책지역[80]에서는 그 지정 목적을 해할 우려가 있다고 인

---

80) ★ 대책지역 : 환경부장관은 대책기준을 넘는 지역이나 특별자치도지사·시장·군수·구청장이 요청하는 지역을 관계 중앙 행정기관의 장 및 시·도지사와 협의하여 토양보전대책지역으로 지정할 수 있다. "대책기준"이란 우려기준을 초과하여 사람의 건강 및 재산과 동물·식물의 생육에 지장을 주어서 토양오염에 대한 대책이 필요한 토양오염의 기준을 말하며, 이는 시행규칙 제20조 별표7에서 규정한다.

III. 개별 법률 분석

정되는 대통령령으로 정하는 시설을 설치하여서는 아니 된다.
ㄴ. "대책지역 안에서 그 지정 목적을 해할 우려가 있다고 인정되는 대통령령이 정하는 시설"이라 함은 대책지역 지정의 주요 원인이 된 오염물질을 배출하는 시설, 오염물질이 함유된 원료를 사용하는 시설 또는 오염물질이 함유된 제품을 생산하는 시설을 말한다(시행령 제16조).

13. 속임수나 그 밖의 부정한 방법으로 토양관련전문기관의 지정을 받거나 토양정화업의 등록을 한 자
14. 제23조의4를 위반하여 다른 자에게 자기의 명의를 사용하여 토양관련전문기관의 업무를 하게 하거나 지정서를 다른 자에게 빌려준 자
15. 제23조의9 제1항을 위반하여 다른 자에게 자기의 성명 또는 상호를 사용하여 토양정화업을 하게 하거나 등록증을 다른 자에게 빌려준 자
16. 제23조의9 제2항을 위반하여 도급받은 토양정화공사를 하도급한 자

ㄴ. 제23조의9(토양정화사업자의 준수사항) ② 토양정화사업자는 토양정화를 위하여 도급받은 공사를 일괄하여 하도급하거나 토양정화공사 중 토양정화와 직접 관련되는 공사로서 대통령령으로 정하는 공사를 하도급하여서는 아니 된다. 다만, 천재지변 등 대통령령으로 정하는 불가피한 사유가 발생하였을 경우에는 그러하지 아니하다.
ㄴ. 제23조의9 제2항 본문에서 "대통령령으로 정하는 공사"란 토양정화시설의 운영공종(運營工種)을 말한다(시행령 제17조의5 제1항).
ㄴ. "대통령령으로 정하는 불가피한 사유"란 다음 각 호의 어느 하나에 해당하는 경우를 말한다(시행령 제17조의5 제2항).
   1. 천재지변의 발생으로 긴급한 토양정화가 필요한 경우
   2. 「재난 및 안전관리 기본법」 제60조에 따라 특별재난지역으로 선포되어 긴급한 토양정화가 필요한 경우

17. 제26조의2 제2항에 따른 공무원의 출입·검사를 거부·방해 또는 기피한 자

제31조(양벌규정) 제28조부터 제30조까지 해당

제32조(과태료) ① 다음 각 호의 어느 하나에 해당하는 자에게는 300만 원 이하의 과태료를 부과한다.
1. 제11조 제1항을 위반하여 토양이 오염된 사실을 발견하고도 그 사실을 신고하지 아니한 자
2. 제15조의3 제6항을 위반하여 토양 인수인계서를 제출하지 아니하거나 오염토양정보시스템에 입력하지 아니한 자

ㄴ. 제15조의3(오염토양의 정화) ⑤ 특별자치도지사·시장·군수·구청장은 제4항에 따라 제출된 오염토양반출정화계획서를 다음 각 호의 사항에 관하여 검토한 후 그 적정 여부를 오염토양반출정화계획서를 제출한 자에게 통보하여야 한다.
  1. 제3항 단서에 따라 반출하여 정화할 수 있는 오염토양에 해당하는지 여부
  2. 오염토양의 반출정화 계획이 적정한지 여부
⑥ 제5항에 따라 적정통보를 받은 자는 오염토양을 반출·운반·정화 또는 사용(정화된 토양을 최초로 사용하는 것을 말한다. 이하 같다)할 때마다 토양 인수인계서를 서면으로 오염토양 발생지역 관할 시장·군수·구청장 및 오염토양을 인수하는 토양정화업자의 관할 시·도지사에게 제출하거나 제9항에 따른 오염토양 정보시스템에 입력하여야 한다.

3. 제26조의2 제1항에 따른 공무원의 출입·검사를 거부·방해 또는 기피한 자

III. 개별 법률 분석

제157장 폐기물관리법

제1절 법률의 이해

「폐기물관리법」은 폐기물의 발생을 최대한으로 억제하고, 발생한 폐기물을 친환경적으로 처리함으로써 환경보전과 국민생활의 질적 향상에 이바지하고자 한다. 이 법의 주관부처는 환경부(자원순환정책과)이다.

이 법에서 말하는 "폐기물"이란 쓰레기, <u>연소재(燃燒滓)</u>[81], <u>오니(汚泥)</u>[82], 폐유(廢油), 폐산(廢酸), 폐알칼리 및 동물의 사체(死體) 등으로서 사람의 생활이나 사업활동에 필요하지 아니하게 된 물질을 말한다.

제2절 이 법의 적용배제

이 법은 다음 각 호의 어느 하나에 해당하는 물질에 대하여는 적용하지 아니한다(제3조 제1항).
1. 「원자력안전법」에 따른 방사성물질과 이로 인하여 오염된 물질
2. 용기에 들어있지 아니한 기체상태의 물질
3. 「수질 및 수생태계 보전에 관한 법률」에 따른 수질오염방지시설에 유입되거나 공공수역으로 배출되는 폐수
4. 「가축분뇨의 관리 및 이용에 관한 법률」에 따른 가축분뇨

---

81) ★ 연소재 : 석탄 등 가연성 물질이 타고 남은 재
82) ★ 오니 : 하수처리나 정수과정에서 생긴 가라앉은 진흙 등 침전물

공익신고 포상금(보상금) 3

5. 「하수도법」에 따른 하수분뇨
6. 「가축전염병예방법」 제22조 제2항, 제23조, 제33조 및 제44조가 적용되는 가축의 사체, 오염물건, 수입금지물건 및 검역불합격품
7. 「수산생물 질병관리법」 제17조 제2항, 제18조, 제25조 제1항 각 호 및 제34조 제1항이 적용되는 수산동물의 사체, 오염된 시설 또는 물건, 수입금지물건 및 검역불합격품
8. 「군수품관리법」 제13조의2에 따라 폐기되는 탄약

이 법에 따른 폐기물을 해역에 배출하는 경우는 해양환경관리법으로 정하는 바에 따른다(제3조 제2항).

제2절 법령의 규정

제63조(벌칙) 다음 각 호의 어느 하나에 해당하는 자는 7년 이하의 징역 또는 7천만 원 이하의 벌금에 처한다. 이 경우 징역과 벌금형은 병과할 수 있다.
  1. 제8조 제1항을 위반하여 사업장폐기물을 버린 자
  ㄴ "사업장폐기물"이란 「대기환경보전법」, 「수질 및 수생태계 보전에 관한 법률」 또는 「소음·진동관리법」에 따라 배출시설을 설치·운영하는 사업장이나 그 밖에 대통령령으로 정하는 사업장에서 발생하는 폐기물을 말한다(법 제2조 제3호).
    ㄴ "그 밖에 대통령령으로 정하는 사업장"이란 다음 각 호의 어느 하나에 해당하는 사업장을 말한다(시행령 제2조).
      1. 「수질 및 수생태계 보전에 관한 법률」 제48조 제1항에 따라 폐수종말처리시설을 설치·운영하는 사업장
      2. 「하수도법」 제2조 제9호에 따른 공공하수처리시설을 설치·운영하는 사업장
      3. 「하수도법」 제2조 제10호에 따른 분뇨처리시설을 설치·운영하는 사업장
      4. 「가축분뇨의 관리 및 이용에 관한 법률」 제24조에 따른 공공처리시설
      5. 법 제29조 제2항에 따른 폐기물처리시설(법 제25조 제3항에 따라 폐기물처리업의

III. 개별 법률 분석

   허가를 받은 자가 설치하는 시설을 포함한다)을 설치 · 운영하는 사업장
   6. 법 제2조 제4호에 따른 지정폐기물을 배출하는 사업장
      ㄴ "지정폐기물"이란 사업장폐기물 중 폐유 · 폐산 등 주변환경을 오염시킬 수 있거나 의료폐기물 등 인체에 위해를 줄 수 있는 해로운 물질로서 대통령령으로 정하는 폐기물을 말한다(제2조 제4호).
      ㄴ "지정폐기물의 종류"는 시행령 제3조 별표1에서 규정한다.
   7. 폐기물을 1일 평균 300킬로그램 이상 배출하는 사업장
   8. 「건설산업기본법」제2조 제4호에 따른 건설공사로 폐기물을 5톤(공사를 착공할 때부터 마칠 때까지 발생되는 폐기물의 양을 말한다) 이상 배출하는 사업장
   9. 일련의 공사(제8호에 따른 건설공사는 제외한다) 또는 작업으로 폐기물을 5톤(공사를 착공하거나 작업을 시작할 때부터 마칠 때까지 발생하는 폐기물의 양을 말한다) 이상 배출하는 사업장

2. 제8조 제2항을 위반하여 사업장폐기물을 매립하거나 소각한 자
   ㄴ 누구든지 이 법에 따라 허가 또는 승인을 받거나 신고한 폐기물처리시설이 아닌 곳에서 폐기물을 매립하거나 소각하여서는 아니 된다. 다만, 제14조 제1항 단서에 따른 지역에서 해당 특별자치시, 특별자치도, 시 · 군 · 구의 조례로 정하는 바에 따라 소각하는 경우에는 그러하지 아니하다.

제64조(벌칙) 다음 각 호의 어느 하나에 해당하는 자는 5년 이하의 징역 또는 5천만 원 이하의 벌금에 처한다.
1. 제25조 제3항에 따른 허가를 받지 아니하고 폐기물처리업을 한 자
2. 거짓이나 그 밖의 부정한 방법으로 제25조 제3항에 따른 폐기물처리업 허가를 받은 자
3. 제31조 제5항에 따른 폐쇄명령을 이행하지 아니한 자
   ㄴ 제31조(폐기물처리시설의 관리) ⑤ 환경부장관은 제4항에 따른 개선명령과 사용중지명령을 받은 자가 이를 이행하지 아니하거나 그 이행이 불가능하다고 판단되면 해당 시설의 폐쇄를 명할 수 있다.

4. 제14조 제7항에 따라 대행계약을 체결하지 아니하고 종량제봉투 등을

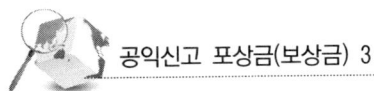
공익신고 포상금(보상금) 3

제작·유통한 자
ㄴ. 특별자치시장, 특별자치도지사, 시장·군수·구청장은 조례로 정하는 바에 따라 종량제봉투 등의 제작·유통·판매를 대행하게 할 수 있다.

제65조(벌칙) 다음 각 호의 어느 하나에 해당하는 자는 2년 이하의 징역 또는 2천만 원 이하의 벌금에 처한다.
1. 제13조, 제13조의2 또는 제24조의3 제4항을 위반하여 폐기물을 처리하여 주변환경을 오염시킨 자(제65조 제1호의 경우는 제외한다)
  ㄴ. 제13조(폐기물의 처리기준 등) ① 누구든지 폐기물을 처리하려는 자는 대통령령으로 정하는 기준과 방법을 따라야 한다. 다만, 제13조의2의 용도·방법에 따라 재활용을 하기 쉬운 상태로 만든 폐기물(이하 "중간가공폐기물"이라 한다)에 대하여는 완화된 처리기준과 방법을 대통령령으로 따로 정할 수 있다.
    ㄴ. "대통령령으로 정하는 처리기준과 방법" 및 "완화된 처리기준과 방법"은 시행령 제7조에서 규정하였다.
    ② 의료폐기물은 환경부장관이 지정한 기관이나 단체가 환경부장관이 정하여 고시한 검사기준에 따라 검사한 전용용기만을 사용하여 처리하여야 한다.
  ㄴ. 제13조의2(폐기물의 재활용 용도 또는 방법) ① 누구든지 폐기물을 재활용하려는 자는 다음 각 호의 어느 하나에 해당하는 용도 또는 방법을 따라야 한다.
    1. 「자원의 절약과 재활용촉진에 관한 법률」 제2조 제9호에 따른 재활용제품 중 환경부령으로 정하는 제품의 제조
      ㄴ. "환경부령으로 정하는 제품"의 범위는 시행규칙 제14조의3 제1항이 규정하였다.
    2. 「산업표준화법」 제15조 제1항에 따른 인증을 받은 제품의 제조
    3. 「비료관리법」 제4조에 따라 공정규격이 설정된 비료 또는 같은 조에 따라 지정된 부산물비료의 제조
    4. 「사료관리법」 제11조에 따라 사료공정이 설정된 사료의 제조
    5. 가연성 고형폐기물 또는 유기성 폐기물의 제2조 제7호 나목에 따른 재활용
    6. 그 밖에 환경부령으로 정하는 기준에 따른 재활용
      ㄴ. 이에 관하여 시행규칙은 규정하지 않았다.
    ② 제1항에 따라 재활용하여야 하는 폐기물의 종류, 구체적인 재활용 방법은 환경부령으로 정한다.
      ㄴ. 법 제13조의2 제1항 및 제2항에 따른 재활용 기준, 재활용하여야 하는 폐기물의 종류

Ⅲ. 개별 법률 분석

및 구체적인 재활용 방법은 별표5의2와 같다(시행규칙 제14조의3 제2항).
ㄴ. 제24조의3(수입폐기물의 처리 등) ④ 수입폐기물을 처리하는 자는 제13조의 폐기물의 처리 기준과 방법 중 사업장폐기물에 해당하는 기준과 방법 또는 제13조의2에 따른 폐기물의 재활용 용도 또는 방법에 따라 처리하여야 한다.

1의2. 제13조의3 제5항에 따른 조치명령을 이행하지 아니한 자
ㄴ. 제13조의3(재활용 제품 또는 물질에 관한 유해성 기준) ③ 환경부장관은 폐기물을 재활용한 제품 또는 물질이 유해성기준을 준수하는지를 확인하기 위하여 시험·분석을 하거나 그 제품 또는 물질의 제조 또는 유통실태를 조사할 수 있다.
⑤ 환경부장관은 제3항에 따른 시험·분석 또는 실태조사 결과 유해성기준을 위반한 제품 또는 물질을 제조 또는 유통한 자에 대하여 해당 제품 또는 물질의 회수, 파기 등 필요한 조치를 명할 수 있다.

2. 제24조의2 제1항이나 제46조 제1항을 위반하여 신고를 하지 아니하거나 허위로 신고를 한 자
ㄴ. 제24조의2는 폐기물의 수출입신고에 관하여, 제46조는 폐기물처리신고에 관하여 각각 규정한다.

3. 삭제

4. 제17조 제3항이나 제4항에 따른 확인·변경확인을 받지 아니하거나 확인·변경확인을 받은 내용과 다르게 지정폐기물을 배출·운반 또는 처리한 자

5. 제18조 제3항이나 제24조의3 제2항을 위반하여 폐기물 인수인계에 관한 내용을 입력하지 아니하거나 환경부령으로 정하는 방법에 따라 입력하지 아니한 자 또는 거짓으로 입력한 자
ㄴ. 제18조(사업장폐기물의 처리) ③ 환경부령으로 정하는 사업장폐기물을 배출, 수집·운반, 재활용 또는 처분하는 자는 그 폐기물을 배출, 수집·운반, 재활용 또는 처분할 때마다 폐기물의 인계·인수에 관한 내용을 환경부령으로 정하는 바에 따라 제45조 제2항에 따른 전자정보처리프로그램에 입력하여야 한다. 다만, 의료폐기물은 환경부령으로 정하는 바에 따라

공익신고 포상금(보상금) 3

무선주파수인식방법을 이용하여 그 내용을 제45조 제2항에 따른 전자정보처리프로그램에 입력하여야 한다.

└ 제24조의3(수입폐기물의 처리 등) ② 제24조의2 제1항에 따른 수입신고를 한 자나 그 수입한 폐기물을 운반, 재활용 또는 처분하는 자는 그 폐기물을 수입, 운반, 재활용 또는 처분할 때마다 폐기물의 인계·인수에 관한 내용을 환경부령으로 정하는 바에 따라 제45조 제2항에 따른 전자정보처리프로그램에 입력하여야 한다.

6. 제25조 제5항에 따른 업종 구분과 영업 내용의 범위를 벗어나는 영업을 한 자

└ 제25조(폐기물처리업) ⑤ 폐기물처리업의 업종구분과 영업 내용은 다음과 같다.
  1. 폐기물 수집·운반업 : 폐기물을 수집하여 재활용 또는 처분장소로 운반하거나 폐기물을 수출하기 위하여 수집·운반하는 영업
  2. 폐기물 중간처분업 : 폐기물 중간처분시설을 갖추고 폐기물을 소각처분, 기계적 처분, 화학적 처분, 생물학적 처분, 그 밖에 환경부장관이 폐기물을 안전하게 중간처분할 수 있다고 인정하여 고시하는 방법으로 중간처분하는 영업
  3. 폐기물 최종처분업 : 폐기물 최종처분시설을 갖추고 폐기물을 매립 등(해역배출은 제외한다)의 방법으로 최종처분하는 영업
  4. 폐기물 종합처분업 : 폐기물 중간처분시설 및 최종처분시설을 갖추고 폐기물의 중간처분과 최종처분을 함께 하는 영업
  5. 폐기물 중간재활용업 : 폐기물 재활용시설을 갖추고 중간가공 폐기물을 만드는 영업
  6. 폐기물 최종재활용업 : 폐기물 재활용시설을 갖추고 중간가공 폐기물을 제13조의2에 따른 용도 또는 방법으로 재활용하는 영업
     └ 제13조의2에 관한 규정은 제65조 제1호 참조
  7. 폐기물 종합재활용업 : 폐기물 재활용시설을 갖추고 중간재활용업과 최종재활용업을 함께 하는 영업

7. 제25조 제7항의 조건을 위반한 자

└ 환경부장관 또는 시·도지사는 폐기물처리업의 허가를 할 때에는 주민생활의 편익, 주변 환경보호 및 폐기물처리업의 효율적 관리 등을 위하여 필요한 조건을 붙일 수 있다. 다만, 영업구역을 제한하는 조건은 생활폐기물의 수집·운반업에 대하여 붙일 수 있으며, 이 경우 시·도지사는 시·군·구 단위 미만으로 제한하여서는 아니 된다.

III. 개별 법률 분석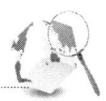

8. 제25조 제8항을 위반하여 다른 사람에게 자기의 성명이나 상호를 사용하여 폐기물을 처리하게 하거나 그 허가증을 다른 사람에게 빌려준 자
9. 제25조 제9항을 위반하여 폐기물을 보관한 자
   ↳ 폐기물처리업자는 제24조에 따른 폐기물 처리가격의 최고액보다 높거나 최저액보다 낮은 가격으로 수탁(受託)하거나 환경부령으로 정하는 양 또는 기간을 초과하여 폐기물을 보관할 수 없으며, 그 밖에 환경부령으로 정하는 준수사항을 지켜야 한다(제25조 제9항).
      ↳ 제24조(사업장폐기물의 처리가격) 환경부장관은 폐기물을 적정하게 처리하기 위하여 필요하다고 인정하면 환경부령으로 정하는 폐기물에 대하여 그 처리에 드는 비용 등을 고려하여 폐기물처리가격의 최고액이나 최저액을 정하여 고시할 수 있다.
      ↳ "환경부령으로 정하는 양 및 기간"과 "보관량 및 보관기간"은 시행규칙 제31조에서 규정하였다.

10. 제29조 제1항을 위반하여 설치가 금지되는 폐기물 소각시설을 설치·운영한 자
    ↳ 제29조(폐기물처리시설의 설치) ① 폐기물처리시설은 환경부령으로 정하는 기준에 맞게 설치하되, 환경부령으로 정하는 규모 미만의 폐기물소각시설을 설치·운영하여서는 아니 된다.
       ↳ "폐기물처리시설의 설치기준"은 시행규칙 제35조 제1항 별표9에서 규정하였다.
       ↳ "환경부령으로 정하는 규모 미만의 폐기물소각시설"이란 시간당 폐기물 소각능력이 25킬로그램 미만인 폐기물소각시설을 말한다(시행규칙 제36조).

11. 제29조 제2항을 위반하여 신고를 하지 아니하고 폐기물처리시설을 설치한 자
12. 제29조 제3항에 따른 변경승인을 받지 아니하고 승인받은 사항을 변경한 자
13. 제31조 제1항에 따른 관리기준에 적합하지 아니하게 폐기물처리시설을 유지·관리하여 주변 환경을 오염시킨 자
14. 제31조 제6항에 따른 측정이나 조사명령을 이행하지 아니한 자
    ↳ 제31조(폐기물처리시설의 관리) ⑥ 환경부장관은 폐기물처리시설을 설치·운영하는 자가

제2항에 따른 오염물질의 측정의무를 이행하지 아니하거나 제3항에 따라 주변지역에 미치는 영향을 조사하지 아니하면 환경부령으로 정하는 바에 따라 기간을 정하여 오염물질의 측정 또는 주변지역에 미치는 영향의 조사를 명령할 수 있다.

제67조(양벌규정) 제63조부터 제66조까지 해당

제68조(과태료) ① 다음 각 호의 어느 하나에 해당하는 자에게는 1천만 원 이하의 과태료를 부과한다.
 1. 제13조, 제13조의2 또는 제24조의3 제2항을 위반하여 폐기물을 처리한 자(제65조 제1호와 제66조 제1호의 경우는 제외한다)
 ㄴ 제13조는 폐기물의 처리기준을, 제13조의2는 폐기물의 재활용을, 제24조의3 제2항은 수입폐기물에 대한 인계번호의 숙지의무 및 고지의무를 각각 규정하였다.

 1의2. 제15조의2 제3항을 위반하여 생활폐기물 중 음식물류 폐기물을 수집·운반 또는 재활용한 자
 ㄴ 제15조의2(음식물류 폐기물 배출자의 의무 등) ① 음식물류 폐기물을 다량으로 배출하는 자로서 대통령령으로 정하는 자는 음식물류 폐기물의 발생 억제 및 적정처리를 위하여 관할 특별자치시, 특별자치도, 시·군·구의 조례로 정하는 사항을 준수하여야 한다.
  ㄴ "대통령령으로 정하는 자"의 범위는 시행령 제8조의4에서 규정하였다.
  ③ 제1항에 따른 음식물류 폐기물 배출자는 제14조 제1항 또는 제18조 제1항에도 불구하고 발생하는 음식물류 폐기물을 스스로 수집·운반 또는 재활용하거나 다음 각 호의 어느 하나에 해당하는 자에게 위탁하여 수집·운반 또는 재활용하여야 한다.
   1. 제4조나 제5조에 따른 폐기물처리시설을 설치·운영하는 자
   2. 제25조 제5항 제1호에 따른 폐기물 수집·운반업의 허가를 받은 자
   3. 제25조 제5항 제5호부터 제7호까지의 규정 중 어느 하나에 해당하는 폐기물재활용업의 허가를 받은 자
   4. 폐기물처리 신고자(음식물류 폐기물을 재활용하기 위하여 신고한 자로 한정한다)

 1의3. 제17조 제2항을 위반하여 신고를 하지 아니하거나 거짓으로 신고를

Ⅲ. 개별 법률 분석

한 자
ㄴ 제17조(사업장폐기물배출자의 의무 등) ② 환경부령으로 정하는 사업장폐기물배출자는 사업장폐기물의 종류와 발생량 등을 환경부령으로 정하는 바에 따라 특별자치시장, 특별자치도지사, 시장·군수·구청장에게 신고하여야 한다. 신고한 사항 중 환경부령으로 정하는 사항을 변경할 때에도 또한 같다.

2. 제25조 제9항을 위반하여 폐기물 처리가격의 최고액보다 높거나 최저액보다 낮은 가격으로 폐기물을 수탁한 자
3. 제25조 제9항에 따른 준수사항을 지키지 아니한 자
ㄴ 폐기물처리업자는 제24조에 따른 폐기물처리가격의 최고액보다 높거나 최저액보다 낮은 가격으로 수탁(受託)하거나 환경부령으로 정하는 양 또는 기간을 초과하여 폐기물을 보관할 수 없으며, 그 밖에 환경부령으로 정하는 준수사항을 지켜야 한다.
　ㄴ "환경부령으로 정하는 준수사항"은 시행규칙 제32조 별표8에서 규정하였다.

4. 제31조 제1항부터 제3항까지의 규정을 위반하여 관리기준에 맞지 아니하게 폐기물처리시설을 유지·관리하거나 오염물질 및 주변지역에 미치는 영향을 측정 또는 조사하지 아니한 자(제66조 제14호의 경우는 제외한다)
5. 제34조 제1항을 위반하여 기술관리인을 임명하지 아니하고 기술관리 대행계약을 체결하지 아니한 자
ㄴ 제34조(기술관리인) ① 대통령령으로 정하는 폐기물처리시설을 설치·운영하는 자는 그 시설의 유지·관리에 관한 기술업무를 담당하게 하기 위하여 기술관리인을 임명(기술관리인의 자격을 갖추어 스스로 기술관리하는 경우를 포함한다)하거나 기술관리 능력이 있다고 대통령령으로 정하는 자와 기술관리 대행계약을 체결하여야 한다.
　ㄴ "대통령령으로 정하는 폐기물처리시설"이란 다음 각 호의 시설을 말한다. 다만, 폐기물처리업자가 운영하는 폐기물처리시설은 제외한다(시행령 제15조).
　　1. 매립시설의 경우
　　　가. 지정폐기물을 매립하는 시설로서 면적이 3천 300제곱미터 이상인 시설. 다만, 별표3의 제2호 최종처분시설 중 가목의 1)차단형 매립시설에서는 면적이 330제

공익신고 포상금(보상금) 3

　　　　곱미터 이상이거나 매립용적이 1천 세제곱미터 이상인 시설로 한다.
　　　나. 지정폐기물 외의 폐기물을 매립하는 시설로서 면적이 1만 제곱미터 이상이거나 매립용적이 3만 세제곱미터 이상인 시설
　　2. 소각시설로서 시간당 처분능력이 600킬로그램(의료폐기물을 대상으로 하는 소각시설의 경우에는 200킬로그램) 이상인 시설
　　3. 압축·파쇄·분쇄 또는 절단시설로서 1일 처분능력 또는 재활용능력이 100톤 이상인 시설
　　4. 사료화·퇴비화 또는 연료화시설로서 1일 재활용능력이 5톤 이상인 시설
　　5. 멸균분쇄시설로서 시간당 처분능력이 100킬로그램 이상인 시설
　　6. 시멘트 소성로
　　7. 용해로(폐기물에서 비철금속을 추출하는 경우로 한정한다)로서 시간당 재활용능력이 600킬로그램 이상인 시설
　　8. 소각열회수시설로서 시간당 재활용능력이 600킬로그램 이상인 시설
　② 제1항에 따른 기술관리인의 자격·기술관리 대행계약 등에 필요한 사항은 환경부령으로 정한다.

6. 제38조 제2항에 따른 제출명령을 이행하지 아니한 자(제38조 제1항 제3호 및 제4호의 자만 해당한다)
　ㄴ, 환경부장관, 시·도지사 또는 시장·군수·구청장은 제1항에 따라 보고서를 제출하여야 하는 자가 기한 내에 제출하지 아니하면 기간을 정하여 제출을 명할 수 있다.

7. 삭제

8. 제40조 제8항에 따른 계약갱신명령을 이행하지 아니한 자
　ㄴ, 환경부장관이나 시·도지사는 처리이행보증보험의 계약갱신을 하여야 하는 자가 이를 이행하지 아니하면 처리이행보증보험의 계약갱신을 명할 수 있다.

9. 제13조의3 제2항을 위반하여 유해성기준[83])에 적합하지 아니하게 폐기

---

83) ★ 유해성기준 : 환경부장관은 폐기물을 재활용하여 만든 제품 또는 물질이 사람의 건강이나 환경에 위해를 줄 수 있다고 판단되는 경우에는 관계 중앙행정기관의 장과 협의하여 그 재활용 제품 또는 물질에 대한 유해성기준을 정하여

III. 개별 법률 분석

물을 재활용한 제품 또는 물질을 제조하거나 유통한 자

② 다음 각 호의 어느 하나에 해당하는 자에게는 300만 원 이하의 과태료를 부과한다.

1. 제17조 제1항 제3호에 따라 확인을 하지 아니하고 위탁한 자
   ↳ 제17조(사업장폐기물배출자의 의무 등) ① 사업장폐기물을 배출하는 사업자는 다음 각 호의 사항을 지켜야 한다.
      2. 생산공정(生産工程)에서는 폐기물감량화시설의 설치, 기술개발 및 재활용 등의 방법으로 사업장폐기물의 발생을 최대한으로 억제하여야 한다.
      3. 제18조 제1항에 따라 폐기물의 처리를 위탁하려면 사업장폐기물배출자는 수탁자가 제13조에 따른 폐기물의 처리기준과 방법 또는 제13조의2에 따른 폐기물의 재활용 용도 또는 방법에 맞게 폐기물을 처리할 능력이 있는지를 환경부령으로 정하는 바에 따라 확인한 후 위탁하여야 한다. 다만, 제4조나 제5조에 따른 폐기물처리시설을 설치·운영하는 자에게 위탁하는 경우에는 그러하지 아니하다.
      ⑤ 대통령령으로 정하는 업종 및 규모 이상의 사업장폐기물배출자는 제1항 제2호에 따른 사업장폐기물의 발생 억제를 위하여 환경부장관과 관계 중앙행정기관의 장이 환경부령으로 정하는 기본방침과 절차에 따라 통합하여 고시하는 지침을 지켜야 한다.

2. 제17조 제5항에 따라 고시한 지침의 준수의무를 이행하지 아니한 자
   ↳ 위 제1호 참조

3. 제18조 제2항을 위반하여 폐기물 처리가격의 최저액보다 낮은 가격으로 폐기물처리를 위탁한 자
4. 삭제
5. 제17조 제2항, 제24조의2 제2항, 제25조 제11항, 제29조 제3항 또는 제46조 제3항에 따른 변경신고를 하지 아니하고 신고사항을 변경한 자
6. 제19조 제1항이나 제24조의3 제3항을 위반하여 관계 행정기관이나 그

고시하여야 한다.

소속 공무원이 요구하여도 인계번호를 알려주지 아니한 자
ㄴ. 전자정보처리프로그램에 입력된 폐기물 인계·인수 내용을 확인할 수 있는 인계·인수번호를 말한다.

7. 제19조 제2항을 위반하여 통보하지 아니한 자
ㄴ. 폐기물을 수탁하여 처리하는 자는 영업정지·휴업·폐업 또는 폐기물처리시설의 사용정지 등의 사유로 환경부령으로 정하는 사업장폐기물을 처리할 수 없는 경우에는 환경부령으로 정하는 바에 따라 지체 없이 그 사실을 사업장폐기물의 처리를 위탁한 배출자에게 통보하여야 한다.

8. 삭제

9. 제37조 제1항을 위반하여 신고를 하지 아니하거나 같은 조 제2항을 위반하여 폐기물을 전부 처리하지 아니한 자
ㄴ. 제37조(휴업과 폐업 등의 신고) ① 폐기물처리업자 또는 폐기물처리신고자는 그 영업을 휴업·폐업 또는 재개업한 경우에는 환경부령으로 정하는 바에 따라 그 사실을 허가 또는 신고관청에 신고하여야 한다.
② 제1항에 따라 휴업 또는 폐업의 신고를 하려는 자는 환경부령으로 정하는 바에 따라 보관하는 폐기물을 전부 처리하여야 한다.

9의2. 제38조 제1항에 따른 보고서를 기한까지 제출하지 아니하거나 거짓으로 작성하여 제출한 자(제38조 제1항 제3호에 따른 자만 해당한다)
ㄴ. 폐기물의 발생·처리에 관한 보고서를 말한다.

9의3. 제38조 제2항에 따른 제출명령을 이행하지 아니한 자(제1항 제6호의 경우는 제외한다)

10. 제40조 제7항에 따른 처리이행보증보험의 계약을 갱신하지 아니한 자

11. 제46조 제6항에 따른 준수사항을 지키지 아니한 자
ㄴ. 제46조(폐기물처리신고) ⑥ 폐기물처리신고자는 신고한 폐기물처리방법에 따라 폐기물을 처리하는 등 환경부령으로 정하는 준수사항을 지켜야 한다.

III. 개별 법률 분석

ㄴ. "환경부령으로 정하는 준수사항"은 시행규칙 제67조의2 별표17의2에서 규정하였다.

12. 제14조 제7항에 따라 대행계약을 체결하지 아니하고 종량제봉투 등을 판매한 자

제46조의2(폐기물처리 신고자에 대한 과징금처분) ① 시·도지사는 폐기물처리신고자가 제46조 제7항 각 호의 어느 하나에 해당하여 처리금지를 명령하여야 하는 경우 그 처리금지가 다음 각 호의 어느 하나에 해당한다고 인정되면 대통령령으로 정하는 바에 따라 그 처리금지를 갈음하여 2천만 원 이하의 과징금을 부과할 수 있다. (각 호 생략)

제158장 표시·광고의 공정화에 관한 법률

제1절 법률의 이해

이 법은 상품 또는 용역에 관한 표시·광고를 할 때 소비자를 속이거나 소비자로 하여금 잘못 알게 하는 부당한 표시·광고를 방지하고 소비자에게 바르고 유용한 정보의 제공을 촉진함으로써 공정한 거래질서를 확립함과 아울러 소비자를 보호하는 것을 목적으로 한다. 이 법의 주관부서는 공정거래위원회 소비자안전정보과이다.

이 법은 상품이나 용역과 관련하여 표시 또는 광고를 규제하는 일반법에 해당한다. 특별법규, 특히 국민의 보건·위생 등과 관련한 의약품·식품 등과 관련한 법률에서는 별도의 규정을 정한 경우가 있다. 그러한 법률로는 「약사법」, 「의료기기법」, 「식품위생법」, 「건강기능식품에 관한 법률」, 「농수산물 품질관리법」, 「소비자기본법」, 「식품안전기본법」, 「양곡관리법」, 「어린이 식생활안전관리 특별법」 및 「인삼산업법」 등이 있다.

제2절 용어의 정의

"표시"란 사업자 또는 사업자단체(이하 "사업자등"이라 한다)가 상품 또는 용역(이하 "상품등"이라 한다)에 관한 다음 각 목의 어느 하나에 해당하는 사항을 소비자에게 알리기 위하여 상품의 용기·포장(첨부물과 내용물을 포함한다), 사업장 등의 게시물 또는 상품권·회원권·분

양권 등 상품 등에 관한 권리를 나타내는 증서에 쓰거나 붙인 문자·도형과 상품의 특성을 나타내는 용기·포장을 말한다(제2조 제1호).

　가. 자기 또는 다른 사업자등에 관한 사항
　나. 자기 또는 다른 사업자등의 상품등의 내용, 거래조건, 그 밖에 그 거래에 관한 사항

"광고"란 사업자등이 상품등에 관한 제2조 제1호 각 목의 어느 하나에 해당하는 사항을 「신문 등의 진흥에 관한 법률」 제2조 제1호 및 제2호에 따른 신문·인터넷신문, 「잡지 등 정기간행물의 진흥에 관한 법률」 제2조 제1호에 따른 정기간행물, 「방송법」 제2조 제1호에 따른 방송, 「전기통신기본법」 제2조 제1호에 따른 전기통신, 그 밖에 대통령령으로 정하는 방법으로 소비자에게 널리 알리거나 제시하는 것을 말한다(제2조 제2호).

ㄴ. "대통령령으로 정하는 방법"이란 다음 각 호의 매체 또는 수단을 이용하는 것을 말한다(시행령 제2조).
　1. 전단·팸플릿·견본 또는 입장권
　2. 인터넷 또는 PC통신
　3. 포스터·간판·네온사인·애드벌룬 또는 전광판
　4. 비디오물·음반·서적·간행물·영화 또는 연극
　5. 자기 상품 외의 다른 상품
　6. 그 밖에 제1호부터 제5호까지의 규정에 따른 매체 또는 수단과 유사한 매체 또는 수단

제3절 법령의 규정

제17조(벌칙) 다음 각 호의 어느 하나에 해당하는 자는 2년 이하의 징역 또는 1억 5천만 원 이하의 벌금에 처한다.
　1. 제3조 제1항을 위반하여 부당한 표시·광고 행위를 하거나 다른 사업

공익신고 포상금(보상금) 3

자등으로 하여금 하게 한 사업자등
ㄴ. 제3조(부당한 표시·광고 행위의 금지) ① 사업자등은 소비자를 속이거나 소비자로 하여금 잘못 알게 할 우려가 있는 표시·광고 행위로서 공정한 거래질서를 해칠 우려가 있는 다음 각 호의 행위를 하거나 다른 사업자로 하여금 하게 하여서는 아니 된다.
 1. 거짓·과장의 표시·광고
 2. 기만적인 표시·광고
 3. 부당하게 비교하는 표시·광고
 4. 비방적인 표시·광고
② 제1항 각 호의 행위의 구체적인 내용은 대통령령으로 정한다.
ㄴ. "부당한 표시·광고의 내용"은 시행령 제3조에서 규정하였다.

2. 제6조 제3항 또는 제7조 제1항에 따른 명령에 따르지 아니한 자
ㄴ. 제6조(사업자단체의 표시·광고 제한행위의 금지) ① 사업자단체[84]는 법령에 따르지 아니하고는 그 사업자단체에 가입한 사업자에 대하여 표시·광고를 제한하는 행위를 하여서는 아니 된다. 다만, 공정거래위원회가 소비자의 이익을 보호하거나 공정한 거래질서를 유지하기 위하여 필요하다고 인정하는 경우에는 그러하지 아니 하다.
③ 공정거래위원회는 사업자단체가 제1항 본문을 위반하는 행위를 하는 경우에는 다음 각 호의 조치를 명할 수 있다.
 1. 해당 위반행위의 중지
 2. 해당 위반행위를 정한 정관·규약 등의 변경
 3. 그 밖에 위반행위의 시정을 위하여 필요한 조치
ㄴ. 제7조(시정조치) ① 공정거래위원회는 사업자등이 제3조 제1항을 위반하여 부당한 표시·광고 행위를 하는 경우에는 그 사업자등에 대하여 그 시정을 위한 다음 각 호의 조치를 명할 수 있다.
 1. 해당 위반행위의 중지
 2. 시정명령을 받은 사실의 공표
 3. 정정광고
 4. 그 밖에 위반행위의 시정을 위하여 필요한 조치
② 제1항 제2호 및 제3호에 따른 시정명령을 받은 사실의 공표 및 정정광고에 필요한 사항

---

[84] ★ 사업자단체 : 「독점규제 및 공정거래에 관한 법률」 제2조 제4호에 따른 사업자단체를 말한다(제2조 제4호).

Ⅲ. 개별 법률 분석

　　은 대통령령으로 정한다.
　　ㄴ. 이와 관련한 사항은 시행령 제8조에서 규정하였다.

제18조(벌칙) 제12조를 위반하여 직무상 알게 된 사업자의 비밀을 누설하거나 이 법 시행을 위한 목적 외의 용도로 이용한 사람은 2년 이하의 징역 또는 500만 원 이하의 벌금에 처한다.
ㄴ. 이 법에 따른 직무에 종사하거나 종사하였던 공정거래위원회의 위원, 공무원, 한국소비자원의 임직원을 말한다.

제19조(양벌규정) 제17조 해당

제20조(과태료) ① 사업자등이 다음 각 호(제5호는 제외한다)의 어느 하나에 해당하는 경우에는 1억 원 이하의 과태료를 부과하고, 제5호에 해당하는 경우에는 3천만 원 이하의 과태료를 부과하며, 법인 또는 사업자단체의 임원이나 종업원 또는 그 밖의 이해관계인이 다음 각 호의 어느 하나에 해당하는 경우에는 1천만 원 이하의 과태료를 부과한다.

1. 제4조 제5항을 위반하여 고시된 중요정보를 표시·광고하지 아니한 경우
　ㄴ. 제4조(중요정보의 고시 및 통합공고) ① 공정거래위원회는 상품등이나 거래분야의 성질에 비추어 소비자 보호 또는 공정한 거래질서 유지를 위하여 필요한 사항으로서 다음 각 호의 어느 하나에 해당하는 경우에는 사업자등이 표시·광고에 포함하여야 하는 사항(이하 "중요정보"라 한다)과 표시·광고의 방법을 고시(인터넷 게재를 포함한다. 이하 같다)할 수 있다. 다만, 다른 법령에서 표시·광고를 하도록 한 사항은 제외한다.
　　1. 표시·광고를 하지 아니하여 소비자 피해가 자주 발생하는 사항
　　2. 표시·광고를 하지 아니하면 다음 각 목의 어느 하나에 해당하는 경우가 생길 우려가 있는 사항
　　　가. 소비자가 상품등의 중대한 결함이나 기능상의 한계 등을 정확히 알지 못하여 구매선택을 하는 데에 결정적인 영향을 미치게 되는 경우
　　　나. 소비자의 생명·신체 또는 재산에 위해를 끼칠 가능성이 있는 경우
　　　다. 그 밖에 소비자의 합리적인 선택을 현저히 그르칠 가능성이 있거나 공정한 거래질

서를 현저히 해치는 경우
⑤ 사업자등은 표시·광고를 하는 경우 제1항에 따라 고시된 중요정보를 표시·광고하여야 한다.

2. 제5조 제3항을 위반하여 실증자료를 제출하지 아니한 경우

  ㄴ. 제5조(표시·광고 내용의 실증 등) ② 공정거래위원회는 사업자등이 제3조 제1항을 위반할 우려가 있어 제1항에 따른 실증(實證)이 필요하다고 인정하는 경우에는 그 내용을 구체적으로 밝혀 사업자등에게 관련 자료를 제출하도록 요청할 수 있다.
  ③ 제2항에 따라 실증자료 제출을 요청받은 사업자등은 요청받은 날부터 15일 이내에 그 실증자료를 공정거래위원회에 제출하여야 한다. 다만, 공정거래위원회는 정당한 사유가 있다고 인정하는 경우에는 그 제출기간을 연장할 수 있다.
  ⑤ 공정거래위원회는 사업자등이 제2항에 따라 실증자료의 제출을 요구받고도 제3항에 따른 제출기간 내에 제출하지 아니한 채 계속하여 표시·광고를 하는 경우에는 실증자료를 제출할 때까지 그 표시·광고 행위의 중지를 명할 수 있다.

3. 제5조 제5항을 위반하여 표시·광고 행위를 중지하지 아니한 경우

  ㄴ. 위 제2호 참조

4. 제8조 제1항을 위반하여 임시중지명령에 따르지 아니한 경우

  ㄴ. 제8조(임시중지명령) ① 공정거래위원회는 표시·광고 행위가 다음 각 호의 모두에 해당하는 경우에는 사업자등에 대하여 그 표시·광고 행위를 일시 중지할 것을 명할 수 있다.
   1. 표시·광고 행위가 제3조 제1항을 위반한다고 명백하게 의심되는 경우
   2. 그 표시·광고 행위로 인하여 소비자나 경쟁사업자에게 회복하기 어려운 손해가 발생할 우려가 있어 이를 예방하기 위하여 긴급히 필요하다고 인정되는 경우

5. 제14조 제5항에 따른 시정명령에 따르지 아니한 경우

  ㄴ. 제14조(표시·광고의 자율규약) ① 사업자등은 제3조 제1항을 위반하는 행위를 방지하기 위하여 자율적으로 표시·광고에 관한 규약이나 기준 등(이하 "자율규약"이라 한다)을 정할 수 있다.
  ② 자율규약은 제3조 제1항을 위반하는 행위를 방지하기에 적합하여야 하며, 정당한 사유 없이 사업자등의 표시·광고 또는 소비자에 대한 정보제공을 제한하여서는 아니 된다.

III. 개별 법률 분석

⑤ 공정거래위원회는 자율계약이 제2항을 위반한 경우에는 사업자등에게 그 시정을 명할 수 있다.

6. 제16조 제2항에 따라 준용되는 「독점규제 및 공정거래에 관한 법률」 제50조 제1항 제1호를 위반하여 정당한 사유 없이 출석하지 아니한 경우

7. 제16조 제2항에 따라 준용되는 「독점규제 및 공정거래에 관한 법률」 제50조 제1항 제3호 또는 같은 조 제3항에 따른 보고 또는 필요한 자료나 물건의 제출을 하지 아니하거나 거짓으로 보고하거나 거짓 자료·물건을 제출한 경우

└ 보고·제출 등 명령을 받은 경우를 말한다.

8. 제16조 제2항에 따라 준용되는 「독점규제 및 공정거래에 관한 법률」 제50조 제2항에 따른 조사를 거부·방해 또는 기피한 경우

제7조의5(이행강제금 등) ① 공정거래위원회는 정당한 이유 없이 상당한 기간 내에 동의의결을 이행하지 아니한 자에게 동의의결이 이행되거나 취소되기 전까지 1일당 200만 원 이하의 이행강제금을 부과할 수 있다.

└ "동의의결"이란 공정거래위원회의 조사나 심의를 받고 있는 사업자등은 해당 조사나 심의의 대상이 되는 행위로 인한 소비자 오인상태의 자발적 해소 등 거래질서의 개선, 소비자 피해구제 등을 위하여 동의의결을 하여 줄 것을 공정거래위원회에 신청할 수 있고, 공정거래위원회는 일정한 요건을 충족한 위 신청에 대하여는 심의절차를 중단하고 시정방안과 같은 취지의 의결을 할 수 있다. 이를 동의의결이라고 한다(제7조의2).

제9조(과징금) ① 공정거래위원회는 제3조 제1항을 위반하여 표시·광고 행위를 한 사업자등에 대하여는 대통령령으로 정하는 매출액(대통령령으로 정하는 사업자의 경우에는 영업수익을 말한다. 이하 같다)에

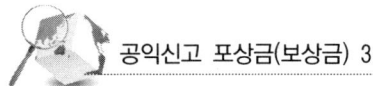

100분의2를 곱한 금액을 초과하지 아니하는 범위에서 과징금을 부과할 수 있다. 다만, 그 위반행위를 한 자가 매출액이 없거나 매출액을 산정하기 곤란한 경우로서 대통령령으로 정하는 사업자등인 경우에는 5억원을 초과하지 아니하는 범위에서 과징금을 부과할 수 있다.

III. 개별 법률 분석

제159장 품질경영 및 공산품안전관리법

제1절 법률의 이해

 이 법은 기업·공공기관·단체 등의 품질경영의 조성·지원에 관한 사항과 공산품의 안전관리에 관한 사항을 정함으로써 기업·공공기관·단체 등의 품질경쟁력을 강화하고, 소비자의 이익과 안전을 도모함을 목적으로 한다. 이 법의 주관부처는 산업통상자원부(국가기술표준원 생활제품안전과)이다.

제2절 법령의 규정

 제38조(벌칙) 다음 각 호의 어느 하나에 해당하는 자는 3년 이하의 징역 또는 3천만 원 이하의 벌금에 처한다.
  1. 거짓 또는 그 밖에 부정한 방법으로 제12조 제1항에 따른 안전인증기관의 지정을 받은 자
     ㄴ 산업통상자원부장관은 공산품의 안전성을 확보하기 위하여 공산품의 안전인증업무를 수행하는 기관을 지정할 수 있다.

  2. 제12조 제1항에 따라 안전인증기관으로 지정을 받지 아니하고 안전인증을 한 자
  3. 제13조 제1항에 따라 안전인증기관의 업무가 정지되어 그 기간 중에 있거나 그 지정이 취소되었음에도 안전인증을 한 자
  4. 제14조 제1항을 위반하여 안전인증을 받지 아니하고 안전인증대상공산

품을 제조하거나 수입한 제조업자 또는 수입업자

ㄴ "안전인증대상공산품"이란 구조·재질 및 사용방법 등으로 인하여 소비자의 생명·신체에 대한 위해, 재산상 피해 또는 자연환경의 훼손에 대한 우려가 크다고 인정되는 공산품 중에서 안전인증을 통하여 그 위해를 방지할 수 있다고 인정되는 공산품으로서 산업통상자원부령으로 정하는 것을 말한다(제2조 제8호).

ㄴ "안전인증대상공산품"의 종류는 시행규칙 별표1에서 규정하였으며 다음 표와 같다.

분 야	안전인증대상공산품
1. 화학	자동차용 재생타이어
2. 금속	가정용 압력냄비 및 압력솥
3. 생활용품	가. 가스라이터 나. 물놀이기구 다. 어린이놀이기구 라. 자동차용 어린이보호장치
4. 기계	「승강기시설 안전관리법」 제2조 제1호에 따른 승강기를 구성하는 주요 부품(조속기(調速機), 비상정지장치, 완충기, 상승 과속방지장치용 브레이크, 승강장 문 잠금장치 및 에스컬레이터용 역주행 방지장치만 해당한다)

5. 거짓 또는 그 밖의 부정한 방법으로 제14조 제1항에 따른 안전인증을 받은 자

6. 제16조 제2항을 위반하여 안전인증표시 또는 이와 유사한 표시를 한 자

ㄴ 제16조(안전인증의 표시 등) ① 안전인증대상공산품 제조업자 또는 수입업자는 안전인증을 받은 안전인증대상공산품에 산업통상자원부령으로 정하는 바에 따라 안전인증의 표시를 하여야 한다. 다만, 제15조 제1항 제1호에 따라 안전인증의 전부를 면제받은 안전인증대상공산품의 경우에는 그러하지 아니하다.

② 안전인증을 받지 아니한 안전인증대상공산품에는 안전인증표시 또는 이와 유사한 표시를 하여서는 아니 된다.

7. 제20조 제2항을 위반하여 자율안전확인표시 또는 이와 유사한 표시를 한 자

Ⅲ. 개별 법률 분석

┗ 제20조(자율안전확인의 표시 등) ① 자율안전확인대상공산품 제조업자 또는 수입업자는 제19조 제1항에 따라 산업통상자원부장관에게 신고한 자율안전확인대상공산품에 산업통상자원부령으로 정하는 바에 따라 자율안전확인의 표시를 하여야 한다. 다만, 제19조 제7항에 따라 신고를 면제받은 자율안전확인대상공산품의 경우에는 그러하지 아니하다.
② 제19조 제1항에 따른 신고를 하지 아니한 자율안전확인대상공산품에는 자율안전확인표시 또는 이와 유사한 표시를 하여서는 아니 된다.

┗ "자율안전확인대상공산품"이란 구조·재질 및 사용방법 등으로 인하여 소비자의 신체에 위해를 초래할 우려가 있는 공산품 중에서 제품안전검사만으로도 그 위해를 방지할 수 있다고 인정되는 공산품으로서 산업통상자원부령으로 정하는 것을 말한다(제2조 제9호).

┗ "자율안전확인대상공산품"은 시행규칙 별표2에서 규정하였다.

분 야	자율안전확인대상공산품
1. 섬유	가. 등산용 로프 나. 스포츠용 구명복 다. 유아용 섬유제품
2. 화학	가. 건전지(충전지는 제외한다) 나. 부동액 다. 생물화학 가정용품(접착제는 제외한다) 라. 자동차용 브레이크액 마. 자동차용 앞면 창유리 세정액 바. 자동차용 타이어 사. 합성수지제 어린이용품(유아보조용품을 포함한다) 아. 접착제[가(假) 속눈썹용 접착제를 포함한다]
3. 기계	가. 빙삭기 나. 휴대용 예초기의 날 및 보호덮개 다. 「승강기시설 안전관리법」 제2조 제1호에 따른 승강기를 구성하는 주요부품(엘리베이터 권상기용 제동장치, 엘리베이터 안전극한스위치, 럽쳐밸브, 에스컬레이터용 스텝, 에스컬레이터용 스텝체인, 에스컬레이터용 전자브레이크, 와이어로프, 안전회로기판만 해당한다)
4. 토건	가. 미끄럼방지 타일 나. 실내용 바닥재
5. 재활용품	가. 고령자용 보행보조차 나. 고령자용보조차 다. 디지털도어록 라. 롤러스포츠 보호장구

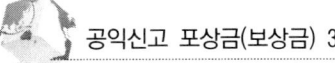
공익신고 포상금(보상금) 3

	마. 스노보드
	바. 스케이트보드
	사. 스키용구
	아. 아동용 이단침대
	자. 완구
	차. 유아용 삼륜차
	카. 유아용 의자
	타. 유아용 캐리어
	파. 이륜자전거
	하. 일회용 기저귀
	거. 학용품
	너. 헬스기구(공급되는 교류전원이 50볼트 이상 1천 볼트 이하에서 사용되는 헬스기구는 제외한다)
	더. 휴대용 레이저용품
	러. 물휴지(물티슈)
	머. 온열 시트
	버. 보행기
	서. 승차용 안전모(승차용 눈 보호구를 포함한다)
	저. 운동용 안전모
	처. 유아용 침대
	커. 온열팩(주머니난로를 포함한다)
	터. 수유패드

8. 제25조 제2항을 위반하여 어린이보호포장표시 또는 이와 유사한 표시를 한 자

   ㄴ. 제25조(어린이보호포장표시 등) ② 제24조 제2항에 따른 신고를 하지 아니한 어린이보호포장대상공산품에는 어린이보호포장표시 또는 이와 유사한 표시를 하여서는 아니 된다.

   ㄴ. "어린이보호포장대상공산품"이란 소비자가 마시거나 흡입하는 경우에 중독 등의 위해가 우려되는 공산품 중에서 어린이보호포장의 대상이 되는 것으로서 산업통상자원부령으로 정하는 것을 말한다(제2조 제12호).

   ㄴ. 어린이보호포장대상공산품(시행규칙 제2조 제4항 별표4)

분 야	어린이보호포장대상공산품
화학	1. 광택제

III. 개별 법률 분석

2. 방향제
3. 부동액
4. 세정제
5. 얼룩제거제
6. 자동차용 앞면 창유리 세정액
7. 접착제

제39조(벌칙) 다음 각 호의 어느 하나에 해당하는 자는 1년 이하의 징역 또는 1천만 원 이하의 벌금에 처한다.

1. 거짓 또는 그 밖의 부정한 방법으로 제7조 제2항 제1호에 따른 품질경영체제인증을 한 자

   ㄴ 제7조(품질경영체제 등을 인증하는 기관에 대한 인증 등) ② 다음 각 호의 어느 하나에 해당하는 업무를 하려는 자는 제1항에 따른 지정을 받은 자(이하 "인정기관"이라 한다)로부터 인정받거나 국제인정기관협력기구의 관리를 받는 외국 소재 인정기관으로부터 인정을 받아야 한다.
   1. 품질경영체제인증
   2. 품질경영체제인증 심사업무를 담당하는 인증심사원(認證審査員)의 자격인증
   3. 그 밖에 품질경영체제인증에 관한 업무로서 산업통상자원부령으로 정하는 업무

2. 제14조 제3항을 위반하여 안전인증을 한 자

   ㄴ 제14조(안전인증 등) ③ 안전인증기관은 산업통상자원부장관이 정하여 고시하는 제품검사의 안전기준 및 공장심사의 기준에 적합한 경우 안전인증을 하여야 한다. 다만, 안전기준이 고시되지 아니하거나 고시된 안전기준을 적용할 수 없는 안전인증대상공산품에 대하여는 관련 국제기준 또는 국내외의 국가표준 등을 준용하여 산업통상자원부령으로 정하는 바에 따라 안전인증을 할 수 있다.

3. 거짓 또는 그 밖의 부정한 방법으로 제15조 제1항에 따른 면제를 받은 자

   ㄴ 제15조(안전인증의 면제) ① 산업통상자원부장관은 안전인증대상공산품이 다음 각 호의 어

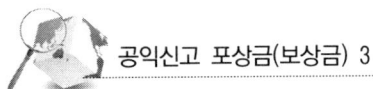

공익신고 포상금(보상금) 3

느 하나에 해당하는 경우에는 제14조 제1항에도 불구하고 산업통상자원부령으로 정하는 바에 따라 안전인증의 전부 또는 일부를 면제할 수 있다.
1. 연구·개발 또는 수출을 목적으로 제조하거나 수입하는 경우
2. 산업통상자원부장관이 정하여 고시하는 외국의 안전인증기관에서 안전인증을 받은 경우
3. 「산업표준화법」 제15조에 따라 인증을 받은 경우
4. 「산업안전보건법」 제34조 제2항 또는 제4항에 따른 안전인증을 받은 경우
5. 제14조 제9항에 따라 안전인증기관이 상호인증계약을 체결한 국내외의 기관에서 제품검사나 공장심사를 받아 적합한 것임을 인정받은 경우
6. 그 밖에 산업통상자원부령으로 정하는 경우
   ㄴ "그 밖에 산업통상자원부령으로 정하는 경우"란 다음 각 호의 어느 하나에 해당하는 경우를 말한다(시행규칙 제16조 제1항).
   1. 전시회나 박람회에 출품할 목적으로 제조하거나 수입하는 경우
   2. 제조업자나 수입업자가 안전인증기관으로부터 해당 공산품이 이미 인증받은 공산품과 같은 모델임을 확인받은 경우
   3. 안전인증심사 결과 공장심사기준에 합격하였으나 제품검사안전기준에 불합격한 경우로서 결과통지서를 받은 날부터 3개월 이내에 해당 공산품에 대하여 안전인증을 다시 신청한 경우
   4. 안전인증을 받은 공산품과 같은 품목의 공산품으로서 다음 각 목의 요건을 모두 갖춘 경우
      가. 안전인증을 받은 공산품과 같은 공장에서 생산된 것
      나. 공장심사기준에서 정하는 제조설비 및 검사설비를 갖추고 있을 것

4. 제16조 제3항을 위반하여 안전인증표시를 임의로 변경하거나 제거한 자
   ㄴ 제16조(안전인증의 표시 등) ③ 다음 각 호의 어느 하나에 해당하는 자는 안전인증을 받은 안전인증대상공산품의 안전인증표시를 임의로 변경하거나 제거하여서는 아니 된다.
   1. 안전인증대상공산품의 제조업자, 수입업자 및 판매업자
   2. 안전인증대상공산품을 영업에 사용하는 자(이하 "영업자"라 한다).

5. 제18조 제3항을 위반하여 안전인증을 한 자
   ㄴ 안전인증기관은 제1항에 따라 안전인증을 취소한 경우에는 그 취소한 날부터 1년 이내에는 같은 모델의 안전인증대상공산품에 대하여 안전인증을 하여서는 아니 된다.

Ⅲ. 개별 법률 분석

6. 제19조 제1항에 따른 신고를 하지 아니한 자
   ㄴ 자율안전확인대상공산품 제조업자 및 수입업자는 산업통상자원부령으로 정하는 바에 따라 자율안전확인대상공산품의 모델별로 제3항에 따라 지정된 시험·검사기관으로부터 안전성에 대한 시험·검사를 받아 해당 공산품이 제2항에 따른 안전기준에 적합한 것임을 스스로 확인(이하 "자율안전확인"이라 한다)한 후 이를 산업통상자원부장관에게 신고하여야 하며, 신고한 사항을 변경하려는 경우에는 변경신고를 하여야 한다.

7. 거짓 또는 그 밖의 부정한 방법으로 제19조 제3항에 따른 시험·검사기관 지정을 받거나 지정을 받지 아니하고 자율안전확인대상공산품을 시험·검사한 자

8. 거짓 또는 그 밖의 부정한 방법으로 제19조 제7항에 따른 면제를 받은 자
   ㄴ 자율안전확인대상공산품에 대한 신고, 시험·검사의 면제를 말한다.

9. 제20조 제3항을 위반하여 자율안전확인표시를 임의로 변경하거나 제거한 자
   ㄴ 제조업자, 수입업자, 판매업자 및 영업자를 갈한다.

10. 제23조 제1항을 위반하여 안전·품질표시를 거짓으로 한 자
    ㄴ 안전·품질표시대상공산품 제조업자 및 수입업자는 안전·품질표시대상공산품에 거짓이나 제22조 제1항에 따른 안전 및 품질에 관한 표시방법 외의 방법으로 안전·품질표시를 하여서는 아니 된다.
      ㄴ "안전·품질표시대상공산품"이란 소비자가 취급·사용·운반 등을 하는 과정에서 사고가 발생하거나 위해를 입을 가능성이 있는 공산품과 소비자가 성분·성능·규격 등을 구별하기 곤란한 공산품으로서 산업통상자원부령으로 정하는 것을 말한다(제2조 제10호).
      ㄴ "안전·품질표시대상공산품"은 다음 표와 같다(시행규칙 제2조 제3항 별표3).

분 야	안전·품질표시대상공산품
1. 섬유	가. 가정용 섬유제품(접촉성 섬유제품을 포함한다) 나. 양탄자
2. 화학	가. 가죽제품

	나. 습기제거제 다. 화장비누 라. 화장지 마. 폴리염화비닐관(연질염화비닐 호스를 포함한다) 바. 양초 사. 자동차용 안전유리
3. 기계	자동차용 휴대용 잭
4. 토건	물탱크
5. 생활용품	가. 가구 나. 간이빨래걸이 다. 면봉 라. 선글라스 마. 안경테 바. 텐트 사. 고령자용 신발 아. 고령자용 지팡이 자. 고령자용 휠체어테이블 차. 고령자용 목욕의자 카. 고령자 위치추적기 타. 물안경 파. 반사 안전조끼 하. 스테인레스 수세미 거. 시각 장애인용 지팡이 너. 자동차용 정지표시판 더. 침대 매트리스 러. 우산 및 양산 머. 롤러스케이트 버. 바퀴 달린 운동화 서. 모터 달린 보트 어. 창문 블라인드 저. 휴대용 경보기 처. 접촉성 금속 장신구

Ⅲ. 개별 법률 분석

	커. 쌍꺼풀용 테이프
	터. 속눈썹 열 성형기
	퍼. 가(假) 속눈썹
	허. 벽지 및 종이장판지
	고. 쇼핑카트
	노. 어린이용 장신구
	도. 휴대용 사다리
	로. 인라인롤러스케이트
	모. 킥보드

11. 제23조 제2항을 위반하여 안전·품질표시를 임의로 변경하거나 제거한 자

   ┗ 안전·품지표시대상공산품 판매업자를 말한다.

12. 제24조 제1항을 위반하여 어린이보호포장대상공산품에 어린이보호포장을 하지 아니한 자

   ┗ 제24조(어린이보호포장대상공산품의 신고 등) ① 공산품 제조업자 및 수입업자는 어린이보호포장대상공산품을 제조하거나 수입하는 경우에는 어린이보호포장을 사용하여야 한다. 다만, 다음 각 호의 어느 하나에 해당하는 것으로 산업통상자원부장관의 확인을 받은 경우에는 그러하지 아니하다.
      1. 공산품 제조업자에게 판매할 목적으로 제조하거나 수입하는 것
      2. 연구·개발 또는 수출을 목적으로 제조하거나 수입하는 것

   ┗ "어린이보호포장"이란 성인이 개봉하기는 어렵지 아니하지만 5세 미만의 어린이가 일정 시간 내에 내용물을 꺼내기 어렵게 설계·고안된 포장(용기를 포함한다)을 말한다(법 제2조 제11호).

13. 거짓 또는 그 밖의 부정한 방법으로 제24조 제1항 각 호 외의 부분 단서에 따른 확인을 받은 자

   ┗ 위 제12호 참조

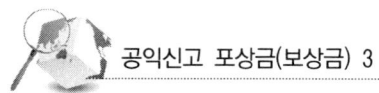
공익신고 포상금(보상금) 3

제40조(양벌규정) 제38조 및 제39조 해당

제41조(과태료) ① 다음 각 호의 어느 하나에 해당하는 자에게는 1천만 원 이하의 과태료를 부과한다.

1. 제7조 제3항을 위반하여 보고를 하지 아니하거나 거짓 보고를 한 자
   ㄴ 품질경영체제인증업무를 수행하는 재(이하 "인증기관"이라 한다)는 산업통상자원부령으로 정하는 바에 따라 품질경영체제인증 현황을 산업통상자원부장관에게 보고하여야 한다.

2. 제7조 제6항에 따른 시정명령을 이행하지 아니한 자
   ㄴ 산업통상자원부장관은 인증기관이 국제기준에 맞지 아니하게 업무를 처리하는 경우에는 시정을 명할 수 있다.

3. 제7조의2 제2항에 따른 자료를 제출하지 아니하거나 거짓으로 제출한 자
   ㄴ 제7조의2(품질경영체제인증의 신뢰성 향상) ① 산업통상자원부장관은 품질경영체제인증의 신뢰성을 높이고 품질경영을 확산시키기 위하여 산업통상자원부령으로 정하는 바에 따라 다음 각 호의 사업을 할 수 있다. (각 호 생략)
   ② 산업통상자원부장관은 제1항 각 호의 사업과 관련하여 관련 인증기관과 기업 등에 국제기준에서 정하는 것으로서 산업통상자원부령으로 정하는 자료를 제출하도록 요청할 수 있다. 이 경우 인증기관은 특별한 사유가 없으면 요청에 따라야 한다.

4. 제14조 제6항에 따른 정기검사 또는 수시검사를 거부·방해 또는 기피한 자

5. 제17조 제1항을 위반하여 안전인증표시가 없는 안전인증대상공산품을 판매하거나 판매를 목적으로 수입·진열 또는 보관한 자

6. 제21조 제1항을 위반하여 자율안전확인표시가 없는 자율안전확인대상공산품을 판매하거나 판매를 목적으로 수입·진열 또는 보관한 자

7. 제24조 제2항에 따른 신고(변경신고를 포함한다)를 하지 아니한 자
   ㄴ 어린이보호포장대상공산품 제조업자 및 수입업자는 어린이보호포장을 사용한 경우에는 그

III. 개별 법률 분석

내용을 어린이보호포장대상공산품의 모델별로 산업통상자원부장관에게 신고하여야 한다. 신고한 사항을 변경하려는 경우에도 또한 같다.

8. 제26조를 위반하여 어린이보호포장표시가 없는 어린이보호포장대상공산품을 판매하거나 판매를 목적으로 수입·진열 또는 보관한 자
9. 제31조 제1항부터 제4항까지의 규정에 따른 판매중지 등의 명령을 이행하지 아니한 자
10. 제31조 제5항 전단에 따른 수거 또는 파기를 거부하거나 방해한 자
   ↳ 제31조(판매중지등의 명령 등) ⑤ 시·도지사는 제조업자, 수입업자, 판매업자 또는 영업자가 제1항부터 제4항까지의 규정에 따른 판매중지등의 명령에 따르지 아니하는 경우에는 대통령령으로 정하는 바에 따라 해당 제조업자, 수입업자, 판매업자 또는 영업자의 부담으로 소속 공무원으로 하여금 직접 수거하거나 파기하게 할 수 있다.

11. 제31조 제6항에 따른 위해사실의 공표, 해당 공산품의 교환·환불·수리 등의 명령을 이행하지 아니한 자
12. 제32조 제1항에 따른 자료의 제출 또는 보고를 하지 아니하거나 거짓으로 제출 또는 보고한 자
   ↳ 산업통상자원부장관 또는 시·도지사는 공산품안전관리를 위하여 필요하다고 인정할 때에는 대통령령으로 정하는 바에 따라 공산품 제조자, 수입업자 또는 판매업자에게 해당 공산품의 제조·수입·판매 등에 관한 자료를 제출하게 하거나 보고하게 할 수 있다.
13. 제32조 제2항에 따른 검사 또는 질문을 거부·방해 또는 기피한 자

② 다음 각 호의 어느 하나에 해당하는 자에게는 500만 원 이하의 과태료를 부과한다.
1. 제14조 제2항에 따른 안전인증의 변경신청을 하지 아니한 자
   ↳ 제14조(안전인증) ② 안전인증대상공산품 제조업자는 안전인증을 받은 사항을 변경하려는 경우에는 산업통상자원부령으로 정하는 방법 및 절차에 따라 안전인증기관에 안전인증의

변경을 신청하여야 한다.
⑤ 안전인증기관은 산업통상자원부령으로 정하는 바에 따라 안전인증을 한 기록을 작성·보관하여야 한다.
ㄴ. 안전인증에 관한 기록은 최종 작성일부터 5년 동안 보관하여야 하며, 전자문서로 작성·보관할 수 있다(시행규칙 제11조 제2항).
⑦ 안전인증대상공산품 제조업자는 안전인증을 받은 후 제조되는 안전인증대상공산품에 대하여 산업통상자원부령으로 정하는 바에 따라 안전성이 유지되고 있는지에 관한 자체검사를 하고 그 기록을 작성·보관하여야 한다.
ㄴ. 자체검사에 관한 기록은 3년 동안 보관하여야 한다(시행규칙 제13조 제2항).

2. 제14조 제5항을 위반하여 안전인증을 한 기록을 작성·보관하지 아니하거나 거짓으로 작성보관한 자
   ㄴ. 위 제1호 참조

3. 제14조 제7항을 위반하여 자체검사를 하지 아니한 자
   ㄴ. 위 제1호 참조

4. 제14조 제7항을 위반하여 자체검사의 기록을 작성·보관하지 아니하거나 거짓으로 작성·보관한 자
   ㄴ. 위 제1호 참조

5. 제16조 제1항 본문을 위반하여 안전인증을 받은 안전인증대상공산품에 안전인증표시를 하지 아니한 자

6. 제17조 제2항을 위반하여 안전인증표시가 없는 안전인증대상공산품을 영업에 사용한 자

7. 제19조 제1항에 따른 변경신고를 하지 아니한 자
   ㄴ. 자율안전확인대상공산품의 자체검사결과에 대한 보고를 말한다.

III. 개별 법률 분석

8. 제19조 제5항을 위반하여 증명서류를 갖추어 두지 아니한 자
   ㄴ. 자율안전확인대상공산품 제조업자 및 수입업자는 자체검사의 결과를 신고한 경우에는 산업통상자원부령으로 정하는 바에 따라 해당 공산품이 안전기준에 적합하다는 사실을 증명하는 서류를 갖추어 두어야 한다(제19조 제5항).
   ㄴ. 시행규칙 제21조(제조업자 등의 관련서류 비치) 법 제19조 제5항에 따라 자율안전확인대상공산품의 제조업자 또는 수입업자는 다음 각 호의 서류를 갖추어 두어야 한다.
      1. 제품의 설명서(사진을 포함한다)
      2. 해당 공산품에 대한 자율안전확인대상공산품 시험·검사기관의 안전성검사 결과서
      3. 제19조 제2항 및 제20조 제2항에 따른 자율안전확인 신고 확인증 또는 자율안전확인 변경신고 확인증
   ㄴ. 〔법 제19조 제5항의 위임을 받아 자율안전확인대상공산품이 안전기준에 적합하다는 사실을 증명하는 서류를 갖추어 두어야 하는 사항을 규정하여야 할 시행규칙은 제21조에서 동 제품의 제조업자 및 수입업자가 갖추어 두어야 하는 서류의 종류는 규정하였으나, 그 서류를 언제까지 갖추어 두고 있어야 하는지(보관기한)에 관하여는 아무런 규정을 두지 않았습니다. 자율안전확인대상공산품 중에는 1회용품도 있는 점을 고려해볼 때, 여기에 해당하는 공산품의 내구연한(사용기한) 등을 고려하여 관련 서류의 보관기한도 행정목적(소비자보호) 달성을 위한 최단기간을 정하여야 할 것으로 보입니다. 즉 동일한 품목의 공산품에 대한 생산의 가능성이 없어진 때부터 일정한 기한을 정하여 보관명령을 하는 것이 바람직합니다. 따라서 현재로서는 서류를 보관하지 아니하였다는 이유로 과태료의 책임을 묻기에는 다툼의 여지가 있습니다. 이 부분 시행규칙의 규정을 보완할 필요가 있다는 점을 산업통상자원부장관에게 제안하였습니다.〕

9. 제20조 제1항 본문을 위반하여 신고한 자율안전확인대상공산품에 자율안전확인표시를 하지 아니한 자
10. 제21조 제2항을 위반하여 자율안전확인표시가 없는 자율안전확인대상공산품을 영업에 사용한 자
11. 제22조 제1항을 위반하여 안전·품질표시대상공산품에 안전·품질표시를 하지 아니한 자
12. 제22조 제2항을 위반하여 안전·품질표시를 하지 아니한 안전·품질

공익신고 포상금(보상금) 3

표시대상공산품을 판매하거나 판매를 목적으로 수입·진열 또는 보관한 자

13. 제22조 제3항을 위반하여 안전·품질표시가 없는 안전·품질표시대상공산품을 영업에 사용한 자

14. 제23조 제1항을 위반하여 제22조 제1항에 따른 안전 및 품질에 관한 표시방법 외의 방법으로 표시를 한 자

    ㄴ. 안전·품질표시대상공산품 제조업자 및 수입업자는 산업통상자원부장관이 정하여 고시하는 안전기준에 적합한 안전·품질표시대상공산품에 해당 공산품의 안전 및 품질에 관한 표시(이하 "안전·품질표시"라 한다)를 하여야 한다. 이 경우 안전에 관한 표시의 방법은 산업통상자원부령으로 정하고, 품질에 관한 표시의 방법은 산업통상자원부장관이 정하여 고시한다(제22조 제1항).

15. 제25조 제1항을 위반하여 신고한 어린이보호포장대상공산품에 어린이보호포장표시를 하지 아니한 자

16. 제27조를 위반하여 해당 안전관리대상공산품을 사용할 수 있는 연령기준에 맞지 아니하는 어린이에게 해당 안전관리대상공산품을 판매한 자

    ㄴ. 제27조(사용연령에 따른 판매 제한) 공산품 판매업자는 안전관리대상공산품을 사용할 수 있는 어린이의 연령을 제14조 제3항 본문, 제22조 제1항 또는 제24조 제3항에 따른 안전기준(제14조 제3항 단서, 제19조 제2항 단서 및 제22조 제4항에 따라 안전인증, 자율안전확인을 하거나 안전기준 적합 여부를 확인하는 경우에는 그 기준을 말한다)에서 정하고 있는 경우에는 그 기준에 맞지 아니하는 어린이에게 해당 안전관리대상공산품을 판매하여서는 아니 된다.

제160장 하도급거래 공정화에 관한 법률

제1절 법률의 이해

 이 법은 공정한 하도급거래질서를 확립하여 원사업자(原事業者)와 수급사업자(受給事業者)가 대등한 지위에서 서로 보완하며 균형 있게 발전하게 하는 것 등을 목적으로 한다. 이 법의 주된 목적은 이른바 상거래의 갑·을관계에 있어서 갑의 횡포를 규제하는 것이라고 할 수 있다. 이 법의 주관부서는 공정거래위원회 기업거래정책과이다.
 이 법에서 말하는 "하도급거래"라고 함은 원사업자가 수급사업자에게 제조위탁(가공위탁을 포함한다. 이하 같다)·수리위탁·건설위탁 또는 용역위탁을 하거나 원사업자가 다른 사업자로부터 제조위탁·수리위탁·건설위탁 또는 용역위탁을 받은 것을 수급사업자에게 다시 위탁한 경우, 그 위탁(이하 "제조등의 위탁"이라 한다)을 받은 수급사업자가 위탁받은 것(이하 "목적물등"이라 한다)을 제조·수리·가공하거나 용역수행하여 원사업자에게 납품·인도 또는 제공(이하 "납품등"이라 한다)하고 그 대가(이하 "하도급대금"이라 한다)를 받는 행위를 말한다.
 이 법에서 "발주자"란 제조·수리·시공 또는 용역수행을 원사업자에게 도급하는 자를 말한다. 다만, 재하도급의 경우에는 원사업자를 말한다.

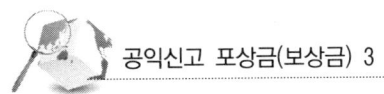
공익신고 포상금(보상금) 3

제2절 법령의 규정

제29조(벌칙) 제27조 제3항에 따라 준용되는 「독점규제 및 공정거래에 관한 법률」 제62조를 위반한 자는 2년 이하의 징역 또는 1천만 원 이하의 벌금에 처한다.

ㄴ 「독점규제 및 공정거래에 관한 법률」 제62조는 동 법에 의한 직무에 종사하거나 종사하였던 위원, 공무원 또는 협회에서 분쟁조정업무를 담당하거나 담당하였던 자의 비밀유지의무를 규정하였다.

제30조(벌칙) ① 다음 각 호의 어느 하나에 해당하는 원사업자는 수급사업자에게 제조등의 위탁을 한 하도급대금의 2배에 상당하는 금액 이하의 벌금에 처한다.
1. 제3조 제1항부터 제4항까지 및 제9항, 제3조의4, 제4조부터 제12조까지, 제12조의2, 제12조의3 및 제13조를 위반한 자

ㄴ 제3조(서면의 발급 및 서류의 보존) ① 원사업자는 수급사업자에게 제조등의 위탁을 하는 경우에는 제2항의 사항을 적은 서면(「전자문서 및 전자거래기본법」 제2조 제1호에 따른 전자문서를 포함한다. 이하 이 조에서 같다)을 다음 각 호의 구분에 따른 기한까지 수급사업자에게 발급하여야 한다.
  1. 제조위탁의 경우 : 수급사업자가 물품 납품을 위한 작업을 시작하기 전
  2. 수리위탁의 경우 : 수급사업자가 계약이 체결된 수리행위를 시작하기 전
  3. 건설위탁의 경우 : 수급사업자가 계약공사를 착공하기 전
  4. 용역위탁의 경우 : 수급사업자가 계약이 체결된 용역수행행위를 시작하기 전

② 제2항의 서면에는 하도급대금과 그 지급방법 등 하도급계약의 내용 및 절차 등 대통령령으로 정하는 사항을 적고 원사업자와 수급사업자가 서명(「전자서명법」 제2조 제3호에 따른 공인전자서명을 포함한다. 이하 이 조에서 같다) 또는 기명날인하여야 한다.

③ 원사업자는 제2항에도 불구하고 위탁시점에 확정하기 곤란한 사항에 대하여는 재해·사고로 인한 긴급복구공사를 하는 경우 등 정당한 사유가 있는 경우에는 해당 사항을 적지 아니한 서면을 발급할 수 있다. 이 경우 해당 사항이 정하여지지 아니한 이유와 그 사항을

Ⅲ. 개별 법률 분석

정하게 되는 예정기일을 서면에 적어야 한다

④ 원사업자는 제3항에 따라 일부 사항을 적지 아니한 서면을 발급한 경우에는 해당 사항이 확정되는 때에 지체 없이 그 사항을 적은 새로운 서면을 발급하여야 한다.

⑨ 원사업자와 수급사업자는 대통령령으로 정하는 바에 따라 하도급거래에 관한 서류를 보존하여야 한다.

　┗ 보존하여야 할 서류의 종류는 시행령 제6조에서 규정하였으며, 그 서류는 거래가 끝난 날부터 3년 동안 보존하여야 한다.

┗ 제3조의4(부당한 특약의 금지) ② 원사업자는 수급사업자의 이익을 부당하게 침해하거나 제한하는 계약조건(이하 "부당한 특약"이라 한다)을 설정하여서는 아니 된다.

② 다음 각 호의 어느 하나에 해당하는 약정은 부당한 특약으로 본다.

1. 원사업자가 제3조 제1항의 서면에 기재되지 아니한 사항을 요구함에 따라 발생된 비용을 수급사업자에게 부담시키는 약정
2. 원사업자가 부담하여야 할 민원처리, 산업재해 등과 관련된 비용을 수급사업자에게 부담시키는 약정
3. 원사업자가 입찰내역에 없는 사항을 요구함에 따라 발생된 비용을 수급사업자에게 부담시키는 약정
4. 그 밖에 이 법에서 보호하는 수급사업자의 이익을 제한하거나 원사업자에게 부과된 의무를 수급사업자에게 전가하는 등 대통령령으로 정하는 약정

　　┗ 관련한 사항은 시행령 제6조의2에서 규정하였다.

┗ 제4조(부당한 하도급대금의 결정 금지) ① 원사업자는 수급사업자에게 제조등의 위탁을 하는 경우 부당하게 목적물등과 같거나 유사한 것에 대하여 일반적으로 지급되는 대가보다 낮은 수준으로 하도급대금을 결정(이하 "부당한 하도급대금의 결정"이라 한다)하거나 하도급 하도록 강요하여서는 아니 된다.

② 다음 각 호의 어느 하나에 해당하는 원사업자의 행위는 부당한 하도급대금의 결정으로 본다.

1. 정당한 사유 없이 일률적인 비율로 단가를 인하하여 하도급대금을 결정하는 행위
2. 협조요청 등 어떠한 명목으로든 일방적으로 일정한 금액을 할당한 후 그 금액을 빼고 하도급대금을 결정하는 행위
3. 정당한 사유 없이 특정 수급사업자를 차별 취급하여 하도급대금을 결정하는 행위
4. 수급사업자에게 발주량 등 거래조건에 대하여 착오를 일으키게 하거나 다른 사업자의 견적 또는 거짓 견적을 내보이는 등의 방법으로 수급사업자를 속이고 이를 이용하여 하도급대금을 결정하는 행위

5. 원사업자가 일방적으로 낮은 단가에 의하여 하도급대금을 결정하는 행위
6. 수의계약(隨意契約)으로 하도급계약을 체결할 때 정당한 사유 없이 대통령령으로 정하는 바에 따른 직접공사비 항목의 값을 합한 금액보다 낮은 금액으로 하도급금액을 결정하는 행위
7. 경쟁입찰에 의하여 하도급계약을 체결할 때 정당한 사유 없이 최저가로 입찰한 금액보다 낮은 금액으로 하도급금액을 결정하는 행위
8. 계속적 거래계약에서 원사업자의 경영적자, 판매가격 인하 등 수급사업자의 책임으로 돌릴 수 없는 사유로 수급사업자에게 불리하게 하도급금액을 결정하는 행위

ㄴ. 제5조(물품등의 구매강제 금지) 원사업자는 수급사업자에게 제조등의 위탁을 하는 경우에 그 목적물등에 대한 품질의 유지·개선 등 정당한 사유가 있는 경우 외에는 그가 지정하는 물품·장비 또는 역무의 공급 등을 수급사업자에게 매입 또는 사용(이용을 포함한다. 이하 같다)하도록 강요하여서는 아니 된다.

ㄴ. 제6조(선급금의 지급) ① 수급사업자에게 제조등의 위탁을 한 원사업자가 발주자로부터 선급금을 받은 경우에는 수급사업자가 제조·수리·시공 또는 용역수행을 시작할 수 있도록 그가 받은 선급금의 내용과 비율에 따라 선급금을 받은 날(제조등의 위탁을 하기 전에 선급금을 받은 경우에는 제조등의 위탁을 한 날)부터 15일 이내에 선급금을 수급사업자에게 지급하여야 한다.

② 원사업자가 발주자로부터 받은 선급금을 제1항에 따른 기한이 지난 후에 지급하는 경우에는 그 초과기간에 대하여 100분의40 이내에서 「은행법」에 따른 은행이 적용하는 연체금리 등 경제사정을 고려하여 공정거래위원회가 정하여 고시하는 이율에 따른 이자를 지급하여야 한다.

③ 원사업자가 제1항에 따른 선급금을 어음 또는 어음결제대체수단을 이용하여 지급하는 경우의 어음할인료·수수료의 지급 및 어음할인율·수수료율에 관하여는 제13조 제6항·제7항·제9항 및 제10항을 준용한다. 이 경우 목적물등의 "수령일부터 60일"은 "원사업자가 발주자로부터 선급금을 받은 날부터 15일"로 본다.

ㄴ. 제7조(내국신용장의 개설) 원사업자는 수출할 물품을 수급사업자에게 제조위탁 또는 용역위탁한 경우에 정당한 사유가 있는 경우 외에는 위탁한 날부터 15일 이내에 내국신용장을 수급사업자에게 개설하여 주어야 한다. 다만, 신용장에 의한 수출의 경우 원사업자가 원신용장을 받기 전에 제조위탁 또는 용역위탁을 하는 경우에는 원신용장을 받은 날부터 15일 이내에 내국신용장을 개설하여야 한다.

ㄴ. 제8조(부당한 위탁취소의 금지 등) ① 원사업자는 제조 등의 위탁을 한 후 수급사업자의 책임으로 돌릴 사유가 없는 경우에는 다음 각 호의 어느 하나에 해당하는 행위를 하여서는

아니 된다. 다만, 용역위탁 가운데 역무의 공급을 위탁한 경우에는 제2호를 적용하지 아니 한다.
   1. 제조등의 위탁을 임의로 취소하거나 변경하는 행위
   2. 목적물등의 납품등에 대한 수령 또는 인수를 거부하거나 지연하는 행위
② 원사업자는 목적물등의 납품등이 있는 때에는 역무의 공급을 위탁한 경우 외에는 그 목적물등에 대한 검사 전이라도 즉시(제7조에 따라 내국신용장을 개설한 경우에는 검사 완료 즉시) 수령증명서를 수급사업자에게 발급하여야 한다. 다만, 건설위탁의 경우에는 검사가 끝나는 즉시 그 목적물을 인수하여야 한다.
③ 제1항 제2호에서 "수령"이란 수급사업자가 납품등을 한 목적물등을 받아 원사업자의 사실상 지배하에 두게 되는 것을 말한다. 다만, 이전(移轉)하기 곤란한 목적물등의 경우에는 검사를 시작한 때를 수령한 때로 본다.

ㄴ 제9조(검사의 기준·방법 및 시기) ① 수급사업자가 납품등을 한 목적물등에 대한 검사의 기준 및 방법은 원사업자와 수급사업자가 협의하여 객관적이고 공정·타당하게 정하여야 한다.
② 원사업자는 정당한 사유가 있는 경우 외에는 수급사업자로부터 목적물등을 수령한 날(제조위탁의 경우에는 기성부분(旣成部分)을 통지받은 날을 포함하고, 건설위탁의 경우에는 수급사업자로부터 공사의 준공 또는 기성부분을 통지받은 날을 말한다)부터 10일 이내에 검사결과를 수급사업자에게 서면으로 통지하여야 하며, 이 기간 내에 통지하지 아니한 경우에는 검사에 합격한 것으로 본다. 다만, 용역위탁 가운데 역무의 공급을 위탁하는 경우에는 이를 적용하지 아니한다.

ㄴ 제10조(부당반품의 금지) ① 원사업자는 수급사업자로부터 목적물등의 납품등을 받은 경우 수급사업자에게 책임을 돌릴 사유가 없으면 그 목적물등을 수급사업자에게 반품(이하 "부당반품"이라 한다)하여서는 아니 된다. 다만, <u>용역위탁[85]</u> 가운데 <u>역무[86]</u>의 공급을 위탁하는

---

85) ★ 용역위탁 : 지식·정보성과물의 작성 또는 역무(役務)를 업으로 하는 사업자가 그 업에 따른 용역수행행위의 전부 또는 일부를 다른 용역업자에게 위탁하는 것을 말한다.

86) ★ 역무 : 다음 각 호의 어느 하나에 해당하는 활동을 말한다.
1. 「엔지니어링산업 진흥법」 제2조 제1호에 따른 엔지니어링활동(설계는 제외한다)
2. 「화물자동차 운수사업법」에 따라 화물자동차를 이용하여 화물을 운송 또는 주선하는 활동
3. 「건축법」에 따라 건축물을 유지·관리하는 활동
4. 「경비업법」에 따라 시설·장소·물건 등에 대한 위험발생 등을 방지하거나 사람

공익신고 포상금(보상금) 3

경우에는 이를 적용하지 아니한다.
② 다음 각 호의 어느 하나에 해당하는 원사업자의 행위는 부당반품으로 본다.
 1. 거래상대방으로부터의 발주취소 또는 경제상황의 변동 등을 이유로 목적물등을 반품하는 행위
 2. 검사의 기준 및 방법을 불명확하게 정함으로써 목적물등을 부당하게 불합격으로 판정하여 이를 반품하는 행위
 3. 원사업자가 공급한 원재료의 품질불량으로 인하여 목적물등이 불합격품으로 판정되었음에도 불구하고 이를 반품하는 행위
 4. 원사업자의 원재료 공급지연으로 인하여 납기가 지연되었음에도 불구하고 이를 이유로 목적물등을 반품하는 행위
└ 제11조(감액금지) ① 원사업자는 제조등의 위탁을 할 때 정한 하도급대금을 감액하여서는 아니 된다. 다만, 원사업자가 정당한 사유를 입증한 경우에는 하도급대금을 감액할 수 있다.
② 다음 각 호의 어느 하나에 해당하는 원사업자의 행위는 정당한 사유에 의한 행위로 보지 아니한다.
 1. 위탁할 때 하도급대금을 감액할 조건 등을 명시하지 아니하고 위탁 후 협조요청 또는 거래 상대방으로부터의 발주취소, 경제상황의 변동 등 불합리한 이유를 들어 하도급대금을 감액하는 행위
 2. 수급사업자와 단가인하에 관한 합의가 성립된 경우 그 합의 성립 전에 위탁한 부분에 대하여도 합의 내용을 소급하여 적용하는 방법으로 하도급대금을 감액하는 행위
 3. 하도급대금을 현금으로 지급하거나 지급기일 전에 지급하는 것을 이유로 하도급대금을 지나치게 감액하는 행위
  └ (제11조 제2항 제3호의 규정 중에 있는 "지나치게"라는 표현은 적절한 표현이 될 수 없다고 해야 하겠습니다. 이러한 표현이 민사에 관한 법령 중에 사용되는 것은 별론으로 하고, 형벌법규에서는 적합한 표현이 될 수 없습니다. 지나치다는 것은 어떤(넘어서는 아니 될) 선이나 기준을 넘는다는 의미이므로, 어떤 선이나 기준이 명확히 제시되는 경우에만 사용할 수 있는 표현이라고 해야 합니다. 이는 법률을 집행하는 실무자와 법관으로 하여금 자의적인 해석이 가능하게 하는 것으로서 이른바 "모호한 표현"에 해당할 수 있다고 보아 공정거래위원회 위원장에게 재검토를 제안하였습니

의 생명 또는 신체에 대한 위해의 발생을 방지하고 그 신변을 보호하기 위하여 하는 활동
 5. 그 밖에 원사업자로부터 위탁받은 사무를 완성하기 위하여 노무를 제공하는 활동으로서 공정거래위원회가 정하여 고시하는 활동

III. 개별 법률 분석

다. 지나침의 기준 내지 한계를 은행 등에서 적용하는 이율(利率)로 수치화할 필요성이 있습니다. 이와 유사하게 불명혼한 표현은 바로 뒤에서 보이는 제5호의 규정 중에서도 발견됩니다. 단순히 "적정한"이라고만 표현한 부분을 말합니다.)

4. 원사업자에 대한 손해발생에 실질적 영향을 미치지 아니하는 수급사업자의 과오를 이유로 하도급대금을 감액하는 행위
5. 목적물 등의 제조·수리·시공 또는 용역수행에 필요한 물품 등을 자기로부터 사게 하거나 자기의 장비 등을 사용하게 한 경우에 적정한 구매대금 또는 적정한 사용대가 이상의 금액을 하도급금액에서 공제하는 행위
6. 하도급대금 지급시점의 물가나 자재가격 등이 납품등의 시점에 비하여 떨어진 것을 이유로 하도급대금을 감액하는 행위
7. 경영적자 또는 판매가격 인하 등 불합리한 이유로 부당하게 하도급대금을 감액하는 행위
8. 「고용보험 및 산업재해보상보험의 보험료징수 등에 관한 법률」, 「산업안전보건법」 등에 따라 원사업자가 부담하여야 하는 고용보험료, 산업안전보건관리비, 그 밖의 경비 등을 수급사업자에게 부담시키는 행위
9. 그 밖에 제1호부터 제8호까지의 규정에 준하는 것으로서 대통령령으로 정하는 행위

③ 원사업자가 제1항 단서에 따라 하도급대금을 감액할 경우에는 감액사유와 기준 등 대통령령으로 정하는 사항을 적은 서면을 해당 수급사업자에게 미리 주어야 한다.

↳ '감액사유와 기준 등 대통령령으로 정하는 사항'은 시행령 제7조의2에서 규정하였다.

④ 원사업자가 정당한 사유 없이 감액한 금액을 목적물등의 수령일부터 60일이 지난 후에 지급하는 경우에는 그 초과기간에 대하여 연 100분의40 이내에서 「은행법」에 따른 은행이 적용하는 연체금리 등 경제사정을 고려하여 공정거래위원회가 정하여 고시하는 이율에 따른 이자를 지급하여야 한다.

↳ 제12조(물품구매대금 등의 부당결제 청구의 금지) 원사업자는 수급사업자에게 목적물등의 제조·수리·시공 또는 용역수행에 필요한 물품등을 자기로부터 사게 하거나 자기의 장비 등을 사용하게 한 경우 정당한 사유 없이 다음 각 호의 어느 하나에 해당하는 행위를 하여서는 아니 된다.

1. 해당 목적물등에 대한 하도급대금의 지급기일 전에 구매대금이나 사용대가의 전부 또는 일부를 지급하게 하는 행위
2. 자기가 구입·사용하거나 제3자에게 공급하는 조건보다 현저하게 불리한 조건으로 구매대금이나 사용대가를 지급하게 하는 행위

   ↳ (여기에서 사용한 "현저하게"라는 표현도 앞에서 언급한 바 있는 "지나치게"와 같은 지적이 가능한 표현이라고 말할 수 있습니다. 그리고 원사업자가 수급사업자에게 자

기의 물품을 팔았거나 사용료를 받기로 하고 장비 등을 대여한 경우에는 그 구매대금·사용대가와 하도급대금을 상계(相計)하는 것이 보통이라고 본다면 이 규정은 앞에서 소개한 제11조 제2항 제5호와 중복되는 규정임을 알 수 있습니다. 이 규정에 관하여도 재검토를 촉구하였습니다.]

└ 제12조의2(경제적 이익의 부당요구 금지) 원사업자는 정당한 사유 없이 수급사업자에게 자기 또는 제3자를 위하여 금전, 물품, 용역, 그 밖의 경제적 이익을 제공하도록 하는 행위를 하여서는 아니 된다.

└ 제12조의3(기술자료 제공 요구 금지 등) ① 원사업자는 수급사업자의 기술자료를 본인 또는 제3자에게 제공하도록 요구하여서는 아니 된다. 다만, 원사업자가 정당한 사유를 입증한 경우에는 요구할 수 있다.

② 원사업자는 제1항 단서에 따라 수급사업자에게 기술자료를 요구할 경우에는 요구목적, 비밀유지에 관한 사항, 권리귀속 관계, 대가 등 대통령령으로 정하는 사항을 해당 수급사업자와 미리 협의하여 정한 후 그 내용을 적은 서면을 해당 수급사업자에게 주어야 한다.

③ 원사업자는 취득한 기술자료를 자기 또는 제3자를 위하여 유용하여서는 아니 된다.

└ 제13조(하도급대금의 지급 등) ① 원사업자가 수급사업자에게 제조등의 위탁을 하는 경우에는 목적물등의 수령일(건설위탁의 경우에는 인수일을, 용역위탁의 경우에는 수급사업자가 위탁받은 용역의 수행을 마친 날을, 납품등이 잦아 원사업자와 수급사업자가 월 1회 이상 세금계산서의 발행일을 정한 경우에는 그 정한 날을 말한다. 이하 같다)부터 60일 이내의 가능한 짧은 기한으로 정한 지급기일까지 하도급대금을 지급하여야 한다. 다만, 다음 각 호의 어느 하나에 해당하는 경우에는 그러하지 아니하다.

  1. 원사업자와 수급사업자가 대등한 지위에서 지급기일을 정한 것으로 인정되는 경우
  2. 해당 업종의 특수성과 경제여건에 비추어 그 지급기일이 정당한 것으로 인정되는 경우

② 하도급대금의 지급기일이 정하여져 있지 아니한 경우에는 목적물등의 수령일을 하도급대금의 지급기일로 보고, 목적물등의 수령일부터 60일이 지난 후에 하도급대금의 지급기일을 정한 경우(제1항 단서에 해당하는 경우는 제외한다)에는 목적물등의 수령일부터 60일이 되는 날을 하도급대금의 지급기일로 본다.

③ 원사업자는 수급사업자에게 제조등의 위탁을 한 경우 원사업자가 발주자로부터 제조·수리·시공 또는 용역수행행위의 완료에 따라 준공금 등을 받았을 때에는 하도급대금을, 제조·수리·시공 또는 용역수행행위의 진척에 따라 기성금 등을 받았을 때에는 수급사업자가 제조·수리·시공 또는 용역수행한 부분에 상당하는 금액을 그 준공금이나 기성금 등을 지급받은 날부터 15일(하도급대금의 지급기일이 그 전에 도래하는 경우에는 그 지급기일) 이내에 수급사업자에게 지급하여야 한다.

Ⅲ. 개별 법률 분석

④ 원사업자가 수급사업자에게 하도급대금을 지급할 때에는 원사업자가 발주자로부터 해당 제조등의 위탁과 관련하여 받은 현금비율 미만으로 지급하여서는 아니 된다.

⑤ 원사업자가 하도급대금을 어음으로 지급하는 경우에는 해당 제조등의 위탁과 관련하여 발주자로부터 원사업자가 받은 어음의 지급기간(발행일부터 만기일까지)을 초과하는 어음을 지급하여서는 아니 된다.

⑥ 원사업자가 하도급대금을 어음으로 지급하는 경우에 그 어음은 법률에 근거하여 설립된 금융기관에서 할인이 가능한 것이어야 하며, 어음을 교부한 날부터 어음의 만기일까지의 기간에 대한 할인료를 어음을 교부하는 날에 수급사업자에게 지급하여야 한다. 다만, 목적물등의 수령일부터 60일(제1항 단서에 따라 지급기일이 정하여진 경우에는 그 지급기일을, 발주자로부터 준공금이나 기성금 등을 받은 경우에는 제3항에서 정한 기일을 말한다. 이하 이 조에서 같다) 이내에 어음을 교부하는 경우에는 목적물등의 수령일부터 60일이 지난 날 이후부터 어음의 만기일까지의 기간에 대한 할인료를 목적물등의 수령일부터 60일 이내에 지급하여야 한다.

⑦ 원사업자는 하도급대금을 어음대체결제수단을 이용하여 지급하는 경우에는 지급일(기업구매전용카드의 경우에는 카드결제 승인일을, 외상매출채권 담보대출의 경우는 납품 등의 명세 전송일을, 구매론의 경우는 구매자금 결제일을 말한다. 이하 같다)부터 하도급대금 상환기일까지의 기간에 대한 수수료(대출이자를 포함한다. 이하 같다)를 지급일에 수급사업자에게 지급하여야 한다. 다만, 목적물등의 수령일부터 60일이 지난 날 이후부터 하도급대금 상환기일까지의 기간에 대한 수수료를 목적물등의 수령일부터 60일 이내에 수급사업자에게 지급하여야 한다.

⑧ 원사업자가 하도급대금을 목적물등의 수령일부터 60일이 지난 후에 지급하는 경우에는 그 초과기간에 대하여 연 100분의40 이내에서 「은행법」에 따른 은행이 적용하는 연체금리 등 경제사정을 고려하여 공정거래위원회가 정하여 고시하는 이율에 따른 이자를 지급하여야 한다.

⑨ 제6항에서 적용하는 할인율은 연 100분의40 이내에서 법률에 근거하여 설립된 금융기관에서 적용되는 상업어음할인율을 고려하여 공정거래위원회가 정하여 고시한다.

⑩ 제7항에서 적용하는 수수료율은 연 100분의40 이내에서 법률에 근거하여 설립된 금융기관에서 적용되는 어음대체결제수단에 대한 수수료율 또는 대출이자율 등을 고려하여 공정거래위원회가 정하여 고시한다.

2. 제13조의2 제1항 또는 제2항을 위반하여 공사대금 지급을 보증하지 아니한 자

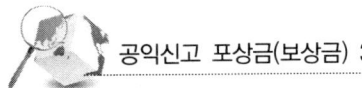

ㄴ. 제13조의2는 건설위탁의 경우 원사업자가 수급사업자에게 하는 공사대금지급보증에 관한 시기, 방법 등을 규정하였다.

3. 제15조, 제16조 제1항·제3항·제4항 및 제17조를 위반한 자

ㄴ. 제15조(관세 등 환급액의 지급) ① 원사업자가 수출할 물품을 수급사업자에게 제조위탁하거나 용역위탁한 경우 「수출용원재료에 대한 관세 등 환급에 관한 특례법」에 따라 관세 등을 환급받은 경우에는 환급받은 날부터 15일 이내에 그 받은 내용에 따라 이를 수급사업자에게 지급하여야 한다.
② 제1항에도 불구하고 수급사업자에게 책임을 돌릴 사유가 없으면 목적물등의 수령일부터 60일 이내에 수급사업자에게 관세 등 환급상당액을 지급하여야 한다.
③ 원사업자가 관세 등 환급상당액을 제1항과 제2항에서 정한 기한이 지난 후에 지급하는 경우에는 그 초과기간에 대하여 연 100분의40 이내에서 「은행법」에 따른 은행이 적용하는 연체금리 등 경제사정을 고려하여 공정거래위원회가 정하여 고시하는 이율에 따른 이자를 지급하여야 한다.

ㄴ. 제16조(설계변경 등에 따른 하도급대금의 조정) ① 원사업자는 제조등의 위탁을 한 후에 다음 각 호의 경우에 모두 해당하는 때에는 그가 발주자로부터 증액받은 계약금액의 내용과 비율에 따라 하도급대금을 증액하여야 한다. 다만, 원사업자가 발주자로부터 계약금액을 감액받은 경우에는 그 내용과 비율에 따라 하도급대금을 감액할 수 있다.
   1. 설계변경 또는 경제상황의 변동 등을 이유로 계약금액이 증액되는 경우
   2. 제1호와 같은 이유로 목적물등의 완성 또는 완료에 추가비용이 들 경우
③ 제1항에 따른 하도급대금의 증액 또는 감액은 원사업자가 발주자로부터 계약금액을 증액 또는 감액받은 날부터 30일 이내에 하여야 한다.
④ 원사업자가 제1항의 계약금액 증액에 따라 발주자로부터 추가금액을 지급받은 날부터 15일이 지난 후에 추가 하도급대금을 지급하는 경우의 이자에 관하여는 제13조 제8항을 준용하고, 추가 하도급대금을 어음 또는 어음대체결제수단을 이용하여 지급받은 경우의 어음할인료·수수료의 지급 및 어음할인율·수수료율에 관하여는 제13조 제6항·제7항·제9항 및 제10항을 준용한다. 이 경우 "목적물등의 수령일부터 60일"은 "추가금액을 받은 날부터 15일"로 본다.

ㄴ. 제17조(부당한 대물변제의 금지) ① 원사업자는 수급사업자의 의사에 반하여 하도급대금을 물품으로 지급하여서는 아니 된다.
② 원사업자는 제1항의 대물변제를 하기 전에 소유권, 담보제공 등 물품의 권리·의무 관계를 확인할 수 있는 자료를 수급사업자에게 제시하여야 한다.

Ⅲ. 개별 법률 분석

③ 물품의 종류에 따라 제시하여야 할 자료, 자료제시의 방법 및 절차 등 그 밖에 필요한 사항은 대통령령으로 정한다.

ㄴ "대통령령으로 정하는 사항"은 시행령 제6조의4에서 규정하였다.

4. 제16조의2 제7항을 위반하여 정당한 사유 없이 협의를 거부한 자

ㄴ 수급사업자는 제조등의 위탁을 받은 후 목적물등의 제조등에 필요한 원재료의 가격이 변동되어 하도급대금의 조정이 불가피한 경우에는 원사업자에게 하도급대금의 조정을 신청할 수 있다. 이 신청을 받은 원사업자는 10일 이내에 협의를 개시하여야 한다.

② 다음 각 호 중 제1호에 해당하는 자는 3억 원 이하, 제2호 및 제3호에 해당하는 자는 1억 5천만 원 이하의 벌금에 처한다.

1. 제19조를 위반하여 불이익을 주는 행위를 한 자

ㄴ 제19조(보복조치의 금지) 원사업자는 수급사업자 또는 중소기업협동조합이 다음 각 호의 어느 하나에 해당하는 행위를 한 것을 이유로 그 수급사업자에 대하여 수주기회(受注機會)를 제한하거나 거래의 정지, 그 밖에 불이익을 주는 행위를 하여서는 아니 된다.
  1. 원사업자가 이 법을 위반하였음을 관계 기관 등에 신고한 행위
  2. 제16조의2 제1항 또는 제2항의 원사업자에 대한 하도급대금의 조정신청 또는 같은 조 제9항의 하도급분쟁조정협의회에 대한 조정신청

2. 제18조 및 제20조를 위반한 자

ㄴ 제18조(부당한 경영간섭의 금지) 원사업자는 하도급거래량을 조정하는 방법 등을 이용하여 수급사업자의 경영에 간섭하여서는 아니 된다.

ㄴ 제20조(탈법행위의 금지) 원사업자는 하도급거래와 관련하여 우회적인 방법에 의하여 실질적으로 이 법의 적용을 피하려는 행위를 하여서는 아니 된다.

3. 제25조에 따른 명령에 따르지 아니한 자

ㄴ 공정거래위원회의 시정조치명령을 말한다.

③ 제27조 제2항에 따라 준용되는 「독점규제 및 공정거래에 관한 법률」 제50조 제1항 제2호에 따른 감정을 거짓으로 한 자는 3천만 원 이

공익신고 포상금(보상금) 3

하의 벌금에 처한다.

ㄴ. 공정거래위원회가 위촉한 감정인을 말한다.

제31조(양벌규정) 제30조 해당

제30조의2(과태료) ① 다음 각 호의 어느 하나에 해당하는 자에게는 사업자 또는 사업자단체[87])의 경우 1억 원 이하, 사업자 또는 사업자단체의 임원, 종업원과 그 밖의 이해관계인의 경우 1천만 원 이하의 과태료를 부과한다.

1. 제29조 제2항에 따라 준용되는 「독점규제 및 공정거래에 관한 법률」 제50조 제1항 제1호에 따른 출석처분을 위반하여 정당한 사유 없이 출석하지 아니한 자

ㄴ. 독점규제법 제50조(위반행위의 조사 등) ① 공정거래위원회는 이 법의 시행을 위하여 필요하다고 인정할 때에는 대통령령이 정하는 바에 의하여 다음 각 호의 처분을 할 수 있다.
   1. 당사자, 이해관계인 또는 참고인의 출석 및 의견의 청취
   3. 사업자, 사업자단체 또는 이들의 임직원에 대하여 원가 및 경영상황에 관한 보고, 기타 필요한 자료나 물건의 제출을 명하거나 제출된 자료나 물건의 영치

② 공정거래위원회는 이 법의 시행을 위하여 필요하다고 인정할 때에는 그 소속 공무원(제65조(권한의 위임·위탁)의 규정에 의한 위임을 받은 기관의 소속 공무원을 포함한다)으로 하여금 사업자 또는 사업자단체의 사무소 또는 사업장에 출입하여 업무 및 경영상황, 장부·서류, 전산자료·음성녹음자료·화상자료 그 밖에 대통령령이 정하는 자료나 물건을 조사하게 할 수 있으며, 대통령령이 정하는 바에 의하여 지정된 장소에서 당사자, 이해관계인 또는 참고인의 진술을 듣게 할 수 있다.

③ 제2항의 규정에 의하여 조사를 하는 공무원은 대통령령이 정하는 바에 따라 사업자, 사업자단체 또는 이들의 임직원에 대하여 조사에 필요한 자료나 물건의 제출을 명하거나 제출된 자료나 물건의 영치를 할 수 있다.

---

87) ★ 사업자단체 : 형태 여하를 불문하고 2 이상의 사업자가 공동의 이익을 증진할 목적으로 조직한 결합체 또는 그 연합체를 말한다.

Ⅲ. 개별 법률 분석

2. 제27조 제2항에 따라 준용되는 「독점규제 및 공정거래에 관한 법률」 제50조 제1항 제3호 또는 같은 조 제3항에 따른 보고 또는 필요한 자료나 물건의 제출을 하지 아니하거나 거짓으로 보고 또는 자료나 물건을 제출한 자
    ㄴ 위 제1호 참조

② 제27조 제2항에 따라 준용되는 「독점규제 및 공정거래에 관한 법률」 제50조 제2항에 따른 조사를 거부·방해·기피한 자에게는 사업자 또는 사업자단체의 경우 2억 원 이하, 사업자 또는 사업자단체의 임원, 종업원과 그 밖의 이해관계인의 경우 5천만 원 이하의 과태료를 부과한다.
    ㄴ 위 제1항 제1호 참조

③ 제22조의2 제2항에 따른 자료를 제출하지 아니하거나 거짓으로 자료를 제출한 원사업자에게는 500만 원 이하의 과태료를 부과한다.
    ㄴ 공정거래위원회는 서면실태조사를 실시하려는 경우에는 조사대상자의 범위, 조사기간, 조사내용, 조사방법 및 조사절차, 조사결과 공표범위 등에 관한 계획을 수립하여야 하고, 조사대상자에게 하도급거래 실태 등 조사에 필요한 자료의 제출을 요구할 수 있다.

제25조의3(과징금) ① 공정거래위원회는 다음 각 호의 어느 하나에 해당하는 발주자·원사업자 또는 수급사업자에 대하여 수급사업자에게 제조 등의 위탁을 한 하도급대금이나 발주자·원사업자로부터 제조등의 위탁을 받은 하도급대금의 2배를 초과하지 아니하는 범위에서 과징금을 부과할 수 있다.
    1. 제3조 제1항부터 제4항까지의 규정을 위반한 원사업자
    2. 제3조 제9항을 위반하여 서류를 보존하지 아니한 자 또는 하도급거래

에 관한 서류를 거짓으로 작성·발급한 원사업자나 수급사업자
3. 제3조의4, 제4조부터 제12조까지, 제12조의2, 제12조의3, 제13조 및 제13조의2를 위반한 원사업자
4. 제14조 제1항을 위반한 발주자
5. 제14조 제5항을 위반한 원사업자
6. 제15조, 제16조, 제16조의2 제7항 및 제17조부터 제20조까지의 규정을 위반한 원사업자

제161장 하수도법

제1절 법률의 이해

「하수도법」은 하수도의 설치 및 관리의 기준 등을 정함으로써 하수와 분뇨(糞尿)를 적정하게 처리하는 것을 목적으로 한다. 이 법의 주관부처는 환경부(생활하수과)이다.

"하수"라 함은 사람의 생활이나 경제활동으로 인하여 액체성 또는 고체성의 물질이 섞이어 오염된 물(이하 "오수"라 한다)과 건물·도로, 그 밖의 시설물의 부지로부터 하수도로 유입되는 빗물·지하수를 말한다. 다만, 농작물의 경작으로 인한 것을 제외한다.

이 법에서 말하는 "분뇨"라 함은 수거식 화장실에서 수거되는 액체성 또는 고체성의 오염물질(개인하수처리시설의 청소과정에서 발생하는 찌꺼기를 포함한다)을 말한다.

제2절 법령의 규정

제75조(벌칙) 다음 각 호의 어느 하나에 해당하는 자는 5년 이하의 징역 또는 5천만 원 이하의 벌금에 처한다.
1. 제19조 제2항 제2호 또는 제3호에 해당하는 행위를 한 자
   ㄴ. 제19조(공공하수도의 운영·관리 및 손괴·방해행위 금지 등) ② 공공하수처리시설, 간이공공하수처리시설 또는 분뇨처리시설을 운영·관리하는 자는 강우·사고 또는 처리공법상 필요한 경우 등 환경부령으로 정하는 정당한 사유 없이 다음 각 호의 어느 하나에 해당하는 행위를 하여서는 아니 된다.

2. 제15조에 따라 공고된 하수처리구역 안의 하수를 공공하수처리시설(강우로 인하여 일시적으로 하수가 늘어난 경우에는 간이공공하수처리시설을 포함한다)에 유입시키지 아니하고 배출하거나 공공하수처리시설에 유입시키지 아니하고 배출할 수 있는 시설을 설치하는 행위
3. 공공하수처리시설, 간이공공하수처리시설 또는 분뇨처리시설에 유입된 하수 또는 분뇨를 최종방류구를 거치지 아니하고 배출하거나 최종방류구를 거치지 아니하고 배출할 수 있는 시설을 설치하는 행위
4. 분뇨에 물을 섞어 처리하거나 물을 섞어 배출하는 행위

ㄴ. "환경부령으로 정하는 정당한 사유"는 시행규칙 제10조 제1항에서 규정하였다.

⑤ 누구든지 정당한 사유 없이 공공하수도를 조작하여 하수의 흐름을 방해하여서는 아니 된다.

2. 제19조 제5항의 규정을 위반하여 공공하수도를 손괴하거나 그 기능에 장해를 주어 하수의 흐름을 방해한 자

제76조(벌칙) 다음 각 호의 어느 하나에 해당하는 자는 2년 이하의 징역 또는 2천만 원 이하의 벌금에 처한다.

1. 제19조 제2항 제4호에 해당하는 행위를 한 자

ㄴ. 제75조 제1호 참조

1의2. 제19조의2 제1항 제1호에 따른 공공하수도 관리대행업 등록을 하지 아니하고 공공하수도 관리업무를 한 자
2. 제33조 제1항에 따른 명령을 위반하여 특정공산품을 제조·수입 또는 판매한 자

ㄴ. 제33조(특정공산품의 사용제한 등) ① 환경부장관은 하수의 수질악화를 방지하기 위하여 대통령령이 정하는 특정공산품을 사용함으로 인하여 하수의 수질을 현저히 악화시키는 것으로 판단되는 때에는 관계 중앙행정기관의 장과 협의하여 당해 특정공산품의 제조·수입·판매나 사용의 금지 또는 제한을 명할 수 있다. 다만, 환경부장관의 승인을 받아 연구 또는 시험을 위하여 환경부령으로 정하는 용도로 제조·수입·판매하거나 사용하는 경우에는 그

Ⅲ. 개별 법률 분석

러하지 아니하다.
  ㄴ "대통령령이 정하는 특정공산품"이란 주방에서 발생하는 음식물 찌꺼기 등을 분쇄하여 오수와 함께 배출하는 주방용 오물분쇄기를 말한다(시행령 제23조).

3. 제34조 또는 제35조의 규정을 위반하여 개인하수처리시설[88]을 설치하지 아니하거나 그 처리용량을 증대시키지 아니한 자. 다만, 설치 또는 증대하여야 하는 개인하수처리시설의 처리용량이 1일 2세제곱미터를 초과하는 경우에 한한다.

ㄴ 제34조(개인하수처리시설의 설치) ① 오수를 배출하는 건물·시설 등(이하 "건물등"이라 한다)을 설치하는 자는 단독 또는 공동으로 개인하수처리시설을 설치하여야 한다. 다만, 다음 각 호의 어느 하나에 해당하는 경우에는 그러하지 아니하다.

  1. 「수질 및 수생태계 보전에 관한 법률」제48조에 따른 폐수종말처리시설로 오수를 유입시켜 처리하는 경우
  2. 오수를 흐르도록 하기 위한 분류식 하수관로로 배수설비를 연결하여 오수를 공공하수처리시설에 유입시켜 처리하는 경우
  3. 공공하수관리청이 환경부령으로 정하는 기준·절차에 따라 하수관로정비구역으로 공고한 지역에서 합류식 하수관로로 배수설비를 연결하여 공공하수처리시설에 오수를 유입시켜 처리하는 경우
  4. 그 밖에 환경부령이 정하는 요건에 해당하는 경우
    ㄴ "그 밖에 환경부령으로 정하는 요건에 해당하는 경우"란 다음 각 호의 어느 하나에 해당하는 경우를 말한다(시행규칙 제26조 제1항).
      1. 건물등을 설치하는 자가 오수를 법 제45조에 따른 분뇨수집·운반업자에게 위탁하여 공공하수처리시설·폐수종말처리시설 또는 자기의 오수처리시설로 운반하여 처리하는 경우
      2. 건물등을 설치하는 자가 오수를 같은 사업장에 설치된 오수처리시설로 운반하여 처리하는 경우

② 제1항에 따라 개인하수처리시설을 설치하거나 그 시설의 규모·처리방법 등 대통령령으로 정하는 중요한 사항을 변경하려는 자는 환경부령으로 정하는 바에 따라 미리 특별자치

---

88) ★ 개인하수처리시설 : 건물·시설 등에서 발생하는 오수를 침전·분해 등의 방법으로 처리하는 시설을 말한다.

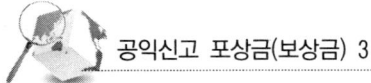
공익신고 포상금(보상금) 3

시장·특별자치도지사·시장·군수·구청장에게 신고하여야 한다. 개인하수처리시설을 폐쇄하려는 경우에도 또한 같다.
└ "대통령령으로 정하는 중요한 사항"이란 다음 각 호의 어느 하나에 해당하는 것을 말한다(시행령 제24조 제1항).
　1. 개인하수처리시설의 규모 또는 처리용량
　2. 개인하수처리시설의 구조
　3. 개인하수처리시설 본체의 교체
③ 제1항의 규정에 따라 개인하수처리시설을 설치하고자 하는 자는 대통령령이 정하는 기준에 적합하게 설치하여야 한다.
└ "대통령령이 정하는 설치기준"은 다음 각 호와 같다(시행령 제34조 제2항).
　1. 하수처리구역 밖
　　가. 1일 오수발생량이 2세제곱미터를 초과하는 건물·시설 등(이하 "건물등"이라 한다)을 설치하려는 자는 오수처리시설(개인하수처리시설로서 건물등에서 발생하는 오수를 처리하기 위한 시설을 말한다. 이하 같다)을 설치할 것
　　나. 1일 오수발생량 2세제곱미터 이하인 건물등을 설치하려는 자는 정화조(개인하수처리시설로서 건물등에 설치한 수세식 변기에서 발생하는 오수를 처리하기 위한 시설을 말한다. 이하 같다)를 설치할 것
　2. 하수처리구역 안(합류식 하수관로 설치지역만 해당한다) : 수세식 변기를 설치하려는 자는 정화조를 설치할 것
└ "개인하수처리시설의 설치기준에 관한 세부내용은 별표1의5와 같다(시행령 제34조 제3항).
④ 제2항의 규정에 따른 개인하수처리시설의 폐쇄에 관한 기준은 환경부령으로 정한다.
└ 제35조(건물등의 증축 등에 대한 특례) ① 건물등을 대통령령이 정하는 규모 이상으로 증축하거나 그 용도를 대통령령이 정하는 용도로 변경하고자 하는 경우로서 해당 건축물등에서 발생하는 오수의 양이 증가되는 때에는 해당 건물의 소유자는 제34조의 규정에 따라 개인하수처리시설을 설치하거나 개인하수처리시설의 설치용량을 증대시켜야 한다. 다만, 이미 설치·운영되고 있는 개인하수처리시설의 설치용량을 증대시켜야 하는 경우로서 처리효율을 개선하여야 하는 경우 등 대통령령이 정하는 요건에 해당하는 경우에는 그러하지 아니하다.
└ 제35조 제1항에 의하여 대통령령이 정하는 사항은 시행령 제25조에서 규정하였다.
② 제1항의 규정에 따른 건물등의 증축 또는 용도변경에 따른 오수의 양의 산정방법 등에 관한 사항은 환경부장관이 정하여 고시한다.

4. 제45조 제1항의 규정에 따른 허가를 받지 아니하고 분뇨수집·운반업

III. 개별 법률 분석

    을 한 자
5. 제45조 제7항·제51조 제3항·제52조 제5항 또는 제53조 제3항의 규정을 위반하여 상호 또는 성명을 사용하게 하거나 허가증 또는 등록증을 빌려준 자
6. 제51조 제1항의 규정에 따른 등록을 하지 아니하고 개인하수처리시설 설계·시공업을 한 자
7. 제52조 제1항의 규정에 따른 등록을 하지 아니하거나 제52조 제4항의 규정에 따른 검사를 받지 아니하고 개인하수처리시설제조업을 한 자
8. 제53조 제1항의 규정에 따른 등록을 하지 아니하고 개인하수처리시설 관리업을 한 자

제77조(벌칙) 다음 각 호의 어느 하나에 해당하는 자는 1년 이하의 징역 또는 1천만 원 이하의 벌금에 처한다.
1. 제12조 제3항의 규정을 위반하여 기준에 맞지 아니한 하수도용 자재를 사용하여 하수도에 관한 공사를 한 자
     ㄴ. 제12조(설치기준 등) ③ 하수도의 설치에 사용되는 하수도용 자재는 대통령령이 정하는 기준에 적합하여야 한다.
         ㄴ. "대통령령이 정하는 기준"은 시행령 제10조 제2항에서 규정하였다.

2. 제19조 제6항의 규정을 위반하여 정당한 사유 없이 공공하수도를 조작하여 하수의 흐름을 방해한 자
2의2. 거짓이나 그 밖의 부정한 방법으로 제19조의2 제1항 제1호에 따른 공공하수도 관리대행업 등록을 한 자
2의3. 거짓이나 그 밖의 부정한 방법으로 제20조의2 제2항에 따른 기술진단전문기관의 등록을 한 자

3. 제23조 제1항에 따른 조치명령을 이행하지 아니한 자
4. 제25조 제1항의 규정에 따른 공사의 중지 · 변경 등의 조치명령을 위반한 자
5. 제25조 제2항에 따른 시설의 개선 등의 조치명령을 위반한 자
6. 제34조 또는 제35조의 규정을 위반하여 개인하수처리시설을 설치하지 아니하거나 그 처리용량을 증대시키지 아니한 자. 다만, 설치 또는 증대하여야 하는 개인하수처리시설의 설치용량이 1일 2세제곱미터 이하인 경우에 한한다.
7. 제39조 제1항 각 호의 어느 하나에 해당하는 행위를 한 개인하수처리시설의 소유자 또는 관리자

ㄴ. 제39조(개인하수처리시설의 운영 · 관리) ① 개인하수처리시설의 소유자 또는 관리자는 개인하수처리시설을 운영 · 관리함에 있어 다음 각 호의 어느 하나에 해당하는 행위를 하여서는 아니 된다.
  1. 건물등에서 발생하는 오수를 개인하수처리시설에 유입시키지 아니하고 배출하거나 개인하수처리시설에 유입시키지 아니하고 배출할 수 있는 시설을 설치하는 행위
  2. 개인하수처리시설에 유입되는 오수를 최종방류구를 거치지 아니하고 중간배출하거나 중간배출할 수 있는 시설을 설치하는 행위
  3. 건물등에서 발생하는 오수에 물을 섞어 처리하거나 물을 섞어 배출하는 행위
  4. 정당한 사유 없이 개인하수처리시설을 정상적으로 가동하지 아니하여 방류수수질기준을 초과하여 배출하는 행위
    ㄴ. "방류수수질기준"은 제7조 및 시행규칙 제3조에서 규정한다.

8. 제40조 제1항 또는 제2항의 규정에 따른 개인하수처리시설에 대한 개선명령을 이행하지 아니한 자
9. 제43조 제2항의 규정을 위반하여 분뇨를 함부로 버린 자
10. 제44조 제1항의 규정에 따른 신고를 하지 아니하고 분뇨를 재활용한 자
11. 제44조 제4항의 규정에 따른 개선명령을 위반한 자

Ⅲ. 개별 법률 분석

12. 거짓 그 밖의 부정한 방법으로 제45조 제1항의 규정에 따른 분뇨수집·운반업의 허가를 받은 자
13. 제49조 제1항 또는 제54조의 규정에 따른 영업정지기간 중에 영업을 한 자
14. 거짓 그 밖의 부정한 방법으로 제51조 제1항에 따른 개인하수처리시설설계·시공업의 등록을 한 자
15. 삭제
16. 거짓 그 밖의 부정한 방법으로 제52조 제1항에 따른 개인하수처리시설제조업의 등록 또는 변경등록을 한 자
17. 제52조 제1항의 규정에 따른 변경등록을 하지 아니하고 등록사항을 변경한 자

   ↳ 제52조(개인하수처리시설제조업) ① 개인하수처리시설을 제조하는 영업을 하고자 하는 자는 대통령령이 정하는 기준에 따른 시설·장비 및 기술인력 등의 요건을 갖추어 특별자치시장·특별자치도지사·시장·군수·구청장에게 등록하여야 하며, 등록한 사항을 변경하고자 하는 때에는 환경부령이 정하는 바에 따라 변경등록 또는 변경신고를 하여야 한다.

18. 제52조 제3항의 규정에 따른 개인하수처리시설의 구조·규격·재질 및 성능에 관한 기준을 위반한 제품을 제조하여 판매한 자

   ↳ 개인하수처리시설제조업의 등록을 한 자가 제조할 수 있는 개인하수처리시설의 구조·규격·재질 및 성능에 관한 기준 등에 관하여 필요한 사항은 환경부령으로 정한다(제52조 제3항).
   ↳ "환경부령으로 정하는 기준"은 시행규칙 별표12에서 규정하였다.

19. 거짓 그 밖의 부정한 방법으로 제53조 제1항에 따른 개인하수처리시설관리업의 등록을 한 자

제79조(양벌규정) 제75조부터 제78조까지 해당

공익신고 포상금(보상금) 3

제80조(과태료) ① 삭제

② 다음 각 호의 어느 하나에 해당하는 자에게는 500만 원 이하의 과태료를 부과한다.

1. 방류수수질기준을 위반하여 방류한 자
2. 제20조 제1항에 따른 기술진단을 하지 아니한 자
   ↳ 제20조(기술진단) ① 공공하수도관리청은 5년마다 소관 공공하수도관에 대한 기술진단을 실시하여 공공하수도의 관리상태를 점검하여야 한다.
   ↳ 공공하수도관리청은 지방자치단체의 장을 말한다(제18조 제1항).

③ 다음 각 호의 어느 하나에 해당하는 자에게는 300만 원 이하의 과태료를 부과한다.

1. 제44조 제3항에 따라 환경부령으로 정하는 재활용시설 설치관리기준을 위반한 자
   ↳ 분뇨의 재활용신고를 한 자를 말하며, 분뇨 재활용시설의 설치관리기준은 시행규칙 제42조 별표8에서 규정하였다.

2. 제66조 제1항을 위반하여 기술관리인을 두지 아니한 자
   ↳ 제66조(기술관리인) ① 대통령령이 정하는 규모 이상의 개인하수처리시설을 설치·운영하는 자는 당해 시설의 유지·관리에 관한 기술업무를 담당하게 하기 위하여 기술관리인을 두어야 한다. 다만, 다음 각 호의 어느 하나에 해당하는 경우에는 그러하지 아니하다.
      1. 처리시설관리업자에게 개인하수처리시설의 관리를 위탁한 경우
      2. 「수질 및 수생태계 보전에 관한 법률」 제47조에 따른 환경기술인이 선임된 사업장의 경우
   ↳ "대통령령이 정하는 규모 이상의 개인하수처리시설"은 다음 각 호와 같다(시행령 제37조 제1항). 제1항에도 불구하고 공공하수처리시설 또는 「수질 및 수생태계 보전에 관한 법률」 제48조에 따른 폐수종말처리시설로 오수를 유입·처리하는 지역의 개인하수처리시설에는 기술관리인을 두지 아니할 수 있다(시행령 제37조 제2항).
      1. 1일 처리용량이 50세제곱미터 이상인 오수처리시설(1개의 건물에 2 이상의 오수처리시설이 설치되어 있는 경우 그 용량의 합계가 50세제곱미터 이상인 경우를 포함한다)

2. 처리대상 인원이 1천명 이상인 정화조(1개의 건물에 2 이상의 정화조가 설치되어 있는 경우 그 처리대상 인원의 합계가 1천명 이상인 것을 포함한다)

제50조(과징금) ① 환경부장관은 관리대행업자가 제19조의4 제1항 또는 제2항에 해당하여 영업정지처분을 하여야 할 경우로서 그 영업정지가 주민 생활에 심각한 불편을 주거나 그 밖에 공익을 해할 우려가 있는 때에는 그 영업정지처분을 갈음하여 2억 원 이하의 과징금을 부과할 수 있다.

② 특별자치시장·특별자치도지사·시장·군수·구청장은 분뇨수집·운반업자가 제49조 제1항에 해당하여 영업정지처분을 하여야 할 경우로서 그 영업정지가 당해 사업의 이용자 등에게 심한 불편을 주거나 그 밖에 공익을 해할 우려가 있는 때에는 그 영업정지에 갈음하여 3천만 원 이하의 과징금을 부과할 수 있다.

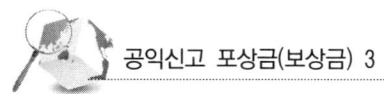
공익신고 포상금(보상금) 3

제162장 하천법

제1절 법률의 이해

「하천법」은 하천 사용의 이익을 증진하고 하천을 자연친화적으로 정비·보전하여 하천의 유수(流水)로 인한 피해를 예방하기 위하여 하천의 지정·관리·사용 및 보전 등에 관한 사항을 규정한다. 이 법의 주관부처는 국토교통부이다.

"하천"이라 함은 지표면에 내린 빗물 등이 모여 흐르는 물길로서 공공의 이해에 밀접한 관계가 있어 제7조 제2항 및 제3항에 따라 국가하천 또는 지방하천으로 지정된 것을 말하며, 하천구역과 하천시설을 포함한다. "하천시설"은 제방·호안(湖岸)·수제(水制)·댐·하구둑·홍수조절지·저류지·지하하천·방수로·배수펌프장·수문·운하·안벽(岸壁)·물양장(物揚場)·선착장·갑문·보·수로터널·수문조사시설·하천실험장 등을 말한다.

제2절 법령의 규정

제99조(벌칙) 정당한 사유 없이 하천시설을 이전 또는 손괴하여 공공의 피해를 발생시키거나 치수(治水)에 장애를 일으킨 자는 10년 이하의 징역 또는 3천만 원 이하의 벌금에 처한다.

제94조(벌칙) 다음 각 호의 어느 하나에 해당하는 자는 5년 이하의

Ⅲ. 개별 법률 분석

징역 또는 2천만 원 이하의 벌금에 처한다.

1. 제14조 제5항에 따른 국토교통부장관의 조치명령을 이행하지 아니한 자

    ↳ 제14조(하천시설의 관리규정) ④ 국토교통부장관은 홍수로 인한 재해의 방지와 수자원의 효율적인 운영을 위하여 필요한 경우에는 2 이상의 하천시설 간의 유기적인 연계운영에 관한 관리규정을 정할 수 있다.

    ⑤ 국토교통부장관은 제4항에 따른 관리규정에 근거하여 홍수방지 등을 위하여 필요한 조치를 명할 수 있다. 이 경우 하천시설관리자는 이에 따라야 한다.

2. 제33조 제1항 제5호를 위반하여 토석(土石)·모래·자갈을 채취하게 하거나 채취한 자

    ↳ 제33조(하천의 점용허가 등) ① 하천구역 안에서 다음 각 호의 어느 하나에 해당하는 행위를 하려는 자는 대통령령으로 정하는 바에 따라 하천관리청의 허가를 받아야 한다. 허가받은 사항 중 대통령령으로 정하는 중요한 사항을 변경하려는 경우에도 또한 같다.

    1. 토지의 점용
    2. 하천시설의 점용
    3. 공작물의 신축·개축·변경
    4. 토지의 굴착·성토(盛土)·절토(切土), 그 밖의 토지의 형질변경
    5. 토석·모래·자갈의 채취
    6. 그 밖에 하천의 보전·관리에 장애가 될 수 있는 행위로서 대통령령으로 정하는 행위

        ↳ "대통령령으로 정하는 행위"란 다음 각 호의 행위를 말한다(시행령 제35조 제1항).

        1. 죽목(竹木)·갈대·목초(木草) 또는 수초(水草) 등을 채취하는 행위
        2. 식물을 식재(植栽)하는 행위
        3. 선박을 운항하는 행위
        4. 스케이트장, 유선장·도선장 및 계류장(유선장·도선장 및 계류장은 부유식인 경우로 한정한다)을 설치하는 행위
        5. 「수상레저안전법」에 따른 수상레저기구를 이용한 수상레저사업 목적의 물놀이 행위
        6. 하천관리청이 아닌 자가 하천을 점용하는 물건에 새로 하천의 보전에 영향을 미칠 수 있는 물건을 추가하는 행위

    ↳ 법 제33조 제1항 각 호 외의 부분 후단에서 "대통령령으로 정하는 중요한 사항"이란 다음 각 호의 사항을 말한다(시행령 제34조 제2항).

1. 점용의 목적 및 면적
   2. 토석·모래 또는 자갈의 채취량
   3. 점용허가기간
   4. 그 밖에 점용허가 시 따로 명기한 사항

3. 제39조 제1항에 따른 시설을 설치하지 아니한 자
   ㄴ 제39조(댐 등 설치자의 재해방지시설의 설치 등) ① 다음 각 호의 어느 하나에 해당하는 댐 또는 하구둑 등(이하 "댐등"이라 한다)의 설치자는 대통령령으로 정하는 바에 따라 그 댐등으로 인한 재해발생을 방지하거나 줄이는 데 필요한 시설을 설치하고 그 밖에 필요한 조치를 하여야 한다.
      1. 하천의 유수를 저류(貯溜)하거나 취수(取水)하기 위하여 설치한 댐으로서 기초지반부터 댐마루까지의 높이가 15미터 이상이거나 총 저수용량이 2천만 세제곱미터 이상인 댐. 다만, 높이가 15미터 이상인 댐인 농업용 댐 중 유역면적이 25제곱킬로미터 미만이거나 총 저수용량이 5백만 세제곱미터 미만인 댐을 제외한다.
      2. 하구둑
      3. 하구 부근의 해면(海面)에서 하천의 유수를 저류하는 공작물
      4. 운하
   ㄴ 제39조 제1항 본문에서 규정하는 "대통령령으로 정하는 사항"은 시행령 제46조에서 규정한다.

제95조(벌칙) 다음 각 호의 어느 하나에 해당하는 자는 2년 이하의 징역 또는 1천만 원 이하의 벌금에 처한다.
   1. 제14조 제2항에 따른 관리규정의 승인을 얻지 아니하고 하천시설의 운영을 개시한 자
   2. 제19조 제2항을 위반하여 검정에 합격하지 아니한 수문조사기기를 사용한 자
   3. 제30조 제1항 본문을 위반하여 허가를 받지 아니하고 하천공사를 하거나 하천의 유지·보수를 한 자
   4. 거짓이나 그 밖의 부정한 방법으로 제30조 제1항 본문, 제33조 제1항

또는 제50조 제1항에 따른 허가를 받은 자
5. 제33조 제1항(제5호를 제외한다)을 위반하여 허가를 받지 아니하고 하천을 점용한 자
  ㄴ 제94조 제2호 참조

6. 제39조 제2항에 따른 관리기술자를 두지 아니한 자
  ㄴ 댐등의 설치자는 그 댐등의 적정한 관리를 위하여 국토교통부령으로 정하는 자격을 가진 관리기술자를 둬야 한다.

7. 제40조 제1항에 따른 수문조사기기를 설치하지 아니하거나 수문조사를 실시하지 아니한 자

8. 제46조(제6호 및 제7호를 제외한다)를 위반하여 하천에 관한 금지행위를 한 자
  ㄴ 제46조(하천 안에서의 금지행위) 누구든지 정당한 사유 없이 하천에서 다음 각 호의 어느 하나에 해당하는 행위를 하여서는 아니 된다.
    1. 하천의 유수를 가두어 두거나 그 방향을 변경하는 행위
    2. 하천시설을 망가뜨리거나 망가뜨릴 우려가 있는 행위
    3. 토석 또는 벌목된 나무토막 등을 버리는 행위
    4. 하천의 흐름에 영향을 미치는 부유물(浮游物)이나 장애물을 버리는 행위
    5. 하천을 복개하는 행위. 다만, 하천기본계획에서 정하는 경우로서 도로의 교량을 설치하는 경우를 제외한다.
    6. 하천의 이용목적 및 수질상황 등을 고려하여 대통령령으로 정하는 바에 따라 시·도지사가 지정·고시하는 지역에서 행하는 다음 각 목의 어느 하나에 해당하는 행위
      가. 야영행위 또는 취사행위
      나. 떡밥·어분 등 미끼를 사용하여 하천을 오염시키는 낚시행위
    7. 그 밖에 하천의 흐름에 지장을 주거나 하천을 오염시키는 행위로서 대통령령으로 정하는 행위
      ㄴ "대통령령으로 정하는 행위"란 다음 각 호의 행위를 말한다(시행령 제51조의2).
        1. 하천에 비닐 등 농자재 및 농기구를 버리는 행위
        2. 하천에 그물 등 어구(漁具) 및 어선을 버리는 행위

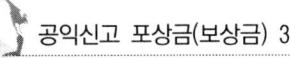
공익신고 포상금(보상금) 3

9. 제50조 제1항을 위반하여 허가를 받지 아니하고 하천수를 사용한 자
10. 제69조 또는 제70조에 따른 하천관리청의 명령을 위반한 자

제96조(벌칙) 다음 각 호의 어느 하나에 해당하는 자는 1년 이하의 징역 또는 500만 원 이하의 벌금에 처한다.

1. 제38조 제1항 본문에 따른 허가를 받지 아니하고 같은 항 각 호의 어느 하나를 행한 자

  ㄴ. 제38조(하천예정지 등에서의 행위제한) ① 제11조 제3항에 따라 고시된 하천예정지 및 제12조 제3항에 따라 고시된 홍수관리구역 안에서 다음 각 호의 행위를 하려는 자는 대통령령으로 정하는 바에 따라 하천관리청의 허가를 받아야 한다. 다만, 대통령령으로 정하는 경미한 행위에 대하여는 그러하지 아니하다.
    1. 공작물의 신축 또는 개축
    2. 토지의 굴착·성토·절토, 그 밖에 토지의 형질변경
    3. 죽목의 재식

2. 거짓이나 그 밖의 부정한 방법으로 제38조 제1항 또는 제75조 제3항 단서에 따른 허가를 받은 자
3. 제41조 제2항에 따른 국토교통부장관 또는 하천관리청의 명령을 위반한 자
4. 제47조 제1항에 따른 하천의 사용금지 또는 사용제한을 위반하여 하천을 사용한 자

  ㄴ. 제47조(하천의 사용금지 등) ① 하천관리청은 하천공사, 하천의 보전 및 하천환경을 고려하여 필요하다고 인정되는 때에는 대통령령으로 정하는 바에 따라 구간을 정하여 하천의 사용을 금지하거나 제한할 수 있다.

5. 제72조 제2항에 따른 하천관리원의 명령을 위반한 자

  ㄴ. 하천관리원은 시·도 소속 공무원을 말한다.

III. 개별 법률 분석

6. 삭제
7. 관할 시장·군수 또는 구청장의 허가를 받지 아니하고 제75조 제3항 본문에 따른 행위를 한 자

  ↳ 제75조(타인의 토지에의 출입 등) ① 국토교통부장관, 하천관리청, 국토교통부장관·하천관리청으로부터 명령이나 위임·위탁을 받은 자 또는 국토교통부장관·하천관리청의 하천공사를 대행하는 자는 하천공사, 수문조사시설공사, 하천에 관한 조사·측량, 그 밖에 하천관리를 위하여 필요한 경우에는 타인의 토지에 출입하거나 특별한 용도로 이용되지 아니하고 있는 타인의 토지를 재료적치장·통로 또는 임시도로로 일시 사용할 수 있으며 부득이한 경우에는 죽목·토석, 그 밖의 장애물을 변경하거나 제거할 수 있다.
  ② 제1항에 따라 타인의 토지에 출입하려는 자는 출입할 날의 3일 전까지 그 토지의 소유자 또는 점유자나 관리인에게 그 일시와 장소를 통지하여야 한다.
  ③ 타인의 토지를 재료적치장·통로 또는 임시도로로 일시 사용하거나 죽목·토석, 그 밖의 장애물을 변경 또는 제거하려는 자는 미리 그 소유자 또는 점유자나 관리인의 동의를 얻어야 한다. 다만, 그 소유자 또는 점유자나 관리인의 주소 또는 거소를 알 수 없거나 동의를 얻을 수 없는 때에는 관할 시장·군수·구청장의 허가를 받아야 한다.

제97조(양벌규정) 제93조부터 제96조까지 해당

제98조(과태료) ① 제75조 제2항을 위반하여 통지를 하지 아니하고 타인의 토지에 출입한 자에게는 500만 원 이하의 과태료를 부과한다.

↳ 제96조 제7호 참조

② 제46조 제6호 및 제7호를 위반하여 하천에 관한 금지행위를 한 자에게는 300만 원 이하의 과태료를 부과한다.

↳ 제95조 제8호 참조

제163장 학교보건법

제1절 법률의 이해

「학교보건법」은 학교의 보건관리와 환경위생 정화에 필요한 사항을 규정하여 학생과 교직원의 건강을 보호·증진하는 것을 목적으로 한다. 이 법의 주관부처는 교육부(학생건강안전과)이다.

이 법에서 말하는 "학교"란 「유아교육법」 제2조 제2호, 「초·중등교육법」 제2조 및 「고등교육법」 제2조에 따른 각 학교를 말한다. 「유아교육법」 제2조 제2호에서 말하는 학교는 유치원을 의미한다.

제2절 법령의 규정

제19조(벌칙) ① 제18조의2를 위반하여 직무상 알게 된 비밀을 다른 사람에게 누설하거나 직무상 목적 외의 용도로 이용한 자는 3년 이하의 징역 또는 3천만 원 이하의 벌금에 처한다.

② 제6조 제1항을 위반하여 <u>학교환경위생 정화구역</u>[89]에서 금지된 행위 또는 시설을 한 자는 2년 이하의 징역 또는 2천만 원 이하의 벌금에 처한다.

ㄴ. 제6조(학교환경위생 정화구역에서의 금지행위 등) ① 누구든지 학교환경위생 정화구역에서는

---

[89] ★ 학교환경위생 정화구역 : 학교의 보건·위생 및 학습 환경을 보호하기 위하여 교육감은 대통령령으로 정하는 바에 따라 학교환경위생 정화구역을 설정·고시하여야 한다. 이 경우 학교경계선이나 학교설립예정지 경계선으로부터 200미터를 넘을 수 없다.

Ⅲ. 개별 법률 분석

다음 각 호의 어느 하나에 해당하는 행위를 하여서는 아니 된다. 다만, 대통령령으로 정하는 구역에서는 제2호, 제3호, 제6호, 제10호, 제12호부터 제18호까지와 제20호에 규정된 행위 및 시설 중 교육감이나 교육감이 위임한 자가 학교환경위생정화위원회의 심의를 거쳐 학습과 학교보건위생에 나쁜 영향을 주지 아니한다고 인정하는 행위 및 시설은 제외한다.

1. 「대기환경보전법」, 「악취방지법」 및 「수질 및 수생태계 보전에 관한 법률」에 따른 배출허용 기준 또는 「소음·진동관리법」에 따른 규제기준을 초과하여 학습과 학교보건위생에 지장을 주는 행위 및 시설
2. 총포화약류의 제조장 및 저장소, 고압가스·천연가스·액화석유가스 제조소 및 저장소
3. 삭제
4. 「영화 및 비디오물의 진흥에 관한 법률」 제2조 제11호의 제한상영관
5. 도축장, 화장장 또는 납골시설
6. 폐기물수집장소
7. 폐기물처리시설, 폐수종말처리시설, 축산폐수배출시설, 축산폐수처리시설 및 분뇨처리시설
8. 가축의 사체처리장 및 동물의 가죽을 가공·처리하는 시설
9. 감염병원, 감염병격리병사, 격리소
10. 감염병요양소, 진료소
11. 가축시장
12. 주로 주류를 판매하면서 손님이 노래를 부르는 행위가 허용되는 영업과 위와 같은 행위 외에 유흥종사자를 두거나 유흥시설을 설치할 수 있고 손님이 춤을 추는 행위가 허용되는 영업
13. 호텔, 여관, 여인숙
14. 당구장(「유아교육법」 제2조 제2호에 따른 유치원 및 「고등교육법」 제2조 각 호에 따른 학교의 학교환경위생 정화구역은 제외한다)
    └ 「고등교육법」의 적용을 받는 학교는 중학교와 고등학교를 말한다. 당구장은 체육시설이다. 헌법재판소는 이 부분에 관하여(중·고등학교에 한하여)는 위헌(違憲)이 아니라는 결정을 한 바 있다.
15. 사행행위장·경마장·경륜장 및 경정장(각 시설의 장외발매소를 포함한다)
16. 「게임산업진흥에 관한 법률」 제2조 제6호에 따른 게임제공업 및 같은 조 제7호에 따른 인터넷컴퓨터게임시설제공업(「유아교육법」 제2조 제2호에 따른 유치원 및 「고등교육법」 제2조 각 호에 따른 학교의 환경위생 정화구역은 제외한다)
17. 「게임산업진흥에 관한 법률」 제2조 제6호 다목에 따라 제공되는 게임물시설(「고등교육법」 제2조 각 호에 따른 학교의 환경위생 정화구역은 제외한다)

공익신고 포상금(보상금) 3

18. 「게임산업진흥에 관한 법률」 제2조 제8호에 따른 복합유통게임제공업
19. 「청소년보호법」 제2조 제5호 가목 7)에 해당하는 업소와 같은 호 가목 8) 또는 9) 및 같은 호 나목 7)에 따라 여성가족부장관이 고시한 영업에 해당하는 업소
20. 그 밖에 제1호부터 제19호까지의 규정과 유사한 행위 및 시설과 미풍양속을 해치는 행위 및 시설로서 대통령령으로 정하는 행위 및 시설

ㄴ. 법 제6조 제1항 각 호 외의 부분 단서에서 "대통령령으로 정하는 구역"이란 제3조 제1항에 따른 상대정화구역(법 제6조 제1항 제14호에 따른 당구장시설을 하는 경우에는 절대정화구역을 포함한 정화구역 전체)을 말한다(시행령 제5조). 절대정화구역은 학교의 정문 쪽이라고 이해하면 된다.

〔잠깐 쉬어 갑니다. 독자들이 궁금하게 생각하는 사항 중 하나에 관한 것입니다. 공익신고의 대상인 법 위반행위의 형벌에 관한 체계 등과 관련하여 보상금의 산정기준 및 지급시기 등을 구체적인 사례별로 살펴봅니다.

첫째 법정형(法定刑)이 선택형으로 규정된 경우입니다. 가령 "1년 이하의 징역 또는 1천만 원 이하의 벌금에 처한다"고 규정한 경우입니다. 이 경우에는 법원의 선고형이 벌금인 때에는 그 확정된 벌금형의 20%를 보상금으로 지급합니다. 그리고 법원이 징역형(징역형의 집행유예를 포함)을 선고하여 그 형이 확정되면 벌금의 법정형인 1천만 원의 20%를 보상금으로 지급합니다.

두 번째는 법정형에서 벌금형은 규정하지 아니한 채 징역형만을 규정한 경우입니다. 이 경우에는 「부패방지 및 국민권익위원회의 설치와 운영에 관한 법률」 제69조에 의하여 국민권익위원회 안에서 활동하는 "보상심의위원회"가 보상금의 액수를 결정합니다. 이 결정에 대하여 승복하지 못하는 경우에는 국민권익위원회에 이의신청을 할 수도 있습니다.

세 번째로 독자들이 궁금하게 생각하는 것으로는 보상금을 지급하는 시기에 관한 것으로 보입니다. 국민권익위원회는 분기별로 보상금의 지급대상자 및 보상금액을 확정하고, 그 다음 분기에 지급하고 있습니다. 이와 관련하여 특히 문제가 되는 부분은 벌금 또는 과태료의 금액을 기준으로 보상금을 산정함에 있어 벌금·과태료의 선고 또는 재판

이 확정된 시기(때)를 기준으로 할 것인가 또는 이들을 납부한 시기를 기준으로 할 것인가의 문제가 있습니다. 국민권익위원회는 이들 벌금이나 과태료의 액수가 확정되기만 하면 그 납부 여부는 고려하지 않고 보상금의 지급액을 결정해야 합니다. 그러나 이 경우에도 "과태료의 경우 과태료의 납부사실이 확인된 때"에 포상금을 지급하겠다고 고시한 사례가 발견되기도 하였습니다. 「식물검역법」을 위반한 행위를 신고한 경우 신고자에게 포상금을 지급하는 것과 관련하여 농림축산식품부 산하 농림축산검역본부장이 고시한 「수출입식물검역 위반사항 등 신고 포상금 지급요령(제2013-53호)」이 그것입니다.

　과태료의 부과처분은 그 명령을 받은 사람이 이의신청을 할 수 있는 기간을 도과시키거나 이의신청을 한 뒤 법원의 재판이 확정되면 더 이상은 다툴 수 없게 되므로, 금액이 확정됩니다. 확정된 과태료는 납부의무자가 스스로 납부하지 아니하면 검사의 명령에 의하여 강제집행의 방법으로 징수합니다. 그런데, 만약 검사가 그 징수를 게을리 하여 과태료의 소멸시효를 넘기거나 대통령이 사면권(赦免權)을 행사함으로써 징수할 수 없게 되는 경우도 있습니다. 이러한 경우에는 포상금을 받아야 할 사람에게는 책임을 물어서는 옳지 않습니다. 따라서 과태료의 경우에도 벌금의 경우와 마찬가지로 그 금액이 확정되기만 하면 그 징수 여부를 따질 것 없이 포상금은 지급하여야 할 것입니다. 이와 관련하여 편저자가 농림축산식품부장관에게 관련 고시의 재검토를 촉구하는 제안을 하였습니다. 「식물방역법」의 포상금에 관한 내용은 졸고 제1권 〈신고포상금〉에서 소개하였습니다.〕

제164장 한강수계 상수원수질개선 및 주민지원 등에 관한 법률

제1절 법률의 이해

이 법은 한강수계(漢江水系) 상수원(上水源)을 적절하게 관리하고, 상수원 상류지역의 수질개선 및 주민지원사업을 효율적으로 추진하여 상수원의 수질을 개선함을 목적으로 한다. 이 법의 주관부처는 환경부(유역총량과)이다.

제2절 법령의 규정

제30조(벌칙) ① 다음 각 호의 어느 하나에 해당하는 자는 5년 이하의 징역 또는 3천만 원 이하의 벌금에 처한다.

1. 제5조 제1항에 따른 행위제한을 위반한 자[90]

---

90) ★ 수변구역(水邊區域) : 환경부장관이 한강수계의 수질보전을 위하여 팔당호, 한강(팔당댐부터 충주 조정지댐까지의 구간으로 한정한다), 북한강(팔당댐부터 의암댐까지의 구간으로 한정한다) 및 경안천(「하천법」에 따라 지정된 구간으로 한정한다)의 양안(兩岸) 중 다음 각 호에 해당되는 지역으로서 필요하다고 인정하여 지정·고시한 구역을 말한다(제4조 제1항).
　ㄴ. 제5조(수변구역에서의 행위제한 등) ① 누구든지 수변구역에서는 다음 각 호의 어느 하나에 해당하는 시설을 새로 설치(용도변경을 포함한다. 이하 이 조에서 같다)하여서는 아니 된다.
　1. 특별대책지역은 그 하천(「하천법」 제2조 제1호에 따른 하천을 말한다. 이하 같다)·호소(「수질 및 수생태계 보전에 관한 법률」 제2조 제14호에 따른 호소를 말한다. 이하 같다)의 경계로부터 1킬로미터 이내의 지역

Ⅲ. 개별 법률 분석

1. 「수질 및 수생태계 보전에 관한 법률」 제2조 제10호에 따른 폐수배출시설
2. 「가축분뇨의 관리 및 이용에 관한 법률」 제2조 제3호에 따른 배출시설
3. 다음 각 목의 어느 하나에 해당하는 업(業)을 영위하는 시설
   가. 「식품위생법」 제36조 제1항 제3호에 따른 식품접객업
   나. 「공중위생관리법」 제2조 제1항 제2호 및 제3호에 따른 숙박업·목욕장업
   다. 「관광진흥법」 제3조 제1항 제2호에 따른 관광숙박업
4. 「주택법」 제2조 제2호에 따른 공동주택

2. 제5조 제2항에 따른 허가를 받지 아니하고 시설을 설치한 자

└ 제5조(수변구역에서의 행위제한 등) ② 환경부장관은 제1항에도 불구하고 수변구역에서 다음 각 호의 어느 하나에 해당하는 시설로서 상수원의 수질보전에 지장이 없다고 인정되는 경우에는 대통령령으로 정하는 바에 따라 설치허가를 할 수 있다. 다만, 제2호 및 제3호의 시설은 수변구역 중 제4조 제1항 제2호의 지역에만 설치허가를 할 수 있다.

1. 도로·철도의 건설을 위한 터널공사의 시행에 따라 임시로 설치하는 폐수배출시설
2. 가축분뇨를 「가축분뇨의 관리 및 이용에 관한 법률」 제2조 제9호에 따른 공공처리시설에서 처리할 목적으로 수변구역에 설치하는 배출시설
3. 오수(汚水)를 생물화학적 산소요구량과 부유물질량이 각각 1리터 당 10밀리그램 이하가 되도록 처리하는 제1항 제3호 각 목 또는 같은 항 제4호부터 제7호까지의 어느 하나에 해당하는 시설

└ 〔법(2014. 8. 7.시행, 법률 제11998호) 제5조 제2항 제3호에서는 "같은 항 제4호부터 제7호까지의 어느 하나에 해당하는 시설"을 규정하고 있으며, 여기에서 말하는 "같은 항"은 법 제5조 제1항을 말하는 것으로 추측할 수 있습니다. 그런데, 법 제5조 제1항에는 제5호부터 제7호까지는 존재하지 않습니다. 추측컨대 2016. 1. 1.부터 시행될 예정인 같은 조 제1항 개정규정의 시행을 앞두고 제2항 제3호에서 섣불리 미리 규정한 것으로 보입니다. 개정된 규정에서는 제1항에 제8호까지를 규정하고 있으며, 일부 개정된 제4호부터 제8호까지는 2016. 1. 1.부터 시행됩니다.

이해하기 어려운 이 규정의 정비를 환경부장관에게 요구하였습니다. 그 구체적인 내용은 이 장의 끝에 소개합니다. 편저자가 지금까지 중앙부처 등에 제안한 바 있는 잘못된 법령에 관한 개선 제안 사례를 이 책과 이미 유통 중인 책자에서 여

---

2. 특별대책지역 외의 지역은 그 하천·호소(湖沼)의 경계로부터 500미터 이내의 지역

공익신고 포상금(보상금) 3

러 번 소개하는 이유는 제도개선안 등을 제출하려 할 때 참고가 되게 하는 한편 법률을 이해함에 있어 논리적 사고를 키우심에 보탬이 되고자 하는 의도입니다.)
    4. 「수도법」 제3조 제6호에 따른 일반수도

3. 제8조의4 제8항에 따른 조업정지명령 또는 폐쇄명령을 위반한 자
  ㄴ. 제8조의4(사업장별 오염부하량의 할당 등) ⑥ 환경부장관 또는 특별시장·광역시장·시장·군수는 제1항에 따라 할당된 오염부하량 또는 지정된 배출량을 초과하여 배출하는 사업자에게 오염방지시설의 개선 등 필요한 조치를 명할 수 있다.
  ⑧ 환경부장관 또는 특별시장·광역시장·시장·군수는 제6항에 따라 조치명령을 받은 자가 그 명령을 이행하지 아니하거나 기간 내에 이행하였더라도 검사 결과 제1항에 따라 할당된 오염부하량 또는 지정된 배출량을 계속 초과하면 그 시설의 전부 또는 일부에 대하여 6개월 이내의 기간을 정하여 조업정지를 명하거나 시설의 폐쇄를 명할 수 있다. 이 경우 시설을 개선하거나 보완하더라도 할당된 오염부하량 또는 지정된 배출량 이내로 내려갈 가능성이 없다고 인정되는 경우에만 시설의 폐쇄를 명하여야 한다.

② 제6조에 따른 행위제한을 위반한 자는 2년 이하의 징역 또는 1천만 원 이하의 벌금에 처한다.
  ㄴ. 제6조(팔당댐 하류구간에서의 오염행위 제한 등) 팔당댐과 잠실수중보(蠶室水中洑) 사이의 한강 본류(本流) 하천구간에서의 행위제한 및 관리에 관하여는 「수도법」 제7조 제3항부터 제5항까지 및 같은 법 제8조를 준용한다.
  ㄴ. 「수도법」 제7조(상수원보호구역 지정 등) ① 환경부장관은 상수원의 확보와 수질 보전을 위하여 필요하다고 인정되는 지역을 상수원 보호를 위한 구역(이하 "상수원보호구역"이라 한다)으로 지정하거나 변경할 수 있다.
  ② 환경부장관은 제1항에 따라 상수원보호구역을 지정하거나 변경하면 지체 없이 공고하여야 한다.
  ③ 제1항과 제2항에 따라 지정·공고된 상수원보호구역에서는 다음 각 호의 행위를 할 수 없다.
    1. 「수질 및 수생태계 보전에 관한 법률」 제2조 제7호 및 제8호에 따른 수질오염물질·특정수질유해물질, 「유해화학물질 관리법」 제2조 제8호에 따른 유해화학물질, 「농약관리법」 제2조 제1호에 따른 농약, 「폐기물관리법」 제2조 제1호에 따른 폐기물, 「하수도법」 제2조 제1호·제2호에 따른 오수·분뇨 또는 「가축분뇨의 관리 및 이용에 관한 법률」 제2조 제2호에 따른 가축분뇨를 사용하거나 버리는 행위

III. 개별 법률 분석

  2. 그 밖에 상수원을 오염시킬 명백한 위험이 있는 행위로서 대통령령으로 정하는 금지행위

④ 제1항과 제2항에 따라 지정·고시된 상수원보호구역에서 다음 각 호의 어느 하나에 해당하는 행위를 하려는 자는 관할 특별자치시장·특별자치도지사·시장·군수·구청장의 허가를 받아야 한다. 다만, 대통령령으로 정하는 경미한 행위인 경우에는 신고하여야 한다.

  1. 건축물, 그 밖의 공작물의 신축·증축·개축·재축·이전·용도변경 또는 제거
  2. 입목(立木) 및 대나무의 재배 또는 벌채
  3. 토지의 굴착·성토(盛土), 그 밖에 토지의 형질변경

  ↳ 제7조 제4항 단서에 따라 "신고할 수 있는 경미한 행위"는 다음 각 호와 같다(시행령 제14조).

    1. 상하수도시설·환경오염방지시설 및 상수원보호구역관리시설을 제외한 건축물이나 그 밖의 공작물의 제거
    2. 주택지에서의 나무의 재배·벌채
    3. 농업개량시설의 보수나 농지개량 등을 위반 복토(覆土) 등 토지의 형질변경
    4. 수해 등 천재지변으로 손괴된 건축물과 공작물의 원상복구
    5. 공장(「산업집적활성화 및 공장설립에 관한 법률」제2조 제1호에 따른 공장을 말한다. 이하 같다)·숙박시설·일반음식점의 주택·창고시설로의 용도변경

⑤ 제1항부터 제4항까지의 규정에 따른 상수원보호구역의 지정절차, 허가의 기준에 필요한 사항은 대통령령으로 정한다.

↳ 「수도법」제8조는 행위제한과는 직접 관련이 없는 규정이다.

③ 제15조의3 제3항에 따른 시설의 개선명령 등을 이행하지 아니한 자는 1년 이하의 징역 또는 1천만 원 이하의 벌금에 처한다.

제31조(양벌규정) 제30조 해당

제32조(과태료) ① 다음 각 호의 어느 하나에 해당하는 자에게는 1천만 원 이하의 과태료를 부과한다.

  1. 제6조의2 제1항을 위반하여 농약이나 비료를 사용한 자

  ↳ 제6조의2(하천구역 등에서의 수질오염원 관리) ① 누구든지 「하천법」제2조 제2호에 따른 하천구역에서 「농약관리법」에 따른 농약 및 「비료관리법」에 따른 비료를 사용하는 경우에는

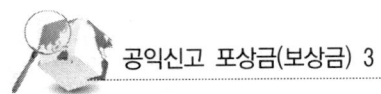

환경부령으로 정하는 기준에 따라야 한다.

┗ "환경부령으로 정하는 기준"은 다음 각 호의 기준을 말한다(시행규칙 제6조의2 제1항).
　1. 「농림축산식품부 소관 친환경농어업육성 및 유기식품 등의 관리·지원에 관한 법률 시행규칙」 별표11 제2호 다목 1) 및 2)의 구비요건을 준수할 것
　2. 유기합성제초제를 사용하지 아니할 것

1의2. 제8조의4 제4항에 따른 기기를 부착하지 아니하거나 가동하지 아니한 자

┗ 제8조의4(사업장별 오염부하량의 할당 등) ④ 제1항에 따라 오염부하량을 할당받아 배출량을 지정받은 자(「수질 및 수생태계 보전에 관한 법률」 제38조의2에 따라 측정기기를 부착하여야 하는 자는 제외한다)는 환경부령으로 정하는 바에 따라 오염부하량과 배출량을 측정할 수 있는 기기를 해당 사업장의 오염방지시설에 부착·가동하여야 하며, 측정결과를 사실대로 기록하여 보존하여야 한다.

　┗ 시행규칙 제8조의13(오염부하량의 측정기기) ① 오염부하량할당대상자가 법 제8조의4 제4항에 따라 설치하여야 하는 측정기기(이하 "측정기기"라 한다)의 종류는 다음 각 호와 같다.
　　1. 오염부하량을 할당받은 자 : 수질자동측정기기 및 유량연속자동측정기기
　　2. 배출량을 지정받은 자 : 유량연속자동측정기기
　② 제1항에 따라 측정기기를 설치한 오염부하량할당대상자는 제8조의11 제2항 제2호에 따른 이행시기 90일 전부터 측정기기를 가동하여 오염물질의 배출량을 측정하고, 그 측정 결과를 별지 제8호 서식에 기록하여 2년간 보존하여야 한다.

2. 제8조의4 제4항에 따른 측정 결과를 기록·보존하지 아니하거나 거짓으로 기록·보존한 자

┗ 위 제1호 참조

3. 제8조의4 제5항에 따른 공무원의 출입·검사를 거부·방해 또는 기피한 자

② 다음 각 호의 어느 하나에 해당하는 자에게는 500만 원 이하의

III. 개별 법률 분석

과태료를 부과한다.

1. 제8조의4 제5항에 따른 보고를 하지 아니하거나 거짓으로 보고를 한 자 또는 자료를 제출하지 아니하거나 거짓으로 제출한 자

   ㄴ. 제8조의4(사업장별 오염부하량의 할당 등) ⑤ 환경부장관 또는 특별시장·광역시장·시장·군수는 제1항에 따라 할당된 오염부하량 또는 지정된 배출량 준수 여부를 확인하기 위하여 오염부하량을 할당받거나 배출량을 지정받은 자에 대하여 필요한 보고를 하게 하거나 자료를 제출하게 할 수 있으며, 관계 공무원에게 해당 시설 또는 사업장 등에 출입하여 오염물질을 채취하거나 관계 서류·설비·장비 등을 검사하게 할 수 있다. 이 경우 출입·검사를 하는 공무원은 그 권한을 표시하는 증표를 지니고 이를 관계인에게 내보여야 한다.
   ⑥ 환경부장관 또는 특별시장·광역시장·시장·군수는 제1항에 따라 할당된 오염부하량 또는 지정된 배출량을 초과하여 배출하는 사업자에게 오염방지시설의 개선 등 필요한 조치를 명할 수 있다.
   ⑦ 제6항에 따라 조치명령을 받은 자는 환경부령으로 정하는 바에 따라 개선계획서를 환경부장관 또는 특별시장·광역시장·시장·군수에게 제출하여야 하며, 그 명령을 이행하면 지체 없이 환경부장관 또는 특별시장·광역시장·시장·군수에게 보고하여야 한다.

2. 제8조의4 제7항에 따른 개선계획서를 제출하지 아니하거나 거짓으로 제출한 자 또는 명령이행 보고를 하지 아니하거나 거짓으로 보고한 자

   ㄴ. 위 제1호 참조

3. 제11조의2 제2항에 따른 부기등기를 하지 아니하거나 거짓 또는 부정한 방법으로 부기등기를 한 자

   ㄴ. 제11조의2(주민지원사업으로 취득한 부동산에 대한 관리) ② 제1항에 따른 주민공동체는 주민지원사업으로 취득한 토지 등 부동산에 관한 소유권등기에 관리청의 동의 없이는 양도하거나 제한물권을 설정하거나 압류·가압류·가처분 등의 목적물이 될 수 없는 재산임을 대통령령으로 정하는 바에 따라 부기등기(附記登記)하여야 한다.

4. 제15조의2 제1항에 따른 배출량줄이기계획을 제출하지 아니하거나 거짓으로 작성한 자

┗ 제15조의2(특정수질유해물질의 관리 등) ① 「수질 및 수생태계 보전에 관한 법률」 제2조 제8호에 따른 특정수질유해물질의 배출시설을 설치·운영하는 자는 특정수질유해물질의 종류, 취급량·배출량, 배출량줄이기계획을 환경부장관에게 제출하여야 한다. 배출량줄이기계획을 변경하려는 경우에는 변경의 사유와 내용 등을 기재한 변경계획을 제출하여야 한다.
④ 환경부장관은 제3항에 따른 확인 결과 이행실적이 배출량줄이기계획에 미달한 경우에는 그 배출량줄이기계획을 제출한 자에게 그 계획을 이행하도록 명령할 수 있다.
⑤ 환경부장관은 관계 공무원으로 하여금 특정수질유해물질을 사용하거나 배출하는 사업장 등에 출입하여 특정수질유해물질의 취급량과 배출량을 조사하게 할 수 있다.

5. 제15조의2 제4항에 따른 명령을 이행하지 아니한 자

┗ 위 제4호 참조

6. 제15조의2 제5항에 따른 관계 공무원의 출입·조사를 거부·방해 또는 기피한 자

┗ 위 제4호 참조

7. 제15조의3 제1항에 따른 검사·조사를 하지 아니한 자 또는 기록을 보존하지 아니하거나 거짓으로 기록한 자

┗ 제15조의3(관거의 관리 등) ① 「하수도법」 제2조 제6호에 따른 하수관로 또는 「수질 및 수생태계 보전에 관한 법률」 제51조에 따른 배수관거(配水管渠)를 설치·운영하는 자(이하 이 조에서 "사업자"라 한다)는 환경부령으로 정하는 바에 따라 그 관거를 정기적으로 검사하여야 한다. 이 경우 이상이 있으면 관거가 정상기능을 유지하도록 보수하거나 바꾸는 등 필요한 조치를 하여야 하며, 그 내용을 기록하고 최종 기록한 날부터 10년간 이를 보존하여야 한다.
② 환경부장관은 사업자에게 제1항에 따른 검사와 조치의 결과를 제출하도록 요구할 수 있다. 이 경우 사업자는 이를 지체 없이 제출하여야 한다.

8. 제15조의3 제2항에 따른 자료를 제출하지 아니하거나 거짓 자료를 제출한 자

┗ 위 제7호 참조

Ⅲ. 개별 법률 분석

제8조의6(과징금) ① 환경부장관 또는 특별시장·광역시장·시장·군수는 제8조의4 제8항에 따라 조업정지를 명하려는 경우로서 그 조업을 정지하면 다음 각 호의 어느 하나에 해당하는 경우에는 조업정지를 갈음하여 3억 원 이하의 과징금을 부과할 수 있다. 다만, 환경부령으로 정하는 경우에는 과징금을 부과할 수 없다. (이하 생략)

법률 정비에 관한 제안

1. 제목 : 「한강수계 상수원수질개선 및 주민지원 등에 관한 법률」 중 일부 정비 제안

2. 관계 행정기관의 명칭 : 환경부

3. 법률의 관련 규정

제5조(수변구역에서의 행위제한 등) ② 환경부장관은 제1항에도 불구하고 수변구역에서 다음 각 호의 어느 하나에 해당하는 시설로서 상수원의 수질 보전에 지장이 없다고 인정되는 경우에는 대통령령으로 정하는 바에 따라 설치허가를 할 수 있다. 다만, 제2호 및 제3호의 시설은 수변구역 중 제4조 제1항 제2호의 지역에만 설치허가를 할 수 있다.

　3. 오수(汚水)를 생물화학적 산소요구량과 부유물질량(浮游物質量)이 각각 1리터당 10밀리그램 이하가 되도록 처리하는 제1항 제3호 각 목 또는 같은 항 제4호부터 제7호까지의 어느 하나

에 해당하는 시설

　4. 문제점 및 개선 의견

　「한강수계 상수원수질개선 및 주민지원 등에 관한 법률(2014. 8. 7.시행, 법률 제11998호를 말함)」- 다음부터는 "법"이라고 줄여 씀 - 제5조 제2항 제3호에서는 "같은 항 제4호부터 제7호까지의 어느 하나에 해당하는 시설"을 규정하고 있으며, 여기에서 말하는 "같은 항"은 법 제5조 제1항을 말하는 것으로 이해할 수 있습니다. 그런데, 법 제5조 제1항에는 제5호부터 제7호까지는 존재하지 않습니다.

　법 제5조 제2항 제3호에서는 존재하지도 아니하는 제5호부터 제7호를 인용하여 규정은 하였지만, 다행히도 존재하지 아니하는 규정을 준용하였으므로 법률의 적용에 큰 혼란을 주지는 않습니다. 그러나 어떤 경위로 이와 같은 모순을 포함하는 법률이 시행될 수 있었는지는 알 수 없지만, 이러한 오류가 국회 본회의 의결절차까지 거친 법률에서 발견되는 것은 매우 안타깝습니다. 빠른 시일 안에 이를 바로잡음으로써 준엄한 법률의 권위를 회복하여야 할 것입니다. 국민의 준법의식에도 영향을 줄 수 있는 문제이기 때문입니다. 제안에 대한 처리 결과와 더불어(또는 그와는 별도로) 어떤 이유로 이와 같은 모순된 규정이 태어났는지도 알려 주시면 고맙겠습니다. 감사합니다.

2014. . .

III. 개별 법률 분석

위 제안자 최 종 배

환경부장관 귀하

제165장 할부거래에 관한 법률

제1절 법률의 이해

이 법은 할부계약 및 선불식 할부계약에 의한 거래를 공정하게 함으로써 소비자의 권익을 보호하고 시장의 신뢰도를 높이는 것 등을 목적으로 한다. 이 법의 주관부서는 공정거래위원회 특수거래과이다.

"할부계약"이란 계약의 형식·명칭이 어떠하든 재화나 용역(일정한 시설을 이용하거나 용역을 제공받을 수 있는 권리를 포함한다. 이하 "재화등"이라 한다)에 관한 다음 각 목의 계약을 말한다.

가. 소비자가 사업자에게 재화의 대금이나 용역의 대가(이하 "재화등의 대금"이라 한다)를 2개월 이상의 기간에 걸쳐 3회 이상 나누어 지급하고, 재화등의 대금을 완납하기 전에 재화의 공급이나 용역의 제공(이하 "재화등의 공급"이라 한다)을 받기로 하는 계약(이하 "직접할부계약"이라 한다)

나. 소비자가 신용제공자에게 재화등의 대금을 2개월 이상의 기간에 걸쳐 3회 이상 나누어 지급하고, 재화등의 대금을 완납하기 전에 사업자로부터 재화등의 공급을 받기로 하는 계약(이하 "간접할부계약"이라 한다)

"선불식 할부계약"이란 계약의 명칭·형식이 어떠하든 소비자가 사업자로부터 다음 각 목의 어느 하나에 해당하는 재화등의 대금을 2개월 이상의 기간에 걸쳐 2회 이상 나누어 지급함과 동시에 또는 지급한 후에 재화등의 공급을 받기로 하는 계약을 말한다.

가. 장례 또는 혼례를 위한 용역(제공시기가 확정된 경우는 제외한다) 및 이에 부수한 재화
나. 가목에 준하는 소비자피해가 발생하는 재화등으로서 소비자의 피해를 방지하기 위하여 대통령령으로 정하는 재화등

ㄴ 시행령이 규정한 사항은 없다.

제2절 법령의 규정

제48조(벌칙) ① 다음 각 호의 어느 하나에 해당하는 자는 3년 이하의 징역 또는 1억 원 이하의 벌금에 처한다. 이 경우 다음 각 호의 어느 하나에 해당하는 자가 법 위반행위와 관련하여 판매 또는 거래한 대금 총액의 3배에 상당하는 금액이 1억 원을 초과하는 때에는 3년 이하의 징역 또는 판매하거나 거래한 대금 총액의 3배에 상당하는 금액 이하의 벌금에 처한다.

1. 제18조 제1항을 위반하여 등록을 하지 아니하고(제40조 제2항에 따라 등록이 취소된 경우를 포함한다) 선불식 할부거래업을 하는 자
2. 거짓이나 그 밖의 부정한 방법으로 제18조 제1항에 따른 등록을 하고 선불식 할부거래업을 하는 자(제34조 제7호의 금지행위를 한 자를 포함한다)

ㄴ 제34조 제7호의 규정은 뒤에 있는 제50조 제2호 참조

3. 제39조 제1항에 따른 시정조치 명령에 응하지 아니한 자

ㄴ 선불식 할부거래업자를 말한다.

4. 제40조 제1항에 따른 영업정지 명령을 위반하여 영업을 한 자

ㄴ 선불식 할부거래업자를 말한다.

② 제1항의 징역형과 벌금형은 병과할 수 있다.

제49조(벌칙) 제47조 제4항에 따라 준용되는 「독점규제 및 공정거래에 관한 법률」 제62조를 위반한 자는 2년 이하의 징역 또는 200만 원 이하의 벌금에 처한다.
  ㄴ 독점규제법 제62조(비밀엄수의 의무) 이 법에 의한 직무에 종사하거나 종사하였던 위원, 공무원 또는 협의회에서 분쟁조정업무를 담당하거나 담당하였던 자는 그 직무상 알게 된 사업자 또는 사업자단체의 비밀을 누설하거나 이 법의 시행을 위한 목적 외에 이를 이용하여서는 아니 된다.

제50조(벌칙) ① 다음 각 호의 어느 하나에 해당하는 자는 1년 이하의 징역 또는 3천만 원 이하의 벌금에 처한다.
  1. 제27조 제9항을 위반하여 소비자피해보상보험계약등을 체결 또는 유지함에 있어 거짓으로 선수금 등의 자료를 제출한 자
    ㄴ 선불식 할부거래업자는 소비자피해보상보험계약등을 체결 또는 유지하는 경우 선수금 등의 자료를 제출함에 있어 거짓의 자료를 제출하여서는 아니 된다.

  2. 제34조 제1호부터 제3호까지, 제8호·제11호 및 제13호에 해당하는 금지행위를 한 자
    ㄴ 제34조(금지행위) 선불식 할부거래업자는 다음 각 호의 어느 하나에 해당하는 행위를 하여서는 아니 된다.
      1. 계약의 체결을 강요하거나 청약의 철회 또는 계약의 해제를 방해할 목적으로 상대방을 위협하는 행위
      2. 거짓·과장된 사실을 알리거나 기만적 방법을 사용하여 상대방과의 거래를 유도하거나 청약의 철회 또는 계약의 해제를 방해하는 행위
      3. 청약의 철회 또는 계약의 해제를 방해할 목적으로 주소·전화번호 등을 변경하는 행위
      5. 상대방의 청약이 없에도 재화등을 청구하는 행위
      7. 소비자피해보상보험계약등을 체결하지 아니하고 영업하는 행위
      8. 소비자피해보상보험계약등을 체결하지 아니하였음에도 소비자피해보상보험계약등을 체결한 사실을 나타내는 표지나 이와 유사한 표지를 제작 또는 사용하는 행위

III. 개별 법률 분석

10. 소비자가 계약을 해제하였음에도 불구하고 정당한 사유 없이 이에 따른 조치를 지연하거나 거부하는 행위
    ↳ [제34조 제10호를 위반하는 행위는 제51조 제2호에 의하여 1천만 원 이하의 벌금에 처하게 되는 행위입니다. 그런데 제34조 제10호의 규정 중에는 "지연하거나"라고 표현한 부분이 있습니다. 이는 소비자가 계약을 해제하였음에도 불구하고 선불식 할부거래업자가 정당한 사유 없이 계약 해제에 따른 조치를 "한정 없이 미루는 경우" 또는 "질질 끄는 경우"를 말하는 것으로 해석됩니다.
    이러한 행위를 처벌하기 위해서는 그 조치를 "언제까지"는 해야 하는 기준이 설정되어야 할 것입니다. 그러나 법률은 그 언제까지라는 기한(期限)을 정하지 않았으므로, 결국 그 해석의 기준은 선불식 할부거래업자와 소비자 사이에 체결한 계약 내용을 근거로 하여야 할 것입니다. 만약 위 계약 내용에 그 조치를 하여야 하는 기한이 정하여지지 않았다면 "지연하는 행위"는 모호한 규정이라고 해야 할 것입니다. 결국 제34조 제10호 중 "지연하거나"라고 표현한 부분은 죄형법정주의(罪刑法定主義) 원칙(명확성의 원칙)에 의하여 위헌(違憲)의 가능성이 있는 표현이라고 해석하여야 할 것으로 보입니다. 따라서 공정거래위원회에 재검토를 촉구하는 제안을 하였습니다.]
11. 청약의 철회 또는 계약의 해제와 관련하여 분쟁이 발생한 경우 대금을 지급받기 위하여 소비자에게 위계를 사용하거나 위력[91]을 가하는 행위
13. 다른 사람에게 자기의 명의 또는 상호를 사용하여 선불식 할부거래업을 하게 하거나 선불식 할부거래업 등록증을 대여하는 행위

② 제1항의 징역형과 벌금형은 병과(倂科)할 수 있다.

제51조(벌칙) 다음 각 호의 어느 하나에 해당하는 자는 1천만 원 이하의 벌금에 처한다.

1. 제34조 제5호의 금지행위를 한 자
   ↳ 제50조 제1항 제2호 참조

---

91) ★ 위계(僞計)·위력(威力) : "위계"는 상대방을 속이는 것을, "위력"은 상대방을 힘으로 제압하는 것을 각각 뜻한다.

2. 제34조 제10호의 금지행위를 한 자
ㄴ. 제50조 제1항 제2호 참조

제52조(양벌규정) 제48조, 제50조 및 제51조 해당

제42조(과징금) ① 공정거래위원회는 제40조 제1항에 따라 영업정지를 명하여야 할 경우로서 영업정지가 소비자에게 심한 불편을 주거나 공익을 해할 우려가 있으면 영업정지를 갈음하여 해당 선불식 할부거래업자에 대하여 대통령령으로 정하는 위반행위 관련 매출액을 초과하지 아니하는 범위에서 과징금을 부과할 수 있다. 이 경우 관련 매출액이 없거나 이를 산정할 수 없는 경우 등에는 5천만 원을 초과하지 아니하는 범위에서 과징금을 부과할 수 있다.

Ⅲ. 개별 법률 분석

제166장 항공법

제1절 법률의 이해

이 법은「국제민간항공조약」및 같은 조약의 부속서에서 채택된 표준과 방식에 따라 항공기 등이 안전하게 항행하기 위한 방법을 정하고, 항공시설을 효율적으로 설치·관리하도록 함과 아울러 항공운송사업의 질서를 확립하는 것 등을 목적으로 한다. 이 법의 주관부처는 국토교통부(항공정책과)이다.

육상교통에 관하여는「도로교통법」이 교통안전을 위하여 여러 가지의 벌칙을 규정하면서 통고처분에 의하여 과벌(科罰)하도록 하는 것과 유사하게, 이 법은 공중에서의 교통안전을 위하여 여러 가지의 벌칙과 과태료의 규정을 마련하고 있다. 이 책에서는 이들 벌칙과 과태료 관련 규정 중 공익신고와 직접 관련이 희박할 것으로 생각되는 부분은 소개를 생략한다.

이 법에서 말하는 "항공기"란 비행기, <u>비행선</u>[92], <u>활공기(滑空機)</u>[93], <u>회전익항공기(回轉翼航空機)</u>[94] 및 대통령령으로 정하는 것으로서 항공운항에 사용할 수 있는 기기를 말한다.

└. "대통령령으로 정하는 것으로서 항공운항에 사용할 수 있는 기기"란 다음 각 호의 것을 말한다 (시행령 제9조).

---

92) ★ 비행선 : 기체보다 가벼운 부력(浮力)을 이용하며, 자신의 동력을 이용하는 비행물체를 말함
93) ★ 활공기 : 동력(動力) 없이 바람을 타고 나는 비행기를 말함
94) ★ 회전익항공기 : 헬리콥터를 말함

1. 최대이륙중량, 속도, 좌석수 등이 국토교통부령으로 정하는 범위를 초과하는 동력비행장치
   ㄴ. "국토교통부령으로 정하는 범위를 초과하는 동력비행장치"는 시행규칙 제3조에서 규정한다.
2. 지구 대기권 내외를 비행할 수 있는 항공우주선

제2절 법령의 규정

제161조(감항증명을 받지 아니한 항공기 사용 등의 죄) 다음 각 호의 어느 하나에 해당하는 자는 3년 이하의 징역 또는 5천만 원 이하의 벌금에 처한다.

1. 제15조 또는 제16조를 위반하여 감항증명(耐航證明) 또는 소음적합증명을 받지 아니하거나 이에 합격하지 아니한 항공기를 항공에 사용한 자

   ㄴ. 제15조(감항증명) ① 항공기가 안전하게 비행할 수 있는 성능(이하 "감항성"이라 한다)이 있다는 증명(이하 "감항증명"이라 한다)을 받으려는 자는 국토교통부령으로 정하는 바에 따라 국토교통부장관에게 감항증명을 신청하여야 한다.
   ③ 다음 각 호의 어느 하나에 해당하는 감항증명을 받지 아니한 항공기를 항공에 사용하여서는 아니 된다.
   1. 표준감항증명 : 항공기가 제17조 제2항에 따른 기술기준을 충족하고 안전하게 운항할 수 있다고 판단되는 경우에 발급하는 증명
   2. 특별감항증명 : 항공기가 연구, 개발 등 국토교통부령으로 정하는 경우로서 항공기 제작자 또는 소유자 등이 제시한 운용범위를 검토하여 안전하게 비행할 수 있다고 판단되는 경우에 발급하는 증명

   ㄴ. 제16조(소음기준적합증명) ① 국토교통부령으로 정하는 항공기의 소유자등은 국토교통부령으로 정하는 바에 따라 감항증명을 받는 경우와 수리·개조 등으로 항공기의 소음치가 변동된 경우에는 그 항공기에 대하여 소음기준적합증명을 받아야 한다.

   ㄴ. "국토교통부령으로 정하는 항공기"란 다음 각 호의 어느 하나에 해당하는 항공기로서 국토교통부장관이 정하여 고시하는 항공기를 말한다(시행규칙 제27조).
   1. 터빈활동기를 장착한 항공기
   2. 국제선을 운항하는 항공기

2. 제19조를 위반하여 수리·개조신고를 받지 아니한 항공기등 또는 장비

III. 개별 법률 분석

품·부품을 운항 또는 항공기등에 사용한 자

ㄴ. 제19조(수리·개조승인) ① 감항증명을 받은 항공기의 소유자등은 해당 항공기등 또는 장비품·부품을 국토교통부령으로 정하는 범위에서 수리하거나 개조하려면 국토교통부령으로 정하는 바에 따라 그 수리·개조가 기술기준에 적합한지에 관하여 국토교통부장관의 승인(이하 "수리·개조승인"이라 한다)을 받아야 한다.

3. 제20조 제3항을 위반하여 기술표준품에 대한 형식승인을 받지 아니한 기술표준품을 제작·판매하거나 항공기등에 사용한 자
4. 삭제
5. 제20조의2를 위반하여 부품등제작자증명을 받지 아니한 장비품 또는 부품을 제작·판매하거나 항공기등 또는 장비품에 사용한 자
6. 제22조를 위반하여 기술기준에 적합하다는 확인을 받지 아니한 항공기·장비품 또는 부품을 항공에 사용한 자

제161조의3(주류등의 섭취사용 등의 죄) 다음 각 호의 어느 하나에 해당하는 사람은 3년 이하의 징역 또는 3천만 원 이하의 벌금에 처한다.

1. 제47조 제1항(제24조 제9항에서 준용하는 경우를 포함한다)을 위반하여 주류등의 영향으로 항공업무(조종연습을 포함한다) 또는 객실승무원의 업무를 정상적으로 수행할 수 없는 상태에서 그 업무에 종사한 항공종사자(조종연습을 하는 자를 포함한다) 또는 객실승무원
2. 제47조 제2항(제24조 제9항에서 준용하는 경우를 포함한다)을 위반하여 주류등을 섭취하거나 사용한 항공종사자 또는 객실승무원
3. 제47조 제3항(제24조 제9항에서 준용하는 경우를 포함한다)을 위반하여 국토교통부장관의 측정에 응하지 아니한 항공종사자 또는 객실승무원

제162조(무표시 등의 죄) 제39조에 따른 표시를 하지 아니하거나 거짓

표시를 한 항공기를 항공에 사용한 소유자등은 1년 이하의 징역 또는 2천만 원 이하의 벌금에 처한다.

┗ 제39조(국적 등의 표시) ① 국적, 등록기호 및 소유자등의 성명 또는 명칭을 표시하지 아니한 항공기를 항공에 사용하여서는 아니 된다. 다만, 신규로 제작한 항공기 등 국토교통부령으로 정하는 항공기는 그러하지 아니하다.
② 제1항에 따른 국적 등의 표시에 관한 사항은 국토교통부령으로 정한다.

제164조(무자격자의 항공업무 종사 등의 죄) 다음 각 호의 어느 하나에 해당하는 사람은 2년 이하의 징역 또는 1천만 원 이하의 벌금에 처한다.

1. 제25조를 위반하여 자격증명을 받지 아니하고 항공업무에 종사한 사람

   ┗ 항공업무에 종사하려는 사람 또는 경량항공기를 사용하여 비행하려는 사람을 말한다.

2. 제33조에 따른 업무정지명령을 위반하거나 별표에 따른 업무범위를 위반하여 항공업무에 종사한 항공종사자(조종연습을 하는 사람을 포함한다)

제172조(초경량비행장치 불법 사용 등의 죄) ① 제23조 제1항 또는 제23조의2를 위반하여 초경량비행장치의 신고, 변경신고 또는 이전신고를 하지 아니하고 비행을 한 자는 6개월 이하의 징역 또는 500만 원 이하의 벌금에 처한다.

③ 제23조 제3항에 따른 초경량비행장치 조종자증명을 받지 아니하고 같은 조 제4항에 따른 비행안전을 위한 기술상의 기준에 적합하다는 안전성인증을 받지 아니한 초경량비행장치에 영리를 목적으로 타인을 탑승시켜 비행을 한 사람은 1년 이하의 징역 또는 1천만 원 이하의 벌금에 처한다.

④ 제23조 제5항을 위반하여 초경량비행장치를 영리목적으로 사용한 자는 6개월 이하의 징역 또는 500만 원 이하의 벌금에 처한다.

III. 개별 법률 분석

　제172조의2(경량항공기 불법사용 등의 죄) ① 제24조 제2항에 따른 안전성인증을 받지 아니한 경량항공기를 사용하여 비행을 한 자 또는 비행을 하게 한 자는 1년 이하의 징역 또는 1천만 원 이하의 벌금에 처한다.
　② 제24조 제7항을 위반하여 경량항공기를 영리목적으로 사용한 자는 1년 이하의 징역 또는 1천만 원 이하의 벌금에 처한다.
　③ 다음 각 호의 어느 하나에 해당하는 사람은 300만 원 이하의 벌금에 처한다.
　　1. 제24조 제9항에 따라 준용되는 제38조의2 제2항을 위반하여 통제공역에서 비행한 사람
　　2. 제53조 제2항을 위반하여 경량항공기를 사용하여 이착륙 장소가 아닌 곳에서 이륙하거나 착륙한 사람
　　3. 제75조의2 제4항에 따라 사용이 중지된 이착륙장에서 이륙하거나 착륙한 사람
　④ 제24조 제9항에 따라 준용되는 제39조 제1항을 위반하여 등록기호를 표시하지 아니하거나 거짓으로 표시한 경량항공기를 항공에 사용한 자 또는 그 경량항공기의 소유자는 6개월 이하의 징역 또는 500만 원 이하의 벌금에 처한다.
　⑤ 제25조 제1항을 위반하여 제26조에 따른 경량항공기 조종사자격증명을 받지 아니하고 경량항공기를 사용하여 비행한 사람은 6개월 이하의 징역 또는 500만 원 이하의 벌금에 처한다.

　제182조(과태료) 다음 각 호의 어느 하아에 해당하는 자에게는 500만 원 이하의 과태료를 부과한다.

공익신고 포상금(보상금) 3

1. 제23조 제4항을 위반하여 초경량비행장치의 비행안전을 위한 기술상의 기준에 적합하다는 안전성인증을 받지 아니하고 비행한 사람(제172조 제3항이 적용되는 경우는 제외한다)

2. 제23조 제5항 각 호 외의 부분 단서를 위반하여 보험에 가입하지 아니하고 같은 항 각 호의 어느 하나에 해당하는 사용을 한 자

   ㄴ 제23조(초경량비행장치 등) ⑤ 초경량비행장치를 소유하거나 사용할 수 있는 권리가 있는 자는 초경량비행장치를 영리목적으로 사용하여서는 아니 된다. 다만, 다음 각 호의 어느 하나에 해당하는 사용을 위하여 국토교통부령으로 정하는 보험 또는 공제에 가입한 경우에는 그러하지 아니하다.
   1. 항공기대여업에의 사용
   2. 초경량비행장치사용사업에의 사용
   3. 항공레저스포츠사업에의 사용

3. 제24조 제5항을 위반하여 보험에 가입하지 아니하고 경량항공기를 사용하여 비행한 자

   ㄴ 경량항공기소유자등은 그 경량항공기의 비행으로 다른 사람이 사망하거나 부상한 경우에 피해자(피해자가 사망한 경우에는 손해배상을 받을 권리를 가진 자를 말한다)에 대한 보상을 위하여 제2항에 따른 안전성인증을 받기 전까지 국토교통부령으로 정하는 보험이나 공제에 가입하여야 한다(제24조 제5항).

7. 제60조 제1항에 따른 검사를 받지 아니한 포장 및 용기를 판매한 자

   ㄴ 제60조(위험물 포장 및 용기의 검사 등) ① 위험물의 운송에 사용되는 포장 및 용기를 제조·수입하여 판매하려는 자는 그 포장 및 용기의 안전성에 대하여 국토교통부장관이 실시하는 검사를 받아야 한다.

제167장 항공보안법

「항공보안법」은 국제민간항공협약 등 국제협약에 따라 공항시설, 항행안전시설 및 항공기 내에서의 불법행위를 방지하고 민간항공의 보안을 확보하기 위한 기준·절차 및 의무사항 등을 규정한다. 이 법의 주관부처는 국토교통부(항공보안과)이다.

이 법은 제39조부터 제50조의2까지에서 벌칙을, 제51조에서 과태료에 관한 규정을 두었는바, 형벌은 대부분 「형법」에서 규정하는 범죄의 가중형을 규정하였다. 과태료의 규정은 소개를 생략한다.

제168장 항로표지법

「항로표지법」은 항로표지(航路標識)를 설치하고, 이를 합리적이고 능률적으로 관리하여 해상교통의 안전을 도모함으로써 선박운항의 능률성을 향상시키는 것을 목적으로 한다. 이 법의 주관부처는 해양수산부(해사안전시설과)이다. 이 법을 위반하는 행위 중에는 공익신고의 대상으로 삼을만한 벌칙이나 과태료의 규정이 없으므로 모두 소개를 생략한다.

III. 개별 법률 분석

제169장 항만법

제1절 법률의 이해

「항만법」은 항만의 지정·개발·관리·사용 및 재개발에 관한 사항을 정함으로써 항만과 그 주변지역의 개발을 촉진하고 효율적으로 관리·운영하는 것 등을 목적으로 한다. 이 법의 주관부처는 해양수산부(항만정책과)이다.

이 법의 적용을 받는 항만은 무역항과 연안항으로 구분된다(시행령 별표1). 무역항은 경인항·인천항·서울항·평택당진항·대산항·태안항·보령항·장항항·군산항·목포항·완도항·여수항·광양항·하동항·삼천포항·통영항·장승포항·옥포항·고현항·마산항·진해항·부산항·울산항·포항항·호산항·삼척항·동해묵호항·옥계항·속초항·제주항·서귀포항을 말한다.

연안항은 용기포항·연평도항·대천항·비인항·상왕등도항·송공항·홍도항·흑산도항·가거항리항·진도항·땅끝항·화흥포항·신마항·녹동신항·거문도항·나로도항·국도항·중화항·부산남항·구룡포항·강구항·후포항·울릉항·주문진항·추자항·애월항·한림항·화순항·성산포항을 말한다.

제2절 법령의 규정

제95조(벌칙) 정당한 사유 없이 항만시설의 구조 또는 위치를 변경하

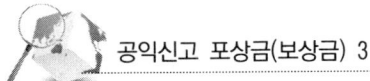
공익신고 포상금(보상금) 3

거나 항만시설을 훼손하여 항만의 효용을 떨어뜨리거나 선박의 입항·출항에 위해를 발생시킨 자는 5년 이하의 징역이나 3천만 원 이하의 벌금에 처한다.

제96조(벌칙) 다음 각 호의 어느 하나에 해당하는 자는 3년 이하의 징역 또는 3천만 원 이하의 벌금에 처한다.

1. 거짓이나 그 밖의 부정한 방법으로 제9조 제2항 본문에 따른 허가를 받은 자

   ㄴ. 제9조(항만공사의 시행자 등) ② 해양수산부장관이 아닌 자(이하 "비관리청"이라 한다)가 항만공사를 시행하려는 경우에는 대통령령으로 정하는 바에 따라 항만공사계획을 작성하여 해양수산부장관의 허가를 받아야 한다. 다만, 제15조 제1항 단서에 따라 국가에 귀속되지 아니하는 항만시설의 유지·보수 공사는 그러하지 아니하다.

2. 거짓이나 그 밖의 부정한 방법으로 제59조 제1항(제46조의2에서 준용하는 경우를 포함한다)에 따른 사업시행자의 지정을 받은 자
3. 거짓이나 그 밖의 부정한 방법으로 제60조 제1항에 따른 재개발사업실시계획(제46조의2에서 준용하는 경우에는 2종 항만배후단지개발사업실시계획을 말한다. 이하 같다)의 승인을 받은 자
4. 항만배후단지 또는 사업구역에서 제84조 제1항에 따른 허가를 받지 아니하고 건축물의 건축 등의 행위를 한 자

제97조(벌칙) 다음 각 호의 어느 하나에 해당하는 자는 2년 이하의 징역 또는 2천만 원 이하의 벌금에 처한다.

1. 제9조 제2항 본문에 따른 허가를 받지 아니하고 항만공사를 시행한 자
2. 제10조 제2항에 따른 항만공사실시계획의 승인을 받지 아니하거나 같은 조 제4항에 따른 신고를 하지 아니하고 항만공사를 시행한 자

III. 개별 법률 분석

3. 제22조에 따른 항만에서의 금지행위를 한 자
   ┗ 제22조(금지행위) 누구든지 정당한 사유 없이 항만에서 다음 각 호의 행위를 하여서는 아니 된다.
   1. 유독물이나 동물의 사체를 버리는 행위
   2. 다량의 토석(土石)이나 쓰레기를 버리는 등 항만의 깊이에 영향을 줄 우려가 있는 행위
   3. 그 밖에 항만의 보전 또는 그 사용에 지장을 줄 우려가 있는 행위로서 대통령령으로 정하는 행위

4. 제30조 제1항에 따른 허가를 받지 아니하고 항만시설을 사용한 자
   ┗ 다음에 있는 제5호 참조

5. 거짓이나 그 밖의 부정한 방법으로 제30조 제1항에 따른 허가를 받거나 제32조 제1항에 따른 등록을 한 자
   ┗ 제30조(항만시설의 사용 및 사용료 등) ① 항만시설(항로표지는 제외한다. 이하 이 조에서 같다)을 사용하려는 자는 대통령령으로 정하는 바에 따라 해양수산부장관의 허가를 받거나 해양수산부장관 또는 해양수산부장관으로부터 항만시설의 운영을 위임 또는 위탁받은 자(이하 "항만시설운영자"라 한다)와 임대계약을 체결하거나 해당 임대계약을 체결한 자(이하 "임대계약자"라 한다)의 승낙을 받아 항만시설을 사용할 수 있다.
   ┗ 제32조(예선업의 등록 등) ① 항만에서 입항·출항을 보조하기 위한 예선업무(曳船業務)를 하는 사업(이하 "예선업"이라 한다)을 하려는 자는 해양수산부장관에게 등록하여야 한다.

6. 제32조 제1항에 따른 등록을 하지 아니하고 예선업을 한 자

7. 제60조 제1항(제46조의2에서 준용하는 경우를 포함한다)에 따른 재개발사업실시계획의 승인을 받지 아니하고 사업을 시행한 자
   ┗ 제60조(항만재개발사업실시계획 승인 등) ① 사업시행자가 항만재개발사업을 시행하려는 경우에는 대통령령으로 정하는 바에 따라 항만재개발사업시행계획을 작성하여 해양수산부장관의 승인을 받아야 한다. 승인을 받은 재개발사업실시계획을 변경하려는 경우에도 또한 같다. 다만, 대통령령으로 정하는 경미한 사항을 변경하는 경우에는 그러하지 아니하다.
      ┗ "대통령령으로 정하는 경미한 사항"이란 다음 각 호의 사항을 말한다(시행령 제65조 제1항).
         1. 사업시행자의 성명·명칭 또는 주소

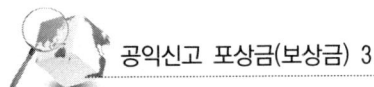

2. 사업시행지역의 변동이 없는 범위에서 측량 착오 등에 따른 시행면적의 정정이 필요한 사항
3. 「국토의 계획 및 이용에 관한 법률」 제2조 제4호에 따른 도시·군관리계획에서 결정된 사항

8. 정당한 사유 없이 제76조에 따른 해양수산부장관의 행위 또는 처분을 거부하거나 방해한 자

제98조(벌칙) 다음 각 호의 어느 하나에 해당하는 자는 1년 이하의 징역 또는 1천만 원 이하의 벌금에 처한다.

1. 제12조 제5항 단서와 제61조 제5항 단서(제46조의2에서 준용하는 경우를 포함한다)에 따른 사용신고를 하지 아니하고 조성되거나 설치된 토지 또는 시설을 사용한 자

ㄴ. 제12조(항만공사의 준공) ⑤ 누구든지 제1항에 따른 공사완료의 공고 전이나 제3항에 따른 준공확인증명서를 받기 전에는 항만공사로 조성되거나 설치된 토지 또는 항만시설을 사용할 수 없다. 다만, 해양수산부령으로 정하는 바에 따라 해양수산부장관에게 준공 전 사용신고를 한 경우에는 그러하지 아니하다.

ㄴ. 제61조(준공확인) ⑤ 누구든지 제2항에 따른 준공확인증명서를 받기 전에는 항만재개발사업으로 조성되거나 설치된 토지 또는 시설을 사용하여서는 아니 된다. 다만, 대통령령으로 정하는 바에 따라 해양수산부장관에게 준공 전 사용신고를 한 경우에는 그러하지 아니하다.

2. 제37조 제1항을 위반하여 정당한 사유 없이 예선의 사용 요청을 거절한 자

ㄴ. 제37조(예선업자의 준수사항) ① 예선업자는 다음 각 호의 어느 하나에 해당하는 경우 외에는 예선의 사용요청을 거절하여서는 아니 된다.
   1. 다른 법령에 따라 선박의 운항이 제한된 경우
   2. 천재지변이나 그 밖의 불가항력적인 사유로 예선업무의 수행이 매우 어려운 경우
   3. 제40조에 따른 예선운영협의회에서 정하는 정당한 사유가 있는 경우

III. 개별 법률 분석

3. 제38조 제1항 및 제2항에 따른 예선 사용의무를 위반한 자 또는 예선 사용기준에 미치지 못하는 예선을 사용한 자

   ㄴ 제38조(예선사용의무) ① 해양수산부장관은 항만시설을 보호하고 선박의 안전을 확보하기 위하여 필요하다고 인정되면 해양수산부장관이 정하여 고시하는 일정 규모 이상의 이동선박에 대하여 예선 사용의무를 명할 수 있다.
   ② 해양수산부장관은 제1항에 따라 예선 사용의무를 명령받은 선박이 그 규모에 맞는 예선을 사용하게 하기 위하여 예선 사용기준을 정하여 고시할 수 있다.

4. 제71조 제1항 및 제72조에 따른 공사의 중지·변경, 시설물 또는 물건의 개축·변경·이전·제거·원상회복 또는 시설·장비 사용중지, 그 밖에 필요한 처분이나 조치명령을 위반한 자
5. 제91조 제5항에 따른 보고 또는 자료의 제출요청에 대하여 거짓으로 보고 또는 자료제출을 한 자

제99조(양벌규정) 제95조부터 제98조까지 해당

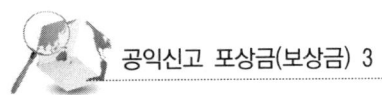
공익신고 포상금(보상금) 3

제170장 항만운송사업법

제1절 법률의 이해

「항만운송사업법」은 항만운송에 관한 질서를 확립하고, 항만운송사업의 건전한 발전을 도모하는 것을 목적으로 한다. 이 법의 주관부처는 해양수산부(항만운영과)이다. "항만운송"의 정의는 법 제2조 제1항에서 규정하였다.

제2절 법령의 규정

제30조(벌칙) 다음 각 호의 어느 하나에 해당하는 자는 1년 이하의 징역 또는 1천만 원 이하의 벌금에 처한다.
 1. 제4조 제1항에 따른 등록을 하지 아니하고 항만운송사업을 한 자
 2. 제26조의3 제1항에 따른 등록 또는 신고를 하지 아니하고 항만운송관련사업을 한 자

제31조(벌칙) 다음 각 호의 어느 하나에 해당하는 자는 500만 원 이하의 벌금에 처한다.
 1. 제4조 또는 제26조의3에 따라 등록 또는 신고한 사항을 위반하여 항만운송사업 또는 항만운송관련사업을 한 자
 2. 제27조의2에 따른 신고를 하지 아니하고 일시적 영업행위를 한 자
  ㄴ. 제27조의2(미등록 항만에서의 일시적 영업행위) ① 항만운송사업자 또는 항만운송관련사업자는 대통령령으로 정하는 부득이한 사유로 등록을 하지 아니한 항만에서 일시적으로 영업

III. 개별 법률 분석

행위를 하려는 경우에는 미리 그 항만을 관리하는 지방해양항만청장에게 신고하여야 한다.

제32조(벌칙) 다음 각 호의 어느 하나에 해당하는 자는 300만 원 이하의 벌금에 처한다.

1. 제7조에 따른 등록을 하지 아니하고 검수·감정 또는 검량업무에 종사한 자
1의2. 거짓이나 그 밖의 부정한 방법으로 제7조에 따른 검수사 등의 자격시험에 합격한 사람
1의3. 제8조의2를 위반하여 다른 사람에게 자기의 성명을 사용하여 검수사등의 업무를 하게 하거나 검수사등의 자격증을 양도·대여한 사람 또는 다른 사람의 검수사등의 자격증을 양수·대여받은 사람
2. 제10조 제1항부터 제3항까지의 규정을 위반하여 인가나 변경인가를 받지 아니한 자 또는 신고나 변경신고를 하지 아니하거나 거짓으로 신고를 한 자
  ㄴ. 제10조(운임 및 요금) ① 항만하역사업의 등록을 한 자는 해양수산부령으로 정하는 바에 따라 운임과 요금을 정하여 해양수산부장관의 인가를 받아야 한다. 이를 변경할 때에도 또한 같다.
  ② 제1항에도 불구하고 해양수산부령으로 정하는 항만시설에서 하역하는 화물 또는 해양수산부령으로 정하는 품목에 해당하는 화물에 대하여는 해양수산부령으로 정하는 바에 따라 그 운임과 요금을 정하여 해양수산부장관에게 신고하여야 한다. 이를 변경할 때에도 또한 같다.
  ③ 검수사업·감정사업 또는 검량사업(이하 "검수사업등"이라 한다)의 등록을 한 자는 해양수산부령으로 정하는 바에 따라 요금을 정하여 해양수산부장관에게 미리 신고하여야 한다. 이를 변경할 때에도 또한 같다.

3. 제26조 또는 제26조의5에 따른 사업정지처분을 위반한 자
  ㄴ. 항만운송사업자에 대한 사업정지처분을 말한다.

제33조(양벌규정) 제30조부터 제32조까지 해당

제27조의6(과징금) ① 해양수산부장관은 항만운송사업자 또는 항만운송관련사업자가 제26조 제1항 또는 제26조의5 제1항 각 호의 어느 하나에 해당하여 사업정지처분을 하여야 하는 경우로서 그 사업의 정지가 그 사업의 이용자 등에게 심한 불편을 주거나 공익을 해칠 우려가 있는 경우에는 사업정지처분을 갈음하여 500만 원 이하의 과징금을 부과할 수 있다.

III. 개별 법률 분석

제171장 해양생태계의 보전 및 관리에 관한 법률

제1절 법률의 이해

이 법은 해양생태계를 인위적인 훼손으로부터 보호하고, 해양생물다양성을 보전하며 해양생물자원의 지속가능한 이용을 도모하는 등 해양생태계를 종합적이고 체계적으로 보전·관리하는 것 등을 목적으로 한다. 이 법의 주관부처는 해양수산부(해양생태과)이다.

제2절 법령의 규정

제61조(벌칙) 다음 각 호의 어느 하나에 해당하는 자는 3년 이하의 징역 또는 2천만 원 이하의 벌금에 처한다.

1. 제16조 제3항의 규정에 의한 금지·제한을 위반하여 <u>해양포유동물[95]</u>을 포획한 자

   ㄴ 제16조(회유성해양동물 등의 보호) ③ 해양수산부장관·관계 중앙행정기관의 장 또는 지방자치단체의 장은 <u>회유성해양동물[96]</u> 및 하양포유동물의 산란·번식환경을 보전·관리하기

---

[95] ★ 해양포유동물 : 시행규칙 제3조 별표2에서 규정하는 해양포유동물은 북방긴수염고래·귀신고래·흑등고래·밍크고래·브라이드고래·보리고래·참고래·대왕고래·향고래·꼬마향고래·쇠향고래·민부리고래·큰부리고래·은행이빨부리고래·큰이빨부리고래·흑부리고래·뱀머리돌고래·큰돌고래·점박이돌고래·긴부리돌고래·줄박이돌고래·짧은부리참돌고래·긴부리참돌고래·낫돌고래·큰머리돌고래·고추돌고래·고양이고래·들고양이고래·흑범고래·범고래·들쇠고래·상괭이·쇠돌고래·까치돌고래·남방큰돌고래, 물개·바다사자·큰바다사자, 점박이물범·고리무늬물범 및 띠무늬물범을 말한다.

[96] ★ 회유성해양동물 : 산란·먹이활동·번식 등을 위하여 무리를 지어 이동하는

공익신고 포상금(보상금) 3

위하여 포획을 금지하거나 제한할 수 있다.

ㄴ 〔제16조 제3항의 규정에 의한 포획의 금지나 제한을 위반하여 해양포유동물을 포획한 경우에는 제61조 제1호에 의하여 3년 이하의 징역 또는 2천만 원 이하의 벌금에 처하며, 회귀성해양동물을 포획한 자는 제65조 제2항 제2호의 규정에 의하여 200만 원 이하의 과태료의 부과 처분을 받게 됩니다.

제16조 제3항의 규정에 의하면 이들 해양동물에 대한 포획·채취행위를 금지하도록 명령할 수 있는 주체는 해양수산부장관, 관계 중앙행정기관의 장 및 지방자치단체의 장으로서 그 금지나 제한을 명하는 주체가 다양합니다. 그렇다면 위 해양동물을 포획·채취하려는 사람으로서는 누가, 언제, 어느 지역을 대상으로 어떤 종류의 해양동물에 대하여 포획을 금지나 제한하였는지를 알기 어렵습니다. 법률이 국민에게 어떤 제재를 가하려면 그 금지나 제한되는 행위를 미리 알려 주어야 합니다. 시행령과 시행규칙에서는 이와 관련하여서는 아무런 규정을 두지 않았습니다. 혹시 다른 방법으로 고시(告示)를 하였더라도 그 고시는 하지 아니한 것과 같게 됩니다.

가정을 해보자면 포획이 금지된 위 해양동물을 포획하였다가 적발된 사람으로서는 그 금지나 제한에 관한 내용을 알지 못하였다고 변명하는 경우에도 형사처벌이나 과태료의 처분을 면할 수 있게 됩니다. 불완전한 규정임을 알 수 있습니다. 제16조 제3항의 규정은 그 금지나 제한을 어떤 방법으로 국민에게 알리는지에 관하여 보완을 하기 전에는 실효를 거둘 수 없는 규정이라고 해석되므로, 편저자가 해양수산부장관에게 동 조항의 보완을 촉구하는 의미의 제안을 하였습니다.〕

2. 제20조 제1항의 규정을 위반하여 보호대상해양생물을 포획·채취·훼손한 자 또는 보호대상해양생물을 포획하거나 훼손하기 위하여 폭발물·그물·함정어구를 설치하거나 유독물·전류를 사용한 자

ㄴ 시행규칙 별표3에서 규정하는 보호대상해양생물의 종류는 다음 각 호와 같다.
   1. 포유류 : 흑등고래·북방긴수염고래·귀신고래·브라이드고래·보리고래·참고래·대왕고래·향고래·남방큰돌고래, 바다사자·큰바다사자, 물개, 점박이물범·고리무늬물범·띠무늬물범
   2. 무척추동물 : 나팔고둥, 남방방게, 갯게, 검붉은수지맨드라미, 깃산호, 대추귀고둥, 둔한진총산호, 망상맵시산호, 밤수리맨드라미, 별혹산호, 붉은발말똥게, 선침거미불가사리, 연수지맨드라미, 유착나무돌산호, 의염통성게, 자색수지맨드라미, 잔가지나무돌산

동물로서 참게·동남참게, 뱀장어 및 연어를 말한다(시행규칙 별표1).

III. 개별 법률 분석

호, 장수상갓조개, 금빛나팔돌산호, 착생깃산호, 측맵시산호, 해송, 희수지맨드라미, 기수갈고동
3. 해조류 : 삼나무말 · 거머리말 · 포기거머리말 · 수거머리말 · 왕거머리말 · 새우말 · 게바다말
4. 파충류 : 푸른바다거북 · 붉은바다거북 · 매부리바다거북 · 장수거북
5. 어류 : 가시해마 · 복해마

제62조(벌칙) 다음 각 호의 어느 하나에 해당하는 자는 2년 이하의 징역 또는 1천만 원 이하의 벌금에 처한다.

1. 제20조 제1항의 규정을 위반하여 보호대상해양생물을 이식 · 가공 · 유통 또는 보관한 자

  ↳ 제20조(보호대상해양생물의 포획 · 채취 등 금지) ① 누구든지 보호대상해양생물을 포획 · 채취 · 이식 · 가공 · 유통 · 보관(가공 · 유통 · 보관의 경우에는 죽은 것을 포함한다) · 훼손(이하 "포획 · 채취등"이라 한다)하여서는 아니 되며, 포획하거나 훼손하기 위하여 폭발물 · 그물 · 함정어구를 설치하거나 유독물 · 전류를 사용하여서는 아니 된다. 다만, 다음 각 호의 어느 하나에 해당하는 경우로서 해양수산부장관의 허가를 받은 경우에는 보호대상해양생물의 포획 · 채취 등을 할 수 있다.
    1. 학술연구 또는 보호대상해양생물의 도호 · 증식 및 복원의 목적으로 사용하고자 하는 경우
    2. 제43조의 규정에 의하여 설치된 해양생태계보전이용시설에서 관람용 · 전시용으로 사용하고자 하는 경우
    3. 양식어업 또는 수산물의 피해를 방지하기 위하여 필요한 경우
    4. 「공익사업을 위한 토지 등의 취득 및 보상에 관한 법률」제4조의 규정에 의한 공익사업의 시행 또는 법령의 규정에 의한 인가 · 허가 또는 승인 등(이하 "인 · 허가등"이라 한다)을 받은 사업의 시행을 위하여 보호대상해양생물을 이동 또는 이식하여 보전하는 것이 불가피한 경우
    5. 대통령령이 정하는 바에 따라 인공증식한 것을 수출 · 수입 · 반출 또는 반입하는 경우
      ↳ "대통령령이 정하는 바에 따라 인공증식한 것"이라 함은 법 제20조 제1항 제1호에 따른 목적으로 포획 · 채취 등의 허가를 받아 인공증식한 것을 수출 · 수입 · 반출 또는 반입하기 위하여 다시 인공증식한 것으로서 해양수산부령으로 정하는 바에 따라 해양수산부장관의 인공증식명령을 받은 것을 말한다(시행령 제10조 제1항).

공익신고 포상금(보상금) 3

   6. 그 밖에 보호대상해양생물의 보호에 지장을 주지 아니하는 범위 안에서 해양수산부령이 정하는 경우
      ↳ "해양수산부령으로 정하는 경우"란 보호대상해양생물로 인한 인명 또는 수산물의 피해를 방지하기 위하여 해당 보호대상해양생물을 이동시키거나 이식하여 보호하는 것이 필요한 경우를 말한다(시행규칙 제19조).

2. 제23조 제1항의 규정을 위반하여 해양생태계교란생물을 <u>해양생태계[97)</u>에 유입시키거나 서식지 및 개체수를 증가시킨 자
   ↳ 제23조(해양생태계교란생물의 관리) ① 누구든지 해양생태계교란생물을 해양생태계에 유입시키거나 서식지 및 개체수를 증가시켜서는 아니 된다.
   ↳ 제2조(정의) 이 법에서 사용하는 용어의 정의는 다음과 같다.
      12. "해양생태계교란생물"이라 함은 다음 각 목의 어느 하나에 해당하는 생물로서 해양수산부령이 정하는 종(種)을 말한다.
         가. 외국으로부터 인위적 또는 자연적으로 유입되어 해양생태계의 균형에 교란을 가져오거나 가져올 우려가 있는 해양생물
         나. 유전자의 변형을 통하여 생산된 유전자변형생물체 중 해양생태계의 균형에 교란을 가져오거나 가져올 우려가 있는 해양생물
   ↳ [법 제2조 제12호에서는 해양생태계교란생물로서 "해양수산부령이 정하는 종"을 규정하였으나, 시행규칙은 그 "종"이 무엇을 말하는지 아무런 규정도 두지 않았습니다. 그 이유를 추정해보면 그러한 종이 존재하지 않거나 시행규칙이 입법(立法)을 누락한 것입니다. 그 이유가 무엇인지를 따질 것도 없이 법 제62조 제2호는 형벌법규로서는 효력이 없는 규정이 됩니다. 해양생태계교란생물의 종을 알 수 없기 때문입니다. 그리고 같은 조 제3호도 마찬가지로 효력을 발휘할 수 없는 규정입니다. 법 제23조는 그 전부(제1항부터 제3항까지)가 해양생태계교란생물이 존재하지 아니함에 따라 더불어 존재하지 아니하는 것과 같기 때문입니다. 이와 관련하여 편저자는 해양수산부장관에게 그 이유를 질문함과 아울러 시행규칙의 보완이 필요한지 여부를 검토해줄 것을 촉구하는 제안을 하였습니다.]

3. 제23조 제2항을 위반하여 허가받지 아니하고 해양생태계교란생물을 수입 또는 반입한 자

---

97) ★ 해양생태계 : 일정한 해역(海域)의 생물공동체와 이를 둘러싼 무기적(無機的) 또는 유기적 환경이 결합된 물질계 또는 기능계를 말한다.

III. 개별 법률 분석

　└. 위 제2호 참조

4. **해양생물보호구역 및 해양생태계보호구역**98)에서 제27조 제1항 제1호 내지 제5호의 규정을 위반하여 해양생물 또는 해양생태계를 훼손한 자
   └. 제27조(해양보호구역에서의 행위제한 등) ① 누구든지 해양보호구역에서는 다음 각 호의 하나에 해당하는 행위를 하여서는 아니 된다. 다만, 해양보호구역에 「자연공원법」에 의하여 지정된 공원구역 또는 「문화재보호법」에 의한 문화재(보호구역을 말한다)가 포함된 경우에는 「자연공원법」 또는 「문화재보호법」이 정하는 바에 의한다.
   　1. 해양보호구역에서 보호대상해양생물에 해당하지 아니하는 해양생물 중 해양수산부령이 정하는 해양생물을 포획·채취·이식·훼손하는 행위 또는 포획하거나 훼손하기 위하여 폭발물·그물·함정어구를 설치하거나 유독물·전류를 사용하는 행위
   　2. 건축물 그 밖에 공작물의 신축·증축행위(해양보호구역 지정 당시의 건축면적의 2배 이상 증축하는 경우에 한한다)
   　3. 공유수면의 구조를 변경하거나 해수의 수위 또는 수량에 증감을 가져오는 행위
   　4. 공유수면 또는 토지의 형질변경행위
   　5. 공유수면에서의 바다모래·규사 및 토석의 채취행위
   　③ 제1항 단서의 규정에 불구하고 제25조 제2항 제1호의 규정에 의한 해양생물보호구역에서는 해양생물에 대하여 제1항 제1호의 행위를 하여서는 아니 된다.

5. 제27조 제3항의 규정을 위반하여 해양생물보호구역에서 해양생물 또는 해양생태계를 훼손한 자
   └. 위 제4호 참조

6. 제30조의 규정에 의한 중지·원상회복 또는 조치명령을 위반한 자

---

98) ★ 해양생물보호구역·해양생태계보호구역 : 해양수산부장관은 해양보호구역을 지정할 수 있으며, 해양보호구역은 해양생물보호구역, 해양생태계보호구역 및 해양경관보호구역으로 세분된다. "해양보호구역"은 해양생물다양성이 풍부하여 생태적으로 중요하거나 해양경관 등 해양자산이 우수하여 특별히 보전할 가치가 큰 구역으로서 제25조의 규정에 의하여 해양수산부장관이 지정하는 구역을 말한다.

 공익신고 포상금(보상금) 3

ㄴ. 제30조(중지명령 등) 해양수산부장관 또는 시·도지사는 해양보호구역에서 제27조 제1항·제3항 및 제5항의 규정에 위반되는 행위를 한 자에 대하여 그 행위의 중지를 명하거나 상당한 기간을 정하여 원상회복을 명할 수 있다. 다만, 원상회복이 곤란한 경우에는 대체자연의 조성 등 이에 상응하는 조치를 하도록 명할 수 있다.

7. 제42조 제1항 제1호의 규정을 위반하여 허가받지 아니하고 해양동물을 외국으로부터 수입 또는 반입한 자
8. 제42조 제1항 제2호의 규정을 위반하여 허가받지 아니하고 보호대상해양생물을 수출·수입·반출 또는 반입한 자

제63조(벌칙) 다음 각 호의 어느 하나에 해당하는 자는 1년 이하의 징역 또는 500만 원 이하의 벌금에 처한다.
 1. 거짓 그 밖의 부정한 방법으로 제20조 제1항 단서의 규정에 의한 포획·채취등의 허가를 받은 자
 2. 제22조의 규정을 위반하여 보호대상해양생물의 멸종 또는 감소를 촉진하거나 확대를 유발할 수 있는 광고를 한 자
 3. 거짓 그 밖의 부정한 방법으로 제23조 제2항의 규정에 의한 수입 또는 반입의 허가를 받은 자
 4. 해양수산보호구역에서 제27조 제1항 제2호 내지 제5호의 규정을 위반하여 해양경관을 훼손한 자
  ㄴ. 제27조 제1항 제2호 내지 제5호의 규정은 제62조 제4호 참조
 5. 거짓 그 밖의 부정한 방법으로 제42조 제1항 제1호 내지 제3호의 규정에 의한 허가를 받은 자
 6. 제42조 제1항 제3호의 규정을 위반하여 허가받지 아니하고 해양수산부령이 정하는 종을 수출·수입·반출 또는 반입한 자

Ⅲ. 개별 법률 분석

제64조(양벌규정) 제61조부터 제63조 해당

제65조(과태료) ① 제36조 제5항(제27조 및 제30조의 규정과 관련된 것에 한한다)의 규정에 의한 시·도지사의 조치를 위반한 자는 1천만원 이하의 과태료에 처한다.

ㄴ. 시·도지사는 제25조 제2항 및 제3항, 제27조부터 제29조까지, 제34조 및 제35조에 준하여 당해 지방자치단체의 조례가 정하는 바에 의하여 해양생물의 포획·채취를 제한하는 등 시·도 해양보호구역의 보전에 필요한 조치를 할 수 있다.

법령의 정비에 관한 제안

1. 제목 : 「해양생태계의 보전 및 관리에 관한 법률」 및 「법 시행규칙」의 개정 제안

2. 관계 행정기관의 명칭 : 해양수산부

3. 현황 및 문제점과 개선 방안

   가. 법 제16조 제3항 관련

   1) 법률의 규정

제61조(벌칙) 다음 각 호의 어느 하나에 해당하는 자는 3년 이하의

징역 또는 2천만 원 이하의 벌금에 처한다.
1. 제16조 제3항의 규정에 의한 금지·제한을 위반하여 해양포유동물을 포획한 자

제65조(과태료) ② 다음 각 호의 어느 하나에 해당하는 자는 200만 원 이하의 과태료에 처한다.
  2. 제16조 제3항의 규정에 의한 금지·제한을 위반하여 회유성 해양동물을 포획한 자

제16조(회유성해양동물 등의 보호) ③ 해양수산부장관·관계 중앙행정기관의 장 또는 지방자치단체의 장은 회유성해양동물 및 해양포유동물의 산란·번식환경을 보전·관리하기 위하여 포획을 금지하거나 제한할 수 있다.

  2) 문제점 및 개선 방안

위 규정들을 종합하면 제16조 제3항의 규정에 의한 포획의 금지나 제한을 위반하여 해양포유동물을 포획한 경우에는 제61조 제1호에 의하여 3년 이하의 징역 또는 2천만 원 이하의 벌금에 처하며, 회귀성해양동물을 포획한 자는 제65조 제2항 제2호의 규정에 의하여 200만 원 이하의 과태료 처분을 받게 됩니다.
제16조 제3항의 규정에 의하면 이들 해양동물에 대한 포획·채취 행위를 금지하도록 명령할 수 있는 주체는 해양수산부장관, 관계 중앙행정기관의 장 및 지방자치단체의 장이므로, 그 금지나 제한을 명

하는 주체가 다양합니다. 그렇다면 위 해양동물을 포획·채취하려는 사람으로서는 누가, 언제, 어느 지역을 대상으로 어떤 종류의 해양동물에 대하여 포획을 금지나 제한하였고, 그 내용은 어떤 방법으로 고지·고시하고 있는지를 알기 어렵습니다.

법률이 국민에게 어떤 행위의 금지나 제한을 명하고, 이를 위반한 경우에 일정한 제재를 가하기 위해서는 그 금지나 제한을 누구나 알 수 있도록 법령으로 정하거나 법령의 위임을 받은 자가 고시하여 널리 알려야 할 것입니다.

현행 법률의 위 규정에 의하여 금지나 제한을 위반한 사람을 적발하더라도 그 위반행위자에게 형사상 책임은 물론 과태료에 관한 책임도 물을 수 없다고 해야 합니다. 일반 국민으로서는 누가 어떤 제한이나 금지를 어떤 방법으로 국민에게 알렸는지를 알 수 없기 때문입니다. 따라서 법률이 그 금지행위 및 제한하는 행위를 알리는 방법을 법률이 직접 규정하거나 하위법령에 위임하여 그 구체적인 내용을 규정함이 마땅하다고 생각합니다.

나. 법 시행규칙 관련

1) "해양생태계교란생물"에 관한 법률의 정의(법 제2조 제12호)

제62조(벌칙) 다음 각 호의 어느 하나에 해당하는 자는 2년 이하의 징역 또는 1천만 원 이하의 벌금에 처한다.
2. 제23조 제1항의 규정을 위반하여 해양생태계교란생물을 해양생태계에 유입시키거나 서식지 및 개체수를 증가시킨 자

3. 제23조 제2항을 위반하여 허가받지 아니하고 해양생태계교란생물을 수입 또는 반입한 자

제23조(해양생태계교란생물의 관리) ① 누구든지 해양생태계교란생물을 해양생태계에 유입시키거나 서식지 및 개체수를 증가시켜서는 아니 된다.

② 해양생태계교란생물을 수입 또는 반입하고자 하는 자는 해양수산부령이 정하는 바에 따라 해양수산부장관의 허가를 받아야 한다. 다만, 해양생태계교란생물 중 「유전자변형생물체의 국가간 이동 등에 관한 법률」 제2조의 규정에 의한 유전자변형생물체는 그 법이 정하는 바에 따른다.

제2조(정의) 이 법에서 사용하는 용어의 정의는 다음과 같다.
12. "해양생태계교란생물"이라 함은 다음 각 목의 어느 하나에 해당하는 생물로서 해양수산부령이 정하는 종을 말한다.
    가. 외국으로부터 인위적 또는 자연적으로 유입되어 해양생태계의 균형에 교란을 가져오거나 가져올 우려가 있는 해양생물
    나. 유전자의 변형을 통하여 생산된 유전자변형생물체 중 해양생태계의 균형에 교란을 가져오거나 가져올 우려가 있는 해양생물

2) 문제점 및 개선 방안

III. 개별 법률 분석

위 규정들을 종합해보면 법 제23조 제1항이나 제2항(단서는 제외함)을 위반한 자는 2년 이하의 징역 또는 1천만 원 이하의 벌금형으로 다스려집니다.

법 제23조 제1항 또는 제2항을 위반하는 행위가 어떤 행위인가를 알기 위해서는 필연적으로 "해양생태계교란생물"은 무엇을 말하는지를 알아보기 위하여 법 제2조 제12호를 검토해야 합니다. 법 제2조 제12호에서는 해양생태계교란생물은 "해양수산부령이 정하는 종(種)"이라고 하였으므로, 해양수산부령인 법 시행규칙을 살펴보았지만 법 시행규칙에서는 해양생태계교란생물의 종에 관하여는 아무런 언급도 하지 않았습니다.

결국 법 제23조 제1항 및 제2항의 규정을 위반하는 자를 처벌하겠다고 하는 법 제62조 제2호 및 제3호는 존재하지도 아니하는 해양생태계교란생물을 대상으로 어떤 행위를 한 자를 처벌하겠다는 것이 됩니다.

만약 법 제2조 제12호에서 말하는 종(種)이 존재하지 않는다면 법 제23조 및 그와 관련한 형벌조항은 삭제되어야 할 것이며, 그러한 종이 존재할 뿐만 아니라 그와 관련하여 법 제23조 제1항 및 제2항과 같이 규정할 필요가 있다면 당장 시행규칙을 보완하여야 할 것으로 생각합니다.

4. 개선 후의 기대효과

법률이든 시행규칙이든 그 규정 하나하나는 매우 신중히 만들어져야 함은 재론의 여지가 없습니다. 그렇게 되어야만 국회와 정부는

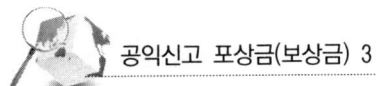

국민의 신뢰와 존경을 받을 수 있습니다. 또한 국민의 준법의식을 높이는 지름길이기도 합니다. 잘 검토하시어 신속히 정비하시면 좋겠습니다. 감사합니다.

Ⅲ. 개별 법률 분석

제172장 해양심층수의 개발 및 관리에 관한 법률

이 법은 미래세대와 공공의 이익을 위하여 국가가 해양심층수(海洋深層水)를 보전·관리하고 환경친화적으로 개발·이용하게 함으로써 국민의 건강과 삶에 기여함과 아울러 관련 산업의 육성·발전에 이바지하는 것을 목적으로 한다. 이 법의 주관부처는 해양수산부(해양개발과)이다.

"해양심층수"란 기본수준면(基本水準面)으로부터 200미터 아래의 바다에 존재하면서 수질의 안전성을 계속 유지할 수 있는 바닷물로서 이 법 제24조 제1항에서 정한 수질기준에 적합한 것을 말한다. 이 법은 제54조부터 제57조까지에서는 벌칙을, 제58조에서는 과태료를, 제45조에서는 과징금에 관한 사항을 각각 규정하였다. 하지만 이 법은 이 책에서 공익신고의 대상으로 취급하는 것이 적당하지 않다고 생각하여 소개를 생략한다.

제173장 해양환경관리법

제1절 법률의 이해

「해양환경관리법은 해양환경의 보전 및 관리에 관한 국민의 의무와 국가의 책무를 명확히 하고, 해양환경의 보전을 위한 기본사항을 정함으로써 해양환경의 훼손 또는 해양오염으로 인한 위해를 예방하는 것 등을 목적으로 한다. 이 법의 주관부처는 해양수산부(해양정책과)이다.

이 법에서 말하는 "해양환경"이란 해양에 서식하는 생물체와 이를 둘러싸고 있는 해양수(海洋水)·해양지(海洋地)·해양대기 등 비생물적 환경 및 해양에서의 인간의 행동양식을 포함하는 것으로서 해양의 자연 및 생활상태를 말한다.

제2절 법령의 규정

제126조(벌칙) 다음 각 호의 어느 하나에 해당하는 자는 5년 이하의 징역 또는 5천만 원 이하의 벌금에 처한다.
 1. 제22조 제1항 및 제2항의 규정을 위반하여 선박 또는 <u>해양시설[99]</u>로부터 기름을 배출한 자
 2. 제93조 제2항의 규정에 따른 명령에 위반한 자
  ㄴ. 제93조(사후관리) ② 처분기관은 해역이용사업자등이 제84조 제1항의 규정에 따른 해양수산

---

[99] ★ 해양시설 : 해역(「항만법」 제2조 제1호의 규정에 따른 항만을 포함한다)의 안 또는 해역과 육지 사이에 연속하여 설치·배치하거나 투입되는 시설 또는 구조물로서 시행규칙 별표1에서 규정하는 시설을 말한다.

III. 개별 법률 분석

부장관의 해역이용협의등에 대한 의견을 이행하고 있는지 여부를 확인하여야 하며, 해역이용사업자등이 이를 이행하지 아니하는 때에는 대통령령이 정하는 바에 따라 그 이행에 필요한 조치를 명령하여야 한다.

제127조(벌칙) 다음 각 호의 어느 하나에 해당하는 자는 3년 이하의 징역 또는 3천만 원 이하의 벌금에 처한다.

1. 제22조 제1항 및 제2항의 규정을 위반하여 선박 및 해양시설로부터 폐기물·유해액체물질·포장유해물질을 배출한 자

└ 제22조(오염물질의 배출금지 등) ① 누구든지 선박으로부터 오염물질을 해양에 배출하여서는 아니 된다. 다만, 다음 각 호의 경우에는 그러하지 아니하다.
  1. 다음 각 목의 구분에 따라 폐기물을 배출하는 경우
      가. 선박의 항해 및 정박 중 발생하는 폐기물을 배출하는 경우에는 해양수산부령이 정하는 해역에서 해양수산부령이 정하는 처리기준 및 방법에 따라 배출할 것
          └ 이와 관련한 사항은 「선박에서의 오염방지에 관한 규칙」 제8조에서 규정하였다.
      나. 해양수산부령이 정하는 폐기물을 「공유수면관리 및 매립에 관한 법률」 제28조 및 같은 법 제35조에 따라 매립하고자 하는 장소에 배출하고자 하는 경우에는 해양수산부령이 정하는 처리기준 및 방법에 따라 배출할 것
          └ 선박으로부터 공유수면을 매립하려는 장소에 배출할 수 있는 폐기물과 그 처리기준 및 방법은 시행규칙 제1˙조 제1항 별표3에서 규정하였다.
  2. 다음 각 목의 구분에 따라 기름을 배출하는 경우
      가. 선박에서 기름을 배출하는 경우에는 해양수산부령이 정하는 해역에서 해양수산부령이 정하는 배출시설 및 방법에 따라 배출할 것
          └ 이와 관련한 사항은 「선박에서의 오염방지에 관한 규칙」 제9조에서 규정하였다.
      나. 유조선에서 화물유가 섞인 밸러스트수[100], 화물창의 세정수(洗淨水) 및 선저폐수[101]를 배출하는 경우에는 해양수산부령이 정하는 해역에서 해양수산부령이 정하는 배출기준 및 방법에 따라 배출할 것
          └ 이와 관련한 사항은 「선박에서의 오염방지에 관한 규칙」 제10조 제1항에서 규정하였다.

---

100) ★ 밸러스트수 : 선박의 중심을 잡기 위하여 선박에 싣는 물. 평형수라고도 한다.
101) ★ 선저폐수(船底廢水) : 배의 밑바닥에 있는 더러운 물을 말한다.

다. 유조선에서 화물창의 밸러스트수를 배출하는 경우에는 해양수산부령이 정하는 세정도(洗淨度)에 적합하게 배출할 것
  ㄴ. 이와 관련한 사항은 「선박에서의 오염방지에 관한 규칙」 제10조 제2항에서 규정하였다.
3. 다음 각 목의 구분에 따라 유해액체물질을 배출하는 경우
  가. 유해액체물질을 배출하는 경우에는 해양수산부령이 정하는 해역에서 해양수산부령이 정하는 사전처리 및 배출방법에 따라 배출할 것
   ㄴ. 이와 관련한 사항은 「선박에서의 오염방지에 관한 규칙」 제11조에서 규정하였다.
  나. 해양수산부령이 정하는 유해액체물질의 산적운반(散積運搬)[102]에 이용되는 화물창(밸러스트수의 배출을 위한 설비를 포함한다)에서 세정된 밸러스트수를 배출하는 경우에는 해양수산부령이 정하는 정화방법에 따라 배출할 것
   ㄴ. 이와 관련한 사항은 「선박에서의 오염방지에 관한 규칙」 제12조에서 규정하였다.
② 누구든지 해양시설 또는 해수욕장·하구역 등 대통령령이 정하는 장소(이하 "해양공간"이라 한다)에서 발생하는 오염물질을 해양에 배출하여서는 아니 된다. 다만, 다음 각 호의 경우에는 그러하지 아니하다.
 1. 해양시설 및 해양공간(이하 "해양시설등"이라 한다)에서 발생하는 폐기물을 해양수산부령이 정하는 해역에서 해양수산부령이 정하는 처리기준 및 방법에 따라 배출하는 경우
  ㄴ. 법 제22조 제2항 제1호에 따라 해양시설 또는 영 제34조에 따른 해양공간에서 발생하는 폐기물은 제12조 제1항에서 정하는 방법에 따라 배출할 수 있다. 다만, 해양시설등의 일상생활에서 발생하는 폐기물의 해역별 배출기준은 별표4와 같다(시행규칙 제11조 제2항).
 2. 해양시설등에서 발생하는 기름 및 유해액체물질을 해양수산부령이 정하는 처리기준 및 방법에 따라 배출하는 경우
  ㄴ. 해양시설등에서 발생하는 기름 및 유해액체물질을 처리하는 기준과 방법은 별표5와 같다(시행규칙 제11조 제3항).
 ㄴ. "해양공간의 범위"는 시행령 제34조 별표4에서 규정하며, 해수욕장·하구역·항만구역·어항구역·면허수면·발전소·제철소·정유소를 말한다. 그 세부적인 사항은 별표4 참조.
③ 다음 각 호의 어느 하나에 해당하는 경우에는 제1항 및 제2항의 규정에 불구하고 선박 또는 해양시설등에서 발생하는 오염물질을 해양에 배출할 수 있다.
 1. 선박 또는 해양시설등의 안전확보나 인명구조를 위하여 부득이하게 오염물질을 배출하

---

102) ★ 산적운반 : 화물을 꾸리지 않고 흩어진 채로 싣는 것. 벌크(bulk)선에 의한 운반을 말한다.

Ⅲ. 개별 법률 분석

　　는 경우
2. 선박 또는 해양시설등의 손괴 등으로 인하여 부득이하게 오염물질이 배출되는 경우
3. 선박 또는 해양시설등의 오염사고에 있어 해양수산부령이 정하는 방법에 따라 오염피해를 최소화하는 과정에서 부득이하게 오염물질이 배출되는 경우
　└ 법 제22조 제3항 제3호에 따라 해양시설등의 오염사고에 있어서는 오염사고에 대처할 목적으로 오염으로 인한 피해를 최소화하기 위하여 사용되는 기름, 유해액체물질(「선박에서의 오염방지에 관한 규칙」 제3조에 따른 물질을 말한다. 이하 같다) 또는 이들 물질을 함유한 혼합물 등을 해양에 배출할 수 있다(시행규칙 제11조 제4항).
└ (제127조 제1호에서는 "제22조 제1항 및 제2항의 규정을 위반하여 선박 및 해양시설로부터 폐기물·유해액체물질·포장유해물질을 배출한 자"를 3년 이하의 징역 또는 3천만 원 이하의 벌금형으로 처벌한다고 규정하였습니다. 그런데 여기에서 문제가 되는 것은 "유해액체물질" 및 "포장유해물질"은 무엇을 말하는 것인지, 즉 이들 물질의 정의와 관련하여 문제점이 발견됩니다. 이 법의 시행규칙이 두 개 존재하는 데에서 발생한 문제입니다. 다소 어려운 법령의 해석에 관한 문제입니다만, 이 장의 끝 부분에 소개하는 "법령 정비에 관한 제안"을 참고하시기 바랍니다. 이 제안은 관련 부처에서 수개월째 법리검토를 계속하고 있습니다.)

2. **과실로 제22조 제1항 및 제2항의 규정을 위반하여 선박 또는 해양시설로부터 기름을 배출한 자**
3. **제57조 제1항 내지 제3항의 규정을 위반하여 선박을 항해에 사용한 자**
　└ 제57조(해양오염방지검사증서 등을 교부받지 아니한 선박의 항해) ① 선박의 소유자는 해양오염방지검사증서·임시해양오염방지검사증서·방오시스템검사증서 또는 에너지효율검사증서를 교부받지 아니한 검사대상선박을 항해에 사용하여서는 아니 된다. 다만, 해양오염방지선박검사 또는 「선박안전법」 제7조 내지 제12조의 규정에 따른 선박검사를 받기 위하여 항해하는 경우에는 그러하지 아니하다.
　③ 선박의 소유자는 해양오염방지검사증서·임시해양오염방지검사등서·방오시스템검사증서·에너지효율검사증서 및 협약검사증서(이하 "해양오염방지검사증서등"이라 한다)에 기재된 조건에 적합하지 아니한 방법으로 그 선박을 항해(국제항해를 포함한다)에 사용하여서는 아니 된다. 다만, 해양오염방지선박검사·에너지효율검사 또는 「선박안전법」 제7조 내지 제12조의 규정에 따른 선박검사를 받기 위하여 항해하는 경우에는 그러하지 아니 하다.

4. **제64조 제1항 또는 제3항의 규정에 따른 방제조치를 하지 아니하거나**

조치명령을 위반한 자

ㄴ. 제64조(오염물질이 배출된 경우의 방제조치) ① 제63조 제1항 제1호 및 제2호에 해당하는 자(이하 "방제의무자"라 한다)는 배출된 오염물질에 대하여 대통령령이 정하는 바에 따라 다음 각 호에 해당하는 조치(이하 "방제조치"라 한다)를 하여야 한다.
  1. 오염물질의 배출방지
  2. 배출된 오염물질의 확산방지 및 제거
  3. 배출된 오염물질의 수거 및 처리
  ③ 해양경찰청장은 방제의무자가 자발적으로 방제조치를 행하지 아니하는 때에는 그 자에게 시한을 정하여 방제조치를 하도록 명할 수 있다.

5. 제65조의 규정에 따른 오염물질의 배출방지를 위한 조치를 하지 아니하거나 조치명령을 위반한 자

ㄴ. 제65조(오염물질이 배출될 우려가 있는 경우의 조치 등) ① 선박의 소유자 또는 선장, 해양시설의 소유자는 선박 또는 해양시설의 좌초·충돌·침몰·화재 등의 사고로 인하여 선박 또는 해양시설로부터 오염물질이 배출될 우려가 있는 경우에는 해양수산부령이 정하는 바에 따라 오염물질의 배출방지를 위한 조치를 하여야 한다.

제128조(벌칙) 다음 각 호의 어느 하나에 해당하는 자는 2년 이하의 징역 또는 2천만 원 이하의 벌금에 처한다.
  1. 과실로 제22조 제1항 및 제2항의 규정을 위반하여 선박 또는 해양시설로부터 폐기물·유해액체물질·포장유해물질을 배출한 자

  ㄴ. 제22조 제1항 및 제2항의 규정은 "법령 정비에 관한 제안서" 참조

  2. 제25조 제1항의 규정에 따른 폐기물오염방지시설을 설치하지 아니하고 선박을 항해에 사용한 자
  3. 제26조 제1항의 규정에 따른 기름오염방지시설을 설치하지 아니하고 선박을 항해에 사용한 자
  4. 제26조 제2항의 규정에 따른 선체구조 등을 설치하지 아니하고 선박을

III. 개별 법률 분석

항해에 사용한 자

└ 제26조(기름오염방지설비의 설치 등) ② 선박의 소유자는 선박의 충돌·좌초 또는 그 밖의 해양사고가 발생하는 경우 기름의 배출을 방지할 수 있는 선체구조등을 갖추어야 한다. 이 경우 그 대상선박, 선체구조기준 그 밖에 필요한 사항은 해양수산부령으로 정한다.

5. 제27조 제1항의 규정에 따른 유해액체물질오염방지설비를 설치하지 아니하고 선박을 항해에 사용한 자

└ 제27조(유해액체물질오염방지설비의 설치 등) ① 유해액체물질을 산적하여 운반하는 선박으로서 해양수산부령으로 정하는 선박의 소유자는 유해액체물질을 그 선박 안에서 저장·처리할 수 있는 설비 또는 유해액체물질에 의한 해양오염을 방지하기 위한 설비(이하 "유해액체물질오염방지설비"라 한다)를 해양수산부령으로 정하는 바에 따라 설치하여야 한다.
② 유해액체물질을 산적하여 운반하는 선박으로서 해양수산부령이 정하는 선박의 소유자는 선박의 충돌·좌초 그 밖의 해양사고가 발생하는 경우 유해액체물질의 배출을 방지하기 위하여 그 선박의 화물창(貨物倉)을 해양수산부령이 정하는 기준에 따라 설치·유지하여야 한다.

6. 제27조 제2항의 규정을 위반하여 선박의 화물창을 설치한 자

└ 위 제5호 참조

7. 제40조 제1항 및 제2항의 규정을 위반하여 유해방오도료·유해방오시스템을 사용하거나 적법한 기준 및 방법에 따른 방오도료·방오시스템을 사용·설치하지 아니한 자

└ 제40조(유해방오도료의 사용금지) ① 누구든지 선박 또는 해양시설등에 유해방오도료[103] 또

---

103) ★ 유해방오도료(有害防汚塗料) : 생물체의 부착을 제한·방지하기 위하여 선박 또는 해양시설등에 사용하는 도료(이하 "방오도료"라 한다) 중 유기주석 성분 등 생물체의 파괴작용을 하는 성분이 포함된 것으로서 다음 각 호의 어느 하나에 해당하는 것을 말한다(법 제2조 제9호 및 「선박에서의 오염방지에 관한 규칙」 제5조).
  1. 수산화트리알킬주석과 그 염류(산화 트리알킬주석을 포함한다), 트리부틸주석 화합물 또는 그 중 하나를 0.1퍼센트 이상 함유한 혼합물질을 포함한 도료
  2. 국제해사기구가 유해방오도료로 정한 도료

는 이를 사용한 설비 등(이하 "유해방오시스템"이라 한다)을 사용하여서는 아니 된다.
② 누구든지 선박 또는 해양시설등에 방오도료 또는 이를 사용한 설비 등(이하 "방오시스템"이라 한다)을 사용하거나 설치하려고 하는 경우에는 해양수산부령이 정하는 기준 및 방법에 따라야 한다.

8. 제67조 제1항의 규정을 위반하여 방제선등을 배치 또는 설치하지 아니한 자

　ㄴ 제67조(방재선등의 배치 등) ① 다음 각 호에 해당하는 선박 또는 해양시설의 소유자는 기름의 해양유출사고에 대비하여 대통령령이 정하는 기준에 따라 방재선 또는 방재장비(이하 '방재선등"이라 한다)을 해양수산부령이 정하는 해역 안에 배치 또는 설치하여야 한다.
　　1. 총톤수 500톤 이상의 유조선
　　2. 총톤수 1만 톤 이상의 선박(유조선을 제외한 선박에 한한다)
　　3. 신고된 해양시설로서 저장용량 1만 킬로리터 이상의 기름저장시설
　③ 해양경찰청장은 방재선등을 배치 또는 설치하지 아니한 자에 대하여 선박입출항금지 또는 시설사용정지를 명할 수 있다.

9. 제67조 제3항의 규정에 따른 선박입출항금지명령 또는 시설사용정지명령을 위반한 자

　ㄴ 위 제8호 참조

10. 제70조 제1항의 규정에 따른 등록을 하지 아니하고 해양환경관리업을 한 자

11. 제75조의 규정에 따라 등록이 취소된 자가 영업을 하거나 또는 영업정지명령을 받은 자가 영업정지기간 중 영업을 한 자

12. 제77조 제1항의 규정에 따른 해양오염영향조사를 실시하지 아니한 자

　ㄴ 제77조(해양오염영향조사) ① 선박 또는 해양시설에서 대통령령이 정하는 규모 이상의 오염물질이 해양에 배출되는 경우에는 그 선박 또는 해양시설의 소유자는 해양오염영향조사기관을 통하여 해양오염영향조사를 실시하여야 한다.
　　ㄴ "해양오염영향조사를 실시하여야 하는 경우"는 시행령 제58조 제1항 별표12에서 규정

Ⅲ. 개별 법률 분석

한다.

13. 제82조 제1항 및 제89조 제1항의 규정에 따라 지정이 취소된 자가 업무를 하거나 또는 업무정지명령을 받은 자가 업무정지기간 중 업무를 한 자
14. 제84조 제4항에 따른 해역이용협의서 또는 제85조 제2항에 따른 해역이용영향평가서를 거짓으로 작성한 자
15. 제86조 제1항에 따른 평가대행자의 등록을 하지 아니하고 해역이용협의서등의 작성을 대행한 자
16. 제95조 제1항의 규정에 따른 해양환경영향조사의 결과를 거짓으로 작성한 자
16의2. 제110조 제1항 단서, 제3항 단서 및 제4항 단서에 따라 형식승인이 면제된 해양환경측정기기, 형식승인대상설비 또는 오염물질의 방재 방지에 사용하는 자재·약제를 사용한 자

└ 제110조(해양환경측정기기 등의 형식승인 등) ① 제12조 제1항에 따른 해양환경실태의 측정·분석·검사에 필요한 장비·기기(이하 "해양측정기기"라 한다)를 제작·수입하려는 자는 해양수산부령으로 정하는 바에 따라 해양수산부장관의 형식승인을 받아야 한다. 다만, 시험·연구 또는 개발을 목적으로 제작·수입하는 해양환경측정기기에 대하여 해양수산부령으로 정하는 바에 따라 해양수산부장관의 확인을 받은 경우에는 그러하지 아니하다.
③ 해양수산부령으로 정하는 해양오염방지설비(유해액체물질오염방지설비를 제외한다), 방오시스템 및 선박소각설비(이하 "형식승인대상설비"라 한다)를 제작·제조하거나 수입하려는 자는 해양수산부령으로 정하는 바에 따라 해양수산부장관의 형식승인을 받아야 한다. 다만, 시험·연구 또는 개발을 목적으로 제작·제조하거나 수입하는 형식승인대상설비에 대하여 해양수산부령으로 정하는 바에 따라 해양수산부장관의 확인을 받은 경우에는 그러하지 아니하다.
④ 제66조 제1항에 따라 오염물질의 방재·방지에 사용하는 자재·약제를 제작·제조하거나 수입하려는 자는 해양수산부령으로 정하는 바에 따라 해양경찰청장의 형식승인을 받아야 한다. 다만, 시험·연구 또는 개발을 목적으로 제작·제조하거나 수입하는 오염물질의

공익신고 포상금(보상금) 3

　　　　방재·방지에 사용하는 자재·약제에 대하여 해양수산부령으로 정하는 바에 따라 해양경찰청장의 확인을 받은 경우에는 그러하지 아니하다.

17. 제110조 제9항의 규정에 따라 형식승인 또는 검정이 취소되거나 업무정지명령을 받은 자가 업무정지기간 중 업무를 한 자

17의2. 제110조의2 제1항에 따라 형식승인대상외설비등에 대한 성능인증을 받지 아니하거나 성능인증이 취소되었음에도 성능인증을 받은 것으로 표시하여 형식승인외대상설비등을 제작·제조 및 수입하여 판매한 자

　　ㄴ 제110조의2(성능인증) ① 제110조 제3항 및 제4항에 따른 형식승인대상설비나 자재·약제를 제외한 오염장제설비 및 자재·약제(이하 "형식승인대상설비등"이라 한다)를 제작·제조하거나 수입하려는 자는 해양수산부령으로 정하는 절차와 방법에 따라 해양수산부장관 또는 해양경찰청장으로부터 성능인증을 받을 수 있다.

18. 제117조의 규정에 따른 정선·검색·나포·출입항금지 그 밖에 필요한 명령이나 조치를 거부·방해 또는 기피한 자

제129조(벌칙) ① 다음 각 호의 어느 하나에 해당하는 자는 1년 이하의 징역 또는 1천만 원 이하의 벌금에 처한다.

1. 제15조 제3항의 규정을 위반하여 특별관리해역 내에 시설을 설치하거나 오염물질의 총량배출을 위반한 자

　　ㄴ 제15조(환경관리해역의 지정·관리) ③ 해양수산부장관은 특별관리해역104)의 해양환경 상태 및 오염원을 측정·조사한 결과 제8조 제1항의 규정에 따른 해양환경기준을 초과하게 되어 국민의 건강이나 생물의 생육에 심각한 피해를 가져올 우려가 있다고 인정되는 경우에는

---

104) ★ 특별관리해역 : 법 제8조 제1항의 규정에 따른 해양환경기준의 유지가 곤란한 해역 또는 해양환경 및 생태계의 보전에 현저한 장애가 있거나 장애가 발생할 우려가 있는 해역으로서 대통령령이 정하는 해역(해양오염에 직접 영향을 미치는 육지를 포함한다)을 말하며, 시행령 제10조 제2항 별표2에서 규정하였다.

III. 개별 법률 분석

다음 각 호에 해당하는 조치를 할 수 있다.
1. 특별관리해역 안에서의 시설의 설치 또는 변경의 제한
2. 특별관리해역 안에 소재하는 사업장에서 배출되는 오염물질의 총량규제

2. 제23조 제1항을 위반하여 폐기물을 해양에 배출한 자(같은 항 단서에 따라 배출한 자는 제외한다)
  ㄴ 제23조(육상에서 발생한 폐기물의 해양배출 금지 등) ① 누구든지 육상에서 발생한 폐기물을 해양에 배출할 수 없다. 다만, 해양수산부장관은 해양환경의 보전·관리에 영향을 미치지 아니하는 범위 안에서 육상에서 처리가 곤란한 폐기물로서 해양수산부령이 정하는 폐기물에 한하여 해양수산부령이 정하는 해역에서 해양수산부령이 정하는 처리기준 및 방법에 따라 배출하게 할 수 있다.
    ㄴ 육상에서 발생한 폐기물 중 해양에 배출할 수 있는 폐기물은 시행규칙 별표6에서, 배출해역 및 처리방법은 별표7에서 각각 규정하였다(시행규칙 제12조 제1항).

3. 제41조 제1항의 규정에 따른 대기오염방지설비를 설치하지 아니하고 선박을 항해에 사용한 자

4. 제42조 제1항의 규정을 위반하여 오존층파괴물질을 배출한 자
  ㄴ 제42조(오존층파괴물질의 배출 규제) ① 누구든지 선박으로부터 오존층파괴물질[105]을 배출(선박의 유지보수 또는 장치·설비의 배치 중에 발생하는 배출을 포함한다)하여서는 아니 된다. 다만, 오존층파괴물질을 회수하는 과정에서 누출되는 경우에는 그러하지 아니하다.

5. 제43조 제1항의 규정을 위반하여 질소산화물의 배출허용기준을 초과하여 디젤기관을 작동한 자
  ㄴ 제43조(질소산화물의 배출 규제) ① 선박의 소유자는 해양수산부령으로 정하는 디젤기관을 「대기환경보전법」 제76조 제1항에 따른 질소산화물의 배출허용기준을 초과하여 작동하여서

---

[105] ★ 오존층파괴물질 : 「오존층보호를 위한 특정물질의 제조규제 등에 관한 법률」 제2조 제1호에 해당하는 물질을 말한다(법 제2조 제12호). 「오존층법」 제2조 제1호에서는 「오존층파괴물질에 관한 몬트리올 의정서」에 따른 오존층파괴물질 중 대통령령으로 정하는 것이라고 규정하였고, 동 법 시행령은 별표1에서 그 종류를 규정하였다.

는 아니 된다. 다만, 비상용 인명구조용 선박 등 비상사용 목적의 선박 및 군함·해양경찰청함정 등 방위·치안 목적의 공용선박에 설치되는 디젤기관은 그러하지 아니하다.
ㄴ "해양수산부령으로 정하는 디젤기관"이란 선박에 설치되는 출력 130킬로와트를 초과하는 디젤기관(교체·추가·개조된 경우를 포함한다)을 말한다(「선박에서의 오염방지에 관한 규칙」 제32조 제1항).

6. 제44조 제1항 또는 제2항의 규정을 위반하여 황함유량 기준을 초과하는 연료유를 사용한 자

ㄴ 제44조(연료유의 황함유량 기준 등) ① 선박의 소유자는 황산화물 배출규제해역[106]을 제외한 해역에서 대통령령이 정하는 황함유량 기준을 초과하는 연료유를 사용하여서는 아니 된다.
  ㄴ "대통령령이 정하는 황함유량기준"은 시행규칙 제42조 제1항에서 규정하였다.
② 선박의 소유자는 황산화물 배출규제해역에서 대통령령이 정하는 황함유량 기준을 초과하는 연료유를 사용하여서는 아니 된다. 다만, 해양수산부령이 정하는 기준에 적합한 배기가스정화장치를 설치하여 해양수산부령이 정하는 황산화물배출기준량 이하로 황산화물 배출량을 감축하는 경우에는 그러하지 아니하다.
  ㄴ "해양수산부령이 정하는 기준"은 「선박에서의 오염방지에 관한 규칙」 별표20 제3호에 따른 황산화물용 배기가스정화장치의 기술기준을 말한다(동 시행규칙 제34조 제1항).
  ㄴ "해양수산부령이 정하는 황산화물 배출허용기준량"이란 배기가스 중 이산화황(ppm) 배출량 대비 이산화탄소(부피백분율) 배출량의 비율이 43.3[43.3SO_2(ppm)/CO_2(%,v/v)]인 것을 말한다.

7. 제45조 제1항의 규정을 위반하여 품질기준에 미달하거나 황함유량 기준을 초과하는 연료유를 공급한 자

8. 제47조 제2항의 규정을 위반하여 유증기 배출제어장치를 설치하지 아니하거나 작동시키지 아니한 자

ㄴ 제47조(휘발성유증기화합물의 배출규제 등) ① 해양수산부장관은 선박으로부터 휘발성유기

---

106) ★ 황산화물 배출규제해역 : 황산화물에 따른 대기오염 및 이로 인한 육상과 해상에 미치는 악영향을 방지하기 위하여 선박으로부터 황산화물 배출을 특별히 규제하는 조치가 필요한 해역으로서 「선박에서의 오염방지에 관한 규칙」 제6조에서 규정하는 해역을 말한다.

III. 개별 법률 분석

화합물의 배출을 규제하기 위하여 휘발성유기화합물규제항만을 지정하여 고시할 수 있다.

② 제1항의 규정에 따라 지정된 휘발성유기화합물규제항만에서 휘발성유기화합물을 함유한 기름·유해액체물질 중 해양수산부령이 정하는 물질을 선박에 싣기 위한 시설을 설치하는 해양시설의 소유자는 유증기(油蒸氣) 배출제어장치를 설치하고 작동시켜야 한다.

  ㄴ "유증기 배출제어장치를 설치하여야 하는 휘발성유기화합물"은 휘발유, 나프타 및 원유를 말한다(「선박에서의 오염방지에 관한 규칙」 제37조 제1항 별표25).

9. 제47조 제3항의 규정을 위반하여 검사를 받지 아니하고 유증기 배출제어장치를 설치한 자

10. 제63조 제1항 제1호 또는 제2호에 해당하는 자로서 신고를 하지 아니하거나 거짓으로 신고한 자

  ㄴ 제63조(오염물질이 배출되는 경우 신고의무) ① 대통령령이 정하는 배출기준을 초과하는 오염물질이 해양에 배출되거나 배출될 우려가 있다고 예상되는 경우 다음 각 호의 어느 하나에 해당하는 자는 지체 없이 해양경찰청장 또는 해양경찰서장에게 이를 신고하여야 한다.

     1. 배출되거나 배출될 우려가 있는 오염물질이 적재된 선박의 선장 또는 해양시설의 관리자. 이 경우 해당 선박 또는 해양시설에서 오염물질의 배출원인이 되는 행위를 한 자가 신고하는 경우에는 그러하지 아니하다.
     2. 오염물질의 배출원인이 되는 행위를 한 자

  ㄴ 제63조 제1항 본문에서 규정하는 "오염물질 배출 시 신고기준"은 시행령 제47조 별표6에서 규정하였다.

11. 제84조 및 제85조의 규정에 따른 협의절차 및 재협의절차가 완료되기 전에 공사를 시행한 자

  ㄴ 제84조는 해역이용협의에 관하여, 제85조는 해역이용영향평가에 관하여 각각 규정하였다.

12. 제88조 제1호부터 제3호까지의 규정을 위반하여 다른 해역이용협의서 등의 내용을 복제 또는 법령이 정하는 기간 동안 보관하지 아니하거나 이를 거짓으로 작성한 자

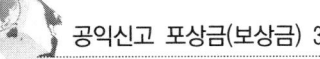

ㄴ 제88조(해역이용사업자의 준수사항) 해역이용사업자, 평가대상사업자(이하 "해역이용사업자 등"이라 한다) 및 평가대행자는 대통령령이 정하는 바에 따라 다음 각 호의 사항을 준수하여야 한다.
　1. 다른 해역이용협의서등의 내용을 복제하지 아니할 것
　2. 작성한 해역이용협의서등을 해양수산부령으로 정하는 기간 동안 보존할 것
　3. 해역이용협의서등의 작성의 기초가 되는 자료를 거짓으로 작성하지 아니할 것
ㄴ 해역이용사업자, 평가대상사업자 및 평가대행자에 관한 해설은 제132조 제2항 제10호 참조

13. 제118조 제1항의 규정을 위반하여 비밀을 누설하거나 도용한 자

② 다음 각 호의 어느 하나에 해당하는 자는 1년 이하의 징역 또는 500만 원 이하의 벌금에 처한다.
1. 제23조 제2항의 규정을 위반하여 신고하지 아니한 폐기물을 위탁받아 해양에 배출한 자
2. 제25조 제2항의 규정에 따른 기준을 위반하여 폐기물오염방지설비를 설치하거나 이를 유지·작동한 자
3. 제26조 제3항의 규정을 위반하여 기름오염방지설비를 설치하거나 이를 유지·작동한 자

ㄴ 제26조(기름오염방지설비의 설치 등) ① 선박의 소유자는 선박 안에서 발생하는 기름의 배출을 방지하기 위한 설비(이하 "기름오염방지설비"라 한다)를 당해 선박에 설치하거나 폐유저장을 위한 용기를 비치하여야 한다. 이 경우 그 대상선박과 설치기준 등은 해양수산부령으로 정한다.
　ㄴ 기름오염방지설비와 폐유저장을 위한 용기를 갖추어야 하는 대상선박, 기름오염방지설비와 폐유저장을 위한 용기의 설치·비치기준은 「선박에서의 오염방지에 관한 규칙」 제15조 제1항 별표7에서 규정하였다.
　③ 제1항의 규정에 따라 설치된 기름오염방지설비는 해양수산부령이 정하는 기준에 적합하게 유지·작동되어야 한다.
　ㄴ "해양수산부령이 정하는 기준"은 「선박에서의 오염방지에 관한 규칙」 제15조 제2항 별표8에서 규정하였다.

Ⅲ. 개별 법률 분석

4. 제27조 제4항의 규정을 위반하여 유해액체물질오염방지설비를 설치하거나 이를 유지·작동한 자
   - 유해액체물질오염방지설비는 해양수산부령이 정하는 기준에 적합하게 유지·작동되어야 한다(제27조 제4항).
     - "해양수산부령이 정하는 기술기준"은 「선박에서의 오염방지에 관한 규칙」 제16조 제2항 별표16에서 규정하였다.

5. 제28조의 규정을 위반하여 밸러스트수 또는 기름을 적재한 자
   - 제28조(밸러스트수 및 기름의 적재제한) ① 해양수산부령이 정하는 유조선의 화물창 및 해양수산부령이 정하는 선박의 연료유탱크에는 밸러스트수를 적재하여서는 아니 된다. 다만, 새로이 건조한 선박을 시운전하거나 선박의 안전을 확보하기 위하여 필요한 경우로서 해양수산부령이 정하는 경우에는 그러하지 아니하다.
     - "해양수산부령이 정하는 유조선"이란 분리평형수탱크가 설치된 유조선을 말한다(「선박에서의 오염방지에 관한 규칙」 제19조 제1항).
     - "해양수산부령이 정하는 선박"이란 1979년 12월 31일 후에 인도된 선박으로서 다음 각 호의 선박을 말한다(「선박에서의 오염방지에 관한 규칙」 제19조 제2항).
       1. 총톤수 150톤 이상의 유조선
       2. 총톤수 4천 톤 이상의 선박
     - 제28조 제1항 단서에서 "해양수산부령이 정하는 경우"에 해당하는 사항은 「선박에서의 오염방지에 관한 규칙」 제20조에서 규정하였다.
   - ② 해양수산부령이 정하는 선박의 경우 그 선박의 선수(船首)탱크 및 충돌격벽(衝突隔壁)보다 앞쪽에 설치된 탱크에는 기름을 적재하여서는 아니 된다.
     - "해양수산부령이 정하는 선박"이란 총톤수 400톤 이상의 선박으로서 다음 각 호의 어느 하나에 해당하는 선박을 말한다(「선박에서의 오염방지에 관한 규칙」 제21조).
       1. 1982년 1월 1일 이후에 건조계약이 체결된 것
       2. 건조계약이 체결되지 아니한 선박으로서 1982년 7월 1일 이후에 건조된 것

6. 제29조의 규정을 위반하여 포장유해물질을 운송한 자
   - 제29조(포장유해물질의 운송) 선박을 이용하여 포장유해물질을 운송하려는 자는 해양수산부령이 정하는 바에 따라 포장·표시 및 적재방법 등의 요건에 적합하게 이를 운송하여야 한다.
     - 법 제29조에 따라 선박을 이용하여 포장유해물질을 운송하는 경우의 포장·표시 및 적

재방법 등의 요건에 관하여는 「위험물 선박운송 및 저장규칙」 제6조를 준용한다(「선박에서의 오염방지에 관한 규칙」 제22조).

7. 제37조의 규정을 위반하여 선박 및 해양시설에서 오염물질을 수거·처리한 자
   ㄴ. 제37조(선박 및 해양시설에서의 오염물질의 수거·처리) ① 선박 및 해양시설의 소유자는 해당 선박 및 해양시설에서 발생하는 오염물질 중 해양수산부령으로 정하는 물질을 다음 각 호의 어느 하나에 해당하는 자에게 수거·처리하게 하여야 한다. 다만, 육상에 위치한 해양시설(해역과 육지 사이에 연속하여 설치된 해양시설을 포함한다) 및 조선소에서 건조 중인 선박에서 발생하는 폐기물의 경우에는 「폐기물관리법」 제25조에 따른 폐기물처리업자로 하여금 수거·처리하게 할 수 있다.
      1. 제38조 제1항의 규정에 따른 오염물질저장시설의 설치·운영자
      2. 제70조 제1항 제3호의 규정에 따른 유창청소업을 영위하는 자(이하 "유창청소업자"라 한다)
   ㄴ. 제37조 제1항의 규정에 의하여 "해양시설에서 발생하는 오염물질로서 수거·처리하게 하여야 하는 물질"은 시행규칙 제21조 제1항에서 규정하였다.
   ㄴ. 제37조 제1항의 규정에 따라 "선박에서 발생하는 오염물질로서 수거·처리하게 하여야 하는 물질"은 「선박에서의 오염방지에 관한 규칙」 제28조 제1항에서 규정하였다.
   ② 제1항의 규정에 불구하고 유창청소업자가 선박에서 발생하는 오염물질 중 해양수산부령으로 정하는 오염물질을 수거한 경우에는 폐기물해양배출업자로 하여금 처리하게 할 수 있다.
   ㄴ. "해양수산부령이 정하는 물질"이란 분뇨를 말한다(「선박에서의 오염방지에 관한 규칙」 제28조 제3항).

8. 제49조 내지 제53조의 규정에 따른 해양오염방지선박검사를 받지 아니한 선박을 항해에 사용한 자

8의2. 제64조의2를 위반하여 에너지효율검사를 받지 아니한 선박을 항해에 사용한 자

9. 제58조 또는 제59조의 규정에 따른 명령 또는 처분을 이행하지 아니한 자

9의2. 제64조 제6항을 위반하여 제110조 제4항·제6항 및 제7항에 따른

III. 개별 법률 분석

형식승인, 검정, 인증을 받지 아니하거나 제110조의2 제3항에 따른 검정을 받지 아니한 자재·약제를 방재조치에 사용한 자

10. 제66조 제1항을 위반하여 자재·약제를 보관시설 또는 선박 및 해양시설에 비치·보관하지 아니한 자

  ∟ 제66조(자재 및 약제의 비치 등) ① 항만관리청 및 선박·해양시설의 소유자는 오염물질의 방재·방지에 사용되는 자재 및 약제를 보관시설 또는 해당 선박 및 해양시설에 비치·보관하여야 한다.

    ∟ (법 제2조 제19호에서 규정하는 정의(定義)에 의하면 "항만관리청"이란 「항만법」 제20조에 의한 관리청, 「어촌·어항법」 제35조의 어항관리청 및 「항만공사법」에 따른 항만공사를 말합니다.

    「항만법」 제20조에 의하면 무역항과 연안항은 해양수산부장관이 관리청이고, 「어촌·어항법」 제35조에 의하면 광역시장·특별자치도지사·시장·군수·구청장 및 해양수산부장관이 관리청입니다.

    법 제129조 제2항 제10호는 법 제66조 제1항을 위반하여 자재·약제를 보관시설 또는 선박 및 해양시설에 비치·보관하지 아니한 항만관리청을 1년 이하의 징역 또는 500만원 이하의 벌금에 처한다고 규정하였습니다.

    그렇다면 위와 같은 위반행위를 한 광역시장·특별자치도지사·시장·군수·구청장은 물론 해양수산부장관도 위 형벌을 받을 수 있는 대상이 됩니다. 국회의 의결을 거쳤고, 대통령이 공포하였으므로, 이 규정은 법률로서의 효력이 있는 것은 틀림이 없지만, 이와 같은 규정이 적정·타당한 것이 아니라는 점은 쉽게 알 수 있습니다. 장관급 공무원이나 선출직 공무원이 직무상 저지른 잘못과 관련하여 형벌을 과하는 법률은 찾아보기 어렵기 때문입니다. 해양수산부장관에게 위 규정의 재검토와 관련한 견해를 물어 보겠습니다.)

  ② 제1항에 따라 비치·보관하여야 하는 자재 및 약제는 제110조 제4항·제6항 및 제7항에 따라 형식승인·검정 및 인정을 받거나 제110조의2 제3항에 따른 검정을 받은 것이어야 한다.
  ③ 제1항에 따라 비치·보관하여야 하는 자재 및 약제의 종류·수량·비치방법과 보관시설의 기준 등에 필요한 사항은 해양수산부령으로 정한다.

11. 제73조의 규정에 따른 처리명령을 위반한 자
12. 제110조 제2항의 규정을 위반하여 정도검사를 받지 아니하고 해양환

경측정기기를 사용하거나 교정용품을 공급·사용한 자

└. 해양환경측정기기를 사용하고자 하는 때에는 해양수산부령이 정하는 바에 따라 해양수산부장관의 정도검사를 받아야 하고, 이에 사용되는 표준용액·표준가스 등 표준물질(이하 "교정용품"이라 한다)을 공급·사용하고자 하는 때에는 해양수산부령이 정하는 바에 따라 해양수산부장관의 검정을 받아야 하다.

13. 제110조 제1항 및 제3항부터 제7항까지의 규정에 따른 형식승인, 성능시험, 검정 또는 인정을 받지 아니하고 제작·제조하거나 수입한 자
14. 제111조 제1항의 규정에 따른 신고를 하지 아니하고 선박을 해체한 자
15. 제115조 제6항을 위반하여 출입검사·보고요구 등을 정당한 사유 없이 거부·방해 또는 기피한 자
16. 제118조 제2항 및 제3항의 규정을 위반하여 직무상 알게 된 비밀을 누설하거나 도용한 자

제130조(양벌규정) 제126조부터 제129조까지 해당

제132조(과태료) ① 다음 각 호의 어느 하나에 해당하는 자는 1천만 원 이하의 과태료에 처한다.

1. 제77조 제1항의 규정에 따른 해양오염영향조사의 결과를 거짓으로 통보한 자

└. 제77조(해양오염영향조사) ① 선박 또는 해양시설에서 대통령령이 정하는 규모 이상의 오염물질이 해양에 배출되는 경우에는 그 선박 또는 해양시설의 소유자는 해양오염영향조사기관을 통하여 해양오염영향조사를 실시하여야 한다.

  └. "해양오염영향조사를 실시하여야 하는 경우"는 시행령 제58조 제1항 별표12에서 규정하였다.

  └. (제132조 제1항 제1호는 제77조 제1항의 규정에 따른 해양오염영향조사의 결과를 거짓으로 "통보한 자"에게 1천만 원 이하의 과태료를 부과한다는 취지를 규정하였습니다. 제77

III. 개별 법률 분석

조 제1항은 해양오염영향조사를 실시하여야 하는 자 및 그 조사의 실시방법에 관하여만 규정하였을 뿐 "누가 누구에게 언제까지" 그 결과를 통보하여야 하는지에 관하여는 아무런 언급도 하지 않았습니다. 그렇다면 통보를 하지 않았다는 이유로 과태료 처분을 받을 수 있는 행위 및 그 행위를 하여야 할 대상이 특정되지 않았으므로, 제132조 제1항 제1호는 아무런 효력도 생기지 않는 규정입니다.

그동안 편저자는 잘못된 법령의 규정이 발견될 때마다 지적사항을 책에 소개하였고, 그 중 일부는 주무부처에 정비를 제안한 내용도 책에 인용하였습니다. 지적받아야 마땅한 내용은 여러 법령에서 발견되고 있지만, 특히 해양수산부가 주무부처인 법령에서 그 하자가 많이 발견됩니다. 하나를 보면 열을 알 수 있다는 말이 있습니다. 2014년 4월 우리를 비탄에 빠뜨렸던 이른바 "세월호 침몰사건"과 밀접한 관련이 있는 중앙부처는 해양수산부입니다. 아무튼 위 규정의 정비가 필요하다는 점에 관하여는 해양수산부장관에게 편저자의 의견을 제출하였습니다.]

② 다음 각 호의 어느 하나에 해당하는 자는 500만 원 이하의 과태료에 처한다.

1. 제22조 제2항의 규정을 위반하여 해양공간으로부터 대통령령이 정하는 오염물질을 배출한 자

  ↳ 제22조(오염물질의 배출금지 등) ② 누구든지 해양시설 또는 해수욕장·하구역 등 대통령령이 정하는 장소(이하 "해양공간"이라 한다)에서 발생하는 <u>오염물질</u>을 해양에 배출하여서는 아니 된다. 다만, 다음 각 호의 경우에는 그러하지 아니하다.
    1. 해양시설 및 해양공간(이하 "해양시설등"이라 한다)에서 발생하는 폐기물을 해양수산부령이 정하는 해역에서 해양수산부령이 정하는 처리기준 및 방법에 따라 배출하는 경우
    2. 해양시설등에서 발생하는 기름 및 유해액체물질을 해양수산부령이 정하는 처리기준 및 방법에 따라 배출하는 경우

  ↳ "해양공간"의 범위는 시행령 제34조 별표4에서 규정하였다.

  ↳ 〔제2조 제11호가 규정한 정의(定義)에 의하면 "오염물질"이란 해양에 유입 또는 해양에 배출되어 해양환경에 해로운 결과를 미치거나 미칠 우려가 있는 폐기물·기름·유해액체물질 및 포장유해물질을 말합니다.

  제132조 제2항 제1호에 의하여 과태료에 처하게 되는 행위와 제127조 제1호에 의하여 형벌에 처하는 행위(제22조 제2항 위반행위)는 그 일부가 중복되고 있습니다. 제22조 제2항을 위반하여 형벌에 처하는 행위에 해당하는 행위는 모두 과태료에 처하는 행위에 포함

공익신고 포상금(보상금) 3

되기 때문입니다.
이 법의 모든 형벌규정 및 과태료의 규정을 살펴보아도 형벌과 과태료에 의한 중복 제재를 과하는 규정은 제22조 제2항에 해당하는 위반행위가 유일합니다. 이러한 중복은 다른 법률에서는 발견되지 않습니다.
결국 위 제22조 제2항에 위반하는 행위에 대하여만 중복되는 제재를 과하겠다고 하는 것은 입법자(立法者)의 입법취지는 아니었을 것으로 추측할 수 있습니다. 이 점에 관하여도 해양수산부장관에게 재검토를 촉구하는 제안을 하였습니다.)

2. 제33조 제1항의 규정을 위반하여 해양시설의 신고를 하지 아니한 자
   ㄴ. 제33조(해양시설의 신고) ① 해양시설의 소유자(설치·운영자를 포함하며, 그 시설을 임대하는 경우에는 시설임차인을 말한다. 이하 같다)는 해양수산부장관에게 그 시설을 신고하여야 한다.

2의2. 제36조의2 제1항에 따른 안전점검을 실시하지 아니한 자
   ㄴ. 제36조의2(해양시설의 안전점검) ① 기름 및 액체유해물질과 관련된 해양시설로서 해양수산부령으로 정하는 해양시설의 소유자는 그 해양시설에 대한 안전점검을 실시하여야 한다.
      ㄴ. 해양수산부령으로 정하는 해양시설"이란 시행규칙 별표1 제1호 가목 및 나목의 시설을 말한다(시행규칙 제20조의2 제1항). 여기에 해당하는 시설은 기름 및 유해액체물질 저장시설(비축을 포함한다), 법 제38조에 따른 오염물질저장시설을 말한다.
   ② 제1항에 따른 안전점검을 실시한 해양시설의 소유자는 안전점검의 결과를 지체 없이 해양수산부장관에게 보고하여야 한다.

2의3. 제36조의2 제2항에 따른 보고를 하지 아니하거나 거짓으로 보고한 자
   ㄴ. 위 제2의2호 참조

3. 제42조 제2항의 규정을 위반하여 오존층파괴물질이 포함된 설비를 선박에 설치한 자

4. 제45조 제2항의 규정을 위반하여 연료유공급서의 사본 및 연료유견본을 제공하지 아니하거나 거짓으로 연료유공급서 사본 및 연료유견본을 제공한 자

Ⅲ. 개별 법률 분석

  └ 제45조(연료유의 공급 및 확인 등) ② 선박·급유업자는 연료유에 포함된 황성분 등이 기재된 연료유공급서를 작성하여 그 사본을 당해 연료유로부터 채취한 견본(이하 "연료유견본"이라 한다)과 함께 선박의 소유자에게 제공하여야 한다. 다만, 해양수산부령이 정하는 소형의 선박에 연료유를 공급하는 선박급유업자는 그러하지 아니하다.
    └ "해양수산부령이 정하는 소형의 선박"이란 400톤 미만의 선박 및 합계출력 130킬로와트 미만의 내연기관이 설치된 부선(艀船)을 말한다(「선박에서의 오염방지에 관한 규칙」 제35조 제2항).

5. 제64조 제2항의 규정을 위반하여 방재조치의 협조를 하지 아니한 자
  └ 제64조(오염물질이 배출된 경우의 방재조치) ② 오염물질이 항만의 안 또는 항만의 부근 해역에 있는 선박으로부터 배출되는 경우 다음 각 호의 어느 하나에 해당하는 자는 방재의무자가 방재조치를 취하는데 적극 협조하여야 한다.
    1. 당해 항만이 배출된 오염물질을 싣는 항만인 경우에는 당해 오염물질을 보내는 자
    2. 당해 항만이 배출된 오염물질을 내리는 항만인 경우에는 당해 오염물질을 받는 자
    3. 오염물질의 배출이 선박의 계류 중에 발생한 경우에는 당해 계류시설의 관리자
    4. 그 밖에 오염물질의 배출원인과 관련되는 행위를 한 자

6. 제70조 제3항의 규정에 따른 변경등록을 하지 아니한 자
  └ 제70조(해양환경관리업) ③ 해양환경관리업[107]의 등록을 한 자가 등록한 사항 중 해양수산부령이 정하는 중요한 사항을 변경하려는 때에는 해양수산부령으로 정하는 바에 따라 변경등록을 하여야 한다.
    └ "환경부령이 정하는 중요한 사항"은 시행규칙 제37조 제1항에서 규정하였다.

7. 제72조 제3항의 규정을 위반하여 폐기물을 보관·관리한 자 및 폐기물 인계·인수서를 작성하지 아니하거나 거짓으로 작성한 자
  └ 제72조(해양환경관리업자의 의무) ③ 폐기물해양배출업자는 해양투기의 대상이 되는 폐기물을 해양수산부령으로 정하는 바에 따라 브관·관리하고, 제23조 제1항 단서에 따라 폐기물을 해양에 배출하여야 하며, 해양수산부령으로 정하는 폐기물인계·인수서를 작성하여 이를

---

[107] ★ 해양환경관리업 : 폐기물해양배출업, 해양오염방재업, 유창청소업(油艙淸掃業), 폐기물해양수거업 및 퇴적오염물질수거업을 말한다.

해양수산부장관에게 제출하여야 한다.

    ㄴ. "보관·관리 방법"은 시행규칙 제40조에서 규정하였다.

    ㄴ. 제23조(육상에서 발생한 폐기물의 해양배출금지 등) ① 누구든지 육상에서 발생한 폐기물을 해양에 배출할 수 없다. 다만, 해양수산부장관은 해양환경의 보전·관리에 영향을 미치지 아니하는 범위 안에서 육상에서 처리가 곤란한 폐기물로서 해양수산부령이 정하는 폐기물에 한하여 해양수산부령이 정하는 해역에서 해양수산부령이 정하는 처리기준 및 방법에 따라 배출하게 할 수 있다.

    ㄴ. 인계·인수서는 폐기물을 배출한 날부터 10일 이내에 해양경찰서장에게 제출하여야 하고, 작성한 날부터 3년간 보관하여야 한다(시행규칙 제41조).

8. 제74조 제3항의 규정을 위반하여 해양환경관리업자의 권리의무 승계에 대한 신고를 하지 아니하거나 거짓으로 신고한 자

    ㄴ. 제74조(해양환경관리업의 승계 등) ③ 제1항 및 제2항의 규정에 따라 해양환경관리업자의 권리·의무를 승계한 자는 1개월 이내에 해양수산부령이 정하는 바에 따라 해양수산부장관 또는 해양경찰청장에게 신고하여야 한다.

9. 제76조 제1항의 규정을 위반하여 신고하지 아니한 폐기물의 처리를 위탁한 자

10. 제88조 제4호 및 제5호에 따른 준수사항을 위반한 자

    ㄴ. 제88조(해역이용사업자 등의 준수사항) 해역이용사업자, <u>평가대상사업자</u>[108](이하 "해역이용사업자등"이라 한다) 및 <u>평가대행자</u>[109]는 대통령령이 정하는 바에 따라 다음 각 호의 사항을 준수하여야 한다.

        4. 등록증 또는 그 명의를 다른 사람에게 대여하지 아니할 것

        5. 도급받은 해역이용협의 또는 해역이용영향평가(이하 "해역이용협의등"이라 한다)의 업무를 일괄하여 하도급하지 아니할 것

11. 제95조 제1항의 규정에 따른 해양환경영향조사를 실시하지 아니한 자

---

108) ★ 평가대상사업자 : 해역이용영향평가의 대상이 되는 면허대상사업을 하는 자를 말한다.

109) ★ 평가대행자 : 해역이용협의서 및 해역이용영향평가서의 작성업무를 대행하는 사업을 영위하는 자를 말한다.

Ⅲ. 개별 법률 분석

또는 그 조사결과를 통보하지 아니하거나 거짓으로 통보한 자
┗ 제95조(해양환경영향조사 등) ① 해역이용사업자등은 면허등을 받은 후 행하는 사업으로 인하여 발생될 수 있는 해양환경에 대한 영향의 조사(이하 "해양환경영향조사"라 한다)를 실시하고 그 결과를 처분기관 및 해양수산부장관에게 통보하여야 한다. 이 경우 해역이용사업자등은 평가대행자에게 해양환경영향조사의 업무를 대행하게 할 수 있다.
② 해양수산부장관은 제1항에 따라 통보된 해양환경영향조사 결과 해양환경에 피해가 발생하는 것으로 인정되는 때에는 처분기관으로 하여금 공법(工法) 변경, 사업규모 축소 등 해양수산부령으로 정하는 바에 따라 해양환경의 피해를 저감하기 위한 조치를 하도록 하여야 한다. 이 경우 처분기관은 조치결과를 해양수산부장관에게 통보하여야 한다.

12. 제95조 제2항의 규정에 따른 필요한 조치를 하지 아니한 자
┗ 위 제11호 참조

제119조의2(신고포상금) ① 해양수산부장관, 해양경찰청장, 시·도지사 또는 시장·군수·구청장은 다음 각 호의 어느 하나에 해당하는 자를 관계 행정기관 또는 수사기관에 신고 또는 고발한 자에 대하여 예산의 범위에서 신고포상금을 지급할 수 있다.

② 제1항에 따른 신고포상금의 지급의 기준·방법과 절차, 구체적인 지급액 등에 필요한 사항은 대통령령으로 정한다.

┗ 신고포상금은 최고액 300만 원 이하의 범위에서 시행령 별표18의2에 의하여 지급한다(시행령 제91조의2).

법령 정비에 관한 제안

1. 제목 : 「해양환경관리법 시행규칙」 관련 정비 제안

2. 관계 행정기관의 명칭 : 해양수산부

3. 제안의 개요

현행 「해양환경관리법」에 대한 시행규칙은 「해양환경관리법 시행규칙」(이하 「법 시행규칙」이라고 함)과 「선박에서의 오염방지에 관한 규칙」(이하 「선박 시행규칙」이라고 함)의 둘이 시행되고 있습니다. ① 이 시행규칙들을 「법 시행규칙」에 통합하거나, ② 「선박 시행규칙」 제3조에서 규정한 "유해액체물질의 분류" 및 제4조에서 규정한 "포장유해물질"에 관한 사항을 「법 시행규칙」으로 옮겨 규정하거나, ③ 법 제2조 제7호 및 제8호를 개정할 필요가 있습니다. 나머지의 문제점은 여기에서는 생략합니다.

4. 「해양환경관리법」의 관련 규정

제127조(벌칙) 다음 각 호의 어느 하나에 해당하는 자는 3년 이하의 징역 또는 3천만 원 이하의 벌금에 처한다.
1. 제22조 제1항 및 제2항의 규정을 위반하여 선박 및 해양시설로부터 폐기물·유해액체물질·포장유해물질을 배출한 자

제22조(오염물질의 배출금지 등) ① 누구든지 선박으로부터 오염물질을 해양에 배출하여서는 아니 된다. 다만, 다음 각 호의 경우에는 그러하지 아니하다. (각 호는 생략)
② 누구든지 해양시설 또는 해수욕장·하구역 등 대통령령이

III. 개별 법률 분석

정하는 장소(이하 "해양공간"이라 한다)에서 발생하는 오염물질을 해양에 배출하여서는 아니 된다. 다만, 다음 각 호의 경우에는 그러하지 아니하다. (각 호는 생략)

제2조(정의) 이 법에서 사용하는 용어의 뜻은 다음과 같다.
  7. "유해액체물질"이라 함은 해양환경에 해로운 결과를 미치거나 미칠 우려가 있는 액체물질(기름을 제외한다)과 그 물질이 함유된 혼합 액체물질로서 해양수산부령이 정하는 것을 말한다.
  8. "포장유해물질"이라 함은 포장된 형태로 선박에 의하여 운송되는 유해물질 중 해양에 배출되는 경우 해양환경에 해로운 결과를 미치거나 미칠 우려가 있는 물질로서 해양수산부령이 정하는 것을 말한다.

  5. 「해양환경관리법 시행규칙」의 관련 규정

제1조(목적) 이 규칙은 「해양환경관리법」 및 같은 법 시행령에서 위임된 사항과 그 시행에 필요한 사항을 규정하는 것을 목적으로 한다.

  6. 「선박에서의 오염방지에 관한 규칙」의 관련 규정

제1조(목적) 이 규칙은 <u>선박에서의 오염방지에 관하여</u> 「해양환경관리법」 및 같은 법 시행령에서 위임된 사항과 그 시행에 필요한 사항을 규정함을 목적으로 한다.

제3조(유해액체물질의 분류) ① 「해양환경관리법」(이하 "법"이라 한다) 제2조 제7호에서 "해양수산부령으로 정하는 것"이란 다음 각 호의 물질을 말한다. (각 호는 생략)

제4조(포장유해물질) 법 제2조 제8호에서 "해양수산부령이 정하는 것"이란 「위험물 선박운송 및 저장규칙」 제2조 제1호에 따른 위험물을 말한다. (이하 생략)

7. 문제점 및 개선방안과 기대효과

　가. 문제점

① 법 제127조 제1호는 법 제22조 제1항 및 제2항을 위반하여 선박 및 해양시설물로부터 유해액체물질 또는 포장유해물질을 배출한 자는 3년 이하의 징역 또는 3천만 원 이하의 벌금의 형벌에 처한다고 규정하였습니다. <u>법은 행위의 장소를 "선박"으로 제한하지 않았습니다.</u> 법 제128조 제1호에서도 마찬가지입니다.

② 법 제127조 제1호에 의하여 형벌에 처해질 수 있는 행위의 객체에는 "유해액체물질" 및 "포장유해물질"이 포함됩니다.

③ 법 제2조 제7호는 "유해액체물질"에 관하여, 같은 조 제8호는 "포장유해물질"에 관하여 정의를 규정하였고, 각각 구체적인 종류는 해양수산부령이 정하도록 위임하였습니다.

④ 해양수산부령으로는 "법 시행규칙"과 "선박 시행규칙"의 둘이 있으며, 이 두 개의 시행규칙은 모두 「해양환경관리법」에서 위임한

III. 개별 법률 분석

사항을 규정합니다. 이 둘의 가장 큰 차이점이라면 각 시행규칙 제1조(목적)의 규정에서 알 수 있는 바와 같이 「법 시행규칙」은 법이 위임한 사항 모두를 규정할 수 있는 일반법이라고 할 수 있습니다. 반면 「선박 시행규칙」은 법이 위임한 사항 중에서도 "선박에서의 행위"와 관련된 사항을 규정하는 것이므로, 「법 시행규칙」의 특별법입니다.

⑤ <u>"유해액체물질" 및 "포장유해물질"의 구체적 종류는 선박 시행규칙에서 규정하였습니다.</u> 이들 물질과 관련한 행위는 선박에서의 행위만을 규율대상으로 한다는 의미가 됩니다. 법의 여러 규정의 취지(유해액체물질과 포장유해물질 의의 해양환경 위해물질들은 적용장소를 선박으로 제한할 생각이 없음)와는 달리 이 두 종류의 물질에 관한 행위를 규율할 수 있는 장소가 선박으로 축소된 것입니다. 특별법은 일반법에 우선하여 적용되는 것과는 별도로, 이 경우에는 일반법인 「법 시행규칙」에는 이들 두 물질에 관한 규정 자체가 없습니다.

⑥ 법 제127조 제1호, 제22조 제2항, 제2조 제7호 및 제8호의 각 규정들의 입법취지에 비추어보면 "유해액체물질" 및 "포장유해물질"의 구체적인 종류는 「선박 시행규칙」에서 규정할 것이 아니라 「법 시행규칙」에서 규정하여야 할 사항으로 보입니다.

⑦ 결과적으로, 현행 시행규칙들의 규정을 올바로 해석하면 <u>선박이 아닌 장소에서 유해액체물질 및 포장유해물질을 배출하는 행위는 법 제22조 제2항에 저촉되지 아니함으로써 법 제127조 제1호에 의하여 형벌을 과할 수 없습니다.</u> 즉 법 제127조 제1호의 규정 중 일부분은 「선박 시행규칙」으로 인하여 의미 없는 규정이 됩니다.

⑧ 문제점의 발생원인 : 이상의 <u>문제점이 발생한 이유는 「선박에</u>

서의 오염방지에 관한 규칙」을 제정함에 있어서 「해양환경관리법」의 입법 취지 내지 의도를 제대로 이해하지 못한 데에서 기인하는 것으로 보입니다.

법의 체계를 살펴보면 제1장 총칙은 제1조부터 제7조까지를 두었고, 제2장은 해양환경의 보전 및 관리를 위한 조치에 관하여 제8조부터 제21조까지를 두었습니다. 제3장은 해양오염방지를 위한 규제라는 제목 아래에 제1절 통칙에 관한 규정은 제22조부터 제24조까지를 두었고, 제2절 "선박에서의 해양오염방지에 관한 사항"은 제25조부터 제32조의2에서 규정하였습니다.

「선박에서의 오염방지에 관한 규칙」이 법의 규정 중 일부분 만에 관한 시행규칙으로 만들어진 것이 분명하고, 그 원래 취지는 법 제3장 중 제2절에서 규정한 사항에 관한 시행규칙으로 기능하게 할 목적이라는 점도 동 규칙 제1조(목적)의 규정에 의하여 명백합니다. 그런데 동 규칙에서는 법 제25조부터 제32조의2를 벗어난 법의 규정에 관한 사항(제2조, 제24조 등 다수)을 포함함으로써 법과 시행규칙이 규정하는 사항에 괴리(모순)가 발생하였다고 해석됩니다.

나. 개선방안

위와 같은 모순을 시정할 수 있는 방법으로는 - 법의 취지에 부합하는 시행규칙이 되기 위해서는 - 첫 번째로는 둘인 시행규칙을 하나로 합치는 것을 생각할 수 있겠습니다. 그 내용이 다소 방대하더라도 가장 깔끔한 모습이 될 것입니다. 대부분의 법률에 따른 시행규칙의 모습이기도 하며, 따라서 국민의 입장에서는 당연하게 느

III. 개별 법률 분석

끼는 것이기도 합니다. 이 법령과 같이 「해양환경관리법」과 「법 시행규칙」에서 전혀 예상하지 못하는 별도의 시행규칙을 마련한 예는 극히 드문 경우에 해당합니다. 두 번째로 생각할 수 있는 방법은 「선박 시행규칙」에서 규정한 제3조 및 제4조의 내용을 「법 시행규칙」으로 옮기는 것입니다. 관계 기관의 실무자의 입장에서는 가장 손쉬운 방법이 될 수 있겠으나, 제안자로서는 권하고 싶지 않습니다. 세 번째로 고려할 수 있는 방법은 법률을 개정하여 법률에서 별도의 시행규칙(「선박 시행규칙」을 말함)이 있다는 점을 널리 알려주는 방식입니다. 여의치 않다면 「법 시행규칙」에서 이를 알리는 방법도 고려할 수 있겠습니다. 세 번째의 방법이라면 「선박 시행규칙」의 목적을 규정한 제1조의 개정은 필요할 것으로 생각됩니다. 제안자로서는 시행규칙의 통합을 적극 제안합니다.

그리고 하나를 덧붙이자면 부득이한 사유로 하나의 법률에 따른 복수의 시행규칙을 만드는 경우에는 각 시행규칙마다 법명(法名)이 포함되는 명칭을 사용하면 좋겠습니다. 왜냐하면 많은 사람들이 시행규칙을 검색할 때에는 법제처나 대법원에서 인터넷에 제공하는 법령정보를 이용하는 점(각 부처에서 해당 법령을 서비스로 제공하고는 있지만 불편 요소가 많음)을 고려해볼 때 법명의 중요 단어의 검색만으로도 법률, 시행령 및 시행규칙을 한눈에 찾을 수 있게 하는 것이 국민의 편익을 도모하는 방법이 될 수 있기 때문입니다. 가령 "해양환경"이라는 키워드(key word)의 검색만으로도 「해양환경관리법」, 「같은 법 시행령」, 「같은 법 시행규칙」, 「선박에서의 오염방지에 관한 규칙」을 한꺼번에 찾을 수 있게 하면 좋겠다는 취지입니다.

다. 기대효과

　법령은 국민들끼리의 약속이면서도 국민을 상대로 하는 규율이므로, 국민이 찾아보기 쉽고 이해하기 쉬운 체제와 문장 등으로 만들어져야 할 것입니다. 법령이 그렇게 될 때에만 잘 지켜질 수 있습니다. 단순한 체제 내지 체계를 유지하면 법령을 만드는 실무자들의 실수를 막을 수 있을 것이라는 생각도 하게 됩니다. 즉 단일의 시행규칙을 말합니다. 공무수행에 바쁘신 분들에게 다소 복잡한 내용의 제안을 드려 업무에 부담을 가중시켜 드린 것은 아닌가 하는 죄송한 마음입니다. 잘 검토하시어 긍정적인 판단을 하시면 좋겠습니다. 감사합니다.

2014. . .

위 제안자　최　종　배

국민권익위원회 원장 귀하

　※ 참고 : 이 제안은 법제처 및 관련 부처에서 수개월째 검토를 계속하고 있습니다.

III. 개별 법률 분석

제174장 혈액관리법

제1절 법률의 이해

「혈액관리법」은 혈액업무에 관하여 필요한 사항을 규정함으로써 수혈자와 헌혈자를 보호하고, 혈액관리를 적절하게 하는 것을 목적으로 한다. 이 법의 주관부처는 보건복지부(생명윤리정책과)이다.

제2절 법령의 규정

제18조(벌칙) 다음 각 호의 어느 하나에 해당하는 자는 5년 이하의 징역 또는 2천만 원 이하의 벌금에 처한다.
1. 제3조를 위반하여 혈액매매행위 등을 한 자
2. 제6조 제1항을 위반하여 혈액관리업무를 할 수 있는 자가 아니면서 혈액관리업무를 한 자

　ㄴ. 제6조(혈액관리업무) ① 혈액관리업무는 다음 각 호의 어느 하나에 해당하는 자만이 할 수 있다. 다만, 제3호에 해당하는 자는 혈액관리업무 중 채혈을 할 수 없다.
　　　1. 「의료법」에 따른 의료기관
　　　2. 「대한적십자사 조직법」에 따른 대한적십자사
　　　3. 보건복지부령으로 정하는 혈액제제 제조업자
　② 제1항 제1호 및 제2호에 따라 혈액관리업무를 하는 자는 보건복지부령으로 정하는 기준에 적합한 시설·장비를 갖추어야 한다.
　　ㄴ. 혈액관리업무를 하는 자가 갖추어야 할 시설·장비는 시행규칙 제5조의2 별표4에서 규정하였다.
　③ 제1항 제1호 또는 제2호에 해당하는 자로서 혈액원을 개설하려는 자는 보건복지부령으로 정하는 바에 따라 보건복지부장관의 허가를 받아야 한다. 허가받은 사항 중 보건복지부

령으로 정하는 중요한 사항을 변경하려는 경우에도 또한 같다.

3. 제6조 제3항을 위반하여 허가받지 아니하고 혈액원을 개설한 자 또는 변경허가를 받지 아니하고 중요사항을 변경한 자
   └ 위 제2호 참조

4. 제6조 제4항을 위반하여 의약품제조업의 허가를 받지 아니하고 혈액관리업무를 한 자 또는 품목별로 품목허가를 받거나 품목신고를 하지 아니하고 혈액관리업무를 한 자
5. 제6조의2 제1항을 위반하여 허가받지 아니하고 혈액관리업무를 한 자

제19조(벌칙) 다음 각 호의 어느 하나에 해당하는 자는 2년 이하의 징역 또는 500만 원 이하의 벌금에 처한다.
1. 제6조 제2항을 위반하여 보건복지부령으로 정하는 기준에 적합한 시설·장비를 갖추지 아니한 자
   └ 제18조 제2호 참조

2. 제7조 제1항을 위반하여 채혈 전에 헌혈자에 대하여 신원확인 및 건강진단을 하지 아니한 자
3. 제7조 제2항을 위반하여 보건복지부령으로 정하는 감염병환자 또는 건강기준에 미달하는 사람으로부터 채혈을 한 자
4. 제7조 제3항을 위반하여 신원이 확실하지 아니하거나 신원확인에 필요한 요구에 따르지 아니하는 사람으로부터 채혈을 한 자
5. 제7조 제5항을 위반하여 채혈하기 전에 채혈금지대상 여부 및 과거 헌혈 경력과 그 검사결과를 조회하지 아니한 자
6. 제7조의2 제2항 및 제3항을 위반하여 보건복지부령으로 정하는 안전성

검사를 통과하지 못한 채혈금지대상자로부터 채혈을 하거나 안전성검사를 통과한 채혈금지대상자로부터 채혈을 한 후 그 결과를 보건복지부장관에게 보고하지 아니한 자
7. 제7조의2 제5항을 위반하여 채혈금지대상자 명부의 작성·관리업무상 알게 된 비밀을 정당한 사유 없이 누설한 자
8. 제8조 제1항을 위반하여 보건복지부령으로 정하는 바에 따라 혈액과 혈액제제의 적격 여부를 검사하지 아니하거나 검사결과를 확인하지 아니한 자
9. 제8조 제2항을 위반하여 보건복지부령으로 정하는 바에 따라 부적격혈액을 폐기처분하지 아니하거나 폐기처분결과를 보건복지부장관에게 보고하지 아니한 자
10. 제9조 제1항을 위반하여 채혈 시의 혈액량, 혈액관리의 적정온도 등 보건복지부령으로 정하는 기준에 따라 혈액관리업무를 하지 아니한 자
11. 제12조 제3항을 위반하여 건강진단·채혈·검사 등 업무상 알게 된 다른 사람의 비밀을 누설하거나 발표한 자
12. 제12조의2 제3항을 위반하여 정당한 사유 없이 전자혈액관리기록에 저장된 개인정보를 탐지하거나 누설·변조 또는 훼손한 자

제20조(벌칙) 다음 각 호의 어느 하나에 해당하는 자는 1년 이하의 징역 또는 300만 원 이하의 벌금에 처한다.
1. 제14조 제1항 또는 제3항을 위반하여 헌혈자에게 헌혈증서를 발급하지 아니하거나 의료기관에 헌혈증서를 제출하면서 무상으로 혈액제제 수혈을 요구한 사람에 대하여 정당한 이유 없이 그 요구를 거절한 자
2. 제15조 제1항을 위반하여 거짓이나 그 밖의 부정한 방법으로 헌혈환급

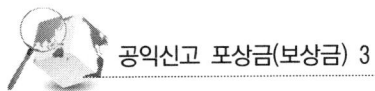

공익신고 포상금(보상금) 3

예치금을 내지 아니한 자

ㄴ. 혈액원이 헌혈자로부터 헌혈을 받았을 때에는 보건복지부령으로 정하는 바에 따라 헌혈환급예치금을 보건복지부장관에게 내야 한다. 다만, 헌혈 혈액이 제8조 제1항에 따른 검사결과 부적격 혈액으로 판정된 경우에는 혈액환급예치금의 전부 또는 일부를 돌려주거나 면제할 수 있다.

제22조(양벌규정) 제18조부터 제20조까지 해당

III. 개별 법률 분석

제175장 화장품법

제1절 법률의 이해

「화장품법」은 화장품의 제조·수입 및 판매 등에 관한 사항을 규정함으로써 국민의 보건향상과 화장품산업의 발전을 도모한다. 이 법의 주관부서는 식품의약품안전처(화장품정책과)이다.

제2절 법령의 규정

제35조(벌칙) ① 제7조를 위반한 자는 5년 이하의 징역 또는 5천만 원 이하의 벌금에 처한다.

ㄴ 제7조(멸종위기에 처한 야생동식물의 국제무역 등) 「멸종위기에 처한 야생동식물의 국제거래에 관한 협약」에 따른 동식물가공품이 포함되어 있는 화장품이나 화장품원료를 수입 또는 국내에 반입하거나 수출하고자 하는 자는 총리령으로 정하는 바에 따라 식품의약품안전처장의 허가를 받아야 한다.

② 제1항의 징역형과 벌금형은 이를 함께 부과할 수 있다.

제36조(벌칙) ① 다음 각 호의 어느 하나에 해당하는 자는 3년 이하의 징역 또는 3천만 원 이하의 벌금에 처한다.

1. 제3조 제1항 전단을 위반한 자

ㄴ 제3조(제조판매업의 등록 등) ① 화장품의 전부 또는 일부(포장 또는 표시만의 공정을 포함한다)를 제조하려는 자(이하 "제조업자"라 한다)와 그 제조(위탁하여 제조하는 경우를 포함한다)한 화장품 또는 수입한 화장품을 유통·판매하거나 수입대행형 거래를 목적으로 알

선·수여하려는 자(이하 "제조판매업자"라 한다)는 총리령으로 정하는 바에 따라 각각 식품의약품안전처장에게 등록하여야 한다. 등록한 사항 중 총리령으로 정하는 중요한 사항을 변경할 때에도 또한 같다.

2. 제4조 제1항 전단을 위반한 자

  ㄴ 제4조(기능성화장품의 심사 등) ① 기능성화장품을 제조 또는 수입하여 판매하려는 제조판매업자는 품목별로 안전성 및 유효성에 관하여 식품의약품안전처장의 심사를 받거나 식품의약품안전처장에게 보고서를 제출하여야 한다. 심사받은 사항을 변경하고자 할 때에도 또한 같다.

    ㄴ "기능성화장품"이란 화장품 중에서 다음 각 목의 어느 하나에 해당하는 것으로서 총리령으로 정하는 것을 말한다(제2조 제2호).

      가. 피부의 미백에 도움을 주는 제품
      나. 피부의 주름개선에 도움을 주는 제품
      다. 피부를 곱게 태워주거나 자외선으로부터 피부를 보호하는 데에 도움을 주는 제품

    ㄴ "총리령으로 정하는 화장품"이란 다음 각 호의 화장품을 말한다(시행규칙 제2조).

      1. 피부에 멜라닌색소가 침착하는 것을 방지하여 기미·주근깨 등의 생성을 억제함으로써 피부의 미백에 도움을 주는 기능을 가진 화장품
      2. 피부에 침착된 멜라닌색소의 색을 엷게 하여 피부의 미백에 도움을 주는 기능을 주는 화장품
      3. 피부에 탄력을 주어 피부의 주름을 완화 또는 개선하는 기능을 가진 화장품
      4. 강한 햇볕을 방지하여 피부를 곱게 태워주는 기능을 가진 화장품
      5. 자외선을 차단 또는 산란시켜 자외선으로부터 피부를 보호하는 기능을 가진 화장품

3. 제15조를 위반한 자

  ㄴ 제15조(제조판매의 금지) 누구든지 다음 각 호의 어느 하나에 해당하는 화장품을 판매하거나 판매할 목적으로 제조·수입·보관 또는 진열하여서는 아니 된다.

    1. 제4조에 따른 심사를 받지 아니하거나 보고서를 제출하지 아니한 기능성화장품
    2. 전부 또는 일부가 변패(變敗)된 화장품
    3. 병원미생물에 오염된 화장품
    4. 이물이 혼입되었거나 부착된 것
    5. 제8조 제1항 또는 제2항에 따른 화장품에 사용할 수 없는 원료를 사용하였거나 같은

III. 개별 법률 분석

조 제5항에 따른 유통화장품 안전관리기준에 적합하지 아니한 화장품
6. 코뿔소 뿔 또는 호랑이 뼈와 그 추출물을 사용한 화장품
7. 보건위생상 위해가 발생할 우려가 있는 비위생적인 조건에서 제조되었거나 제3조 제3항에 따른 시설기준에 적합하지 아니한 시설에서 제조된 것
8. 용기나 포장이 불량하여 해당 화장품이 보건위생상 위해를 발생할 우려가 있는 것
9. 제10조 제1항 제6호에 따른 사용기한 또는 개봉 후 사용기간(병행표기된 제조연월일을 포함한다)을 위조·변조한 화장품

4. 제16조 제1항 제1호 또는 제4호를 위반한 자
└ 제16조(판매 등의 금지) 누구든지 다음 각 호의 어느 하나에 해당하는 화장품을 판매하거나 판매할 목적으로 보관 또는 진열하여서는 아니 된다.
1. 등록한 제조판매업자가 아닌 자가 제조(위탁하여 제조하는 경우를 포함한다)·수입하여 판매한 화장품
4. 화장품의 포장 및 기재·표시 사항을 훼손 또는 위조·변조한 것

② 제1항의 징역형과 벌금형은 이를 함께 부과할 수 있다.

제37조(벌칙) ① 제9조, 제13조, 제16조 제1항 제2호·제3호 또는 같은 조 제2항을 위반하거나 제14조 제4항에 따른 중지명령에 따르지 아니한 자는 1년 이하의 징역 또는 1천만 원 이하의 벌금에 처한다.
└ 제9조(안전용기·포장 등) ① 제조판매업자는 그 제조 또는 수입한 화장품을 판매할 때에는 어린이가 화장품을 잘못 사용하여 화장품에 중독되는 사고가 발생하지 아니하도록 안전용기·포장을 사용하여야 한다.
② 제1항에 따라 안전용기·포장을 사용하여야 할 품목 및 용기·포장의 기준 등에 관하여는 총리령으로 정한다.
└ 시행규칙 제10조(안전용기·포장 대상 품목 및 기준) ① 법 제9조 제1항에 따른 안전용기·포장을 사용하여야 하는 품목은 다음 각 호와 같다. 다만, 1회용 제품, 용기 입구 부분이 펌프 또는 방아쇠로 작동되는 분무용기 제품, 압축 분무용기 제품(에어로졸 제품 등)은 제외한다.
1. 아세톤을 사용하는 네일 에나멜 리무버 및 네일 폴리시 리무버
2. 어린이용 오일 등 개별포장 당 탄화수소류를 10퍼센트 이상 함유하고 운동점도가 21센

공익신고 포상금(보상금) 3

티스톡스(섭씨 40도 기준) 이하인 비에멀젼 타입의 액체상태의 제품

3. 개별포장 당 메틸 살리실레이트를 5퍼센트 이상 함유하는 액체상태의 제품

② 제1항에 따른 안전용기·포장은 성인이 개봉하기는 어렵지 아니하나 만 5세 미만의 어린이가 개봉하기는 어렵게 된 것이어야 한다. 이 경우 개봉하기 어려운 정도의 구체적인 기준 및 시험방법은 산업통상자원부장관이 정하여 고시하는 바에 따른다.

ㄴ 제13조(부당한 표시·광고 행위 등의 금지) ① 제조업자, 제조판매업자 또는 판매자는 다음 각 호의 어느 하나에 해당하는 표시 또는 광고를 하여서는 아니 된다.

1. 의약품으로 잘못 인식할 우려가 있는 표시 또는 광고
2. 기능성화장품의 안전성·유효성에 관한 심사를 받은 범위를 벗어나거나 심사결과와 다른 내용의 표시 또는 광고
3. 기능성화장품 또는 유기농화장품[110]이 아닌 화장품을 기능성화장품 또는 유기농화장품으로 잘못 인식할 우려가 있는 표시 또는 광고
4. 그 밖에 사실과 다르게 소비자를 속이거나 소비자가 잘못 인식하도록 할 우려가 있는 표시 또는 광고

② 제1항에 따른 표시·광고의 범위와 그 밖에 필요한 사항은 총리령으로 정한다.

ㄴ "화장품 표시·광고의 범위 및 준수사항(시행규칙 제22조 별표5).

1. 화장품 광고의 매체 또는 수단

    가. 신문·방송 또는 잡지

    나. 전단·팸플릿·견본 또는 입장권

    다. 인터넷 또는 컴퓨터통신

    라. 포스터·간판·네온사인·애드벌룬 또는 전광판

    마. 비디오물·음반·서적·간행물·영화 또는 연극

    바. 방문광고 또는 실연(實演)에 의한 광고

    사. 자기 상품 외의 다른 상품의 포장

    아. 그 밖에 가목부터 사목까지의 매체 또는 수단과 유사한 매체 또는 수단

2. 화장품 표시·광고 시 준수사항

    가. 의약품으로 잘못 인식할 우려가 있는 내용, 제품의 명칭 및 효능·효과 등에 대한 표시·광고를 하지 말 것

    나. 기능성화장품 또는 유기농화장품이 아님에도 불구하고 제품의 명칭, 제조방법, 효능·효과 등에 관하여 기능성화장품 또는 유기농화장품으로 잘못 인식할 우려가 있

---

110) ★ 유기농화장품 : 유기농 원료, 동식물 및 그 유래 원료 등으로 제조되고, 식품의약품안전처장이 정하는 기준에 맞는 화장품을 말한다.

III. 개별 법률 분석

　　　는 표시·광고를 하지 말 것
　다. 의사·치과의사·한의사·약사·의료기관·연구기관 또는 그 밖의 자가 이를 지정·공인·추천·지도·연구개발 또는 사용하고 있다는 내용이나 이를 암시하는 등의 표시·광고를 하지 말 것. 다만, 법 제2조 제1호부터 제3호까지의 정의에 부합되는 인체 적용시험 결과가 관련 학회 발표 등을 통하여 공인된 경우에는 그 범위에서 관련 문헌을 인용할 수 있으며, 이 경우 인용한 문헌의 본래 뜻을 정확히 전달하여야 하고, 연구자 성명·문헌명과 발표연월일을 분명히 밝혀야 한다.
　라. 외국제품을 국내제품으로 또는 국내제품을 외국제품으로 잘못 인식할 우려가 있는 표시·광고를 하지 말 것
　마. 불법적으로 외국상표·상호를 사용하는 광고나 외국과의 기술제휴를 하지 않고 외국과의 기술제휴 등을 표현하는 표시·광고를 하지 말 것
　바. 경쟁상품과 비교하는 표시·광고는 비교대상 및 기준을 분명히 밝히고 객관적으로 확인될 수 있는 사항만을 표시·광고하여야 하며, 배타성을 띤 "최고" 또는 "최상" 등의 절대적 표현의 표시·광고를 하지 말 것
　사. 사실과 다르거나 부분적으로 사실이라고 하더라도 전체적으로 보아 소비자가 잘못 인식할 우려가 있는 표시·광고 또는 소비자를 속이거나 소비자가 속을 우려가 있는 표시·광고를 하지 말 것
　아. 품질·효능 등에 관하여 객관적으로 확인될 수 없거나 확인되지 않았는데도 불구하고 이를 광고하거나 법 제2조 제1호에 따른 화장품의 범위를 벗어나는 표시·광고를 하지 말 것
　자. 저속하거나 혐오감을 주는 표현·도안·사진 등을 이용하는 표시·광고를 하지 말 것
　차. 국제적 멸종위기종의 가공품이 함유된 화장품임을 표현하거나 암시하는 표시·광고를 하지 말 것
　카. 사실 유무와 관계없이 다른 제품을 비방하거나 비방한다고 의심이 되는 표시·광고를 하지 말 것

ㄴ. 제16조(판매 등의 금지) ① 누구든지 다음 각 호의 어느 하나에 해당하는 화장품을 판매하거나 판매할 목적으로 보관 또는 진열하여서는 아니 된다. 다만, 제3호의 경우에는 소비자에게 판매하는 화장품에 한한다.
  2. 제10조부터 제12조까지에 위반되는 화장품 또는 의약품으로 잘못 인식할 우려가 있는 기재·표시된 화장품
  3. 판매의 목적이 아닌 제품의 홍보·판매촉진 등을 위하여 미리 소비자가 시험사용하도록 제조 또는 수입된 화장품

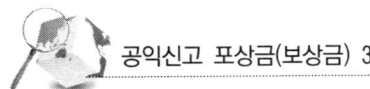

② 누구든지 화장품의 용기에 담은 내용을 나누어 판매하여서는 아니 된다.

ㄴ. 제14조(표시·광고 내용의 실증 등) ④ 식품의약품안전처장은 제조업자, 제조판매업자 또는 판매자가 제2항에 따라 실증자료의 제출을 요청받고도 제3항에 따른 제출기간 내에 이를 제출하지 아니한 채 계속하여 이를 표시·광고하는 때에는 실증자료를 제출할 때까지 그 표시·광고 행위의 중지를 명하여야 한다.

② 제1항의 징역형과 벌금형은 이를 함께 부과할 수 있다.

제39조(양벌규정) 제35조부터 제37조까지 해당

제28조(과징금처분) ① 식품의약품안전처장은 제24조에 따라 제조판매업자 또는 제조업자에게 업무정지처분을 하여야 할 경우에는 그 업무정지처분을 갈음하여 5천만 원 이하의 과징금을 부과할 수 있다.

III. 개별 법률 분석

제176장 환경범죄 등의 단속에 관한 특별조치법

제1절 법률의 이해

이 법은 생활환경 또는 자연환경 등에 위해(危害)를 끼치는 환경오염 또는 환경훼손 행위에 대한 가중처벌 및 단속·예방 등에 관한 사항을 규정함으로써 환경보전에 이바지하는 것을 목적으로 한다. 이 법의 주관부처는 환경부(환경감시팀)이다.

제2절 용어의 정의(제2조)

1. "오염물질"이란 다음 각 목의 어느 하나에 해당하는 물질을 말한다.
    - 가. 「대기환경보전법」 제2조 제1호에 따른 대기오염물질
    - 나. 「수질 및 수생태계 보전에 관한 법률」 제2조 제7호에 따른 수질오염물질
    - 다. 「토양환경보전법」 제2조 제2호에 따른 토양환경오염물질
    - 라. 「화학물질관리법」 제2조 제2호에 따른 유독물질
    - 마. 「하수도법」 제2조 제1호·제2호에 따른 오수(汚水)·분뇨 또는 「가축분뇨의 관리 및 이용에 관한 법률」 제2조 제2호에 따른 가축분뇨
    - 바. 「폐기물관리법」 제2조 제1호에 따른 폐기물
    - 사. 「농약관리법」 제2조 제1호 및 제3호에 따른 농약 및 원제(原劑)
7. "환경보호지역"이란 다음 각 목의 어느 하나에 해당하는 지역, 구역 또

는 섬을 말한다.
　가. 「환경정책기본법」 제38조에 따라 지정·고시된 특별대책지역
　나. 「자연환경보전법」 제2조 제12호에 따른 생태·경관보전지역, 같은 조 제13호에 따른 자연유보지역 또는 같은 법 제23조 및 제24조에 따라 지정·고시된 시·도생태·경관보전지역
　다. 「독도 등 도서지역의 생태계보전에 관한 특별법」 제4조에 따라 지정·고시된 특정도서
　라. 「자연공원법」 제2조 제1호에 따른 자연공원
　마. 「수도법」 제7조에 따라 지정·공고된 상수원보호구역
　바. 「습지보전법」 제8조에 따라 지정·고시된 습지보호지역
　사. 「야생동물 보호 및 관리에 관한 법률」 제27조에 따라 지정된 야생동물 특별보호구역 및 같은 법 제33조에 따라 지정된 야생생물 보호구역
　아. 「한강수계 상수원수질개선 및 주민지원 등에 관한 법률」 제4조에 따라 지정·고시된 수변구역(水邊區域)
　자. 「낙동강수계 물관리 및 주민지원 등에 관한 법률」 제4조에 따라 지정·고시된 수변구역
　차. 「금강수계 물관리 및 주민지원 등에 관한 법률」 제4조에 따라 지정·고시된 수변구역
　카. 영산강·섬진강수계 물관리 및 주민지원 등에 관한 법률」 제4조에 따라 지정·고시된 수변구역

제3절 법령의 규정

제3조(오염물질 불법배출의 가중처벌) ① 오염물질을 불법배출함으로써 사람의 생명이나 신체에 위해를 끼치거나 상수원을 오염시킴으로써 먹는 물의 사용에 위험을 끼친 자는 3년 이상의 유기징역에 처한다.

② 제1항의 죄를 범하여 사람을 죽거나 다치게 한 자는 무기 또는 5년 이상의 유기징역에 처한다.

③ 오염물질을 불법배출한 자로서 다음 각 호의 어느 하나에 해당하거나, 「수질 및 수생태계 보전에 관한 법률」제15조 제1항 제4호를 위반한 자로서 제3호에 해당하는 자는 1년 이상 7년 이하의 징역에 처한다.

1. 농업, 축산업, 임업 또는 원예업에 이용되는 300제곱미터 이상의 토지를 해당 용도로 이용할 수 없게 한 자
2. 바다, 하천, 호소(湖沼) 또는 지하수를 별표1에서 정하는 규모 및 기준 이상으로 오염시킨 자

ㄴ. 바다 등의 오염 규모 및 기준

구 분		규 모	기 준	
			오염물질의 종류	오염기준
1. 바다		10,000㎡		
2. 하천		유하거리(流下距離) 500m	가. 수은	0.005mg/L
3. 호소	수역면적 10,000㎡ 미만	수역면적의 1/2	나. 구리	0.01mg/L
			다. 납	0.1mg/L
	수역면적 10,000㎡ 이상	5,000㎡	라. 6가크롬	0.05mg/L
			마. 시안화합물	0.1mg/L

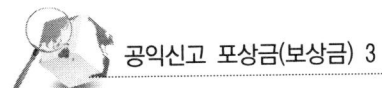

| 4. 지하수 | 50,000L | 「지하수법」 제20조에 따른 지하수의 수질기준 |

3. 어패류(魚貝類)를 별표2에서 정하는 규모 이상으로 집단폐사(集團斃死)에 이르게 한 자

ㄴ. 집단폐사의 규모

구 분	규 모	
	자연산	양식산
바다	500kg	5,000kg
하천·호소	200kg	2,000kg

제4조(환경보호지역 오염행위 등의 가중처벌) ① 환경보호지역에서 제3조 제1항부터 제3항까지의 죄를 범한 자에 대하여는 해당 형의 2분의1까지 가중할 수 있다.

② 환경보전지역에서 「자연환경보전법」 제15조 제1항 제2호(「자연환경보전법」 제22조 제2항에서 준용하는 경우를 포함한다), 「독도 등 도서지역의 생태계보전에 관한 특별법」 제8조 제1항 제3호, 「자연공원법」 제23조 제1항 제3호(공원구역 중 공원자연보존지구와 공원자연환경지구의 경우만 해당한다), 「습지보전법」 제13조 제1항 제1호 또는 「수도법」 제7조 제4항 제3호를 위반하여 토지를 300제곱미터 이상 형질변경한 자는 2년 이상의 유기징역에 처한다.

③ 오염물질을 불법배출하거나 제2항의 죄를 범하여 환경보호지역을 그 설정 또는 지정의 목적을 상실하게 할 정도에 이르게 한 자는 5년 이상의 유기징역에 처한다.

III. 개별 법률 분석

제5조(과실범) ① 업무상 과실 또는 중대한 과실로 제3조 제1항의 죄를 범한 자는 7년 이하의 징역이나 금고 또는 1억 원 이하의 벌금에 처한다.

② 업무상 과실 또는 중대한 과실로 제3조 제2항 또는 제4조 제3항의 죄를 범한 자는 10년 이하의 징역이나 금고 또는 1억 5천만 원 이하의 벌금에 처한다.

③ 업무상 과실 또는 중대한 과실로 제3조 제3항의 죄를 범한 자는 3년 이하의 징역이나 금고 또는 3천만 원 이하의 벌금에 처한다.

제6조(멸종위기 야생생물의 포획 등의 가중처벌) 매매를 목적으로 「야생생물 보호 및 관리에 관한 법률」 제67조, 제68조 제1호부터 제3호까지 또는 제69조 제1항 제1호의 죄를 범한 자는 같은 법 각 해당 조에서 정한 징역과 매매로 인하여 취득하였거나 취득할 수 있는 가액(價額)의 2배 이상 10배 이하에 해당하는 벌금을 병과(倂科)한다.

제7조(폐기물 불법처리의 가중처벌) 단체 또는 집단의 구성원으로서 영리를 목적으로 「폐기물관리법」 제63조의 죄를 범한 자는 2년 이상 10년 이하의 징역과 폐기물을 버리거나 매립함으로 인하여 취득한 가액의 2배 이상 10배 이하에 해당하는 벌금을 병과한다.

제8조(누범의 가중) 제3조부터 제5조까지 또는 제7조의 죄로 금고 이상의 형을 선고받고 그 집행이 끝나거나 집행을 면제받은 지 3년 내에 제3조 제1항, 제4조 제3항 또는 제7조의 죄를 범한 자는 무기 또는 5년 이상의 유기징역에 처한다. 이 경우 제7조의 죄를 범한 자는 폐기

물을 버리거나 매립함으로 인하여 취득한 가액의 2배 이상 10배 이하에 해당하는 벌금을 병과한다.

제9조(명령 불이행자에 대한 처벌 등) ① 제13조 제1항에 따른 명령(철거명령은 제외한다)을 위반한 자는 5년 이하의 징역에 처한다.

└ 제13조(행정처분 등) ① 환경부장관은 불법배출시설의 소유자 또는 점유자에게 해당 시설의 사용중지, 철거 또는 폐쇄를 명할 수 있다.
④ 환경부장관은 제1항에 따라 불법배출시설에 대하여 철거명령을 하는 경우에는 해당 불법배출시설 또는 그 사업장에 대통령령으로 정하는 표지판을 설치하여야 한다.

② 제13조 제1항에 따른 철거명령을 위반한 자 또는 제13조 제4항에 따라 설치된 표지판을 제거·훼손한 자는 2년 이하의 징역 또는 1천만원 이하의 벌금에 처한다.

└ 위 제9조 제1항 참조

제10조(양벌규정) 제5조부터 제7조까지 해당

제4절 과징금 및 포상금

제12조(과징금) ① 환경부장관은 대통령령으로 정하는 오염물질(이하 "특정오염물질"이라 한다)을 불법배출(제2조 제2호 가목부터 아목까지의 행위만 해당한다. 이하 이 조에서 같다)한 사업자에 대하여 불법배출이익(불법배출한 때부터 적발된 때까지 특정오염물질을 불법배출함으로써 지출하지 아니하게 된 해당 특정오염물질의 처리비용을 말한다. 이하 이 조에서 같다)의 2배 이상 10배 이하에 해당하는 금액과 특정오염물질의 제거 및 원상회복에 드는 비용(이하 "정화비용"이라 한다)을 과징

금으로 부과·징수한다.

제15조(포상금) 환경법위반행위가 발각되기 전에 수사기관, 환경부장관, 지방환경관서의 장, 시·도지사 또는 시장·군수·구청장(자치구의 구청장을 말한다)에게 신고한 자에게는 대통령령으로 정하는 바에 따라 포상금을 지급할 수 있다.

┗ "환경법위반행위"란 다음 각 목의 어느 하나에 해당하는 행위를 말한다(제2조 제8호).
  가. 제3조부터 제9조까지의 규정에 해당하는 행위
  나. 「대기환경보전법」 제43조 제1항을 위반하여 비산먼지의 발생을 억제하기 위한 시설을 설치하지 아니하거나 필요한 조치를 하지 아니한 행위. 다만, 시멘트·석탄·토사(土砂)·사료·곡물 및 고철의 분체(粉體) 상태 물질을 운송한 경우는 제외한다.
  다. 「폐기물관리법」 제8조 제1항 또는 제2항을 위반하여 생활폐기물을 버리거나 매립 또는 소각하는 행위

┗ 시행령 제10조(포상금의 지급) ① 삭제
  ② 법 제15조에 따라 범죄의 신고를 받은 수사기관, 환경부장관 및 지방환경관서의 장은 그 사건의 개요를 관할 시·도지사 또는 시장·군수·구청장(자치구의 구청장을 말한다)에게 통지하여야 한다.
  ③ 법 제15조에 따라 범죄의 신고를 받거나 제2항에 따른 통지를 받은 시·도지사 또는 시장·군수·구청장(자치구의 구청장을 말한다)은 그 신고내용이 환경법위반에 해당한다고 인정하는 경우에는 예산의 범위에서 포상금을 지급할 수 있다.
  ④ 제3항에 따른 포상금은 300만 원의 범위에서 지급하며, 포상금의 금액, 지급시기 및 지급절차 등에 관하여 필요한 사항은 환경부장관이 정하여 고시한다.

제177장 환경보건법

제1절 법률의 이해

「환경보건법」은 환경오염과 유해화학물질 등이 국민건강 및 생태계에 미치는 영향 및 피해를 조사·규명 및 감시하여 국민건강에 대한 위협을 예방하고, 이를 줄이기 위한 대책을 마련하는 것 등을 목적으로 한다. 이 법의 주관부처는 환경부(환경보건정책과)이다.

이 법은 「산업안전보건법」에 따른 사업 또는 사업장에서 근로자의 안전과 보건에 관한 사항에 대하여는 적용하지 아니한다(제3조).

제2절 법령의 규정

제31조(벌칙) ① 다음 각 호의 어느 하나에 해당하는 자는 3년 이하의 징역 또는 3천만 원 이하의 벌금에 처한다.

1. 제12조 제1항에 따른 위해한 기술의 적용 또는 물질의 사용제한에 따르지 아니한 자

    ㄴ. 제12조(새로운 기술 및 물질의 적용 또는 사용제한) ① 환경부장관은 새로운 기술이나 물질에 대한 위해성평가 결과 위해성이 높다고 인정되는 경우에는 관계 중앙행정기관의 장과의 협의와 위원회의 심의를 거쳐 새로운 기술의 적용 또는 물질의 사용을 제한할 수 있다.

2. 제18조를 위반하여 직무상 알게 된 개인정보 또는 직무상 비밀을 타인에게 누설하거나 직무상 목적 외의 목적으로 사용한 자

3. 제23조 제5항에 따른 어린이활동공간의 개선명령 또는 환경안전관리기

Ⅲ. 개별 법률 분석

준의 준수명령에 따르지 아니한 자
  ㄴ. "어린이"란 13세 미만의 사람을 말하고, "어린이활동공간"이란 어린이가 주로 활동하거나 머무는 공간으로서 어린이놀이시설, 어린이집 등 영유아보육시설, 유치원, 초등학교 등 대통령으로 정하는 것을 말한다(제2조 제7호 및 제8호).
    ㄴ. "대통령령으로 정하는 것"이란 다음 각 호의 것을 말한다(시행령 제1조의2).
      1. 「어린이놀이시설 안전관리법」 제2조 제2호에 따른 어린이놀이시설
      2. 「영유아보육법」 제2조 제3호에 따른 어린이집의 보육실
      3. 「유아교육법」 제2조 제2호에 따른 유치원의 교실
      4. 「초·중등교육법」 제2조 제1호에 따른 초등학교의 교실 및 학교도서관
      5. 「초·중등교육법」 제2조 제4호에 따른 특수학교의 교실(어린이가 사용하는 교실만 해당한다)

4. 제24조 제5항에 따른 판매중지나 회수의 명령을 따르지 아니한 자
  ㄴ. 환경부장관은 제3항의 고시 내용을 지키지 아니한 자에게 어린이 용도로 판매하는 것을 중지하거나 제품의 회수를 명령할 수 있다.

② 다음 각 호의 어느 하나에 해당하는 자는 1년 이하의 징역 또는 1천만 원 이하의 벌금에 처한다.

1. 제23조 제6항에 따른 확인검사를 받지 아니한 자
  ㄴ. 제23조(어린이활동공간의 위해성 관리) ⑥ 어린이활동공간의 관리자나 소유자는 다음 각 호의 어느 하나에 해당하는 때에는 제23조의2에 따른 검사기관으로부터 환경관리기준에 적합한지에 대한 검사(이하 "확인검사"라 한다)를 받아야 한다. 이 경우 확인검사 시기, 방법 및 절차 등에 관하여 필요한 사항은 환경부령으로 정한다.
    1. 어린이활동공간을 신축한 때
    2. 대통령령으로 정하는 규모 이상을 증축하거나 수선한 때

2. 제23조 제8항을 위반하여 확인검사에 부적합한 어린이활동공간을 이용하게 한 자

③ 제24조 제3항에 따른 제한 또는 금지를 위반하여 환경유해인자를

어린이 용도로 사용하거나 판매한 자는 6개월 이하의 징역 또는 500만 원 이하의 벌금에 처한다.

ㄴ. **제24조(어린이 용도 유해물질 관리)** ③ 환경부장관은 제2항에 따른 위해성 평가 결과 위해성이 제11조 제1항에 따른 위해성기준을 초과하는 경우 그 환경위해인자를 어린이 용도로 사용하거나 판매하는 것을 제한 또는 금지할 수 있다. 이 경우 환경부장관은 해당 환경위해인자의 명칭, 제한 또는 금지의 내용 등을 고시하여야 한다. 다만, 「공산품품질경영 및 공산품안전관리법」 제2조 제8호부터 제10호까지의 규정에 따른 안전인증대상공산품, 자율안전확인대상공산품 및 안전품질표시대상공산품으로서 같은 법 제14조 제3항, 제19조 제2항 및 제22조 제1항에 따라 그 환경유해인자에 대한 기준이 적용되는 제품의 경우에는 그러하지 아니하다.

제32조(양벌규정) 제31조 해당

제33조(과태료) ① 정당한 사유 없이 제29조에 따른 필요한 보고 및 자료의 제출에 관한 명령을 이행하지 아니하거나 관계 공무원의 검사를 거부·방해 또는 기피한 자에게는 500만 원 이하의 과태료를 부과한다.

III. 개별 법률 분석

제178장 환경분야 시험·검사 등에 관한 법률

제1절 법률의 이해

이 법은 환경분야의 시험·검사 및 환경의 관리와 관련된 기술기준과 운영체계 등을 합리화함으로써 환경관리를 효율화하고 시험·검사 관련 기술개발을 촉진하는 것 등을 목적으로 한다. 이 법의 주관부처는 환경부(환경기술경제과)이다.

제2절 법령의 규정

제33조(벌칙) 다음 각 호의 어느 하나에 해당하는 자는 1년 이하의 징역 또는 1천만 원 이하의 벌금에 처한다.
1. 제9조 제1항 또는 제3항의 규정을 위반하여 형식승인 또는 변경승인을 받지 아니하고 <u>측정기기</u>[111])를 제작 또는 수입한 자

   └. 제9조(측정기기의 형식승인·수입신고 등) ① 측정기기의 정확성과 통일성을 기하기 위하여 환경부령이 정하는 측정기기를 제작 또는 수입하려는 재(이하 "제작자등"이라 한다)는 당해 측정기기의 구조·규격 및 성능 등에 대하여 환경부장관의 형식승인을 받아야 한다. 다만, 전량 수출하는 측정기기와 「산업표준화법」 제15조에 따라 인증받은 제품으로서 환경부장관이 제6항에 따른 기준에 적합하다고 인정하여 공고하는 측정기기의 경우에는 그러하지 아니하다.
   ② 제1항의 규정에 따라 형식승인 받은 측정기기와 동일한 형식의 측정기기를 수입하고자 하는 자는 환경부장관에게 신고하여야 한다.

---

111) ★ 측정기기 : 제6조 제1항 각 호의 규정에 따른 오염물질 등을 측정·분석하거나 검사하는 장비 또는 기기를 말한다.

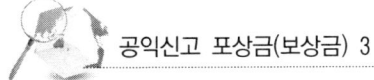

③ 제1항 및 제2항의 규정에 따라 형식승인을 받거나 수입신고를 한 자는 그 형식에 관하여 환경부령이 정하는 중요사항을 변경하고자 하는 때에는 환경부장관의 변경승인을 받아야 한다.

2. 거짓 그 밖의 부정한 방법으로 제9조 제1항 내지 제3항의 규정에 따른 형식승인 또는 변경승인을 받거나 수입신고를 한 자

2의2. 제9조의2 제5항에 따라 예비형식승인이 취소된 제품에 대한 회수·폐기 등의 명령을 이행하지 아니한 자

3. 제16조 제1항의 규정을 위반하여 측정대행업의 등록 또는 변경등록을 하지 아니하고 측정업무를 대행한 자

4. 거짓 그 밖의 부정한 방법으로 제16조 제1항에 따른 측정대행업의 등록을 한 자

5. 제16조 제4항의 규정을 위반하여 다른 사람에게 자기의 명의를 사용하여 측정대행업무를 하게 하거나 측정대행업등록증을 다른 사람에게 대여한 자

6. 제17조 제1항 제8호에 따른 영업정지기간 중에 측정업무를 대행한 자

7. 제18조 제1항의 규정을 위반하여 측정·분석 결과를 기록·보존하지 아니하거나 거짓으로 기록한 자

ㄴ. 제18조(측정대행업자의 준수사항) ① 측정대행업자는 측정분석 결과를 환경부령으로 정하는 바에 따라 사실대로 기록하고 그 결과를 최종 기록한 날부터 3년 동안 이를 보존하여야 한다.

7의2. 제18조의2 제3항을 위반하여 시험·검사등을 한 자

ㄴ. 제18조의2(시험·검사기관의 정도관리) ③ 정도관리 결과 부적합판정을 받은 시험·검사기관은 그 판정을 통보받은 날부터 해당 시험·검사 등을 할 수 없다.

7의3. 제18조의3 제2항을 위반하여 정도관리 적합판정을 받지 아니하고 시험·검사한 결과를 국가·지방자치단체 또는 공공기관이 실시하는

III. 개별 법률 분석

　사업관련 보고서에 제공한 자
8. 거짓 그 밖의 부정한 방법으로 제19조 제1항에 따른 환경측정분석사의 자격을 취득한 자
9. 제19조 제4항의 규정을 위반하여 환경측정분석사의 자격증을 다른 사람에게 대여한 자

제34조(양벌규정) 제33조 해당

제35조(과태료) ① 제23조를 위반하여 환경측정분석사의 명칭을 사용한 자에게는 300만 원 이하의 과태료를 부과한다.

∟ 누구든지 환경측정분석사의 자격을 취득하지 아니하고는 환경측정분석사의 명칭을 사용하지 못한다.

제179장 환경영향평가법

제1절 법률의 이해

「환경영향평가법」은 환경에 영향을 미치는 계획 또는 사업을 수립·시행할 때에 해당 계획과 사업이 환경에 미치는 영향을 미리 예측·평가하고 환경보전방안 등을 마련하도록 하여 친환경적이고 지속가능한 발전과 건강하고 쾌적한 국민생활을 도모하는 것을 목적으로 한다. 이 법의 주관부처는 환경부(국토환경정책과)이다.

제2절 법령의 규정

제73조(벌칙) 다음 각 호의 어느 하나에 해당하는 자는 5년 이하의 징역 또는 5천만 원 이하의 벌금에 처한다.

1. 제34조 제3항 및 제40조 제2항에 따른 공사중지명령을 이행하지 아니한 자

　└ 제34조(사전공사의 금지 등) ① 사업자는 제27조부터 제29조까지 및 제31조부터 제33조까지의 규정에 따른 협의·재협의 또는 변경협의의 절차가 끝나기 전에 환경영향평가 대상사업의 공사를 하여서는 아니 된다. 다만, 다음 각 호의 어느 하나에 해당하는 공사의 경우에는 그러하지 아니하다.

　　1. 제27조부터 제31조까지의 규정에 따른 협의를 거쳐 승인등을 받은 지역으로서 재협의나 변경협의의 대상에 포함되지 아니한 지역에서 시행되는 공사
　　2. 전략환경영향평가[112]를 거쳐 그 입지가 결정된 사업에 관한 공사로서 환경부령으로 정

---

112) ★ 전략환경영향평가 : 환경에 영향을 미치는 상위계획을 수립할 때에 환경보전계획과의 부합 여부 및 대안의 설정·분석 등을 통하여 환경적 측면에서 해

Ⅲ. 개별 법률 분석

하는 경미한 사항에 대한 공사
③ 승인기관의 장[113]은 승인등을 받아야 하는 사업자가 제1항을 위반하여 공사를 시행하였을 때에는 해당 사업의 전부 또는 일부에 대하여 공사중지를 명하여야 한다.

ㄴ. 제40조(조치명령 등) ① 승인기관의 장은 승인등을 받아야 하는 사업자가 협의[114] 내용을 이행하지 아니하였을 때에는 그 이행에 필요한 조치를 명하여야 한다.
② 승인기관의 장은 승인등을 받아야 하는 사업자가 제1항에 따른 조치명령을 이행하지 아니하여 해당 사업이 환경에 중대한 영향을 미친다고 판단하는 경우에는 그 사업의 전부 또는 일부에 대한 공사중지명령을 하여야 한다.
③ 환경부장관은 협의 내용에 협의기준에 대한 내용이 포함되어 있으면 협의기준의 준수 여부를 확인하여야 하며, 협의 내용의 이행을 관리하기 위하여 필요하다고 인정하는 경우에는 승인등을 받지 아니하여도 되는 사업자에게 공사중지나 그 밖에 필요한 조치를 할 것을 명령하거나, 승인기관의 장에게 공사중지명령이나 그 밖에 필요한 조치명령을 할 것을 요청할 수 있다. 이 경우 승인기관장등은 특별한 사유가 없으면 이에 따라야 한다.

2. 제34조 제4항 및 제40조 제3항에 따른 공사중지명령을 이행하지 아니한 사업자
3. 제47조 제3항에 따라 준용되는 제34조 제3항 및 제4항에 따른 공사중지명령 또는 조치명령(원상복구명령만 해당한다)을 이행하지 아니한 자

제74조(벌칙) ① 다음 각 호의 어느 하나에 해당하는 자는 2년 이하의 징역 또는 2천만 원 이하의 벌금에 처한다.

당 계획의 적정성 및 입지의 타당성 등을 검토하여 국토의 지속가능한 발전을 도모하는 것을 말한다. 전략환경영향평가의 대상이 되는 시행계획은 제9조 제1항에서 규정한다.

113) ★ 승인기관의 장 : 환경부장관, 계획 수립기관의 장, 계획 또는 사업에 대하여 승인등을 하는 기관의 장을 말한다(제8조 제1항).

114) ★ 협의 : 승인기관장등은 환경영향평가 대상사업에 대한 승인등을 하거나 환경영향평가 대상사업을 확정하기 전에 환경부장관에게 협의를 요청하여야 한다(제27조 제1항). "승인등"이란 실시계획·시행계획 등의 허가·인가·승인·면허 또는 결정 등을 하는 것의 통칭이다.

공익신고 포상금(보상금) 3

1. 제36조 제1항에 따른 사후환경영향조사를 실시하지 아니한 사업자
   ㄴ. 제36조(사후환경영향조사) ① 사업자는 해당 사업을 착공한 후에 그 사업이 주변 환경에 미치는 영향을 조사(이하 "사후환경영향조사"라 한다)하고, 그 결과를 다음 각 호의 자에게 통보하여야 한다.
      1. 환경부장관
      2. 승인기관의 장(승인등을 받아야 하는 환경영향평가 대상사업[115]만 해당한다)
      ③ 사후환경영향조사의 대상사업, 조사항목 및 조사기간, 그 밖에 필요한 사항은 환경부령으로 정한다.
      ㄴ. "사후환경영향조사의 대상사업 및 기간"은 시행규칙 제19조 제1항 별표1에서 규정하였다.

2. 제49조 제2항에 따라 준용되는 제40조 제2항 및 제3항에 따른 공사중지명령을 이행하지 아니한 사업자
3. 제53조 제2항 제1호 또는 제56조 제2항 제1호를 위반하여 다른 환경영향평가서등의 내용을 복제하여 환경영향평가서등을 작성한 자
4. 제53조 제2항 제2호 또는 제56조 제1항 제2호를 위반하여 환경영향평가서등을 거짓으로 작성한 자
5. 제54조 제1항에 따른 등록을 하지 아니하고 환경영향평가업을 한 자
6. 거짓이나 그 밖의 부정한 방법으로 제54조 제1항에 따른 등록을 한 자
   ㄴ. 환경영향평가등을 대행하는 사업(이하 "환경영향평가사업"이라 한다)을 하려는 자를 말한다.

7. 제59조 제3항을 위반하여 등록이 취소된 후 또는 영업정지기간 중에 새로 환경영향평가대행계약을 체결한 자

② 다음 각 호의 어느 하나에 해당하는 자는 1년 이하의 징역 또는 1천만 원 이하의 벌금에 처한다.

---

115) ★ 환경영향평가 대상사업 : 제22조 제1항 제1호부터 제18호까지에서 규정한 사업을 말한다.

III. 개별 법률 분석

1. 제22조 또는 제43조를 위반하여 환경영향평가등을 거치지 아니하고 공사를 한 자

└ 제22조(환경영향평가의 대상) ① 다음 각 호의 어느 하나에 해당하는 사업(이하 "환경영향평가 대상사업"이라 한다)을 하려는 자(이하 이 장에서 "사업자"라 한다)는 환경영향평가를 실시하여야 한다.

    1. 도시의 개발사업
    2. 산업입지 및 산업단지의 조성사업
    3. 에너지 개발사업
    4. 항만의 건설사업
    5. 도로의 건설사업
    6. 수자원의 개발사업
    7. 철도(도시철도를 포함한다)의 건설사업
    8. 공항의 건설사업
    9. 하천의 이용 및 개발사업
    10. 개간 및 공유수면의 매립사업
    11. 관광단지의 개발사업
    12. 산지의 개발사업
    13. 특정지역의 개발사업
    14. 체육시설의 설치사업
    15. 폐기물처리시설의 설치사업
    16. 국방·군사시설의 설치사업
    17. 토석·모래·자갈·광물 등의 채취사업
    18. 환경에 영향을 미치는 시설로서 대통령령으로 정하는 시설의 설치사업
        └ "대통령령으로 정하는 시설"이란 「가축분뇨의 관리 및 이용에 관한 법률」 제2조 제8호 또는 제9호에 따른 처리시설 또는 공공처리시설을 말한다(시행령 제31조 제1항).

└ 제43조(소규모환경영향평가의 대상) ① 다음 각 호 모두에 해당하는 개발사업(이하 "소규모환경영향평가 대상사업"이라 한다)을 하려는 자(이하 이 장에서 "사업자"라 한다)는 소규모환경영향평가를 실시하여야 한다.

    1. 보전이 필요한 지역과 난개발이 우려되는 환경보전을 고려한 계획적 개발이 필요한 지역으로서 대통령령으로 정하는 지역(이하 "보전용도지역"이라 한다)에서 시행되는 개발사업
    2. 환경영향평가 대상사업의 종류 및 범위에 해당하지 아니하는 개발사업으로서 대통령령

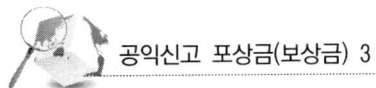

공익신고 포상금(보상금) 3

으로 정하는 사업

② 제1항에도 불구하고 다음 각 호의 어느 하나에 해당하는 개발사업은 소규모 영향평가 대상에서 제외한다.
1. 「재난 및 안전관리 기본법」 제37조에 따른 응급조치를 위한 사업
2. 국방부장관이 군사상 고도의 기밀보호가 필요하거나 군사작전의 긴급한 수행을 위하여 필요하다고 인정하여 환경부장관과 협의한 개발사업
3. 국가정보원장이 국가안보를 위하여 고도의 기밀보호가 필요하다고 인정하여 환경부장관과 협의한 개발사업

2. 제34조 제1항 및 제47조 제1항을 위반하여 협의 또는 재협의 절차가 끝나기 전에 공사를 한 자
3. 제39조 제2항(제49조 제2항에 따라 준용되는 경우를 포함한다)을 위반하여 정당한 사유 없이 자료제출을 거부하거나 출입·조사를 방해 또는 기피한 자
4. 제56조 제1항 제4호를 위반하여 등록증이나 명의를 다른 사람에게 빌려준 자
   ↳ 환경영향평가업자를 말한다.

5. 제56조 제1항 제5호를 위반하여 환경영향평가업무(환경부령으로 정하는 요건 및 분야에 따라 환경영향평가 항목을 조사·측정하는 업무는 제외한다)를 다른 사람에게 하도급한 자
6. 제60조 제1항을 위반하여 정당한 사유 없이 자료제출 또는 보고·조사를 거부한 자
   ↳ 환경영향평가업자를 말한다.

7. 제64조 제2항을 위반하여 자격증을 다른 사람에게 빌려주거나 다른 사람에게 자신의 이름으로 환경영향평가사의 업무를 하게 한 사람
8. 제69조를 위반하여 비밀을 누설하거나 도용한 자

ㄴ 환경영향평가업자, 환경영향평가사, 환경영향평가서의 검토 과정에 참여한 관계 전문가나 전문기관이었던 사람 또는 관계 전문기관의 임직원이나 임원이었던 사람은 환경영향평가등과 관련하여 직무상 취득한 비밀을 다른 사람에게 누설하거나 도용(盜用)하여서는 아니 된다.

제75조(양벌규정) 제73조 및 제74조 해당

제76조(과태료) ① 다음 각 호의 어느 하나에 해당하는 자에게는 2천만 원 이하의 과태료를 부과한다.
1. 제34조 제1항을 위반하여 변경협의 절차가 끝나기 전에 공사를 한 자
2. 제40조 제1항에 따른 조치명령을 이행하지 아니한 자
   ㄴ 승인기관의 장은 승인등을 받아야 하는 사업자가 협의내용을 이행하지 아니하였을 때에는 그 이행에 필요한 조치를 명하여야 한다.

3. 제40조 제3항에 따른 그 밖에 필요한 조치명령을 이행하지 아니한 자
   ㄴ 환경부장관은 협의내용에 협의기준에 대한 내용이 포함되어 있으면 협의기준의 준수 여부를 확인하여야 하며, 협의내용의 이행을 관리하기 위하여 필요하다고 인정하는 경우에는 승인을 받지 아니하는 사업자에게 공사중지나 그 밖에 필요한 조치를 할 것을 명하거나, 승인기관의 장에게 공사중지명령이나 그 밖에 필요한 조치명령을 할 것을 요청할 수 있다. 이 경우 승인기관장등은 특별한 사유가 없으면 이에 따라야 한다.

4. 제41조 제3항에 따른 조치명령을 이행하지 아니한 사업자

② 다음 각 호의 어느 하나에 해당하는 자에게는 1천만 원 이하의 과태료를 부과한다.
1. 제36조 제1항을 위반하여 사후환경영향조사의 일부를 하지 아니한 자
2. 제36조 제2항을 위반하여 통보 또는 필요한 조치를 하지 아니한 자
   ㄴ 사후환경영향조사의 결과에 따른 통보 및 조치를 말한다.

3. 제53조 제2항 제2호 또는 제56조 제1항 제2호를 위반하여 환경영향평가서등을 부실하게 작성한 자

└ 제53조(환경영향평가의 대행 등) ② 환경영향평가등을 하려는 자는 다음 각 호의 사항을 지켜야 한다.
   2. 환경영향평가서등과 그 작성의 기초가 되는 자료를 거짓으로 또는 부실하게 작성하지 아니할 것
   4. 환경영향평가업자와 환경영향평가서등의 작성에 관한 대행계약을 체결하는 경우에는 해당 사업의 공사에 관한 설계 등의 계약과 분리하여 체결할 것

4. 제53조 제2항 제4호를 위반하여 환경영향평가서등의 작성에 관한 대행계약을 해당 사업의 공사에 관한 설계 등의 계약과 분리하여 체결하지 아니한 사업자

└ 위 제3호 참조

③ 다음 각 호의 어느 하나에 해당하는 자에게는 500만 원 이하의 과태료를 부과한다.

1. 제35조 제2항을 위반하여 관리대장에 협의내용의 이행상황을 기록하지 아니하거나 공사현장에 관리대장을 갖추어두지 아니한 자
2. 제35조 제3항을 위반하여 관리책임자를 지정하지 아니하거나 지정한 사실을 통보하지 아니한 자

└ 제35조(협의내용의 이행 등) ③ 사업자는 협의내용이 적정하게 이행되는지를 관리하기 위하여 협의내용 관리책임자를 지정하여 환경부령으로 정하는 바에 따라 다음 각 호의 자에게 통보하여야 한다.
   1. 환경부장관
   2. 승인기관의 장(승인등을 받아야 하는 환경영향평가 대상사업만 해당한다)
   ④ 관리책임자의 자격기준 등 필요한 사항은 환경부령으로 정한다.
└ 관리책임자의 자격기준은 시행규칙 제17조 및 제1항 별표5에서 규정한다.

3. 제36조 제1항을 위반하여 사후환경영향조사 결과를 통보하지 아니한 자

III. 개별 법률 분석

4. 제37조를 위반하여 사업의 착공·준공 또는 중지를 통보하지 아니한 자
5. 제38조 제2항을 위반하여 협의내용의 이행상황과 승계사유 등 환경부령으로 정하는 사항을 통보하지 아니한 자
6. 제49조 제2항에 따라 준용되는 제40조 제1항 및 제3항에 따른 필요한 조치명령(공사중지명령은 제외한다)을 이행하지 아니한 자
7. 제53조 제2항 제3호 또는 제56조 제1항 제3호를 위반하여 환경영향평가서등과 그 작성의 기초가 되는 자료를 보존하지 아니한 자
8. 제54조 제2항을 위반하여 변경등록을 하지 아니하고 중요사항을 변경한 자
9. 제61조 제1항을 위반하여 환경영향평가 대행실적을 보고하지 아니한 자

공익신고 포상금(보상금) 3

제180장 후천성면역결핍증 예방법

제1절 법률의 이해

이 법은 후천성면역결핍증의 예방·관리와 그 감염인(感染人)의 보호·지원에 필요한 사항을 정한다. 후천성면역결핍증이란 이른바 에이즈(AIDS)를 말한다. 이 법의 주관부처는 보건복지부(질병정책과)이다.

제2절 법령의 규정

제25조(벌칙) 다음 각 호의 어느 하나에 해당하는 사람은 3년 이하의 징역에 처한다.

1. 제9조 제3항을 위반하여 혈액·수입혈액제제·장기·조직·정액 또는 매개체를 유통·판매하거나 사용한 사람

   ㄴ. 검사를 받지 아니하거나 검사를 한 결과 인체면역결핍바이러스에 감염된 것으로 나타난 혈액·수입혈액제제·장기·조직·정액·매개체는 이를 유통·판매하거나 사용하여서는 아니 된다.

2. 제19조를 위반하여 전파매개행위를 한 사람

   ㄴ. 감염인은 혈액 또는 체액(體液)을 통하여 다른 사람에게 전파매개행위를 하여서는 아니 된다.

제26조(벌칙) 다음 각 호의 어느 하나에 해당하는 자는 3년 이하의 징역 또는 1천만 원 이하의 벌금에 처한다.

1. 제7조를 위반하여 비밀을 누설한 사람

   ㄴ. 국가 또는 지방자치단체에서 후천성면역결핍증의 예방·관리와 감염인의 보호·지원에 관한

III. 개별 법률 분석

사무에 종사하는 사람, 감염인의 진단·검안·진료 및 간호에 참여한 사람 및 감염인에 대한 기록을 유지·관리하는 사람을 말한다.

2. 제9조 제1항 또는 제2항을 위반하여 검사를 하지 아니한 자
   ↳ 혈액·장기·조직 등의 검사를 말한다.

3. 제18조 제2항을 위반하여 감염인을 해당 업소에 종사하게 한 자
   ↳ 제18조(취업의 제한) ② 제8조 제1항에 따른 업소를 경영하는 자는 감염인 또는 검진을 받지 아니한 사람을 그 업소에 종사하게 하여서는 아니 된다.
      ↳ 제8조(검진) ① 보건복지부장관, 특별시장·광역시장·특별자치시장·도지사 또는 특별자치도지사(이하 "시·도지사"라 한다), 시장·군수·구청장은 공중(公衆)과 접촉이 많은 업소에 종사하는 사람으로서 제2항에 따른 검진대상이 되는 사람에 대하여 후천성면역결핍증에 관한 정기검진 또는 수시검진을 하여야 한다.
      ② 보건복지부장관, 시·도지사, 시장·군수·구청장은 후천성면역결핍증에 감염되었다고 판단되는 충분한 사유가 있는 사람 또는 후천성면역결핍증에 감염되기 쉬운 환경에 있는 사람으로서 다음 각 호의 어느 하나에 해당하는 사람에 대하여 후천성면역결핍증에 관한 검진을 할 수 있다.

제27조(벌칙) 다음 각 호의 어느 하나에 해당하는 자는 1년 이하의 징역 또는 300만 원 이하의 벌금에 처한다.

1. 제5조를 위반하여 신고를 하지 아니하거나 거짓으로 신고를 한 자
   ↳ 의사 및 의료기관을 말한다.

2. 제8조에 따른 검진 또는 제10조에 따른 역학조사에 응하지 아니한 사람

3. 제8조의2 제1항 및 제2항을 위반하여 검진결과를 통보하거나 같은 조 제3항을 위반하여 검진결과서 제출을 요구한 자
   ↳ 제8조의2(검진결과의 통보) ① 후천성면역결핍증에 대한 검진을 한 자는 검진대상자 본인 외의 사람에게 검진결과를 통보할 수 없다. 다만, 검진대상자가 군(軍), 교정시설 등 공동생활자인 경우에는 해당 기관의 장에게 통보하고, 미성년자, 심신미약자, 심신상실자인 경우에는 그 법정대리인에게 통보한다.

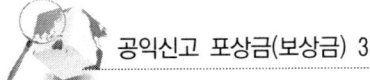

② 제1항에 따른 검진결과 통보의 경우 감염인의 판정을 받은 사람에게는 면접통보 등 검진결과의 비밀이 유지될 수 있는 방법으로 하여야 한다.
③ 사업주는 근로자에게 후천성면역결핍증에 관한 검진결과서를 제출하도록 요구할 수 없다.

4. 제15조 제1항에 따른 치료 및 보호조치에 응하지 아니한 사람

    ㄴ. 제15조(치료 및 보호조치 등) ① 보건복지부장관, 시·도지사 또는 시장·군수·구청장은 제14조에 따른 치료권고에 따르지 아니하는 감염인 중 감염인의 주의능력과 주위 환경 등으로 보아 다른 사람에게 감염시킬 우려가 높다고 인정되는 감염인에 대하여는 치료 및 보호조치를 강제할 수 있다.

5. 제18조 제1항을 위반하여 취업이 제한되는 업소에 종사한 사람 또는 같은 조 제2항을 위반하여 검진을 받지 아니한 사람을 해당 업소에 종사하도록 한 자

제28조(양벌규정) 법인의 대표자나 법인 또는 개인의 대리인, 사용인, 그 밖의 종업원이 그 법인 또는 개인의 업무에 관하여 제26조 또는 제27조의 위반행위를 하면 그 행위자를 벌하는 외에 그 법인 또는 개인에게도 해당 조문의 벌금형을 과하고, 제25조 제1항의 위반행위를 하면 그 행위자를 벌하는 외에 그 법인 또는 개인을 2천만 원 이하의 벌금에 처한다. 다만, 법인 또는 개인이 그 위반행위를 방지하기 위하여 해당 업무에 관하여 상당한 주의와 감독을 게을리 하지 아니한 경우에는 그러하지 아니하다.

공익신고 포상금(보상금) 3

2015년 4월 15일 1판 1쇄 인쇄
2015년 4월 25일 1판 1쇄 발행

저 자 최 종 배
발 행 인 김 용 성
발 행 처 법률출판사
서울시 동대문구 휘경동 187-20 오스카빌딩 4층
☎ 02)962-9154   팩스 02)962-9156
등록번호 제1-1982호
E-mail : lawnbook@hanmail.net

정가 22,000원   ISBN 978-89-5821-261-4   14360
본서의 무단전재·복제를 금합니다.